생활과 법률

강봉현 · 김상명 저

pnc
publishing and culture
피앤씨미디어

머리말

최근 우리는 4차 산업혁명시대를 맞아 인공지능(AI), 사물인터넷(IoT), 클라우드 컴퓨팅, 빅데이터, 모바일 등 지능정보기술을 기존 산업과 서비스 융합 혹은 3D프린팅, 로봇공학, 생명공학, 나노기술 등 여러 분야의 신기술과 결합하여 실세계 모든 제품·서비스를 네트워크로 연결하고 사물을 지능화하는 시대에 살고 있다.

이러한 시대에 맞추어 한국산업인력공단은 학습자를 위한 국가직무능력표준(NCS: National Competency Standards)을 개발하여 산업현장에서 필요한 인력 양성을 위해 직무 수행에 요구되는 지식, 기술, 태도 등의 내용을 국가가 산업 부문별, 수준별로 체계화하고, 산업현장에 필요한 인력 양성을 위해 직업교육, 훈련, 자격 등에서 활용하도록 하고 있으며, 능력중심 채용 등 인사관리에도 활용하고 있다.

그렇지만 아직까지 법학교육에는 이러한 국가직무능력 요구에 부응하지 못하는 것도 사실이다. 기존 대학교육에서는 직업기초능력으로 의사소통능력, 수리능력, 문제해결능력, 자기개발능력, 자원관리능력, 대인관계능력, 정보능력, 기술능력, 조직이해능력, 직업윤리 등을 대학 재학 기간 동안 학습하지 못한 채 관공서나 기업 등 입사 후에 재교육을 받아야 하는 2중의 비용을 지출하게 되는 현실 대학교육의 패러다임 변화를 지적할 수 있다.

이러한 점에 착안하여 저자는 법학교육에도 NCS기반을 토대로 학습자를 위한 수업을 할 수 없는지에 대하여 고민을 할 수밖에 없었다. 그리하여 2015학년도 2학기부터 제주국제대학교 경찰행정학부 학생들을 대상으로 국가직무능력표준을 기반으로 하는 조별학습 및 개발학습 통한 Mission 학습과제를 부여하고 학습과제의 제출과 함께 발표와 토론을 함께하는 학습을 진행하였던 바, 의사소통능력을 비롯한 직무수행능력과 문제해결능력에서 학습자들의 학습능력이 향상되었음을 볼 수 있었다.

따라서 이 『생활과 법률』이라는 교재는 법학 초보자를 위한 학습자 중심의 교재로 매 학기마다 15강으로 구성되는 것을 감안하여 제1장 법 일반이론, 제2장 물권과 채권, 제3장 임대차와 법률, 제4장 부동산과 법률, 제5장 분쟁해결과 법률, 제6장 형사와 법률, 제7장 교통사고와 법률, 제8장 가족과 법률, 제9장 이혼과 재산분할, 제10장 재산상속과 법률, 제11장 기여분제도와 유류분제도, 제12장 장묘제도와 법률, 제13장 법과 여성, 제14장 사회보장과 법률, 제15장 행정구제와 법률 등 각 장마다 학습목표에 따른 Mission 학습과제 15개를 포함한 총 15주의 15강으로 구성했다.

이 책은 발간함에 있어 대학 교양 선택 및 전공 선택 교과목 '생활법률'과 '법학기초이론', '법학통론'의 강의교재를 목적으로 그간의 강의 자료 등을 모아 경찰행정학부에 특임교수로 재직하고 있는 강봉현 교수와 함께 집필하게 되었다. 이 책에서 부족한 부분이나 소홀히 다루어진 부분은 학습자들의 지적에 따라 다음 수정판에서 보충하려고 한다.

끝으로 이 부족한 원고를 받아 출판할 수 있도록 배려해 주신 피앤씨미디어 박노일 대표이사님과 직원 선생님께 깊은 감사를 드린다.

2019. 2 10.

한라산이 보이는 삼의악 연구실에서

공저 대표 배상

차 례

제 1 장 법 일반이론

제 4 장 부동산과 법률

제 6 장 형사와 법률

제7장 교통사고와 법률

제 9 장 이혼과 재산분할

제10장 재산상속과 법률

제11장 기여분제도와 유류분제도

제12장 장묘제도와 법률

제13장 법과 여성

제14장 사회보장과 법률

第15장 행정구제와 법률

제 1 장

생활과 법률

법 일반이론

[학습목표]

- 이 장에서는 법이란 무엇이며 우리 사회에서 법이 필요한 이유에 대하여 생각해 본다.
- 법은 어떻게 변천해 왔으며 그 특징적 요소가 무엇인가에 대하여 생각해 본다.
- 최근 개정된 제한능력자를 어떻게 보호할 것이며 그와 거래한 상대방의 권리에 대하여 생각해 본다.

I 법이란 무엇인가

법이란 법(法)이 무엇이냐를 묻는 것이다. 이는 법학 학습자들에게 있어서 가장 기본적인 중심 의제로서 여러 다양한 견해가 있을 수 있다. 그만큼 어려운 문제로서 법철학적 관점에서 설명하여야 하나 여기서는 간단히 법이란 규범 문제로 접근하여 보기로 한다.

1. 법은 규범이다

규범이란 어떤 일정한 가치·목적에 도달하기 위하여 주체가 마땅히 따라야 할 행위준칙을 말한다. 따라서 법은 인간 사회생활 속에서 어떤 가치를 추구하기 위하여 마땅히 지켜야 할 준칙이기에 사회규범이라고 할 수 있다. 이러한 규범은 '하여야 한다'든가 '하여서는 안된다'든가 하는 명령·금지를 내용으로 하는 '당위(Sollen)의 법칙'을 말한다. 규범은 이처럼 단순한 판단의 기초 또는 준칙에 머무르지 않고 마땅히 따를 것을 요구한다.

이에 대하여 자연법칙은 '물은 위에서 아래로 흐른다'든가 '사람은 반드시 죽는다' 등과 같이 원인과 결과를 필연적으로 연결하는 인과법칙을 그 내용으로 하고, 현실의 현상을 설명함과 동시에 원인이 있으면 반드시 그 결과가 있다는 점에서 '존재(Sein)의 법칙' 또는 '필연의 법칙'이라고 한다. 따라서 규범은 선험적 자유와 이성을 갖춘 인간사회를 지배하는 법칙인 까닭에 그 준수 여부는 전적으로 이성을 가진 인간의 자유의사에 달려 있는 것이다.

2. 법은 사회규범이다

법언(法言)에 '사회가 있는 곳에 법이 있다'는 말이 있다. 이는 사회가 있으면 반드시 법이 있기 마련이라는 의미도 되고, 법은 사회에만 있다는 의미도 된다. 이처럼 법이란 자연 필연의 법칙과는 달리 어디까지나 인간의 사회생활에 관한 규범인 것이다. 그것은 인간의 공동생활의 목적인 질서유지·공공이익의 증진을 위해 사회규범인 법이 필요하기 때문이다. 따라서 인간이 사회공동생활을 영위하는 것은 질서를 통한 자유와 권리의 보장에 목적이 있으므로 그 질서 유지를 위한 사회규범의 존재는 당연한 것이다. 법은 이러한 사회규범의 하나이므로 개인적 규범과 다른 것이다.

3. 법은 실천규범이다

인간의 의식인 인식 작용과 감정 작용에 관하여는 각각 논리규범과 심리 혹은 심미규범이 있다. 이 규범들은 순전히 가치규범에 불과하다. 그런데 법은 종교·도덕·관습 등과 더불어 가치규범임과 동시에 인간의 행위 자체를 규율하는 실천규범인 것이다.

4. 법은 행위규범이다

여기서 행위란 사람이 자기의사에 기하여 표현하는 신체의 의무적 동정을 말한다. 그러므로 법은 인간의 내심의 의사 내지 관념에 관해서는 간섭하지 아니한다. 사람의 행위를 분류하면 동적·적극적인 거동을 '**작위**'라 하고, 정적·소극적인 행동을 '**부작위**'라고 한다. 예컨대 사람이 다른 사람을 다치게 하거나 채무자가 변제 기일에 금전을 지급하면 그것은 작위가 되고, 산모가 아기에게 젖을 주지 않거나 일정한 영업을 하지 않는 것 등은 부작위가 된다. 여기서 부작위는 아무것도 하지 않는 것이 아니라 규범적으로 일정한 자에게 기대되는 일정한 행위를 하지 않는 것을 말한다.

형법상 부작위범을 세분하면, 진정부작위범[1]과 부진정부작위범[2]으로 나눈다. 전자는 부작위 자체를 범죄로서 처벌하는 범죄이고, 후자는 결과의 발생을 기다려서 처벌하는 범죄이다.

5. 법은 강제규범이다

법은 정치적으로 조직된 국가권력에 의해 강행되기 때문에, 그 위반이 있

---

1) 불해산죄, 불퇴거죄 등과 같이 일정한 부작위가 구성 요건의 내용으로 되어 있는 범죄를 말한다.

2) 직무유기죄와 같이 구체적으로 그 직무를 수행하여야 할 작위의무가 있는데도 불구하고, 이러한 직무를 버린다는 인식하에 그 작위의무를 수행하지 아니함으로써 성립하는 범죄를 말한다(대법원 1983. 3. 22. 선고 82도3065 판결).

으면 어떤 제재가 가해지게 되는 강제규범이다. 이러한 점에서 독일 법학자 예링(Rudolf von Jhering)은 "강제가 없는 법은 자기모순이며 타지 않는 불과 같다"고 표현 하였고, 켈젠(Hans Kelsen) 역시 "법에 있어서 강제는 본질적 속성"이라고 하였다.

그러나 이런 법의 강제력은 모든 법에 관하여 말할 수 없다. 가령 민법 제98조에서 "본법에서 물건이라 함은 유체물 및 전기 기타 관리 가능한 자연력을 말한다"고 하는 정의 규정을 들 수 있다. 이는 강제력과는 무관하고, 다만 정도에 있어서 강약의 차이가 있을 뿐이다.

법은 자기를 거부하는 자에게는 반드시 제재가 따른다는 점에서 다른 사회규범(도덕·종교·관습)과 다르다. 그렇기 때문에 커피를 마시면서 소크라테스[3]나 플라톤[4]이 좋다든가 하고 환담할 수 있지만, 법이란 일단 제정되면 좋으나 싫으나 그에 따를 수밖에 없는 것이다.[5] 따라서 법규범의 강력함이나 권위에 따라 그에 대한 책임이 생기게 된다.

Ⅱ 법의 존재 형식이란 무엇인가

1. 의 미

법은 문서화된 법의 형태로 나타나게 된 이후로 여러 가지 형식과 종류를 갖추게 되었다. 이를 법의 연원 또는 법원(法源)이라고 한다. 이 법원을 두 가지로 구분할 수 있다. 실질적 법원이란 법규칙의 내용을 형성하는 데 실질적 근원이 되는 모든 사회적 현상이나 가치요소들을 말한다. 형식적 법원이란 어느 구

3) 기원전 5세기경 활동한 고대 그리스의 대표적인 철학자이다. 문답법을 통한 깨달음, 무지에 대한 자각, 덕과 앎의 일치를 중시하였다. 말년에는 아테네의 정치문제에 연루되어 사형판결을 받았다.

4) 고대 그리스의 대표 철학자이다. 소크라테스의 제자이자 아리스토텔레스의 스승으로도 알려져 있다. 30여 편에 달하는 대화록을 남겼는데 그 안에 담긴 이데아론(형이상학), 국가론 등은 고대 서양 철학의 정점으로 평가받는다.

5) '악법도 법이다'라는 말은 아무리 불합리한 법이라도 법체계를 지켜야 한다는 것이다. 소크라테스가 독배를 든 것은 실정법을 존중하였기 때문이다.

체적 법규칙이 객관적으로 존재하거나 제정되는 형식을 의미한다. 여기서 법의 실질적 연원의 문제는 결국 법이란 무엇이냐에 관련된 문제이므로 법철학이 대상이 된다. 따라서 법원이라고 하면 법의 존재 형식으로서의 형식적 법원만을 의미한다.

법의 존재 형식은 크게 법규범의 문장의 형식으로 나타내든가 또는 사회생활에 있어서 관습의 행태로 행해져서 당연히 법으로 인정되고 있는가에 따라서 성문법(written law)과 불문법(unwritten law)으로 구별된다. 불문법은 성문법 이전의 모든 법원을 포괄적으로 부르는 것이며, 가장 중요한 것이 관습법이므로 성문법에 대립되는 것으로서 관습법을 들 수도 있다. 또한 성문법은 국가 및 지방정부에 의하여 제정되므로 제정법이라고도 부르며, 그 이전의 것은 제정되지 않는 것이라는 점에서 비제정법이라고 부른다.

2. 성문법

성문법은 입법기관에 의하여 일정한 절차를 거쳐 성립된 법이다. 이것은 조직적 현대사회에 있어서 가장 중요한 법원으로서의 위치를 차지한다. 그리고 성문법은 인위적인 법이다. 민주주의 국가에 있어서는 국민의 의사에 의하여, 전제정치에 있어서는 독재자의 의사에 의해서 제정되는 것으로 인간의 의사에 따라 인위적으로 만들어진다. 그렇지만 입법자의 자의가 배제된 사회생활의 현실적 요구나 인류의 이상을 목표로 해야 할 것이다.

성문법은 법의 문장화·고정화로 말미암아 필연적으로 다음과 같은 장점과 단점이 있다. 장점으로는 첫째, 법의 존재와 의미내용이 명료하여 법 생활의 안정성을 확보할 수 있다. 성문법은 법의 존재와 그 의미를 명확히 하고 있기 때문에 법적 행동을 하는 데 편리하다. 그것은 일반적으로 법이 어떠한 효과를 주는가를 예지할 수 있게 하고, 그 결과에 대해서 예견할 수 있게 하기 때문이다. 이러한 점 때문에 영국 등의 불문법 국가에서까지 상법 등이 일찍부터 성문화된 것이다.

둘째, 성문법은 국가권력의 여러 제도의 급격한 개혁을 행하는 데 편리하다. 국가의 여러 시책을 법제화하여 강력한 정책을 펼 수 있다는 점이다.

셋째, 성문법은 국가권력의 전횡에 대하여 국민의 자유를 보호할 수 있다.

각국의 헌법을 일반적으로 성문화하는 것은 이러한 이유 때문이다. 또한 형법 등은 법관의 주관적 자의, 즉 권력의 남용을 방지함으로써 범죄인의 특수한 이익을 보호하기 위해서 그의 성문화가 강조되는 것이며, 이러한 목적으로 나타난 것이 죄형법정주의[6)]나 법률불소급의 원칙[7)] 등이다.

한편 그 단점으로는 첫째, 성문법은 문장으로 표현된 사상이기 때문에 문장의 성질상 그것이 어떤 사상의 내용을 완전히 표현할 수 없고, 또한 잘못 표현할 수도 있기 때문에 입법자 이외의 사람은 그 문장을 통하여 그 내용을 정확하게 이해하기가 어렵다.

둘째, 문장에 사용되는 용어가 법적 표현의 특수성 때문에 그 선택에 여러 가지 어려움이 있다. 그것은 성문법은 항상 변천하는 사회생활의 현실적 수요에 적응하기 어렵다는 점이다. 이러한 결함은 법의 개정을 통해서 시정될 수밖에 없다. 법의 개정은 복잡한 절차를 밟아야 하고 신중한 절차를 요하도록 규정하고 있기 때문에 아무리 빠른 개정도 결국 사회적 필요에 충실할 수 없다.

성문법은 이상과 같은 장점과 단점 이외에 법철학적 관점에서 볼 때 이상적인 요소를 내포하고 있다. 법은 일반인이 실현하기 쉬운 규범 내용으로서 인간의 생활정도를 다소라도 개선하는 방향으로 그 규범내용이 결정되므로 성문법은 관습에 비하면 진보적이라고 할 수 있다. 특히 국가의 제정법은 국가의 목적을 달성하기 위한 것이기 때문에 대체로 근대국가에 있어서는 실정법체계 중에서 제정법을 다른 법원보다 우월하게 취급한다.

법의 생성에 있어서 법원 중 관습법이 가장 시초이다. 그러나 관습법은 사회의 자연발생적인 것이기 때문에 다른 사회적 규범들과 구별 없이 사회 발전의 어느 단계까지 존재하였다. 그런데 사회생활이 복잡해지고 사회의 규모가 확대됨으로써 도덕 등과 같은 자연적 질서유지의 방법으로서 현실적 질서유지

---

6) 죄형법정주의의 구체적인 원리로는, 법률로 정하지 않은 범죄와 형벌을 인정하지 않는 **관습 형법 금지의 원칙**, 행위를 할 때 범죄로 규정하지 않았던 행위를 나중에 범죄로 규정하여 처벌하는 것을 금지하는 **소급효 금지의 원칙**, 무엇이 범죄이고 각각의 범죄에 어떤 형벌이 부과되는지가 명확하고 적정해야 한다는 **명확성의 원칙**과 **적정성의 원칙**, 그리고 형벌 법규에 처벌 대상으로 명시되어 있지 않다면 아무리 그것과 유사한 성질의 것이더라도 유추하여 적용해서는 안 된다는 **유추 적용 금지의 원칙** 등이 있다.

7) 죄형법정주의의 파생원칙의 하나로서 형법불소급의 원칙 또는 소급입법금지의 원칙이라고도 하고, 영미법에서는 사후입법의 금지라고도 한다.

가 불가능하게 되었다. 따라서 사회질서의 유지를 위한 의식적이고 목적적이며 기술적인 법률이 제정되기에 이른 것이다. 이러한 제정법은 그 자체가 일정한 문화적 발전을 전제로 하는 것이다. 우리나라의 법원으로서 성문법에 속하는 것은 헌법·법률·명령·규칙·자치법규 및 조약 등이 있다.

1) 헌 법

헌법은 우리나라의 조직과 통치에 관한 근본법·기초법으로 국가에 대한 국민의 지위로서 기본적 권리·의무 등을 규정한 법이다. 따라서 헌법은 형식적으로 헌법전이라는 명칭이 붙은 것만 아니라 국가의 최고 법규로 그 명칭 여하를 불문하고 국가통치와 국민의 권리·의무를 규정하는 것들은 모두 실질적인 헌법이 되는 것이다. 이러한 헌법은 최상위의 형식으로서 그 효력이 하위의 법에 우선하며, 하위의 법은 헌법에 저촉되어서는 안 된다.

헌법 중에서 성문법의 형식을 취한 것을 성문헌법이라고 한다. 오늘날 대부분의 국가는 성문헌법을 갖고 있으며 우리나라도 이에 속한다. 우리나라는 1948년 7월 12일에 제정되어 9차례에 걸쳐 개정된 헌법으로 형식상 성문헌법에 속한다. 그러나 영·미와 같이 성문으로 된 단일 헌법전을 갖지 않는 불문헌법 국가도 있다.

2) 법 률

법률이란 광의와 협의의 두 가지 의미로 이해할 수 있다. 광의(실질적 의미)는 그 자체를 말하는 법 일반을 말하고, 협의(형식적 의미)는 헌법에서 말하는 법률로 국회의 의결을 거쳐 대통령이 서명·공포함으로써 성립되는 국법의 형식으로서의 성문법만을 말한다. 따라서 행정기관이나 사법기관에 의해 정립되는 명령이나 규칙 등과는 구별되는 것으로 여기서 말하는 법률은 바로 후자를 말한다.

법률의 형식적 효력은 헌법 다음이고 명령보다 상위이다. 헌법은 국민의 권리나 의무에 관한 사항 및 기타 중요한 사항은 법률로 규정할 것을 정하고 있다. 이를 입법사항 또는 법률사항이라고 한다. 물론 법규명령이 인정하는 예외가 있으나 법치주의의 한 표현에 불과하다.

3) 명 령

명령은 국회의 의결을 거치지 않고 행정기관에 의해 제정되는 성문법이다. 그러므로 국회의 의결을 거치지 않는 점에서 협의의 법률과 다르지만 국가의 법령이라는 점에서 차이가 없다. 그리고 형식적 효력에 있어서 명령은 법률보다 하위에 있기 때문에 헌법이나 법률에 위배할 수 없을 뿐만 아니라 그것을 개폐할 수도 없다. 다만 예외적으로 대통령의 긴급조치권은 법률의 효력을 갖는다(헌법 제76조). 대통령의 긴급명령의 경우에도 같다.

명령은 일반적으로 그 제정권자가 누구이냐에 따라 대통령령·총리령·부령으로 나뉜다. 대통령령은 총리령이나 부령보다 상위의 법이고, 총리령과 부령은 동등한 효력을 갖는다. 먼저 대통령령에는 위임명령과 집행명령이 있다. 위임명령은 법률에서 구체적으로 범위를 정하여 위임한 사항에 관하여 발하는 것으로서 위임의 범위 내에서는 입법사항에 관하여 새로운 규정을 할 수 있다. 예컨대 사면법 제8조에는 “일반사면, 죄 또는 형의 종류를 정하여 행하는 감형과 일반으로 행하는 복권은 대통령령으로 행한다”고 하여 위임명령을 발할 수 있도록 하고 있다.[8] 한편 집행명령은 법률을 집행하기 위하여 필요한 사항에 관해 발하는 것으로서 상위법령에 없는 새로운 입법사항을 규정할 수 없다. 그 예로는 공직선거 및 선거부정방지법 시행령, 근로기준법 시행령 등으로 시행령이라는 명칭이 들어 있다.

다음으로 총리령과 부령에는 위임명령과 직권명령이 있다. 위임명령은 법률 또는 대통령령의 위임에 의해 발하는 것이며, 그 위임의 범위 내에서는 새로운 사항을 규정할 수 있다. 한편 직권명령은 다시 두 가지로 나눈다. 하나는 법률이나 대통령령을 집행하기 위해 발하는 이른바 법규명령으로서의 집행명령이고, 다른 하나는 행정기관의 장이 헌법이나 법률의 수권 없이 그 직무권한의 범위 내에서 당연히 발할 수 있는 행정규칙이나 협의의 행정명령이 있다.

4) 규 칙

일반적으로 규칙이라고 하면 몇 가지의 유형으로 나뉜다.

첫째, 공법상의 특별권력관계 또는 행정기관 내부의 사항을 규율하기 위한

8) 다만, 일반사면은 죄의 종류를 정하여야 한다.

일반적 규범으로서 법규의 성질을 갖지 않는 것을 말한다. 이는 행정규칙 또는 협의의 행정명령이라 불리는 것으로 법률이나 명령에 특별한 수권규정 없이도 행정권에 따르는 당연한 권능으로 발하는 법이다. 따라서 일반권력관계나 다른 행정조직 내부에는 효력이 미치지 않는다. 이러한 규칙은 그 제정에 특별한 형식을 요하지 않지만, 보통 훈령·지시·일일명령·예규·통첩 등 고유의 형식이 있다.

둘째, 그 법적 성질은 명령이면서 규칙이라 불리는 것이 있다. 예를 들면, ① 국회의 법률에 저촉되지 아니하는 범위 안에서 의사와 내부규율에 관한 규칙을 제정할 수 있다(헌법 제64조). ② 대법원은 법률에 저촉되지 아니하는 범위 안에서 소송에 관한 절차 또는 내부규율과 사무처리에 관한 규칙을 제정할 수 있다(헌법 제108조). ③ 중앙선거관리위원회는 법령의 범위 안에서 선거관리, 국민투표관리 또는 정당 사무에 관한 규칙을 제정할 수 있으며, 법률에 저촉되지 아니하는 범위 안에서 내부규율에 관한 규칙을 제정할 수 있다(헌법 제114조).

셋째, 자치법규로서의 규칙이 있다. 자치법규는 지방자치단체나 그 장이 법령에 의해서 인정된 자치권의 범위 안에서 그 자치권에 의해 자치의 조직·자치의 사무 및 기타 주민의 권리·의무에 관한 사항에 관하여 제정하는 법이다. 자치법규에는 조례와 규칙이 있는데, 조례는 지방자치단체가 그 자치권에 의해서 지방자치단체 의회의 의결을 거쳐서 제정하는 것이고, 규칙은 지방자치단체의 장이 제정하는 것이다.

보통 법규라고 하면 첫째로, 구체적 의미를 갖는 행정행위 및 재판판결에 대한 추상적 의미로서의 법규범을 말한다. 둘째로, 성문의 법령을 말한다. 셋째로, 국민일반의 권리·의무에 관계있는 법을 말한다. 여기서 법규나 법규명령이라고 하면 세 번째의 의미를 말한다.

원래 법규는 의회만이 제정할 수 있었지만, 오늘날 행정국가나 복지국가에 있어서 전문적·기술적 분야에 관하여 부득이 행정관·담당자에게 그 권한의 일부를 위임하지 않을 수 없게 되었다. 그리하여 많은 국가가 오늘날 행정입법을 하고 있으며 이는 법치주의의 변질이라고 할 수 있다.

5) 조 약

조약이란 국제법상 완전한 주체가 될 자격이 있는 국가나 국제기구 사이의 문서에 의한 명시적 합의인 법률행위를 말한다. 국가에 따라 약간의 차이가 있지만 일반적으로 국회의 동의와 대통령의 비준 및 공포로써 이루어진다. 그 명칭은 협약·헌장·협정·결정서·의정서·각서·선언 등으로 다양하지만 그 효력에 있어서는 차이가 없다.

3. 불문법

불문법은 문자로 표시되어 있지 않고 적법한 입법기관에 의해 일정한 절차에 따라 제정되지 않은 법을 말한다. 오늘날 널리 성문법주의가 요구되고 있지만 유동하는 생활관계와 고정된 성문법규 사이에는 필연적으로 간극이 생기기 마련이기 때문에 불문법의 필요성은 항상 상존한다. 대륙법계와 달리 영미법계에서는 불문법이 법원의 근간을 이룬다.

1) 관습법

(1) 의 의

관습법(customary law)이란 사회공동체 속에서 자연발생적인 규범이다. 성문화되지 않고 불문적인 모습으로 국가에 의해서 법으로서의 승인을 받고 강제규범으로서 국가법 체계에 참여하는 것을 말한다. 즉 국가의 입법기관이 제정한 법이 아니고 국가사회 안에서 관행의 행태로서 존재하는 것이 그대로 법이 되는 것이다. 이러한 관습법 가운데 어느 것은 국가 입장에서 질서유지를 위하여 그에 대한 준수가 절대로 필요하다고 인정되는 것이며, 그러한 종류의 관습이 국가의 공권력에 의해 보장됨으로 관습법이 되는 것이다.

(2) 관습법의 성립 근거

① 관행설

국민의 어떤 사항이 동일한 행위를 오랫동안 반복하여 행하여지면 그 관행이 바로 관습법이 된다는 설이다. 이 설은 이른바 '관습이기 때문에 고로 법적으로 정당하다'는 것이다. 이는 관습법 그 자체와 그 내용을 형성하는 소재로서의 관습과 혼동하고 있다. 물론 관습법은 관습 중에서 법적 성격을 띠는 것을 말한다. 여기서 말하는 관습법은 국가법으로서 단지 관습의 존재만으로는 될 수 없다. 따라서 관행설은 관습이 관습법이 되는가를 설명하지 못한다.

② 법적 확신설

사회 다수인의 어느 관습에 따라 행하는 것이 권리 또는 의무라고 확신할 때 관습이 법이 된다는 설이다. 독일의 법철학자 사비니(von Savigny) 등 역사법학파들이 주장한다. 일반인의 법적 확신을 토대로 하여 법을 결정한다는 것은 법사회학 분야에서 대단히 중요시하는 태도이며, 사회의 자연발생적인 관습법이란 결국 이러한 사회인의 법적 확신에 의해서 발생한다. 그러나 그러한 법적 확신에 의한 관습법은 사회학적 견지에서 그렇게 부르는 것이다. 이 설이 가장 타당한 것으로 인정되고 있다.

③ 국가승인설

국가가 어떤 관습의 내용을 법으로서 승인함으로써 관습법이 성립한다는 라손(A. Lason)과 빈딩(K. Binding) 등이 주장하는 학설이다. 법이란 국가권력이 그 위반에 대하여 제재를 가함으로써 그 준수를 강요하는 규범인 만큼, 그러한 규범의 내용은 성문법이냐 불문법이냐를 불문한다. 다만 성문법은 국가의 입법행위라는 적극적인 법 창조의 방법에 의해서 인정되는 데 반하여, 관습법은 국가의 승인이라는 수동적인 방법에 의해서 인정되기도 한다. 즉 국가가 성문법을 중심으로 하되 관습법은 그에 대한 보충적 또는 변경적인 것으로 하는 경우가 있다. 법원이 관습의 규정 내용을 채택하여 재판의 준거로 할 수 있고, 행정관청이 관습에 의하여 처분할 수도 있다. 이와 같이 법원이나 행정관청이 동일행위를 반복함으로서 관습법을 생성시킨다고 주장하나, 이러한 국가의 승인은 구체적인 사건에 관한 심판이라는 법원의 결정을 의미하는 것이지 관습을 법으로 만드는 것은 아니다.

(3) 관습법의 성립요건

앞의 법적 확신설에 의하여 관습법의 성립요건을 보면 다음과 같다. 첫째는 일정한 관행이 있어야 하고, 둘째는 관습이 법적 가치를 가진다는 법적 확신이 있어야 한다. 셋째는 관습이 공서양속[9]에 반하지 않아야 한다. 넷째로 법령의 규정(민법 제185조와 제224조; 상법 제1조)에 의하여 명문으로 인정하는 관습

---

9) 공공의 질서와 선량한 풍속을 의미하며, 공공의 질서는 국가사회의 일반적 이익을 말하고, 선량한 풍속 사회의 일반적 도덕관념을 말한다.

이거나 법령이 규정이 없는 사항에 관한 관습이어야 한다.

(4) 관습법의 효력

① 관습법과 관습의 관계

사실인 관습과 관습법은 서로 상대적인 관계에 있다. 관습법의 실체가 되는 관습의 효력을 관습법과의 관련에서 보면, 민법 제106조는 사실인 관습에 관해서 "법령 중의 선량한 풍속 기타 사회질서에 관계없는 규정과 다른 관습이 있는 경우에 당사자의 의사가 명확하지 아니한 때에는 그 관습에 의한다"고 규정하고 있다.

민법 제106조는 관습의 효력에 관하여 당사자의 의사가 명확하지 않는 때를 조건으로 한다. 당사자가 관습에 의한 의사를 명확히 표시한 경우에는 그 관습은 법률행위의 내용이 되므로 민법 제106조에 의하여 당연히 그 관습에 의하게 된다. 한편 당사자가 관습에 의하지 않겠다는 의사를 명확히 한 경우에는 그 관습에 의할 수 없음은 물론이고 당사자 의사에 의한다.[10] 따라서 관습이 독자적 효력을 갖는 경우는 당사자가 관습에 의한다는 의사를 표시하거나 관습에 의하지 않겠다는 의사를 명확하게 표시하지 않는 경우이다.

또한 관습의 내용이 법령 중의 선량한 풍속 기타 사회질서에 관계없는 규정과 다른 관습일 것을 요구한다. 법령 중의 선량한 풍속 기타 사회질서에 관계없는 규정, 즉 강행규정에 위반하는 관습은 그 효력을 인정할 수 없다. 한편 선량한 풍속 기타 사회질서에 관계없는 규정과 다른 관습은 법률행위의 해석에 관한 한 일반 임의규정보다 우선적으로 적용한다.

임의법규는 법률행위의 해석표준이 되며 그 해석 작용은 의사표시가 없을 때 그것을 보충하는 경우이며, 의사가 불명확할 때 그것을 일정한 의미로 해석하는 경우이다. 따라서 사실인 관습은 당사자의 의사표시를 보충하고 해석하는 자료로서 효력을 갖는 것이다.

② 관습법과 성문법의 관계

첫째, 보충적 효력설은 관습에 대한 성문법의 우월을 인정하고 관습법은

---

10) 민법 제105조: 법률행위 당사자가 법령 중의 선량한 풍속 기타 사회질서에 관계없는 규정과 다른 의사를 표시한 때에는 그 의사에 의한다.

원칙적으로 성문법의 규정에 없는 사항에만 그 보충적 효력이 인정된다. 민법 제1조는 “민사에 관하여 법률이 규정이 없으면 관습법에 의하고 관습법이 없으면 조리에 의한다”고 규정하고 있고, 상법 제1조는 “상사에 관하여 본법에 규정이 없으면 상관습법에 의하고 상관습법이 없으면 민법의 규정에 의한다”라고 규정하고 있는 바, 이 두 규정에서 보는 바와 같이 관습법은 보충적·제2차적 효력을 지닌다. 따라서 상관습법은 민법의 규정에 우선하게 된다. 이는 ‘특별법은 보통법에 우선한다’는 원칙에 의하여 상법에 대한 보충적 효력과 아울러 민법에 대한 법률 개폐적 효력을 인정한 것이다. 다만 형사에 관하여는 죄형법정주의[11]가 철저히 지켜지므로 관습법은 아무런 효력을 갖지 못한다.

둘째, 법률 변경적 효력설은 성문법의 내용과 모순되는 관습법은 효력이 없음이 원칙이므로 관습법의 법률 변경적 효력은 부인된다. 그러나 성문법이 특히 그 규정내용과 다른 관습법의 존재를 인정하는 경우에는 성문법을 개폐하는 변경적 효력이 인정된다. 또한 실제로 성문법과 다른 관습법이 예외적으로 법규를 개폐하는 효력을 발휘하는 경우가 있다. 그 경우가 동산양도담보[12] 제도이다. 그 근거로는 자연적으로 발생하는 관습법의 성립을 일편의 금지규정으로 저지하는 것은 불가능하다는 것이고, 민법 제106조의 해석상 사실인 관습은 임의규정을 개폐하는 효력을 가지고 있다고 한다. 또한 민법 제1조는 자연법사상을 배경으로 한 초기입법의 관례에 따른 것이므로 절대적으로 구속될 필요는 없다는 견해가 있다.

2) 판례법

판례란 특정 소송사건에 대하여 법을 해석·적용하여 내린 판단을 말하며,

11) 죄형법정주의란 “법률이 없으면, 범죄도 없고 형벌도 없다”라는 근대 형법의 기본원리이다. 어떤 행위를 범죄로 처벌하려면 범죄와 형벌이 반드시 법률로 정해져 있어야 한다는 것으로, 국가의 과도한 형벌권의 행사로부터 시민의 자유와 권리를 보호하려는 근대 인권사상의 요청으로 등장한 원리이다. 죄형법정주의의 구체적인 원리로는, 법률로 정하지 않은 범죄와 형벌은 인정하지 않는 **관습형법금지의 원칙**, 행위를 할 때 범죄로 규정하지 않았던 행위를 나중에 범죄로 규정하여 처벌하는 것을 금지하는 **소급효금지의 원칙**, 무엇이 범죄이고 각각의 범죄에 어떤 형벌이 부과되는지가 명확하고 적정해야 한다는 **명확성의 원칙과 적정성의 원칙**, 그리고 형벌 법규에 처벌 대상으로 명시되어 있지 않다면 아무리 그것과 유사한 성질의 것이더라도 유추하여 적용해서는 안 된다는 **유추적용금지의 원칙** 등이 있다.

12) 동산양도담보는 관습법상 발달하고 판례가 유효성을 인정하는 비전형담보이다.

판례를 법원으로 인정하는 경우에 이러한 판례의 형태로 존재하는 법을 판례법(Case Law)이라 한다. 판례법은 관습법의 특수한 형태로 법원에서 형성된 것이라는 점에서 일반 관습법과는 다르다. 이러한 판례를 대하는 태도는 영국과 미국에서는 상급법원이 어떤 법률문제에 관하여 판결을 내리면 그 후로 그 법원이나 하급법원은 동일한 법률문제에 관하여는 동일한 판결이 반복되게 된다. 이것이 판례법을 형성하게 되는 것이다.

이처럼 판례법은 제1차적 법원으로 삼기 때문에 판례는 성문법이 갖는 동등한 정도의 법적 구속력을 갖는다. 단 한번의 판례가 법규성이 인정되기 때문에 최고법원의 판례는 모든 다른 법원을 구속하며, 상급법원의 판례는 하급법원의 판례를 구속하게 된다. 이것이 '선례구속의 원칙'이다. 영미법의 근간을 이루는 보통법과 형평법이 바로 이 판례에 나타난 여러 가지 원칙이 모아진 것이다. 물론 영미법원에서도 최고법원이 그 자신의 판례를 스스로 변경하는 기능을 담당하고 있다.

이에 반해 유럽의 대륙법계 국가들은 법전주의에 입각하기 때문에 법원은 동급 또는 상급법원의 판결에 구속받지 않는 것이 원칙이다. 즉 성문법을 제1차적 법원으로 하기 때문에 판례는 법적 구속력이 없고 단지 사실상으로 존중된다. 이러한 법제에 있어서 일정한 법률문제에 관해서 동일한 판결이 반복되고 판례의 방향이 일정하게 확정되는 경우 그 판례는 성문법 및 관습법과 더불어 하나의 법원으로서 인정받을 수 있는가라는 질문에 답해야 한다.

대륙법계 국가들과 같이 법원이 법의 적용만을 담당하고 법의 창조에는 아무런 권한도 없는 나라에 있어서 판례는 단지 법 적용의 성과에 지나지 않으며, 법의 정립이 아니므로 법원의 하나로서 판례법의 존재를 인정하는 것은 아무런 의미가 없다. 그러나 이러한 법 해석상의 입장을 지나서 판례와 사회생활의 실체적 관계에서 생각할 때 법원의 사회생활의 법적 안정성을 위해서 중대한 사유와 확실한 근거가 없는 한 종래의 판결을 변경한다는 것은 불합리한 처사가 되므로 감히 변경을 하지 못한다. 또한 법원의 판결과 다른 판결을 내릴 경우에는 상급심에서 파기될 것을 염려하여 특별한 이유가 없는 한 상급법원의 판례를 따를 수밖에 없을 것이다. 따라서 법적으로 구속력이 없는 판례일지라도 사실상 구속을 받게 되기 때문에 법의 적용은 법원을 통해서 법을 정립하는 결과가 된다.

한편 우리나라는 법제상으로 대법원의 심판에서 예시한 법령의 해석은 당해 사건에 관하여 하급심을 기속할 뿐이고(법원조직법 제8조),[13] 또한 모든 법관은 독립적으로 심판할 수 있기 때문에(헌법 제103조)[14] 판례의 법적 구속력이 제도적으로 보장되어 있지 않다. 그러나 같은 내용의 사건에 대하여 상급법원의 판례와 다르게 재판을 하면 상급심에서 파기되는 일이 많으므로 하급법원은 스스로 대법원의 판례를 따르게 된다. 또한 대법원에서도 자체의 판례를 변경하는 데는 신중한 절차를 밟는다(법원조직법 제14조).[15] 따라서 판례는 규범성을 갖는다고 할 수 있다.

우리나라의 학설은 판례를 법원으로 인정할 것인가에 대하여 그 견해가 나뉘고 있지만, 우리나라는 성문법이 완비되어 있고 판결이란 법관이 성문법규를 해석하여 사건에 적용하므로 판례법을 인정할 필요는 없다는 견해가 있으나, 시대적 소명의식이나 성문법 국가임에도 불구하고 대법원 판례를 중시할 수밖에 없으므로 판례를 법원으로 인정하는 것이 타당하다고 생각한다.

3) 조 리

조리는 사물의 본성이나 사람의 건전한 상식으로 판단할 수 있는 자연의 이치 내지 본질적·법적으로 국가가 법적 규범의식으로서 승인한 사회생활의 원리를 말한다. 이는 경험법칙, 사회통념, 공서양속, 정의관념, 신의성실 등으로 표현되기도 한다.

조리와 성문법의 형식적 관련에 있어서 민법 제103조는 "선량한 풍속 기타 사회질서에 위반한 사항을 내용으로 하는 법률행위는 무효로 한다"라고 규정하고 있다. 여기서 '선량한 풍속 기타 사회질서'라는 관념은 도덕이나 종교 등의 사회규범에 의한 평가를 말하는 것이 아니고 법적 규범에 의한 평가를 말하는

---

13) 법원조직법 제8조(상급심 재판의 기속력): 상급법원 재판에서의 판단은 해당 사건에 관하여 하급심(下級審)을 기속(羈束)한다.

14) 헌법 제103조: 법관은 헌법과 법률에 의하여 그 양심에 따라 독립하여 심판한다.

15) 제14조(심판권): 대법원은 다음 각 호의 사건을 종심(終審)으로 심판한다.

1. 고등법원 또는 항소법원·특허법원의 판결에 대한 상고사건
2. 항고법원·고등법원 또는 항소법원·특허법원의 결정·명령에 대한 재항고사건
3. 다른 법률에 따라 대법원의 권한에 속하는 사건

것이다. 즉 어떤 불변의 이법(理法)을 말하는 것이 아니고 국가에 의하여 현행 법질서를 유지하기 위하여 규율하는 법적 규범의식으로 평가된다.

사회생활의 현상들은 복잡하고 항상 변화하는 것이기 때문에 아무리 상세하게 법을 제정하고 관습법이 발달한다 하더라도 사회가 요청하는 모든 법률관계를 총망라하여 규정할 수는 없는 것이다. 그렇다고 특정한 시간에 대하여 법원이 이에 적용할 법규가 없다고 하여 재판을 거부할 수 없으므로 법률의 흠결을 보충하여 판결할 수밖에 없다. 이처럼 조리는 넓은 의미로 자연법과 동의어로 실정법 존립의 근거 또는 평가 척도로 사용되기도 하나 일반적으로 법의 흠결을 보완할 해석상, 재판상의 기준을 의미한다.

그런데 재판이 조리에 의해 이루어질 때 그 조리를 법원의 하나로 보아야 할 것인가? 만일 재판이 법에 의해서만 준거하는 것이라고 정의한다면 조리도 법이라고 보아야 할 것이다. 그러나 재판이 조리에 의하여 이루어졌다는 이유에서 '법률에 의한 재판'이라고 조리의 법원성을 인정한다면 비약된 논리일 것이다. 그것은 '법률에 의한 재판'이란 기존의 법에 의하여 재판을 한다는 것이지 그것에 의해서만 행해져야 한다는 것은 아니기 때문이다.

재판은 반드시 법률에 의하지 않으면 할 수 없는 것이 아니고 법률에 흠결이 있는 경우에 법률 이외에 다른 준거에 의해서도 행해져야 한다. 따라서 민법 제1조에 의하여 조리를 법원으로 인정하는 것이 타당하다.

III 법의 목적(이념)이란 어떠한 의미인가

1. 법의 목적 혹은 이념의 의미

법은 국가 혹은 지방정부의 사회질서를 유지하기 위하여 존재하기 때문에 그 사회질서 유지의 목적(이념)이 무엇인가와 더불어 법이 가지는 궁극적인 가치가 무엇인가 하는 것이 법의 목적 혹은 이념이다. 다시 말하면 법은 무엇 때문에 존재하는가에 관한 문제로 법의 가치 혹은 법의 이념을 말한다. 법의 실체를 이해하기 위해서는 "이념을 회피하는 자는 결국 개념도 파악할 수 없다"는 괴테(Goethe)의 말에서 알 수 있듯이 법의 목적이 무엇인가를 정확하게 알아야 한다. 따라서 법은 맹목적으로 존재하는 것이 아니며 무엇인가 이념과 가치를 실현하기 위하여 존재한다.

현대 복지국가는 자유민주주의 헌법질서 아래에서 국가권력에 의하여 통치되고 있다. 이러한 통치권력은 주권재민(主權在民)의 원칙과 법치주의(法治主義)에 의하여 형성된다. 그리고 법규범이란 이러한 조직적인 통치권력에 의하여 강제되는 사회규범이다. 이와 같은 법규범은 필연적인 세계의 인과율을 나타내게 되는 자연의 법칙과는 달리 당위의 법칙이다. 당위는 일정한 가치나 목적을 설정하고 의지의 자유를 가지는 사람으로 하여금 목적달성을 위하여 일정한 행위에 대하여 의무를 지워 사회생활 안에서 실현시키고 있는 것이다.

그러므로 사람은 자연법칙에 위반할 수는 없으나 현실사회 안에서는 '당위'인 법규범에 위반하는 사례가 있을 수 있다. 이와 같은 현상은 법도 규범이므로 그 가치 내지 목적을 설정하고 있다고 하겠으나, 법은 그 가치 실현을 목적으로 하고 있는 것이므로 당연하다고 할 것이다.

그러나 법에 따라 목적이 다양하지만, 법은 개별적인 입법목적 이외에 법으로서의 근원적인 고유의 이념을 가지고 있어야 된다. 그것은 개별적인 법의 목적을 통일하고, 포괄적으로 법의 고유한 의미에 있어서의 보편적 이념이어야 하는 것이다.

여기에서 고찰하고자 하는 법이념이란 개개의 법에 표시된 목적이 아니라, 모든 법의 일정한 표준이 될 수 있는 공통의 법이념으로 법의 궁극적이 목적을 의미하는 것이다. 일반적으로 법의 목적으로서는 거의 통설로 받아들여지고 있는 라드브루흐(G. Radbruch)가 법이념의 3요소로 들고 있는 정의, 합목적성, 법적 안정성이 주로 논의되고 있다.

2. 정의(正義)

정의(justice)가 법의 근본적 목적의 하나라는 점에 대해서 이의가 없는 것 같다. 정의란 개개인이 이성의 올바른 사용에 의하여 지켜야 할 덕목으로 주관적 정의와 사회질서 전체가 이상적 형태로 지향해 나갈 하나의 보편적·일반적 가치기준으로 객관적 정의로 나누어 볼 수 있다. 법은 정의의 실현을 기본적 사명으로 하는 사회규범이며, 정의는 법을 특정지우는 결정적 기준인 동시에 인간사회에 있어서의 최고가치의 하나이다. 정의의 핵심은 평등의 사상이다. 평등은 정의의 본질이고, 보편성은 정의의 형식이다.

이러한 정의는 역사적으로 볼 때 시대와 장소에 따라서 다양하게 해석되고 있으나 오늘날에는 일반적으로 아리스토텔레스(Aristoteles)의 정의론을 든다. 아리스토텔레스는 첫째, 일반적 정의와 특수적 정의로 나누고 있다. **일반적 정의**는 개인이 공동체의 일반원칙에 따르는 것으로 합법성 그 자체를 의미한다. 특수적 정의는 평등을 그 본질로 하며 과다와 과소의 중간을 이루는 정당한 배분을 의미하고 있다. 둘째, 특수적 정의는 다시 평균적 정의와 배분적 정의로 나누어진다. **평균적 정의**는 사법상의 정의이며 정의의 근원적 형식으로 급부와 반대급부 간의 절대적 평등을 의미하여 사인간의 법률관계를 규율한다. **배분적 정의**는 단체에서 개인이 갖는 가치에 상응한 비례적 평등으로 상대적 평등을 의미하며 공법상의 법률관계를 규율한다. 오늘날 정의의 원리가 실정법에 내제하는 현상은 평균적 정의로부터 배분적 정의로 그 이념이 변화하여 가는 현상으로 나타난다.

3. 합목적성(合目的性)

법이 추구하여야 할 두 번째의 이념은 합목적성이다. 합목적성이란 법이 그 가치관이나 목적에 구체적으로 합치되는 것을 말한다. 언제나 법은 가치관에 합치되어야 한다는 것을 말한다. 법이 가치관에 충실하도록 하는 것은 법 그 자체의 가치를 보존하게 하는 것이므로 법의 합목적성은 정의와 함께 법의 이념 혹은 목적으로 보게 되는 것이다. 법의 합목적성은 정의와 달리 절대적인 개념이 아니라 그 사회의 가치관에 따라서 다르게 나타나는 상대적 개념인 것이다.

법규범은 위반의 가능성을 전적으로 배제하고 있지는 않고 오히려 그 가능성을 예견하고 있으면서도 한편으로는 아무리 강요하더라도 지킬 수 없는 무리한 내용은 그 당위(Sollen)로 할 수 없다. 법규범이 추상적인 당위로서 요구되는 규범이 아니라 국민의 사회생활에서 실제로 행하여지는 실제규범일 수 있게 하는 것이 바로 합목적성의 이념이라고 할 것이다. 역사적으로 보면 개인주의와 단체주의, 공공의 복지와 개인의 권리, 이데올로기와 이데올로기의 대립 사이에 과연 무엇이 가치관에 따른 합목적인 것인가를 결정하는 것은 매우 곤란한 일이 아닐 수 없다.

개인주의적 가치관에서는 가치의 주체는 개인이고 국가는 개인의 생명·자유·재산을 보전·증대하기 위한 수단에 불과한 것이나, 단체주의적 가치관에서는 가치의 주체는 국가이고 개인의 사적 이익이 희생되더라도 국가의 공적 이익이 보존·발전되어야 한다고 본다.

홉스(Thomas Hobbes)는 인간의 자연상태는 '만인의 만인에 대한 투쟁'이라고 하여 사람의 본성을 비사회적·이기적이라고 보고, 사람은 원시투쟁의 상태에서 탈출하기 위하여 개개인이 각자의 계약에 의해 국가를 형성하게 된 것이라고 하면서 현실사회 안에서 선·악을 구별하는 일반적 기준은 오로지 국가 안에서만 가능하다고 본다. 따라서 선과 악, 정의와 부정의를 구별하는 기준은 영구불변하는 진리 속에 있는 것이 아니라, 국가권력의 의지결정에 의해 나타난다고 보아 "진리가 아니라 권력이 법을 만든다"라고 한다. 존 로크(John Locke)는 생명·자유·재산 등의 자연권을 보호하는 것이 법의 목적이라고 보고, 법은 자유를 억제하는 것이 아니고 자유를 보전하고 증대하는 데 그 목적이 있다고 한다.

19세기에는 자유주의가 유일한 가치관으로 되어 법은 국가의 권력에 대하여 개인의 권리를 보장하는 것을 목적으로 하였다. 그러나 개인주의적 자유주의의 가치관은 결과적으로 대중을 빈곤으로 몰아넣었으므로, 20세기에 이르러서는 평등을 배분적 정의에 입각하여 사회적으로 실현하려는 복지주의가 대두하여 가치관이 종래의 자유주의로부터 복지주의로 변화하게 되었다.

4. 법적 안정성(法的 安定性)

법적 안정성(Rechtssicherheit)은 법에 의하여 보호되는 사회생활의 안전을 말한다. 즉 현행 법질서가 동요됨이 없이 어떤 행위가 옳고, 어떤 권리가 보호되며, 어떤 책임이 생기는가를 일반 사람들이 확실히 알아 법의 권위를 믿고 안심하고 행동할 수 있는 상태를 말한다. 법적 안정성을 유지하기 위하여서는 법이 명확하여야 하고, 법이 함부로 변경되어서는 아니 된다. 법이 명확하지 아니하면 국민은 불명확한 법에 의하여 단속을 받거나 처벌되어 안심하고 생활할 수 없으며, 또한 법이 함부로 변경되면 사람들은 법을 믿지 못하게 되고, 또 법의 변경을 몰라 사회질서에 혼란이 생기게 되기 때문이다.

법적 안정성을 유지하기 위하여서는 법이 명확하여야 하므로, 법의 의미를 성문의 법규에 의하여 확정하고 성문법을 정확하고 조리 있는 논리에 의하여 해석하는 것이 필요하다. 그러므로 법적 안정성의 요구는 성문법의 발달을 가져오고, 또한 법해석학에 있어서 개념법학의 우위를 가져온다. 그러나 사회생활은 끊임없이 유동·변화하므로, 법을 너무 고착시키면 법이 사회생활과 유리되어 결과적으로 법을 무시하고 사회정의를 실현하려는 움직임이 나타나 오히려 법적 안정성을 파괴할 우려가 크다.

그러므로 사회의 현실에 순응하고 정의의 요구에 따라 변화할 수 있는 정도의 탄력성을 법에 부여하는 것이 오히려 법적 안정성을 유지할 수 있는 길이 될 것이다.

5. 정의, 합목적성, 법적 안정성의 상호관계

정의, 합목적성, 법적 안정성의 세 이념은 상호모순 관계에 있으면서도 상호보완관계에 있다고 볼 수 있다. 정의만을 강조하게 되면 법적 안정성을 해치게 되고, 법적 안정성만 강조하게 되면 정의를 망각하는 수가 생기게 된다. 이에 대하여 라드브루흐(Radbruch)는 법의 이념으로서 정의·합목적성·법적 안정성의 세 가지를 들고, 이 세 가지의 법이념은 시대와 나라에 따라 각각 달리 적용된다고 한다. 이 세 가지가 상호 모순·충돌하는 경우에 자연법 시대에는 정의의 이념이 강조되었고, 경찰국가 시대에서는 국가의 목적, 국가의 안정을 위하여 정의나 법적 안정성을 희생시키고 합목적성의 이념이 강조되었으며, 법실증주의 시대에서는 법의 실정성과 안정성을 유지하기 위하여 정의나 합목적성이 소홀히 되었고 법적 안정성의 이념이 강조된다고 한다.

또한 법체계에 있어서도 형법에는 정의의 이념이 강하게 작용하고, 행정법에는 합목적성의 이념이 강하게 작용하며, 민법이나 소송법에서는 법적 안정성의 이념이 강하게 작용한다고 한다.

그러나 법적 안정성은 기능에 관한 이념인 데 대하여 정의와 합목적성은 법의 내용에 관한 이념이고, 또한 정의는 윤리와 결부되는 이념인 데 대하여 합목적성은 공익과 결부되는 이념이다. 이와 같이 세 가지는 각각 그 이념의 기초를 달리하므로 상호 모순·갈등이 있을 수 있다.

Ⅳ 법의 효력이란 무엇인가

1. 법의 효력의 의미

법은 구속력을 가지고 국민의 행태를 규율하는 규범으로서 그 의미내용대로 실현할 수 있는 힘을 가지는 것을 말한다. 그런데 법이 사회생활 속에서 실현되지 않는다면 그 법은 존재가치를 잃게 될 것이다.

그러나 법규범이 사실상 실현되지 않는다고 하여 당장 법규범으로서의 의미를 상실하는 것은 아니고 '법은 준수되어야 한다'는 당위성은 여전히 남게 된다. 이로 인해 법은 효력을 가지게 되고 실현되어야 한다는 강제성을 가지게 된다. 이러한 법의 효력의 문제는 두 가지 측면에서 생각할 수 있다. 하나는 '법이 생활 속에서 실현되는 근거는 어디에 있느냐'를 구명(究明)하는 문제이다. 이것은 규범이 실현하려는 이념(타당성)과 규범이 현실적으로 실현되고 있는 상태(실효성)가 합치되느냐의 문제이다. 이것을 법의 실질적 효력이라고 한다. 다른 하나는 실정법의 효과가 어느 때를 기준으로 하여 어떤 범위의 사람과 장소에 적용되느냐 하는 것으로 이를 법의 형식적 효력이라고 한다.

2. 법의 실질적 효력

인간은 사회생활 가운데 '....을 해야 한다', '...을 해서는 안 된다'는 형식의 규범에 구속되어 있다. 따라서 이러한 규범에 위반하면 '형벌에 처한다'라고 하여 그 실현을 강제하거나 그 위반에 대해 제재를 가하고 있다. 이는 법규범의 행위규범적 성격과 강제규범적 성격을 모두 가지고 있다는 것을 의미한다.

법이 실질적으로 효력을 발휘하려면 행위를 마땅히 요구할 수 있어야 하고, 그 불응에 대해서는 그에 상응한 강제 내지 제재가 가능해야 한다. 이를 법의 타당성과 법의 실효성이라고 한다. 다시 말해서 **타당성**이란 법이 구속력을 가질 수 있는 정당한 자격 내지 권능을 의미하며, **실효성**이란 법이 현실로 지켜져 실현되는 근거를 말한다. 이러한 법의 실질적 효력은 법의 타당성과 실효성이 합치될 때 충분히 발휘될 수 있다.

1) 법의 타당성

법은 행위규범으로서 사실상의 적용 여부를 불문하고 규범내용대로 실현되어야 한다는 요구를 가질 수 있을 때 그 효력이 있는 것이다. 이러한 법의 규범적인 측면을 법의 규범적 타당성이라고 한다. 따라서 법의 타당성이 있다는 것은 법이 그의 수범자를 구속할 수 있는 정당한 자격 또는 기능이 있다는 것이다. 그러면 법은 왜 타당성이 인정되는가, 법의 타당성의 근거에 관하여는 몇 가지 견해가 있다. 하나는 법에 선행하는 초월적인 자연법 사상에서 타당성의 근거를 찾으려고 하는 견해이고, 다른 하나는 법 자체의 내재적인 실정법에서 그 근거를 찾으려고 하는 견해이다.

(1) 자연법설

이 설은 법의 타당성의 근거를 자연법(자연법 사상)에서 구하는 견해로 그 내용은 시대적으로 달리 해석되어 왔다. 즉 고대에는 '있는 그대로의 자연질서', 중세에는 '신의 의사에 의해 정해진 법', 근대에 이르러서는 '인간의 본성을 기초로 존재하는 법' 등으로 생각했다.

자연법은 장소와 시대에 관계없이 불변하는 것이 아니고 매우 관념적인 것이므로 법의 타당성을 완전히 설명하기는 어렵다.

(2) 사실규범력설

사실규범력설이란 사실 속에 규범으로 바뀔 힘이 내재하고 있다는 사상에 근거한 것으로 옐리네크의 주장이다. 그는 사실상의 관행이 오랫동안 반복되면 나중에 그것이 법으로 성립한다고 주장하고, 또 혁명이라는 사실에 의하여 종래의 법체계가 부정되고 새로이 창설된 규범체계가 효력을 가지게 되는 것을 사실규범력으로 설명한다.

(3) 실력설

법은 실력의 지지를 받음으로서 유효하게 행해지며 실력의 뒷받침을 잃게 되면 붕괴되고 만다. 따라서 법은 실력을 가진 자의 명령이며 최고지배자의 지배의 형식이라는 견해이다.

법의 기원은 혁명의 경우처럼 권력에서 나온다고 할 수 있으나, 그것은 발생적·역사적 근거는 될지 모르나 타당성의 근거는 되지 못하며, 또는 왜 지배자가 법의 효력을 지지할 수 있을 만한 실력을 갖는 이유를 밝히지 못한다.

(4) 근본규범설

켈젠에 의하면 국가의 여러 법규는 병존하는 것이 아니라 입체적으로 상하의 질서를 이루면서 법 전체의 질서를 구성하고 하위의 법규의 타당성은 상위의 법규에서 구한다고 한다. 즉 법질서는 근본규범, 헌법, 법률, 명령, 처분의 순서로 상하의 단계를 이룬다는 것이다. 이를 **법 단계설**이라고 하며 실정법의 존재기반과 그 타당성의 근거는 근본규범에 있게 된다. 여기서 근본규범이란 법을 제정할 수 있는 가장 높은 권위의 소재를 가리키는 국가의 정치적 근본원리를 말한다고 할 수 있다.

(5) 법목적설

예링은 그의 저서 「법에 있어서의 목적」에서 "목적은 모든 법의 창조자이다"라고 하면서 법의 타당성의 근거를 법의 목적에 두었다. 그리고 라드부르흐는 법의 이념으로 정의·합목적성·법의 안정성을 들고, 이는 법을 법답게, 법관을 법관답게, 통치자를 통치자답게 하는 근거라고 하였다.

2) 법의 실효성

법은 강제규범으로서 그 규범내용대로 사실을 움직일 수 있는 힘을 갖는다. 이러한 법의 사실적 측면을 법의 실효성이라고 한다. 이는 행위규범이 실현되지 못할 때 그 위반하는 자에 대하여 강제력을 발동하는 것을 말한다.

법이 법으로서 효력을 갖기 위해서는 실효성이 있어야 하는데, 여기서 법이 실효성이 있다는 것은 국가권력이 강제력에 의하여 법의 실현이 보장되고 있다는 것이다. 이러한 법의 실효성을 보장하는 것은 어디까지나 국가권력에 의한 것이지 사인의 실력이나 폭력에 의하는 것은 아니다. 다만 예외적으로 특별한 경우에 한하여 자력구제가 허용될 뿐이다.

3) 법의 타당성과 실효성의 관계

법의 완전한 효력을 발휘하려면 규범적 타당성과 사실적 실효성이 병존해야 한다. 법이 이 중 어느 하나라도 결여되는 경우에는 실정법으로서의 존재가치를 상실하게 된다. 따라서 타당성이 없는 법은 아무리 실효성이 있다고 할지라도 그것은 악법이 될 수밖에 없으며, 반대로 실효성이 확보되지 않은 법은 아무리 타당성이 있다고 평가될지라도 현실적으로 만족할 실정법으로서의 구실을 하지 못하게 될 것이다.

V 법률관계와 권리·의무란 무엇인가

1. 법률관계

인간의 사회생활은 정치·경제·사회·윤리·도덕 등 여러 가지 생활관계의 복합체이다. 이는 법의 지배를 받는 생활관계와 법의 지배를 받지 않는 생활관계로 분류할 수 있다. 예컨대 입법·사법·행정이나 매매·저당·혼인·상속 등에 관한 생활관계를 사실관계라고 한다.

이러한 법률관계는 법에 의하여 구속되는 자와 법에 의하여 옹호 내지 보호되는 자의 관계로서 나타난다. 여기서 전자의 지위를 의무라고 하고 후자의 지위를 권리라고 한다면, 결국 법률관계는 당사자의 입장에서 권리·의무관계로서 나타나게 된다.

법은 이처럼 당사자 간의 권리·의무관계인 법률관계로서 구체화되는 것이다. 역사적으로 의무본위에서 권리본위로 발전해 오고 있다. 원래 법은 당위를 내용으로 하는 규범이므로 언제나 '해야 한다', '해서는 안된다'는 명령·금지의 발현형식을 취하여야 한다. 따라서 그것은 개인을 구속하는 것으로서 의식되었고 법률관계는 의무라는 측면에서 규율되었다.

2. 권리의 이념

1) 학 설

(1) 의사설

이 학설은 의사를 권리의 본질이라고 하는 견해이다. 그러나 이 설에 따르면 의사를 가지는 사람만이 법률상의 권리를 가지게 되며 의사무능력자인 유아, 정신병자, 고유의 심리적 의사를 가지지 못하는 법인 등이 권리를 가질 수 없게 된다. 물론 이 경우 후견인이나 친권자 등에 의하여 의사를 대리할 수 있다고 하나, 이것은 권리행사의 방법에 불과할 뿐 의사에 입각한 권리의 근거를 설명하는 것은 아니다.

(2) 이익설

이 학설은 이익을 권리의 본질이라고 하는 견해이다. 이 설은 의사의 결함을 보충하기 위하여 독일의 예링이 주장하였다. 그는 권리의 본질을 생활의 분배 및 그 분배된 생활재의 보호에 있으며, 따라서 권리란 법률에 의하여 보호된 이익이라고 주장하였다.

이 설은 권리주체와 의사주체는 반드시 같을 필요는 없으므로 유아나 정신병자 등 의사무능력자들도 권리주체가 될 수 있다고 하여 의사설의 결점을 보완하였다. 그러나 이 설도 이익은 권리의 목적이지 권리의 자체가 아니라는 점을 간과하였으며, 또한 **친권**처럼 권리자에게 아무런 이익을 주지 않는 권리가 있고, **반사적 이익**처럼 이익은 주면서 권리로 인정되지 않는 것이 있다는 점을 간과하였다.

(3) 권리법력설

이 설은 권리는 일정한 이익을 향유할 수 있도록 하기 위하여 법적으로 주어진 힘이라고 하는 견해이다. 여기서 일정한 이익이란 개인의 사회생활에 있어서 필요한 가치 있는 것이라는 넓은 의미를 가지는 것이다. 따라서 물질적·경제적 내용을 가진 것뿐만 아니라 생명·신체·자유·명예·비밀·정조 등도 포함한다. 또 법적으로 주어진 힘이란 법에 의하여 인정된 힘이란 것이다. 이 설은 의사설과 이익설의 결점을 보완하였다고 평가되며, 오늘날의 통설이라고 할 수 있다.

(4) 권리부인설

이 설은 권리본위 사상에 반대하여 법적 권리의 존재의의 또는 존재 그 자체를 부인하는 것으로서 의무본위 사상의 극단화된 형태이다. 이 설에 의하면 권리개념을 형이상학적 개념이라 하여 부인해 버리고 사회연대에 기인한 의무관념을 법이론의 중심개념으로 삼는다. 따라서 권리는 일종의 사회적 기능에 불과하다거나 법적 의무의 반사형태에 불과하다고 한다. 비록 법의 중심개념을 의무본위로 생각하더라도 권리의 적극적 존재를 부인하는 것은 기본적으로 타당하지 못하다.

2) 권리와 구별되는 개념

(1) 권 한

권한이란 공사법상의 법인 또는 단체의 기관이나 개인의 대리인의 법령 또는 정관 등에 의하여 유효하게 할 수 있는 행위의 일정한 범위를 말한다. 다시 말하면 타인을 위하여 그 자에게 일정한 법률효과를 발생케 하는 행위를 할 수 있는 법률상의 자격이다. 예컨대 공법상의 대통령이나 공무원의 권한이라든가, 사법상의 법인이사의 권한 등이다. 국가 또는 지방자치단체의 기관에 대해서 직권 또는 직무라고 한다. 권한이란 특히 국가 또는 공공단체의 공무원의 소관사무와 관련하여 법에 의하여 한정되어 있기 때문에 권한의 범위를 일탈하는 행위는 무효 또는 취소할 수 있다.

(2) 권 력

권력이란 일정한 개인 또는 집단이 다른 개인 또는 집단을 강제 내지 지배하는 힘을 말한다. 다시 말하면 권력이란 명령권을 가리키며, 어떤 자의 의사가 다른 사람을 강제할 수 있는 힘을 의미한다. 이것은 사력이나 폭력과 달라서 일정한 공익을 달성하기 위하여 다른 개인이나 집단을 강제로 복종시키는 법률상의 힘이다.

(4) 권 원

권원이란 어떤 법률적 또는 사실적 행위를 정당화시키는 근거, 즉 법률상의 원인을 말한다. 예컨대 타인의 토지에 어떤 물건을 부속시킬 수 있는 권원은 지상권·처분권이라고 부른다.

(5) 반사적 이익

반사적 이익이란 법규가 사회일반을 대상으로 하여 정한 규정의 반사적 효과로서 받은 간접적인 이익을 말한다. 다시 말하면 법 집행의 결과 어떤 개인이 그 반사작용으로서 일정한 이익을 누릴 뿐 그것을 권리로서 청구할 수 없는 것을 말한다. 예컨대 형법 제185조의 교통방해죄는 교통안전이라는 사회일반의 이익을 보호하는 것이지 특정한 개인의 이익을 보호하려는 것이 아니다. 즉 통행인 개개인은 이 규정의 반사적 효과로서 안전하게 통행할 수 있는 이익을 받을 뿐이다. 예를 들면, 교량이 파괴되어 교통의 방해를 받았을 경우 그로 인한 손해배상을 청구할 수 없다.

3. 의무의 의미

의무란 자기의사와는 관계없이 일정한 행위(작위·부작위)를 하여야 할 법적인 강제, 즉 구속을 말한다. 법률생활이나 법학적 인식에 있어서 의무는 기본개념이다. 그것은 법이 일차적으로 명령·금지를 규정하는 행위규범이라는 점에서 당연한 것이다.

근대 이후 법이 권리본위로 구성되는 것은, 개인주의·사회주의 이데올로기의 법적 표현에 불과한 것이다. 중세 스콜라철학의 자연법 사상에서는 계약을 이행할 의무라든가 타인을 침해하지 않을 의무와 유기적 의무의 구별이 명확하지 않았다. 그러나 17·18세기의 근대 자연법 사상에 있어서는 그 준수에 관하여 강제할 수 있는 외부적 의무로서의 법적 의무와 강제할 수 없는 내부적 의무로서의 윤리적 의무가 구별되기 시작하였다. 한편 자연법이 점차 그 세력을 잃어 권리와 의무의 개념이 오로지 실정법상의 것으로만 한정하게 되었다. 실정법상의 의무란 자기의사 여하에 관계없이 행위를 하도록 강제당하는 법률상의 구속을 말한다.

4. 권리와 의무의 관계

법률관계에 있어서 권리가 성립하려면 반드시 권리의 내용을 성취시켜 주는 타인의 행위가 있어야 하며, 이에 대응하는 의무가 전제되어야 한다. 따라서 권리가 있으면 이에 대응하는 의무가 있는 것이 원칙이다. 그러나 권리와 의무는 언제나 서로 대응하여 존재하는 것이 아니다. 사법상의 권리·의무는 대부분의 경우에는 서로 대응하여 존재하나 그러하지 아니한 경우도 있다. 예컨대 취소권·추인권·해제권 등과 같이 권리만 있고 그에 대응하는 의무가 없는 경우가 있다. 또 책임무능력자의 감독자의 책임처럼 의무만 있고 권리는 없는 경우도 있다. 그리고 공법상의 의무는 권리와 서로 대응하지 않고 존재하는 경우가 많다. 예컨대 납세의무, 우측통행의 의무 등은 권리를 수반하지 않는 의무이다.

5. 권리행사와 그 제한

1) 권리행사의 의의

권리자가 법이 보호하는 권리의 내용을 실현하는 행위를 권리의 행사라고 한다. 예컨대 소유권이 있다는 것은 소유권자가 실제로 소유물로부터 이익을 향유하기 위해서는 소유권의 행사라는 소유물의 사용·수익·처분할 권능이 필요하다.

2) 권리행사 자유의 원칙

개인주의·자유주의를 기초로 하여 권리본위로 구성된 근대사법에서는 권리의 행사가 권리자의 자유의사에 맡겨져 있었다. 그 결과 권리의 행사로 타인에게 손해를 입히더라도 원칙적으로 그 손해를 배상할 필요가 없다. 이는 "자기의 권리를 행사하는 자는 그 누구에게도 불법을 행하는 것이 아니다", 또는 "자기의 권리를 행사하는 자는 누구를 해하는 것이 아니다"라는 격언에서도 알 수 있다.

3) 권리행사에 대한 제한

(1) 사권의 공공성·사회성

권리행사 자유의 원칙의 수정으로 처음 나타난 것이 이른바 '**시카네 금지의 원칙**'이다. 시카네라는 것은 <u>타인을 해할 목적으로 권리를 행사</u>하는 것을 말한다. 이 원칙은 주관적 요건만이 강조된다. 따라서 아직 권리의 객관적인 행위는 본래 무제한이라는 근본원칙에는 변함이 없다.

그 후 19세기 말부터 20세기 초에 걸쳐 자본주의의 모순을 시정하는 과정에서 권리의 사회성·공공성이 주장되면서 권리자유는 원칙적으로 부정되고 권리의 남용이 아니라 권리 그 자체에 객관적인 한계가 있게 되었다.

(2) 신의성실의 원칙

모든 사람은 상대방의 신뢰를 헛되이 하지 않도록 성의를 가져서 권리를 행사하고 의무를 이행해야 한다는 '사람의 법적 행동의 일반원칙'을 신의성실의 원칙 또는 신의칙이라 한다.

통설적 견해는 민법 제2조의 신의칙이 가지는 의미를 두 가지 관점에서 설명하는 것이 보통이다. 그 하나는 현대 민법은 공공복리를 최고원리로 하므로, 그 행동원리 또는 실천원리로서 신의칙이 있으며, 근대 민법의 기본원리였던 3대원칙(소유권절대·계약자유·과실책임의 원칙)은 신의칙의 제약 내지 승인된다고 한다. 그 다른 하나는 권리의 행사에 일반적인 한계가 있고, 이 때 그 기준으로 신의칙을 들고 있으며, 나아가 권리·의무의 발생원인은 결국 계약과 법률의 둘로 모아지므로, 신의칙은 계약과 법률을 기준으로서의 지위도 차지한다고 한다.

민법상의 신의성실의 원칙은 법률관계 당사자는 상대방의 이익을 배려하여 형평에 어긋나거나 신뢰를 배반하는 내용 또는 방법으로 권리를 행사하거나 의무를 이행하여서는 안 된다는 추상적 규범을 말한다.[16] 그러므로 신의성실의 원칙은 법률관계에서는 당사자에 대한 '행위준칙'이며, 동시에 법원에 대한 '판단준칙'이다.

신의성실의 원칙은 모든 법영역에 적용되어야 하는 원칙이다. 민법 제2조는 신의성실의 원칙은 일반적 법원칙으로 선언하고 그 결과 신의칙은 채권관계뿐만 아니라 물권관계나 가족관계에도 적용된다. 그러나 제2조 제1항은 채권법 영역에서 제2항은 물권법의 영역에서 특히 중요한 의미를 갖는다.

권리행사가 신의칙에 위반하는 때에는 권리의 남용이 되는 것이 보통이다. 따라서 일반적으로 권리행사로서의 효과가 생기지 않는다. 따라서 계약이 신의칙에 반하는 경우에는 계약의 전부가 무효로 되는 경우보다는 불공정한 부분만이 일부무효로 되는 것이 일반적이다.

신의칙에 반하는 것 또는 권리남용은 강행규정에 위반되는 것이므로, 당사

16) 대법원 2002. 3. 15. 선고 2000다13856 판결; 대법원 1991. 12. 10. 선고 91다3802 판결.

자의 주장이 없더라도 법원은 직권으로 이를 판단할 수 있다.[17)]

권리행사가 신의칙에 어긋나는 경우에는 권리남용에 해당하여 양 원칙이 중복적으로 적용될 수 있다(통설·판례). 신의칙은 권리남용인가의 가치판단을 하기 위하여 종종 원용된다. 그 적용효과가 단지 권리의 행사를 부분적·일시적으로 저지하는 경우에는 권리남용 금지의 원칙이 적용되는 반면, 권리를 박탈하거나 그 존재 의의 자체를 부정할 정도로 중대한 효과를 가져오는 경우에는 신의칙을 적용하는 것이 적절하다.

그 구체적인 사건에 따라서 신의칙과 권리남용의 경계를 구분짓는 것이 어렵고, 의미도 적으므로 근래에는 큰 원칙인 신의칙만을 원용하여 사안을 해결하는 경우가 많다. 토지가 학교의 교사부지로 사용되는 사정을 알면서 양수한 후 20년 가까이 인도청구를 하지 않은 경우에, 부당이득반환청구는 몰라도 토지 자체의 인도청구는 신의성실의 원칙상 허용할 수 없다.[18)]

신의성실 원칙의 위반을 이유로 권리행사가 부정되기 위한 요건은, 상대방에게 신의를 주었다거나 객관적으로 보아 상대방이 신의를 가짐이 정당한 상태에 이르러야 하고, 이와 같은 상대방의 신의에 반하여 권리를 행사하는 것이 정의관념에 비추어 용인될 수 없는 정도에 이르렀어야 한다.[19)]

신의칙은 계약관계에 한하지 않고 모든 법률관계를 규제·지배하는 원리이기 때문에 신의칙에 어긋나는 소권행사도 허용될 수 없다.[20)] 신의칙에 반하는 것 또는 권리남용은 강행규정에 위배되는 것이므로 당사자의 주장이 없더라도 법원은 직권으로 신의칙에 위반되는지 여부를 판단하여야 한다.[21)]

불법행위에 있어서 부진정연대채무자에게 구상권을 행사하는 경우에는 신의칙상 상당범위 내에서만 행사하도록 그것을 제한할 수 있다.

어느 일방이 교섭단체에서 계약을 체결할 것과 같은 확실한 신뢰를 부여하여 상대방이 그에 따라 행동하였음에도 일방이 상당한 이유 없이, 계약체결을 거부하여 상대방이 손해를 입은 경우, 그것은 신의칙상 계약자유의 한계를 넘

17) 대법원 1995. 12. 22. 선고 94다42129 판결.
18) 대법원 1992. 11. 10. 선고 92다20170 판결.
19) 대법원 2001. 3. 13. 선고 2000다48517, 48531 판결.
20) 대법원 1983. 5. 24. 선고 82다카1919 판결.
21) 대법원 1995. 12. 22. 선고 94다42129 판결.

는 위법한 행위로서 불법행위를 구성한다.

해고된 근로자가 퇴직금 등을 수령하면서 어떠한 이의의 유보나 조건을 제시하지 않았고, 그로부터 오랜 기간 경과 후에 해고무효확인의 소를 제기하는 것은 신의칙(금반언의 원칙)에 위배된다.

변호사가 소송에서 이길 경우에 일정한 금전이나 이익을 받기로 하는 성공보수 약정의 효력에 대하여 대법원은 성공보수 약정은 원칙적으로 유효하고, 다만 그 액수가 부당하거나 과다한 경우에는 상당한 보수금을 초과하는 부분은 신의칙 위반으로 무효로 본다. 이와 반면 독일 판례는 변호사의 공공적인 직무 성격에 비춰 볼 때 성공보수의 약정은 선량한 풍속 위반으로서 무효로 한다.

(3) 사정변경의 원칙

법률행위의 성립에 있어서 그 기초가 된 사정이 후에 당사자가 예견하지 못한 중대한 변경을 받게 되어 당초의 행위의 효과를 그대로 유지·강제하면 부당한 결과가 생기는 경우에 당사자는 신의칙에 맞도록 상대방에게 청구하거나, 계약을 해제·해지할 수 있다.

사정변경의 원칙에 의거한 규정이 아래와 같이 산재해 있기는 하지만, 직접 규정한 일반규정은 없다. 판례도 아직 인정하지 않고 있으며 특히 사정변경의 원칙에 의한 해제권의 발생은 현행 민법의 해석상 용인되지 않는다. 그러나 계속적 계약관계, 구체적으로 보증계약에서는 이 원칙을 적용하고 있다.[22]

대법원은 이 원칙에 입각하여 개별적 규정의 경우를 제외하고는 사정변경의 원칙을 이유로 한 '계약의 해제·해지'나 '계약의 개정'을 인정하는 데 소극적이다. 다만, 계속적 계약의 경우에는 이 원칙을 적용하여 계약의 해지를 인정하는 사례가 있다.

즉, 회사 이사의 지위에서 부득이 계속적 보증을 한 자가 퇴사한 경우, 퇴

---

22) 【사정변경의 개별적 규정】 i) 민법상 사정변경의 규정은, 수도 등 시설의 변경청구권(제218조 제2항), 지료증감청구권(제286조), 전세금증감청구권(제312조의2), 증여자의 재산상태변경과 증여계약의 해제(제557조), 파산과 소비대차의 실효(제599조), 임대목적물의 일부멸실 등과 감액청구(제627조), 차임증감청구권(제628조), 부득이한 사유와 고용계약의 해지권(제661조), 기간의 약정이 있는 임치계약의 해지(제698조), 부득이한 사유와 조합원의 탈퇴(제716조 제1항), 부득이한 사유와 해산청구(제720조) 등이 있다. ii) 주택임대차보호법상 차임 등의 증감청구권(제7조), 상가건물임대차보호법상 차임 등의 증감청구권(제11조) 등이 있다.

사라는 사정변경을 이유로 그 보증계약을 해지할 수 있다.[23] 다만, 어떤 형태로든 그 해지의 의사표시가 채권자에게 행해지지 않으면 안 된다. 그러나 회사의 이사가 채무액과 변제기가 특정되어 있는 회사의 확정채무를 부담한 경우에는 비록 이사직을 그만 두었어도, 이사직 사임이라는 사정변경을 이유로 그 보증계약을 해지하지 못한다.[24]

차임을 증액하지 않기로 하는 특약이 있는 임대차계약의 경우, 나중에 그 특약을 유지할 수 없는 현저한 사정의 변경이 있는 경우에는, 임대차의 차임증액청구권을 행사할 수 있다.[25]

국제사법의 영역에서는 이 원칙의 독일법적 표현인 '행위기초론'을 인정하여 계약의 해지를 인정하고 있다.

민법개정안에서는 사정변경을 이유로 한 계약의 해제·해지를 인정하려고 하고 있다.[26]

(4) 실효의 의의

권리자가 그의 권리를 오랫동안 행사하지 않았기 때문에 상대방이 이제는 그 권리를 행사하지 않을 것으로 믿을 만한 정당한 사유가 있게 된 경우에 새삼스럽게 그 권리를 행사하는 것이 신의칙에 반한다고 인정되는 때에는 그 행사는 권리남용으로서 허용되지 않는다. 이러한 권리행사에 대하여 상대방은 '실효의 항변'으로서 대항할 수 있다.

독일의 학설·판례는 실효의 원칙을 일반원칙으로 승인하고 있지만 아직 우리나라에서는 생소한 이론이다. 법원 판례는 기존에는 이 원칙을 고려하지 않았으나 최근에는 권리의 실효를 인정하고 있다.

실효의 원칙을 적용하기 위한 요건에 대하여 대법원은, 의무자인 상대방이 더 이상 권리자가 그 권리를 행사하지 아니할 것으로 믿을 만한 '정당한 사유'가

---

23) 대법원 1990. 2. 27. 선고 89다카1381 판결.

24) 대법원 2002. 5. 31. 선고 2002다1673 판결; 대법원 2000. 3. 10. 선고 99다61750 판결.

25) 대법원 1996. 11. 12. 선고 96다34061 판결.

26) 【민법개정안 제544조의4(사정변경과 해제·해지)】 당사자가 계약 당시 예견할 수 없었던 현저한 사정변경으로 인하여 계약을 유지한 것이 명백히 부당한 때에는 그 당사자는 변경된 사정에 따른 계약의 수정을 요구할 수 있고, 상당한 기간 내에 계약의 수정에 관한 합의가 이루어지지 아니한 때에는 계약을 해제 또는 해지할 수 있다.

있어야 한다.[27] 그리고 실효기간(권리를 행사하지 아니한 기간)의 길이와 의무자인 상대방이 권리가 행사되지 아니하리라고 신뢰할 만한 정당한 사유가 있었는지 여부는 일률적으로 판단할 수 있은 것은 아니다. 구체적인 경우마다 권리를 행사하지 아니한 기간의 장단과 함께 권리차측과 의무자측 쌍방의 사정 및 객관적으로 존재한 사정 등을 모두 고려하여 사회통념에 따라 합리적으로 판단해야 한다.[28]

일신전속권인 인지청구권행사의 경우에는 실효의 법리가 적용되지 않지만,[29] 항소권과 같은 소송법상 권리 행사의 경우에는 실효의 원칙은 적용될 수 있다.[30]

(5) 모순행위 금지의 원칙

실효의 원칙과 같은 취지의 영미법상의 금반언(estoppel)의 원리로, 자신의 선행행위에 모순하는 행위는 허용되지 않는다는 원칙이다. 우리 민법에서는 제452조 제1항에서 명문으로 인정하고 있고 제125조도 이 원칙에 입각한 것이며, 판례도 이 원칙을 광범위하게 인정하고 있다. 게르만법의 '불상사로 인한 권리상실의 제도'도 같은 취지이다.[31]

피고가 원고의 장기간 무단결근을 이유로 해고한 후 퇴직금을 공탁하였는데, 원고가 그 공탁금을 조건 없이 수령한 후 8개월이 지나서 해고무효의 확인을 구하는 것은 금반언의 원칙에 위배되어 위법한 것이다.[32]

농지의 명의수탁자가 적극적으로 농가이거나 자경의사가 있는 것처럼 하여 소재지관서의 증명을 받아 그 소유권이전등기를 마치고 그 농지에 관한 소유자

---

27) 대법원 2002. 1. 8. 선고 2001다60019 판결.
28) 대법원 1992. 11. 27. 선고 92다23285 판결.
29) 대법원 1982. 3. 9. 선고 81므10 판결.
30) 대법원 1996. 7. 30. 선고 94다51840 판결.
31) 【참고조문】 민법 제452조(양도통지와 금반언) ① 양도인이 채무자에게 채권양도를 통지한 때에는 아직 양도하지 아니하였거나 그 양도가 무효인 경우에도 선의인 채무자는 양수인에게 대항할 수 있는 사유로 양도인에게 대항할 수 있다.
민법 제125조(대리권수여 표시에 의한 표현대리) 제3자에 대하여 타인에게 대리권을 수여함을 표시한 자는 그 대리권의 범위 내에서 행한 그 타인과 그 제3자간의 법률행위에 대하여 책임이 있다.
32) 대법원 1989. 9. 29. 선고 88다카19804 판결.

로 행사하면서, 한편으로 증여세 등의 부과를 면하기 위하여 농가도 아니고 자경의사도 없음을 들어 농지개혁법에 저촉되기 때문에 그 등기가 무효라고 주장함은 신의성실의 원칙이나 금반언의 원칙에 위배되어 법률상 용납될 수 없다.[33]

근저당권자가 담보로 제공된 건물에 담보가치를 조사할 당시 대항력을 갖춘 임차인이 그 임대차 사실을 부인하고 임차보증금에 대한 권리주장을 않겠다는 내용의 확인서를 작성해 준 경우, 그 후 건물에 대한 경매절차에서 이를 번복하여 대항력 있는 임대차의 존재를 주장함과 아울러 임차보증금의 배당요구를 하는 것은 금반언 및 신의칙에 위반되어 허용될 수 없다.[34]

(6) 권리남용 금지의 원칙

외형상 권리의 행사처럼 보이지만, 구체적인 경우에 이를 실질적으로 살펴보면, 권리가 가지고 있는 본래의 사회적 목적을 위반하여 정당한 권리행사로 인정될 수 없는 신의칙에 반하는 권리의 행사를 '권리남용'이라 하고, 이러한 권리의 행사는 허용되지 않는다는 것을 '권리남용 금지의 원칙'이라 한다(민법 제2조 제2항).

이 원칙은 로마법에서 신의칙의 구체적인 형태로서 나타나기 시작했는데 당시의 권리남용 금지는 가해의 악의를 요건으로 하였으며, 이것은 시카네(Schikane) 금지의 원칙으로서 독일 민법에 명문화되었다(독일 민법 제226조). 신의칙은 권리남용 금지의 원칙에 있어서 권리의 한계를 정하는 기능을 한다.[35]

권리남용이 성립되기 위해서는, 권리행사가 있어야 한다. 그런데 여기서

---

33) 대법원 1990. 7. 24. 선고 98누8224 판결.

34) 대법원 1997. 6. 27. 선고 97다12211 판결.

35) 【권리남용 금지의 원칙의 연혁】 이 원칙은 신의성실의 원칙에 위배되는 권리행사는 허용되지 않는다는 의미로서, 로마법의 '악의의 항변'에 있다. 다만, 로마법에서는 "자기의 권리를 행사하는 자는 어느 누구도 해하는 것이 아니다" 또는 "자기의 권리를 행사하는 자는 누구에게 대하여도 불법을 행하는 것이 아니다"라는 권리행사 자유의 원칙이 널리 승인되고 있었으므로 권리남용 금지의 원칙은 소유권의 특수한 행사에 대하여 개별적으로 인정되고 있었을 뿐이다. 권리남용 금지의 원칙이 확립된 것은 근대시대 이후(19세기 중엽)부터이다. 프랑스는 권리행사 자유의 원칙의 수정원칙으로 권리남용 금지의 원칙이 판례에 의하여 인정되었으나, 민법전에 규정되지는 않았다. 그러나 독일 민법은 타인을 해할 목적으로 하는 권리행사를 금지하는 시카네(schikane) 금지를 명문으로 규정하였다. 시카네 금지의 원칙의 전형적인 예로는 이웃의 물을 고갈시키기 위하여 자기에게는 물이 많은데도 불구하고 다시 이웃의 수맥에 우물을 파는 '우물파기'와 이웃의 일광과 공기를 차단하기 위하여 벽을 쌓는 '질투건축'을 들 수 있다.

권리는 원래의 의미의 권리뿐만 아니라 법적 지위를 포함한다.[36] 권리행사로 볼 수 있는 행위가 있어야 한다. 다만 친권의 불행사와 같은 경우에는 권리남용이 성립될 수 있다. 권리행사자의 이익과 그로 인하여 침해되는 상대방의 이익 사이를 비교하여 불균형이 있어야 한다(객관적 요건). 이 경우에 양자의 이익을 단순히 산술적으로 비교함에 그칠 것이 아니라 개개의 권익의 보호이익과 구체적인 사건에서 여러 사정들을 종합하여 비교·교량할 것이다.

한편 권리행사가 권리자가 자기에게 정당한 이익이 없음에도 오직 상대방을 해하거나 고통을 가할 목적으로 권리를 행사하여야 하는가에 대하여 판례는 그러한 요건이 필요하다고 한다.[37] 그러나 학설은 판례의 태도에 반대한다.[38][39]

---

36) 대법원 1988. 11. 22. 선고 87다카1671 판결.

37) 대법원 1998. 6. 26. 선고 97다42823 판결; 대법원 1993. 5. 14. 선고 93다4366 판결.

38) **【권리남용을 인정하는 사례】**
  i) 주식양도인이 양수인에게 주권을 교부할 의무를 이행하지 않고 그 후 임시주주총회 결의의 부존재확인청구를 하는 것.
  ii) 자신의 토지 위에 설치된 수로의 폐쇄를 구하는 방법으로 소유권을 행사하는 것.
  iii) 법정지상권을 취득할 건물양수인에 대하여 대지소유자가 건물철거를 구하는 것.
  iv) 임대인이 전차인에 대하여 점포명도청구소송을 제기하여 6년 3개월 뒤에 임차인에게 명도하면서 바로 임차인의 휴점금지 및 입주시기에 관한 약정위반을 이유로 임대차계약을 해지한 것.
  v) 명의신탁해지 및 대위에 의하여 토지소유 명의의 이전청구권을 가진 자에 대하여 등기부상의 소유자임을 내세워 토지인도 등을 청구하는 것.
  vi) 10층 아파트 건물 중 12.9평방미터에 대하여 소유권에 기하여 철거 및 인도를 청구하는 것.

39) **【권리남용을 부정하는 사례】**
  i) 조합의 조합장이 조합소유의 토지를 매도하고 대금을 수령하였고, 또 부적법한 조합총회에서 조합원의 다수가 추인하였는데, 위 매매계약이 부적법한 경우 조합의 소유권이전등기말소등기를 청구하는 경우.
  ii) 임차인이 건물을 임차하여 임대인이 생산하는 물품판매사업을 한지 10년이 경과하였는데 임대인이 임차인과 별도로 경쟁업체를 설립하고 판매권을 겸하기 위하여 임차계약의 해지를 통고하고 건물명도청구를 하는 경우.
  iii) 건물 중 경계를 침범해 건축된 부분의 폭이 1.9미터일 때 그 부분의 철거를 구하는 경우.
  iv) 매매계약을 체결한 후 부동산의 시가가 등귀하였고 매수인이 잔대금 지급기일을 경과한 지금까지 매매대금 중 상당한 금액을 지급하지 아니한 채 소유권이전등기청구의 소를 제기한 경우.
  v) 작가 전속계약기간 동안 계약종료 후까지 계속하여 작품을 제공하였고, 또 전속계약이 종료한 후 작가의 작품제공이 계속되는 데도 사업자가 이에 이의를 제기하지 않다가 작품제공이 중단되자 1년 6개월이 경과한 시점에서 한 사업자의 권리행사.

권리행사가 남용으로 인정되는 경우에 권리의 정상적인 행사로서의 법률효과가 발생하지 않음은 물론이나, 구체적으로 발생하는 효과는 권리의 종류와 남용의 결과로서 일어나는 사태에 따라 다르다. 그 권리가 청구권이면 법은 이를 도와주지 않고, 형성권이면 본래 발생하여야 할 효과가 발생하지 않으며, 남용의 결과 타인에게 손해를 입힌 경우에는 배상의 책임을 지게 된다. 그리고 친권이 남용되는 경우에는 친권이 박탈된다.

권리행사에 권리가 인정된 본래의 목적을 이탈하여 사회의 윤리관념에 배치되는 부당한 결과를 초래하는 것은 권리남용에 해당한다.[40] 권리남용으로 인정되는 표준은 구체적인 사안에 따라 개별적으로 판단할 수밖에 없다.

권리행사가 사회생활상 인용할 수 없거나 사회적 한계(수인한도)를 초과하는 경우, 권리행사가 정당한 이익이 없는 경우, 권리행사가 단지 부당한 이득을 얻기 위한 방편에 지나지 않는 경우,[41] 상당한 기간이 경과한 후에 권리를 행사하는 경우,[42] 인륜에 반하는 권리의 행사의 경우,[43] 실체적 권리관계에 배치되는 확정판결 집행의 경우,[44] 법률상 인용될 수 없음이 명백함에도 같은 내용의 재심청구를 거듭하는 경우 등이 있다.[45]

권리남용의 성립요건에 대하여, 권리행사가 주관적으로 오직 상대방에게 고통을 주고 손해를 입히려는 데 있을 뿐, 이를 행사하는 사람에게는 아무런 이익이 없고, 객관적으로 사회질서에 위반된다고 볼 수 있으면 권리남용이 된다.[46]

법인격 남용의 경우, 회사는 물론 그 배후자인 타인에 대하여도 회사의 방해에 대한 책임을 물을 수 있다.[47] 수인한도를 넘어서는 건축행위는 일조방해로 인한 불법행위가 성립한다. 친권남용의 경우에는 어떠한 법률효과가 생기지 않는다.[48] 확정판결의 집행이 권리남용이 되는 경우, 집행채무자는 청구이의의

40) 대법원 1961. 10. 19. 선고 4293민상203 판결.
41) 대법원 1964. 11. 10. 선고 64다720 판결.
42) 대법원 1993. 8. 24. 선고 92므907 판결.
43) 대법원 1998. 6. 12. 선고 96다52670 판결.
44) 대법원 2001. 11. 13. 선고 99다32899 판결.
45) 대법원 1999. 5. 28. 선고 98다275 판결.
46) 대법원 1998. 6. 26. 선고 97다42823 판결.
47) 대법원 2001. 1. 19. 선고 97다21064 판결.

소를 제기하여 그 집행의 배제를 구할 수 있다.[49]

6. 권리능력과 권리주체

1) 권리능력의 의의

권리나 의무는 그 귀속자 없이 존재할 수 없다. 여기서 권리가 귀속하는 주체를 권리주체라 하고, 의무가 귀속하는 주체를 의무주체라고 한다. 따라서 모든 사람은 권리와 의무관계의 주체로서 평등한 지위와 자격을 가지게 된다.

권리능력이란 권리와 의무의 주체가 될 수 있는 법률상의 지위 또는 자격으로 이를 **인격**이라고도 한다. 일반적으로 권리능력이라고 하면 당연히 의무능력까지도 포함하는 것으로 이해하여야 한다.

2) 권리능력자

민법은 모든 사람에 대하여 권리와 의무의 주체로서 평등하게 권리능력을 인정하는 것과 동시에 일정한 사람의 집단과 일정한 목적을 가지는 재산에 대해서도 권리와 의무의 주체로서 권리능력을 인정하고 있다. 권리능력자로서 생존하는 사람을 **자연인**이라고 하며, 권리능력이 인정되는 사단과 재단을 자연인에 대응하여 **법인**이라고 한다.

3) 자연인의 권리능력

민법 제3조는 "사람은 생존하는 동안 권리와 의무의 주체가 된다"고 규정하여 출생한 때로부터 모든 사람에 권리능력을 부여하고 있다. 따라서 출생 이전의 상태에 있는 태아는 권리능력을 가지지 못한다. 그러나 이러한 원칙을 고집하여 태아에게 아무런 권리능력도 인정하지 않는다면 태아에게 불이익을 줄 뿐만 아니라 정의에 반하는 경우가 된다.

이러한 이유 때문에 각국의 민법은 예외를 인정하여 태아가 살아서 출생하는 경우에 보호하고 있는 규정을 두고 있다. 이는 일반적 보호주의와 개별적 보호주의로 나뉜다. 일반적 보호주의는 로마법 이래의 "태아는 그 이익이 문제되는 때에는 언제나 출생한 것으로 본다"라는 법언에 따라 일반적 태아를 출생

---

48) 대법원 1981. 10. 13. 선고 81다649 판결.

49) 대법원 2001. 11. 13. 선고 99다32899 판결.

한 것으로 본다. 스위스 민법이 이에 해당한다.

개별적 보호주의는 중요한 법률관계에 관해서만 개별적으로 출생한 것으로 본다. 독일 민법, 프랑스 민법, 우리 민법 등이 이에 속한다. 우리 민법은 불법행위에 의한 손해배상의 청구, 재산상속에 있어서의 상속, 대습상속, 유증, 사인증여에 관해서만 태아에게 예외적으로 권리능력을 인정하고 있다.

4) 자연인의 행위능력

법률행위가 유효하기 위해서는 행위자에게 의사능력이 있음을 필요로 하기 때문에 의사무능력자가 행한 법률행위는 해석상 당연히 무효가 된다. 여기서 의사능력이란 사적 자치의 원칙을 유지하기 위하여 이론상 최저한의 요청을 충족시킬 수 있는 정도의 정신능력 또는 지능을 의미한다. 따라서 의사능력이 있는 것으로 판정된 자를 무조건 현실의 사회생활, 특히 경제적인 자유경쟁 속으로 밀어 넣는다는 것은 너무나 부당하다.

그리하여 이러한 사회적 요청에 따라 행위능력에 관한 제도를 인정한 것이다. 즉 법정된 형식적인 기준에 따라서 확정된 범위에 속하는 사람이 행한 법률행위에 대해서 그 내용 실현이 자기에게 불리하면 본인측에 행위 당시에 구체적으로 의사능력이 있었는가의 여부에 관계없이 일률적으로 그 행위를 무조건 취소할 수 있게 함으로써 법적 구속으로 벗어나게 하는 제도이다. 이러한 법정된 범위에 속하는 자를 행위무능력자라고 하며, 그러한 상태를 행위무능력이라고 한다.

반면에 그러한 범위에 속하지 않는 자를 행위능력자라고 하며, 그러한 상태를 행위능력이라 한다. 따라서 행위능력이란 단독으로 완전히 유효한 법률행위를 할 수 있는 지위 또는 자격을 말한다.

VI 제한능력자란 무슨 의미인가

제한능력자[50]는 종래의 무능력자제도의 당사자에 대한 과도한 제한과 금치산·한정치산이라는 부정적인 용어에 대한 비판을 극복하고, 당사자의 잔존능력을 최대한 활용할 수 있도록 법률적으로 지원하는 것이 그 취지이다.

개정민법상의 제한능력자에는 미성년자·피성년후견인[51]·피한정후견인[52]·피특정후견인의 네 가지가 있다. 행위능력제한의 경우에 있어서 미성년자의 능력은 달라진 것은 없다. 피성년후견인의 법률행위는 원칙적으로 취소할 수 있으나, 가정법원이 정한 일정한 범위의 법률행위와 일상생활에 필요한 행위 등은 피성년후견인의 단독으로 유효하게 할 수 있다. 피한정후견인의 행위능력은 한정후견인의 동의를 받도록 가정법원이 정한 행위의 범위가 아닌 한 단독으로 유효한 법률행위를 할 수 있다. 그리고 피특정후견인은 제한능력자의 범주에 포함되어 있으나, 당사자의 능력에는 아무런 제한이 없다.

1. 미성년자

민법의 규정상 사람은 만 19세로 성년이 된다. 따라서 성년에 이르지 않은 자가 미성년자이며, 연령은 출생일을 산입하여 역에 의해 계산한다. 성년인지 여부는 가족관계등록부의 기재를 토대로 하지만 이는 추정적 자료에 지나지 않는다.

만 19세를 획일적으로 성년·미성년을 구별하는 것은 시각을 달리할 수 있다. 다소 부당한 점을 고려하여 특별한 사정이 있는 경우에는 미성년의 규정을 완화할 수 있으며, 그 제도[53]가 민법이 규정한 소정의 성년의제제도이

50) 종전에는 성년후견제도로서 일본 민법의 영향을 받아 제한능력자 제도라는 개념으로 개정 민법(2001. 3. 7. 법 제10429, 2013. 7. 1. 시행)이 도입한 것이다. 개정민법의 요체는 제한능력자제도와 함께 후견제도(성년후견·한정후견·특정후견을 내용으로 하는 법정후견과 임의후견제도의 도입)의 손질이다.

51) 개정 전에는 '금치산자'였다.

52) 개정 전에는 '한정치산자'였다.

53) 민법 제826조의2, 제807조.

며, 미성년자가 혼인하면 성년으로 보는 제도[54]이다.

〈표 1-1〉 미성년자의 능력

연령	능력	관련법
14세 이하	형사 미성년자	형법 제9조
15세 미만	근로계약 체결 금지	근로기준법 제64조
16세 이상	원동기장치 자전거 운전 가능	도로교통법 제82조
	법정증인 선서 가능	민사소송법 제322조 형사소송법 제159조
17세 이상	주민등록증 발급	주민등록법 제4조
	단독유언 가능	민법 제1061조
18세 이상	자동차운전면허 취득 가능	도로교통법 제82조
	부모 동의 얻어 약혼·혼인 가능	민법 제801조·제807조
	경범죄처벌법상 처벌 대상	경범죄처벌법 제6조 제2항
	제1국민역 편입과 군입대 대상	병역법 제8조·제20조
	청소년 관람 불가의 영화 관람 가능	영화 및 비디오물의 진흥에 관한 법률 제29조 제4항
19세 미만	청소년보호 대상	청소년보호법 제2조
19세 이상	징병검사 대상	병역법 제11조
	선거권 행사	공직선거법 제15조
	성인시기	민법 제4조

54) 성년의제의 결과, 혼인한 미성년자는 친권·후견권의 행사에서 벗어나게 되고, 자신의 자(子)에 대한 친권이나 타인에 대한 후견권을 행사할 수 있다. 다만 입양능력은 없다고 보아야 한다(민법 제866조 참조). 이 제도는 법률혼의 경우에만 적용이 되고 사실혼관계의 경우에는 적용되지 않는다. 또한 민법의 규율대상인 생활관계에서만 성년자로 취급될 뿐 기타의 영역에는 그 효과가 미치지 않는다. 가령 청소년보호법, 근로기준법 제64조~제66조 소정의 연소근로자 보호규정의 적용에 있어서는 여전히 미성년자로 취급된다. 한편 민법 제826조의2의 규정상 당사자 쌍방이 성년에 달하기 전에 혼인관계가 해소되어도 성년의제의 효과가 소멸하지는 않는 것으로 보아야 한다. 이는 거래의 안전보호를 위해서이다.

1) 미성년자의 행위능력

(1) 원 칙

미성년자가 법률행위를 하기 위해서는 법정대리인의 동의를 얻어야 한다. 이때의 동의는 묵시적이어도 무방하나, 동의를 얻었다는 증명책임은 당해 법률행위의 유효를 주장하는 자가 부담한다. 따라서 미성년자가 단독으로 법률행위를 하였다면 미성년자 자신은 물론 그 법정대리인이 제한능력을 이유로 취소할 수 있다. 그러나 문서상 미성년자 명의로 행해진 법률행위라 하더라도 실질적으로 적법한 대리인이 하였다면 특별한 사정이 없는 한 제한능력을 이유로 취소하지는 못한다.

미성년자의 법률행위에 의한 법정대리인의 동의가 묵시적으로 가능한지 여부에 대하여, 대법원은 미성년자가 법률행위를 함에 있어서 요구되는 법정대리인의 동의는 언제나 명시적이어야 하는 것은 아니고 묵시적으로도 가능한 것이며, 미성년자의 행위가 위와 같이 법정대리인의 묵시적 동의가 인정되거나 처분 허락이 있는 재산의 처분 등에 해당하는 경우라면, 미성년자로서는 더 이상 행위무능력을 이유로 그 법률행위를 취소할 수 없다.[55]

미성년자가 문제가 된 토지매매행위를 부인하고 있는 경우, 미성년자가 그 법정대리인의 동의를 얻었다는 점에 대한 증명책임은 미성년자에게 없고, 이를 주장하는 상대방에게 있다.[56]

(2) 예 외

법정대리인의 동의 없이 미성년자가 단독으로 유효한 법률행위를 할 수 있는 경우가 있다. 이 경우에도 의사능력만큼은 가지고 있어야 한다.

가) 단순히 권리만을 취득하거나 또는 의무만을 면하는 행위

미성년자가 단독으로 하더라도 그에게 불이익이 돌아가지 않는 행위는 법정대리인의 동의가 필요 없다.

나) 처분이 허락된 재산의 처분행위

법정대리인의 범위를 정하여 처분을 허락한 재산은 미성년자가 임의로 처

---

55) 대법원 2007. 11. 16. 선고 2005다71659 판결.

56) 대법원 1970. 2. 24. 선고 69다1568 판결.

분할 수 있다. 처분을 허락한 재산의 사용목적은 거래사회에 일반적으로 공시되는 것이 아니라 법정대리인과 미성년자 사이에서만 인식할 수 있는 주관적인 사정이라는 점에서, 아직 미성년자가 허락받은 재산을 처분하지 않았다면, 법정대리인은 그 허락을 철회할 수 있다.[57] 미성년자에게 철회할 경우에는 민법 제8조 제2항 단서의 규정을 유추적용함으로써 그 철회의 의사표시는 거래의 상대방이나 선의의 제3자에게 대항하지 못한다고 보아야할 것이다.

다) 영업이 허락된 미성년자의 영업에 관한 행위

미성년자가 법정대리인으로부터 특정의 영업을 허락받은 경우, 그 영업에 관한 한 성년자와 동일한 행위능력이 있다. 이때의 영업은 상업에 한하지 않고 영리를 목적으로 하는 독립적·계속적인 사업을 포함한다.

법정대리인의 허락은 영업의 종류를 정한 것이어야 하며, 일반적·포괄적 허락이나 특정한 영업의 일부에 한하여 허락하는 것은 허용되지 않는다. 영업에 관하여의 의미는 허락받은 특정한 영업을 하는 데 필요한 일체의 행위[58]를 말한다.

법정대리인은 영업의 허락을 취소 또는 제한할 수 있으며, 영업허락의 취소·제한은 미성년자의 부모가 친권자일 경우에는 아무런 문제가 없다. 그러나 친권자가 행한 영업의 허락을 후견인의 취소·제한하려면 사전에 후견감독인의 동의를 얻으면 가능하나, 취소나 제한은 선의의 제3자에게는 대항하지 못한다.

라) 대리행위

미성년자는 타인의 대리인으로서 유효한 대리행위를 단독으로 할 수 있다. 미성년자의 대리행위를 통한 이익과 손실은 대리권을 수여한 본인에게 귀속될 뿐 미성년자가 불이익을 입을 우려는 없다.

임금청구 소송에서 미성년자의 소송능력에 대하여 대법원은, 미성년자는 원칙적으로 법정대리인에 의해서만 소송행위를 할 수 있으나 미성년자 자신의 노무제공에 따른 임금의 청구는 근로기준법 제54조의 규정에 의하여 미성년자

---

57) 민법 제8조(영업의 허락) ① 미성년자가 법정대리인으로부터 허락을 얻은 특정한 영업에 관하여는 성년자와 동일한 행위능력이 있다. ② 법정대리인은 전항의 허락을 취소 또는 제한할 수 있다. 그러나 선의의 제3자에게는 대항하지 못한다.

58) 영업을 위하여 자금의 차용·점포의 임차·종업원의 고용 등.

가 독자적으로 할 수 있다.[59)]

2) 미성년자의 법정대리인

(1) 친권자

미성년 자녀의 건전한 성장을 위하여 보호·교양·감독 등을 내용으로 하는, 그의 부모에게 인정되는 권리·의무를 친권이라 한다.

(2) 후견인

미성년자에게 친권자가 없거나, 친권자가 법률행위의 대리권과 재산상속권을 행사할 수 없는 경우에는 미성년후견인이 법정대리인이 된다. 후견인이 되는 순위는 유언에 의한 지정후견인, 선임후견인의 차례가 된다.

(3) 법정대리인의 권한

법정대리인은 미성년자에 대한 일반적인 보호·교양·감독의 권한을 갖는 이외에 미성년자의 제한된 사적 자치를 보충할 지위에 있는데 그 권한으로는 동의권·대리권·취소권이 있다.

법정대리인은 의사능력이 있는 미성년자에게 동의함으로써 미성년자로 하여금 법률행위를 하도록 할 수 있다. 이처럼 미성년자에게 동의를 할 수 있는 법정대리인의 법적 지위를 동의권이라 한다. 또한 법정대리인은 미성년자에 갈음하여 미성년자의 재산상의 법률행위를 할 수 있다.

그러나 법정대리인은 미성년자가 그의 동의를 얻지 않고 행한 법률행위에 대하여는 취소할 수 있다.

미성년자가 그의 생모와 함께 부제소(不提訴) 합의를 한 경우, 성년이 된 후 일정한 기간 내에 그 합의를 취소할 수 있는지 여부에 대하여 대법원은, 甲과 그의 생모인 乙이 丙과의 사이에 계쟁(係爭) 부동산 지분에 관하여 민·형사상의 이의를 제기하지 않기로 하는 취지의 약정을 하였더라도, 약정 당시 甲은 미성년자로 행위무능력자이고 乙은 이미 재혼하여 친권을 상실한 자였다면, 설사 乙이 甲에 대한 후견인의 지위에서 피후견인인 甲의 위 부동산지분에 관한 권리의 득실·변경을 목적으로 하는 행위를 동의하였거나 대리한 취지로 위 부제소 합의를 하게 된 것이더라도, 이에 관하여 乙이 친족회의 동의를 얻지 못한

59) 대법원 1981. 8. 25. 선고 8다3149 판결.

이상, 甲이 성년에 달한 후 3년 이내에 위 부제소 합의를 취소한 것은 적법하다.[60]

법정대리인인 친권자가 자(子)의 유일한 재산을 그 사실을 아는 제3자에게 증여한 행위가 친권의 남용으로서 무효인지 여부에 대하여 대법원은, 친권자(母)가 미성년자인 자의 법정대리인으로서 자의 유일한 재산을 아무런 대가도 받지 않고 증여하였고 상대방이 그 사실을 알고 있었던 경우, 그 증여행위는 친권의 남용에 의한 것으로 그 효과는 자에게 미치지 않는다.[61]

2. 피성년후견인

질병·장애·노령 그 밖의 사유로 인한 정신적 제약으로 사무를 처리할 능력이 지속적으로 결여된 사람으로서 일정한 자의 청구에 의하여 가정법원으로부터 성년후견개시의 심판을 받은 자를 피성년후견인이라 부른다.

성년후견개시의 심판절차는 가사소송법과 가사소송규칙의 규정에 따르며, 실질적·형식적 요건이 갖춰지면 가정법원은 반드시 성년후견개시의 심판을 하여야 하고, 지체 없이 가족관계등록사무 및 후견등기사무처리 담당자로 하여금 가족관계등록부에 기록할 것과 후견등기부에 등기하여야 한다.

1) 피성년후견인의 행위능력

(1) 재산행위능력

가) 원 칙

피성년후견인의 법률행위는 법정대리인(성년후견인)의 동의 유무에 관계없이 언제나 취소할 수 있다.[62]

나) 예 외

다음의 경우에는 피성년후견인은 단독으로 유효한 법률행위를 할 수 있다. ① 가정법원이 취소할 수 없는 피성년후견인의 법률행위의 범위를 정한 경우이

60) 대법원 1989. 10. 10. 선고 89다카1602, 1619 판결.

61) 대법원 1997. 1. 24. 선고 96다43928 판결.

62) 피성년후견인은 정신적 제약 등으로 인하여 사무처리 능력이 지속적으로 결여된 자이기 때문에 언제나 취소할 수 있도록 함으로써 본인을 보호하려는 취지이다. 취소권자는 피성년후견인 본인 또는 성년후견인이다(민법 제140조).

다. 따라서 가정법원은 일정한 자의 청구에 의하여 그 범위를 변경할 수도 있다. ② 일용품의 구입 등 일상생활에 필요하고 그 대가가 과도하지 아니한 법률행위는 성년후견인이 취소할 수 없다. ③ 피성년후견인의 신상에 관해서는 그의 상태가 허용되는 범위에서 피성년후견인이 단독으로 결정할 수 있다.

이는 피성년후견인의 복리, 치료행위, 주거의 자유 등에 관한 신상보호제도를 도입한 것으로서 피성년후견인의 신상에 관한 결정권은 자신에게 있다는 원칙을 반영한 것이다.

2) 피성년후견인의 친족법상의 행위능력

만 17세 이상의 자로서 의사능력이 회복된 경우, 유언은 단독으로 할 수 있을 뿐만 아니라 피성년후견인은 약혼·혼인·협의이혼·인지·입양·협의파양 등의 순수 신분행위는 성년후견인의 동의를 얻어 단독으로 유효하게 할 수 있다.

3) 피성년후견인의 법정대리인

(1) 성년후견인

피성년후견인의 법정대리인(능력보충기관)에는 성년후견인이 있다. 성년후견인은 성년후견개시의 심판을 할 때 가정법원의 직권으로 선임한다. 또한 성년후견인의 수는 복수여도 되고 법인도 될 수 있다. 가정법원은 성년후견인의 법정대리권의 범위와 피성년후견인의 신상에 관하여 결정할 수 있는 권한의 범위를 제한할 수 있다.

성년후견인은 피성년후견인의 재산행위에 대한 동의권을 원칙적으로 갖지 못한다.

성년후견인은 피성년후견인의 재산을 관리하고 그 재산에 관한 법률행위에 대한 대리권을 갖는다. 또한 일정한 행위에 대한 대리권 행사의 경우, 후견 감독인이 있는 경우에는 사전에 그의 동의를 받아야 한다(민법 제940조의6 제3항).

(2) 성년후견감독인

가정법원은 필요하다고 인정하면 직권으로 또는 피성년후견인의 친족, 성년후견인, 검사, 지방자치단체의 장의 청구에 의하여 성년후견감독인을 선임할 수 있으며, 이로 인하여 성년후견감독인은 폐지된 친족회에 부여되었던 권한을 행사하게 된다.

4) 성년후견의 종료

성년후견개시의 원인이 소멸한 경우 가정법원은 본인, 배우자, 4촌 이내의 친족, 성년후견인, 검사, 지방자치단체의 장의 청구에 의하여 성년후견종료의 심판을 하여야 한다(민법 제11조). 성년후견심판의 효력은 소급효가 없고 심판확정시부터 장래에 향하여 완전한 능력자로 인정된다.

3. 피한정후견인

질병·장애·노령·그 밖의 사유로 인한 정신적 제약으로 사무를 처리할 능력이 부족한 사람으로서 일정한 자의 청구에 의하여 가정법원으로부터 한정후견개시의 심판을 받은 자를 피한정후견인이라 한다(민법 제12조 제1항).

이는 사건 본인의 정신적 제약으로 인하여 사무를 처리할 능력이 부족한 자여야 하지만, 사무처리의 능력 부족 여부는 의사의 감정을 토대로 하지만 판단은 가정법원이 한다.

요건이 갖추어지면 가정법원은 반드시 한정후견개시의 심판을 하여야 하고 가족관계등록부에 기록할 것과 후견등기부에 등기할 것을 사무처리 담당자에게 촉탁하여야 한다.

1) 피한정후견인의 행위능력

(1) 재산행위능력

피한정후견인의 재산행위능력은 원칙적으로 제한되지 않지만, 예외로 ① 한정후견인의 동의를 받아야 하는 피한정후견인의 행위의 범위를 가정법원이 정한 경우에는 그 범위 내에서 피한정후견인의 행위능력은 제한이 된다. ② 한정후견인의 동의유보는 어떻게 정하여야 하는지는, 피한정후견인의 사무처리 능력을 참작하여 그의 이익에 부합된다고 판단되는 범위에서 가정법원이 직권으로 결정하게 되며, 가정법원은 일정한 자의 청구에 의하여 그 동의유보의 범위를 변경할 수 있다. ③ 일용품의 구입 등 일상생활에 필요하고 그 대가가 과도하지 않은 법률행위는 한정후견인의 동의 없이 한 경우에도 취소대상이 아니다.

(2) 가족법상의 행위능력

피한정후견인은 가족법상의 법률행위의 경우 완전한 능력자인지 여부가 문제가 된다. 개정민법은 약혼·혼인·협의이혼·입양·협의파양 등의 경우, 미성년자와 피성년후견인에 대한 특별규정만 두고 있을 뿐, 피한정후견인에 대한 규정은 없다. 그러나 피한정후견인은 순수 신분행위에 관한 한 단독으로 유효하게 법률행위를 할 수 있다고 하여야 한다.

2) 피한정후견인의 법정대리인

(1) 한정후견인

피한정후견인의 법정대리인으로 가정법원은 한정후견개시의 심판을 할 때 직권으로 한정후견인을 선임하여야 한다.

그런데 한정후견인이 당연히 피한정후견인의 법정대리인의 되는 것은 아니며, 한정후견인이 가정법원으로부터 그 범위를 정한 대리권수여의 심판을 받은 경우에 한하여 그 범위 내에서 법정대리권을 행사하게 된다.

한정후견인은 가정법원이 정한 동의권 유보의 경우가 아닌 한, 피한정후견인의 법률행위에 대한 동의권·취소권을 행사하지 못한다.

(2) 한정후견감독인

가정법원은 필요하다고 인정하면 직권으로 또는 일정한 자의 청구에 의하여 한정후견감독인을 선임할 수 있고, 그에 대하여는 성년후견감독인에 관한 기술내용이 준용된다(민법 제959조의5).

(3) 한정후견의 종료

한정후견개시의 원인이 소멸한 경우, 가정법원은 본인·배우자·4촌 이내의 친족·한정후견인·한정후견감독인·검사 또는 지방자치단체의 장의 청구에 의하여 한정후견종료의 심판을 하여야 한다. 한정후견종료의 심판의 효력은 소급효가 없으며, 심판확정시부터 장래에 대한 완전한 능력자로 인정된다.

4. 피특정후견인

질병·장애·노령·그 밖의 사유로 인한 정신적 제약으로 일시적 후원 또는 특정한 사무에 관한 후원이 필요한 사람으로서 일정한 자의 청구에 의하여 가정법원으로부터 특정후견의 심판을 받은 자를 피특정후견인이라 한다(제14조의2 제1항). 이처럼 실질적 요건을 갖추기 위해서는 사건 본인에게 질병, 장애, 노령, 그 밖의 사유로 인한 정신적 제약이 있어야 한다.[63]

가정법원은 특정후견의 심판을 할 때 본인의 의사에 반하여 할 수 없으며(제14조의2 제2항), 가정법원이 특정후견인의 심판을 하는 경우에는 그 기간 또는 사무의 범위를 정하여야 한다(제14조의2 제3항).[64]

가정법원은 피특정후견인의 후원을 위하여 필요한 처분을 명할 수 있는데, 그 처분은 피특정후견인의 재산관리·신상보호 등을 들 수 있으나, 그 구체적인 내용은 가정법원의 심판으로 정해진다.

1) 특정후견인

특정후견인은 가정법원에 의하여 정해진 특정후견사무의 기간과 범위 내에서만 피특정후견인의 법정대리인이 된다(제959조의11 제1항). 특정후견인은 피특정후견인을 보좌하고 후원하는 임무를 수행하며, 그의 복리를 배려하고 의사를 존중할 의무를 진다. 또한 피특정후견인의 행위를 목적으로 하는 채무를 부담하는 법률행위를 대리하는 경우에는 본인의 동의를 얻어야 한다.

특정후견인의 선임된 경우에도 가정법원은 필요하다고 인정하는 경우, 직권으로 또는 일정한 자의 청구에 의하여 특정후견감독인을 선임할 수 있으며, 그의 선임과 권한은 성년후견감독인에 준한다.

2) 특정후견의 종료

특정후견의 기간의 도래 또는 사무처리의 종결로 특정후견은 당연히 종료되지만, 가정법원이 피특정후견인에 대하여 성년후견개시 또는 한정후견개시의 심판을 할 때에도 종전의 특정후견의 종료심판을 하여야 한다. 그러나 특정후

---

63) 특정후견제도는 영국의 정신능력법(Mental Capacity Act, 2005)을 도입한 것으로 피성년후견인·피한정후견인의 경우와는 달리, 행위능력의 제약(사무처리 능력의 결여 또는 부족)과 관계없이 보호를 받을 수 있다는 점에 그 특징이 있다. 그 보호는 피성년후견인·피한정후견인의 경우처럼 지속적·포괄적 보호가 아니라 일시적·특정적인 보호이다. 그렇기 때문에 그 청구권자에 성년후견인·한정후견인의 포함되어 있지 않다(제14조의2 제1항).

64) 특정후견인의 개시와 종료는 특정후견으로 처리되어야 할 사무의 성질에 의하여 정해짐을 반영한 것이다.

견종료심판의 효력은 소급효가 없다.

5. 제한능력자와 거래한 상대방의 보호

1) 상대방 보호의 필요성

제한능력자의 법률행위는 취소할 수 있고 그 취소권은 제한능력자 측만 갖는다. 따라서 제한능력자의 법률행위의 법적 운명은 제한능력자 측의 의사에 의해 좌우되므로, 거래의 상대방은 불안한 지위에 놓이게 된다. 나아가 그 취소의 효과는 선의의 제3자에게도 미치게 되어 거래의 안전을 해치게 된다.

민법은 이러한 취소할 수 있는 법률행위의 불확정 상태를 조속히 매듭짓기 위한 일반적 태도를 두고 있으나,[65] 그 실효를 기대하기 어렵다. 그런데 제한능력자와 거래한 상대방이 제한능력제도의 목적에 의해 그냥 희생이 된다면, 이는 공평에 어긋난 처사로서 바람직하지 않다. 그리하여 민법은 상대방의 보호를 위하여 상대방의 확답촉구권,[66] 상대방의 철회권(제16조 제1항), 거절권(제16조 제2항), 제한능력자 측의 취소권의 배제(제17조) 등의 제도를 두고 있다.

2) 상대방의 확답촉구권

제한능력자와 거래한 상대방이 제한능력자 측에 대하여 문제의 취소할 수 있는 법률행위를 취소할 것인지 또는 추인할 것인지 확답을 촉구하는 법적 지위를 상대방의 확답촉구권이라 한다. 확답촉구권은 권리자의 일방적인 의사에 의하여 취소 또는 추인이라는 법률관계의 변동을 가져온다는 점에서 형성권의 일종이다.

(1) 확답촉구권의 요건

상대방의 확답촉구권을 행사하려면 취소할 수 있는 법률행위를 명백히 지적하고 1개월 이상의 유예기간을 정하여, 추인 여부의 확답을 요구하여야 한다.

---

65) 민법 제145조 소정의 법정추인의 경우 일정한 법정추인의 사유가 있게 되면 취소권자로부터의 취소권 포기의사에 관계없이 취소권을 포기한 것으로 다루어지나, 이는 예외적인 경우에 지나지 않아 실효성이 없다. 제146조 소정의 취소권의 단기소멸제도는, 취소의 원인이 종료한 날부터 3년 안에 또는 법률행위를 한 날로부터 10년 안에 취소하지 않으면 취소권이 소멸하게 되지만, 이는 비교적 장기간으로서 그 실효성이 없다.

66) 민법 개정 전의 최고권(제15조).

(2) 확답촉구의 상대방

확답촉구의 상대방은 확답촉구를 수행할 능력이 있어야 하고, 또한 취소·추인할 수 있는 자여야 한다.

(3) 확답촉구의 효과

유예기간[67] 내에 취소·추인의 확답이 있으면 그대로 효력이 발생한다. 유예기간 내에 아무런 확답이 없으면 다음과 같이 취소·추인의 효력이 생긴다. 첫째, 능력자로 된 후 본인에게 확답 촉구를 하였으나 유예기간 내에 아무런 확답이 없는 경우, 그 법률행위는 추인한 것으로 본다. 둘째, 제한능력 상태가 계속되는 경우 법정대리인에게 확답 촉구를 하였고, 법정대리인이 단독으로 추인할 수 있는 경우에 아무런 확답이 없다면, 그 행위를 추인한 것으로 보는 것이다. 셋째, 제한능력 상태가 계속되는 경우에 법정대리인이 단독으로 추인하지 못하고 특별한 절차를 밟아서 추인해야 하는 경우,[68] 그 절차를 밟은 확답이 없으면 그 행위를 취소한 것으로 본다.

3) 상대방의 철회권·거절권

(1) 입법취지

민법 제15조 소정의 상대방의 확답촉구권은 반드시 1개월 이상의 유예기간을 두어야 하고, 취소·추인의 효력은 제한능력자 측의 의사에 달려 있어서 상대방의 보호방법으로는 한계가 있다. 따라서 상대방을 취소할 수 있는 법률행위의 불확정 상태에서 적극적으로 벗어나도록 할 필요가 있다.

(2) 철회권

제한능력자와 계약을 체결한 상대방이 제한능력자 측에서 추인하기 전에 제한능력자 본인이나 법정대리인에게 계약의 의사표시를 철회할 수 있는 법적

---

67) 유예기간의 계산과 관련하여, 확답촉구는 도달주의(제111조 제1항)에 의해 그 효력이 생기지만(그러나 확답 촉구의 발송사실을 증명할 수 있는 한 상대방에의 도달 여부에 관계없이 확답에 따른 효력이 생긴다고 해야 한다. 거래관계의 신속성을 도모하고 양 당사자의 이익을 모두 충족시킬 수 있다고 보기 때문이다.), 확답 촉구에 따른 확답의 효력은 발신주의가 적용된다(제15조 제1항·제2항·제3항).

68) 민법 제950조 제1항 소정의 법률행위(영업·금전차용·의무부담·부동산 또는 중요한 재산에 관한 권리의 변동·소송행위·상속의 승인)에 관하여 후견인이 후견감독인의 동의를 받아서 추인을 해야 하는 경우를 말한다.

지위를 상대방의 철회권이라 한다(제16조 제1항 본문). 그러나 계약체결 당시에 계약당사자 일방이 제한능력자임을 상대방이 알았다면 상대방은 철회권을 행사하지 못한다.[69]

(3) 거절권

제한능력자의 상대방 있는 단독행위의 경우, 제한능력자 측에서 추인하기 전에 상대방이 제한능력자 본인 또는 법정대리인에게 거절의 의사표시를 함으로써, 제한능력자의 단독행위의 효력을 무효화시킬 수 있는 법적 지위를 상대방의 거절권이라 한다(제16조 제2항).

상대방이 의사표시를 수령할 당시의 표의자가 제한능력자임을 알고 있었을 경우, 거절권을 행사할 수 있는가의 문제가 생긴다. 예를 들어 甲(제한능력자)과 乙(상대방) 사이의 의사의 합의에 의해 성립하는 계약의 경우 계약체결 당시에 乙이 甲의 제한능력을 알고 있었다면 乙은 계약성립에 대한 책임을 져야 하므로 철회권을 행사하지 못한다. 그러나 표의자 甲의 일방적인 의사표시만으로서 성립하는 단독행위의 경우, 乙은 그 의사표시를 수령하는 데 지나지 않다는 점에서 乙의 선의·악의에 관계없이 乙은 거절권을 행사할 수 있다고 보아야 한다.

4) 제한능력자 측의 취소권의 배제

(1) 입법취지

속임수[70]를 쓴 제한능력자는 보호할 필요가 없으므로, 제한능력자 측의 취소권을 박탈하여 상대방이 당초에 예상한 대로 법률효과가 발생하도록 함으로써 상대방을 보호하고 나아가 거래의 안전에 이바지하기 위한 제도이다.[71]

(2) 취소권 배제의 요건

첫째로 제한능력자가 능력자로 믿게 하려고 하였거나, 법정대리인의 동의

---

69) 상대방의 악의에 대한 증명책임은 철회권의 행사를 부정하기 위한 제한능력자 측이 부담한다.

70) 제한능력자가 상대방으로 하여금 자기 자신을 능력자로 오신케 하거나, 법정대리인의 동의가 있는 것으로 오신케 한 경우.

71) 이 제도는 로마법상 미성년자가 성년자로 속여서 상대방의 법률행위를 한 경우, 미성년자의 원상회복의 특권을 부인하는 제도에 유래한 것이다.

가 있는 것으로 믿게 하려고 했어야 한다. 둘째, 제한능력자가 속임수를 썼어야 한다. 즉 어떠한 기망 수단을 속임수로 보아야 할 것인지에 대하여는 다툼이 있으나, 민법 제17조는 제한능력자와 거래한 상대방을 보호하기 위한 제도이며, 제한능력자의 보호를 위한 제도는 아니다. 또한 거래의 안전은 현대 민법의 이상이라는 점을 고려할 때, 상대방의 보호, 거래안전의 보호를 중시하는 견해가 타당하다고 보여진다. 셋째, 제한능력자의 속임수에 따른 상대방의 오신과 그에 따른 법률행위가 있어야 한다.

(3) 효 과

제한능력자 측의 제한능력을 이유로 한 취소권은 박탈 또는 배제된다. 즉 제한능력자의 법률행위는 행위시부터 효력이 생긴다.[72]

무능력자(제한능력자)가 사술(속임)로써 능력자로 믿게 한 때에 있어서의 사술을 쓴 것이라 함은, 적극적으로 사기수단을 쓴 것을 말하는 것이므로 단순한 자기 능력자라 사언(詐言)을 썼다고 사술을 쓴 것이라 할 수 없다.[73]

미성년자와 계약을 체결한 상대방이 미성년자의 취소권을 배제하기 위하여 민법 제7조 소정의 미성년자가 사술(詐術)을 썼다고 주장하는 때에는, 그 주장자인 상대방측에 그에 대한 증명책임이 있다.[74]

Ⅶ 권리변동의 원인은 무엇인가

1. 법률요건 및 법률효과

법률효과를 발생하게 하는 그 원인은 법률행위이고, 법률행위는 주로 계약의 형태로 나타난다. 사법상의 법률관계에 있어서 일정한 사실 내지 생활관계가 존재하면 이에 의거하여 일정한 권리·의무의 변동, 즉 법률효과가 발생한다.

---

72) 제한능력자의 속임수가 있는 경우 상대방이 민법 제110조에 따른 취소권의 행사나 제750조에 따른 손해배상청구권을 행사하는 것은 별개의 문제이다.

73) 대법원 1971. 12. 14. 선고 1471다2045 판결.

74) 위 판결.

이 법률효과가 발생하는 데 필요·충분한 사실의 총체를 법률요건이라 한다. 이 법률요건을 이루는 개개의 요인을 법률사실이라고 한다. 예컨대 계약에 있어서 청약과 승낙이라는 두 개의 법률사실이 계약이란 법률요건을 이룬다. 유언에 있어서는 유언이라는 하나의 법률사실이 그대로 법률요건을 이룬다.

2. 법률사실의 분류

1) 용 태

(1) 외부적 용태(작위와 부작위)

의사가 외부로 표현되는 용태(사람이 정신작용에 의하는 것)로서의 행위로 **적법행위**와 **위법행위**로 나누어진다. 적법행위는 적법질서에 적합한 법률이 가치 있는 것으로 허용되는 일정한 사법상의 효과가 발생하게 된다. 민법상의 행위는 그 표준 여하에 따라 **의사표시**(법률행위)와 **준법률행위**(법률적 행위)로 나누어진다. 단독적 의사표시는 법률행위의 요소로써 그 자체가 곧 법률행위로 되지만, 계약인 때에는 성립요건을 갖춤으로서 법률행위로 된다.

준법률행위는 다시 **표현행위**(의식내용의 표현)와 **비표현행위**(사실행위)로 나누어지며, 표현행위에는 의사의 통지(최고나 거절), 관념의 통지(총회소집통지·채권양도 통지), 감정의 표시(용서) 등이 있고, 비표현행위는 사실행위로서 **순수사실행위**에는 매장물 발견·가공·주소설정 등이 있고, **혼합사실행위**에는 무주물 선점·동거·사무관리 등이 있다.

위법행위에는 법률질서에 위배되어 법률이 허용할 수 없는 것으로 평가하여 행위자에게 불이익을 주는 법률사실로 **불법행위**와 **채무불이행**이 있다.

(2) 내부적 용태

내부적 용태란 표시되지 않는 의사, 즉 **내심적 의식**을 말한다. 법은 행위를 규율하는 규범이므로 행위로서 외부에 나타나지 않는 내심의 의식과정 내지 심리적 상태는 법률상 어떤 의미도 부여되지 않는 것이 원칙이다. 그러나 다른 법률사실과 관련하여 예외적으로 일정한 법률상 의미를 부여하는 **관념적 용태**와 **의사적 용태**가 있다. 전자는 소극적 심리상태, 즉 일정한 사실에 관한 관념 또는 인식 여부의 내심적 의식을 말하는 것으로 선의·악의 등이다. 후자는 적극적 심리상태, 즉 어떤 자가 일정한 의사를 가지고 있는지 없는지 내심의 과정을 말하는 것으로 소유의 의사, 사무관리에 관한 본인의 의사 등이다.

2) 사 건

실종기간의 경과, 사람의 출생·사망, 물건의 자연적 발생·소멸 등과 같이 사람의 정신작용과 관계없는 사실로서 법에 의하여 법률상 의미가 인정되는 것을 말하며, 이를 사건(사람의 정신작용에 의하지 않는 것)이라고 한다.

3. 법률행위의 요건

법률행위가 법률효과를 발생시키기 위해서는 일정한 법률요건을 갖추어야 한다. 먼저 법률행위로서 성립이 있어야 하고, 그것이 유효하다는 평가를 받아야 한다. 즉 법률행위가 효력을 갖기 위해서는 법률행위의 성립요건과 유효요건을 갖추어야 한다.

1) 법률행위의 성립요건

법률행위의 성립요건이란 법률행위로 요구되는 최소한의 외형적·형식적 요건을 말한다. 그 법률행위의 일반적 성립요건으로 ① **당사자**가 있을 것, ② **목적**이 있을 것, ③ **의사표시**가 있을 것 등이 요구된다.

그러나 이러한 요건에 한하지 않고 예외적으로 법률이 각개의 법률행위에 일정한 요건을 요구하는 경우가 있는데, 이를 **특별성립요건**이라고 한다. 그것은 혼인·입양에 있어서 신고, 유언에 있어서 일정한 방식 등이다.

2) 법률행위의 유효요건

일단 성립한 법률행위가 유효하기 위해 별도의 유효조건을 갖추어야 한다. 이를 법률행위의 유효요건이라 한다. 그 유효요건으로 ① **당사자가 능력**을 가지고 있을 것, ② 법률행위의 목적이 **가능**하고 **적법**하며, **사회적 타당성**을 가지고 **확정**할 수 있을 것, ③ 의사표시에 관하여 의사와 표시가 **일치**하고 의사표시에 **하자**가 없을 것 등을 요한다.

그러나 이러한 것에 한하지 않고 각개의 법률행위에 **특별효력요건**을 갖추어야 하는 경우가 있다. 이를 결하면 그 법률행위로서 효력이 생기지 않는 요건이 특별효력요건이다. 예컨대 대리행위에 있어서 대리권이 존재, 조건부·기한

부 법률행위에 있어서 조건의 성취와 기한의 도래, 유언에 있어서 유언자의 사망 등이 그것이다.

4. 법률행위의 종류

의사표시의 단·복수 또는 성질에 따라 단독행위·계약·합동행위로 분류된다.

1) 단독행위

단독행위란 상대방의 의사표시와의 합치를 필요로 하지 않고 한 개의 의사표시만으로 법률행위가 성립되는 일방행위 또는 일방적 행위를 말한다. 이러한 단독행위에는 '**상대방 있는 단독행위**'와 '**상대방 없는 단독행위**'가 있다. 전자는 단독적 의사표시가 상대방(특정인)에게 도달하여야 효력을 발생하는 단독행위로 법정대리인의 동의, 채무면제, 추인, 상계 등이 그것이다. 후자는 의사표시가 수령할 자가 특정되어 있지 않고 그 의사표시가 있으면 곧 효력을 발생하는 단독행위로 유언, 재단법인의 설립행위, 권리의 포기 등이 그것이다.

또한 단독행위의 효과 면에서 타인의 권리·의무의 변동을 초래하는 단독행위와 타인의 권리·의무의 변동을 초래하지 않는 단독행위로 나눌 수 있다. 주체자의 의사에 의거하지 않는 권리·의무의 변동이란 인정될 수 없고 사적 자치의 원칙 아래에서는 타인의 권리·의무의 변동, 불이익을 초래하는 단독행위는 예외적으로 법률이 인정하는 경우에 한하여 허용된다(민법 제5조의 취소, 제544조의 계약해제).

2) 계 약

계약이란 두 개 이상의 의사표시가 합치·결합함으로써 성립되는 쌍방행위를 말한다. 하나의 계약을 형성하는 의사표시의 수는 일반적으로 두 개이지만, 세 개 이상의 경우도 있다. 광의의 계약은 널리 법률관계의 변동을 목적으로 하며, 채권계약에 한하지 않는다. 협의의 계약은 채권관계의 발생을 목적으로 채권계약만을 의미한다.

3) 합동행위

합동행위란 방향을 같이하는 두 개 이상의 **의사표시의 합치**에 의하여 성립하는 법률행위를 말한다. 합동행위의 개념은 19세기말 독일에서 나타난 것으로 그 이론적 근거는 아직 명확하지는 않지만 대체로 사단법인의 설립행위, 사원총회의 결의 등이 합동행위에 해당한다. 합동행위는 그 의사표시가 복수인 점에서 단독행위와 다르며 계약과는 다음과 같이 다르다.

첫째, 계약은 대립하는 두 개 이상의 의사표시가 합치된 것이고, 둘째, 계약의 당사자는 서로 상반되는 이익으로서 대립한다. 그러나 합동행위의 당사자는 공동의 목적을 향하여 협력하는 관계이다.

학습과제

01. '법'하면 생각나는 핵심단어 7개를 적시하시오.

02. 성문법은 왜 필요한지에 대하여 생각나는 대로 적시하시오.

03. 현대사회에서도 '관습법'이 왜 필요한지에 대하여 적시하시오.

04. 현대사회에서 판례의 중요성에 대하여 적시하시오.

05. 정부의 헌법개정안에 대하여 적시하시오.

06. 오늘날 '배분적 정의'가 필요한 이유가 무엇인지에 대하여 적시하시오.

07. 권리와 유사한 개념(권한, 권원, 권능, 권력)에 대하여 적시하시오.

08. 제한능력자란 어떠한 자를 말하는지에 대하여 적시하시오.

09. 피성년후견인의 능력에 대하여 적시하시오.

10. 피한정후견인의 능력에 대하여 적시하시오.

11. 미성년자의 능력에 대하여 적시하시오.

12. 법률행위의 성립요건에 대하여 적시하시오.

13. 법률행위의 효력요건에 대하여 적시하시오.

14. 법률행위의 종류에 대하여 적시하시오.

15. 제한능력자의 속임수에 대하여 적시하시오.

제 2 장

생활과 법률

물권과 채권

[학습목표]

- 이 장에서는 재산권 가운데 물권과 채권이 무엇인가에 대하여 생각해 본다.
- 민법상 물권법정주의와 형법상 죄형법정주의에 대하여 생각해 본다.
- 계약자유의 원칙에 대하여 생각해 본다.
- 물권의 종류에 대하여 생각해 본다.
- 채권의 종류에 대하여 생각해 본다.
- 사무관리, 부당이득 등에 대하여 생각해 본다.
- 채무불이행, 불법행위에 대하여 생각해 본다.
- 채권자대위권과 채권자취소권이 무엇인지에 대해서 생각해 본다.
- 채무이행(변제)에 있어서 공탁에 대하여 생각해 본다.

I 물권과 채권이란 무엇인가

1. 물권의 의미와 그 종류

1) 물권의 의의

민법은 물건 중에서 물권의 정의나 본질에 관하여 직접 규정하고 있지 않지만, 일반적으로 물권이라고 하면 '특정의 물건을 직접 지배해서 이익을 얻는 배타적·절대적 권리'라고 할 수 있다.

2) 물권의 종류

물권의 종류와 내용은 민법 기타의 법률이 정하는 것에 한하므로 당사자가 그 밖의 물권을 자유로이 창설할 수 없다는 것이 근대민법의 원칙이다. 이를 '**물권법정주의**'라고 한다. 우리 민법도 "**물권은 법률 또는 관습법에 의하는 외에는 임의로 창설하지 못한다**"(제185조)라고 규정함으로써 이를 천명하고 있다.

(1) 점유권

부동산의 점유권이란 일정한 부동산을 그 용도에 따라 현실적으로 지배·관리할 수 있는 권리를 말한다. 타인의 부동산을 소유의 의사(자주점유)를 가지고 평온·공연하게 20년간 계속하여 점유하면 그 부동산의 소유권을 취득할 수 있다(이를 **점유취득시효**라고 한다). 타인의 부동산을 소유의 의사 없이 임차권의 행사로 점유하거나 법적인 소유권자와 다투는 상태에서 무조건 20년간 점유를 한다고 해서 그 부동산의 소유권을 취득할 수 있는 것은 아니다.[1] [2]

(2) 소유권

부동산의 소유권이란 그 부동산을 사용·수익·처분할 수 있는 권리를 말

---

1) 대법원 1996. 1. 26. 선고 95다863 판결: 매매의 목적물인 건물이 타인의 소유인 토지 위에 무단 건립된 사실을 알고 있으면서도 그 토지를 건물의 부지로 점유·사용해 왔다면 소유자와 동일한 지배를 행사하려는 의사인 소유의사가 인정되므로 자주점유에 의한 소유권 취득에 문제가 없다.

2) 대법원 1996. 7. 30. 선고 95다21280 판결: 국립공원으로 지정·고시된 **국유지**는 공원사업에 직접 필요한 공원구역 내에 포함되지 않는 경우도 **행정재산**에 포함되므로 개인이 점유하여 사용하고 있더라도 그 소유권을 취득할 수 없다(국유재산법 제5조 제2항).

한다. 부동산의 소유자로 등기되어 있는 자가 10년간 소유의 의사로 그 부동산을 점유하면 등기부취득시효가 완성되어 그 부동산의 소유권을 취득하게 된다(이를 **등기부취득시효**라고 한다).[3)]

(3) 지상권

지상권이란 타인의 토지에 나무를 심거나 건물을 건축하기 위하여 그 토지를 사용하여 수익을 얻을 수 있는 용익물권을 말한다. **법정지상권**과 **관습법상 법정지상권**이 있다.[4)] 특히 **장사 등에 관한 법률**(2001. 1. 13)과 **분묘기지권**이 문제가 된다.

(4) 지역권

지역권이란 자신의 토지의 효용성을 높이기 위하여 인접한 타인의 토지를 일정한 목적으로 이용하는 용익물권을 말한다. 지역권은 **조망권, 용수권, 통행권**을 위하여 설정할 수 있다.

(5) 전세권

전세권이란 전세권자가 일정한 전세금을 지불하고 타인의 부동산을 일정한 기간 동안 그 부동산의 용도에 맞게 사용하거나 그 부동산을 이용하여 일정한 이익을 얻을 수 있는 **용익물권**을 말한다. 후순위 기타 채권자보다 **우선변제** 받을 수 있는 **담보적** 성질을 가지는 물권이다.

(6) 유치권

유치권이라 함은 타인의 물건 또는 유가증권을 점유한 자가 그 물건이나 유가증권에 관하여 생긴 채권이 변제기에 있는 경우에는 변제를 받을 때까지

---

3) 대법원 1996. 10. 7. 선고 96다12511 판결: 일정한 부동산에 관하여 서로 다른 사람의 명의로 소유권보존등기가 중복되어 있는 경우, 뒤에 된 등기가 무효로 되면 그 것을 근거로 한 소유권의 등기부취득시효의 완성을 주장할 수 없다.

4) 법정지상권은 당사자간의 약정에 의해서 설정되는 것이 아니라 법률의 규정에 의하여 일정한 요건이 충족되면 지상권설정이 간주되는 독특한 제도이다. 이러한 법정지상권은 당사자 사이에 지상권설정계약이 없는 경우에 법률이나 관습법이 건물의 철거를 방지하기 위하여 인정하는 건물지반의 토지사용권이다. 법률의 규정에 의한 법정지상권과 이와 구별하기 위하여 관습법에 의한 법정지상권을 '관습법상 법정지상권'이라고 부름으로써 양자를 구별하고 있다. 이와 같이 법정지상권을 인정하는 법률에는 **민법 제305조(건물의 전세권과 법정지상권), 민법 제366조(저당물의 경매로 인한 법정지상권)**가 있고, 그 밖에 가등기담보 등에 관한 법률, 입목에 관한 법률에서 볼 수 있다.

그 물건 또는 유가증권을 유치할 수 있는 권리가 있다.[5)]

(7) 질 권

질권이라 함은 채권자가 그 채권의 담보로 채무자 또는 제3자가 제공한 동산 또는 재산권(권리)을 점유하고 그 변제가 없을 때에는 그 동산 또는 재산권으로부터 우선변제를 받을 권리를 말한다. 법률의 규정에 의해 당연히 발생하는 **법정질권**[6)]이 있다.

(8) 저당권

저당권이란 채무자가 자신의 채권변제에 대한 담보로 제공한 부동산에 대하여 후순위 권리자보다 우선적으로 자신의 채권을 변제받을 수 있는 담보물권을 말한다. 특히 은행거래에서 많이 사용되고 있는 제도가 **근저당**[7)]이다.

이는 대체로 돈을 융자받으면서 그에 대한 담보로 부동산등기부에 근저당권을 설정하고, 그 부동산은 소유권자가 점유·사용하는 형태로 이용된다. **법정저당권**[8)]이란 일정한 차임채권을 보호하려는 법률의 규정에 따라 당연히 성립되어지는 저당권이다.

---

5) 주택임대차보호법 또는 상가건물임대차보호법상의 정당한 임차권을 가지고 있는 임차인은 **임차보증금을 받을 때까지 그 건물을 유치**할 수 있는 권리가 있다.

6) 법정질권은 법률의 규정에 의하여 성립하는 질권으로서, 당사자간의 계약과 등기에 의하여 성립하는 보통의 질권과는 그 성립의 원인을 달리한다. 토지임대인의 차임채권을 보호하기 위하여 인정된다. 법정질권은 토지임대인이 변제기를 경과한 후 최후 2년의 임대채권에 의하여 그 지상에 있는 임차인 소유의 **동산을 압류할 때** 법률의 규정에 의하여 당연히 성립한다. 법률의 규정에 의한 동산 물권의 변동이므로, 등기 없이도 효력이 생기는 점에 특징이 있다.

7) 근저당권은 그 설정계약과 등기로써 성립한다(제186조). 등기에는 근저당이라는 뜻과 채권의 최고액이 명기되어야 하지만(부동산등기법 제140조), 결산기는 등기되지 않아도 된다. 최고액은 원본뿐만 아니라 이자도 포함하므로(제357조) 이자는 등기할 수 없다. 근저당권은 등기된 최고액의 한도 내에서 채권을 담보하며 그 최고액을 초과한 부분은 담보되지 않는다.

8) 법정저당권은 법률의 규정에 의하여 성립하는 저당권으로서, 당사자간의 계약과 등기에 의하여 성립하는 보통의 저당권과는 그 성립의 원인을 달리한다. 토지임대인의 차임채권을 보호하기 위하여 인정된다. 법정저당권은 토지임대인이 변제기를 경과한 후 최후 2년의 임대채권에 의하여 그 지상에 있는 임차인 소유의 **부동산(건물)**을 압류할 때 법률의 규정에 의하여 당연히 성립한다. 법률의 규정에 의한 부동산 물권의 변동이므로, 등기 없이도 효력이 생기는 점에 특징이 있다. 법정저당권과 그 건물 위에 존재하는 다른 저당권과의 사이의 순위는 일반 원칙에 따라서 성립의 시기에 의하여 정해진다. 성립에 관한 것을 제외하고는 내용이나 효력에 있어서 보통의 저당권과 다름없다.

2. 전세권

전세권이라 하면 농경지를 제외한 타인의 부동산을 전세보증금을 지급하고 점유하여 그 부동산의 용도에 따라 사용하거나 수익하며, 그 전세권이 소멸되면 목적부동산에 대한 후순위의 권리자나 다른 채권자보다 우선하여 전세금을 변제받을 수 있는 권리로서 용익물권이면서도 담보물권으로서의 특질도 가지고 있는 특수한 물권이다. 이러한 주택의 전세는 채권적 전세가 대부분이며 물권적 전세는 이용될 여지가 없다. 그것은 비용을 들여서 등기를 하고 물권적 전세권을 설정해 준다는 것이 부동산의 소유자에게는 의미가 없기 때문이다.

1) 전세권의 존속기간

전세권의 존속기간은 당사자의 합의에 의하여 임의로 정할 수 있다. 그러나 법률에 의하여 최장기간과 최단기간이 제한되어 있으며, 그 기간은 등기하여야만이 대항력을 가진다. 전세권의 존속기간은 10년을 넘지 못하며 1년 미만으로 정한 때에는 이를 1년으로 한다.

반면에 기한을 정하지 아니한 경우에는 양 당사자는 언제든지 상대방에 대하여 전세권의 소멸을 통지할 수 있고, 이 통지를 받은 날로부터 6개월이 경과하면 전세권은 소멸한다.

2) 전세권자의 권리·의무

(1) 전세권자의 권리

전세권자는 목적부동산을 점유하여 그 부동산의 용도에 따라 사용·수익할 수 있다. 그 내용은 전세권 설정계약이나 목적물의 성질에 의하여 정해진다. 전세권자가 이에 위반하면 그 설정자는 그 전세권의 소멸을 청구할 수 있고, 원상회복 또는 손해배상을 청구할 수 있다.

전세권자는 전세권을 타인에게 양도 또는 담보로 제공할 수 있다. 또한 전세권설정행위로 금하지 않는 한 전세권자는 전세권의 존속기간 내에서 그 목적부동산을 타인에게 전전세 또는 임대할 수 있다.

(2) 전세권자의 의무

전세권자는 목적물의 현상을 유지하고 통상의 관리에 속한 수선을 하여야 한다. 이 비용은 **필요비**이므로 전세권자는 임차인과 달라서 설정자에게 그 상환을 청구하지 못한다. 또한 전세권이 소멸하면 전세권자는 그 목적물을 원상회복하여 반환할 의무를 부담한다.

3) 전세권의 소멸사유

전세권은 물권 일반원인 이외의 다음과 같은 특유한 원인으로도 소멸한다. ① 전세권의 소멸청구 및 통지, ② 목적부동산의 멸실, ③ 전세권에 우선하는 저당권의 실행, ④ 경매 또는 공매 실행, ⑤ 약정소멸사유의 발생, ⑥ 전세권의 포기 등이다.

II 채권의 목적과 발생원인은 무엇인가

1. 채권의 목적

1) 채권의 의의

채권이란 물건 중에서 일반적으로 특정인(채권자)이 다른 특정인(채무자)에게 대하여 일정한 행위(작위·부작위)를 청구할 수 있는 권리라고 할 수 있다. 따라서 채권의 본질은 청구권이지만 모든 청구권이 채권인 것은 아니다.

채권에는 청구권 이외에 급부보유력·소구력·집행력·채권자대위권·채권자취소권 등의 권능을 포함한다. 또한 채권은 급부청구권의 실현을 목표로 하는 것이므로 그 청구권 내용이 이행되면 동시에 채권도 소멸한다.

2) 채권의 목적

채권의 목적이란 채권자가 채무자에 대하여 청구할 수 있는 일정한 행위, 즉 채무자의 행위를 말하며, 이를 채권의 내용 또는 객체라 한다. 채권 목적으로의 채무자의 일정한 행위는 보통 '**급부**'를 말하기 때문에 결국 채권의 목적은 급부를 가리킨다.

2. 채권의 발생원인

1) 법률행위에 의한 채권 발생

채권은 원칙적으로 당사자간의 계약인 법률행위에 의하여 발생한다. 계약이란 사법상의 일정한 법률행위의 발생을 목적으로 하는 두 사람 이상의 의사표시의 합치를 말하며, 그 중 **채권계약**만이 채권발생의 원인이 된다.

다만 단독행위에 대한 채권발생을 인정할 것인가에 대하여 통설은 단독행위에 의한 채권발생을 민법이 규정하고 있는 것으로는 유언과 재단법인 설립행위가 있을 뿐인 점을 들어 단독행위로 인한 채권발생을 부정한다.

2) 민법상의 법률행위

(1) 증 여

증여라 함은 당사자의 일방이 무상으로 재산을 상대방에게 준다는 의사를 표시하고 상대방이 그것을 승낙함으로써 성립하는 계약을 말한다(민법 제554조). 주로 자선·종교·학술 등의 목적을 위하여 기부로서 작용한다.

(2) 매 매

매매라 함은 당사자의 일방이 어떤 재산권을 상대방에게 이전할 것을 약정하고 상대방은 이에 대하여 그 대금을 지급할 것을 약정함으로써 성립하는 전형적인 유상계약이다(민법 제563조). 매매의 특질은 재산권의 이전에 대한 대가가 금전이라는 점에 있다.

(3) 교 환

교환이라 함은 당사자 쌍방이 금전 이외의 재산권을 서로 이전할 것을 약정함으로써 성립하는 계약이다(민법 제596조).

(4) 소비대차

소비대차라 함은 당사자의 일방인 대주가 금전 기타의 대체물의 소유권을 상대방인 차주에게 이전할 것을 약정하고, 상대방은 같은 종류, 같은 품질, 같은 수량의 물건을 반환할 것을 약정함으로 성립되는 계약이다(민법 제598조).

(5) 사용대차

사용대차라 함은 당사자의 일방이 상대방에게 무상으로 사용·수익하게 하기 위하여 목적물을 인도할 것을 약정하고, 상대방은 이를 사용·수익한 후 그 물건을 반환할 것을 약정함으로써 성립되는 계약이다(제609조).

(6) 임대차

임대차라 함은 당사자의 일방이 상대방에게 목적물을 사용·수익하게 할 것을 약정하고, 상대방이 이에 대하여 차임(보증금)을 지급할 것을 약정함으로써 성립하는 계약이다(제618조).

(7) 고 용

고용이라 함은 당사자의 일방이 상대방에 대하여 노동력을 제공할 것을 약정하고 상대방이 이에 대하여 보수를 지급할 것을 약정함으로써 성립되는 계약이다(제655조).

(8) 도 급

도급이라 함은 당사자의 일방이 어떤 일을 완성할 것을 약정하고, 상대방이 그 일의 결과에 대하여 보수를 지급할 것을 약정함으로써 성립되는 계약이다(제664조).

(9) 여행계약

여행계약은 당사자 한쪽이 상대방에게 운송, 숙박, 관광 또는 그 밖의 여행 관련 용역을 결합하여 제공하기로 약정하고 상대방이 그 대금을 지급하기로 약정함으로써 효력이 생긴다(제674조의2).

(10) 현상광고

현상광고라 함은 광고자가 어떤 행위를 한 자에게 일정한 보수를 지급할 의사를 표시하고 이에 응한 자가 그 광고에 정한 범위를 완료함으로써 성립되는 계약이다(제675조).

(11) 위 임

위임이라 함은 당사자의 일방이 상대방에 대하여 사무의 처리를 위탁하고, 상대방이 이를 승낙함으로써 성립되는 계약이다(제680조).

(12) 임 치

임치라 함은 당사자의 일방이 상대방에 대하여 금전이나 유가증권 기타의 물권의 보관을 위탁하고, 상대방이 임치를 승낙함으로써 성립하는 계약이다(민법 제693조).

(13) 조 합

조합계약은 두 사람 이상의 특정인의 서로 출자하여 공동사업을 경영할 것을 약정함으로써 성립되는 계약이다(제703조). 조합원의 재산관계는 민법 제704조에서 '조합원의 합유'임을 규정하고 있다.

(14) 종신정기금

종신정기금 계약은 당사자 일방(정기금채무자)이 자기·상대방 또는 제3자가 죽을 때까지 정기로 금전 기타의 물건을 상대방 또는 제3자에게 지급할 것을 약정함으로써 효력이 생기는 계약이다(제725조).

(15) 화 해

화해는 당사자가 서로 양보하여 그들 사이의 분쟁, 즉 다툼을 해결하고 종지할 것을 약정함으로써 성립하는 계약이다(제731조).

3) 법률의 규정에 의한 발생

(1) 사무관리

이웃 사람이 여행하는 중에 재산세 등의 공과금을 지급하는 것과 같이 아무런 의무 없이 타인을 위하여 사무를 처리하는 것도 채권발생 원인 중의 하나로서 민법은 관리자가 부담한 비용의 상환뿐만 아니라 사무관리 때문에 발생한 손해의 배상까지도 인정하고 있다(제734조~제740조).

(2) 부당이득

법률상의 원인이 없음에도 불구하고 부당하게 재산의 이익을 얻고, 이로 말미암아 타인에게 손해를 준 경우에 이는 부당이득이 되므로 당연히 채권발생 원인이 되며, 따라서 부당이득을 받은 자는 당연히 그 이익을 반환하여야 한다(제741조~제749조).

(3) 불법행위

불법행위라 함은 고의 또는 과실로 인하여 타인에게 손해를 가한 위법한 행위로서 행위자는 피해자에게 그 행위로 말미암아 생긴 손해를 배상할 책임이 있다(제750조~제766조).

3. 채권의 효력

1) 채권의 채무자에 대한 효력

(1) 강제이행청구권

채무자가 채무의 내용에 따른 이행을 스스로 하지 않는 경우에는 국가권력의 발동으로 채무내용의 실현이 강제되는 것이 원칙이다. 왜냐하면 채권자의 입장에서는 될 수 있는 대로 급부의 내용을 그대로 실현하는 것이 중요하고, 또한 채권을 권리로서 인정하고 있는 취지에도 부합되기 때문이다.

(2) 계약의 해제권

당사자 일방의 의사표시에 의하여 그 계약이 처음부터 없었던 것과 같은 상태로 복귀시키는 것을 계약의 해제라고 한다. 해제권에는 당사자가 미리 계약으로 보류하는 **약정해제권**과 법률규정에 의하여 주어지는 **법정해제권**이 있다. 민법은 채무자의 채무불이행에 대하여 채권자의 계약해제권을 인정하고 있으며, 그에 따른 **원상회복의무**와 **동시이행의 항변권** 및 **손해배상청구권**도 인정하고 있다.

(3) 손해배상청구권

물건의 인도채무나 대체적 작위채무(주로 주는 채무) 등에서는 강제이행의 방법에 의하더라도 아무런 부당한 결과를 초래하지 않으나 부대체적인 작위채무(주로 하는 채무) 등에서는 채무자의 이행을 강제하더라도 그 목적을 달성할 수 없기 때문에 채무불이행 그 자체로 인한 손해는 금전으로 배상받을 수밖에 없다.

2) 채권의 제3자에 대한 효력

(1) 채권자대위권

<u>채권자가 자기의 채권을 보전하기 위하여 채무자의 권리를 행사할 수 있는 권리</u>가 채권자대위권이다(민법 제404조~제405조).

가령 자력이 없는 채무자인 을(乙)이 제3자인 병(丙)에 대하여 채권을 가지고 있음에도 불구하고, 이를 행사하지 않고 있는 경우에는 금전채권자인 갑(甲)

이 제3자인 병(丙)에 대하여 채무자인 을(乙)의 권리를 행사하는 것으로 채무자인 을(乙)에 갈음하여 제3자인 병(丙)으로부터 그 급부를 추심해서 이를 채무자인 을(乙)의 일반재산에 추가하는 경우이다.

(2) 채권자취소권

채권자를 해함을 알면서도 행한 채무자의 법률행위를 취소하고 채무자의 재산을 회복하는 것을 목적으로 하는 채권자의 권리가 채권자취소권이다(민법 제406조~제407조).

> 가령 A(채권자)는 조그만 사업을 하는 B(채무자)에게 돈 5,000만원을 빌려주었다. B는 수억원짜리 집을 갖고 있었기 때문에 빚을 받는 데는 아무 걱정이 없다고 생각하고 있었다. 그런데 몇 달 후 B의 사업이 잘 안 되어 도산할지도 모른다는 소문이 들려, A가 부랴부랴 B의 집에 대한 등기부를 떼보니 벌써 C(제3자)에게 넘어간 것이 아닌가?
>
> 이를 확인해 보니, B의 빚이 많아서 자기 처남인 C와 짜고 집을 C앞으로 해둔 것 같은 의심이 들었다. 물론 C는 B로부터 정당하게 산 것이라고 주장하고 있고, B에게는 다른 재산이 없다. A가 돈을 받으려면 B와 C의 계약이 무효가 되어야 하는데 방법이 없을까?
>
> ① 가장매매라는 의심만으로는 B와 C의 계약이 무효가 될 수 없다. A는 방법을 찾기에 너무 늦었다. ② B를 형사 고소하여 형사 책임을 지우게 하는 방법밖에 없다. ③ B와 C가 짜고 A를 해하기 위한 것이라면 A가 그 계약을 취소할 수 있다.

이 사건과 같은 '가장매매'가 우리 사회에는 너무 많다. 민법에서는 이런 경우를 예상하여 채권자에게 구제수단을 마련하고 있다. 이 사건에서 채권자인 A는 C를 상대로 B와의 계약을 취소하라는 소송을 제기할 수 있다. 승소하게 되면 집은 다시 B명의로 환원되고 이 집은 모든 채권자의 공동담보가 된다.

이처럼 채무자가 채권자를 해하려고 자기 재산을 제3자에게 처분한 경우 채권자가 그 처분을 취소할 수 있는 권리를 '채권자취소권' 또는 '**사해행위취소권**'이라고 한다. 이 권리는 소송으로만 가능하다. 그리고 소송은 채무자를 상대로 하는 것이 아니고, 제3자(C)만을 상대로 하면 된다.

(3) 불법행위에 대한 손해배상청구권

채권도 하나의 재산권이므로 제3자에 의하여 침해를 받을 수 있다. 제3자의 위법한 침해에 대하여 당연히 불법행위로 인한 손해배상의 청구를 인정해야 한다.

III 공탁이 필요한 이유는 무엇인가

1. 공탁의 의미

공탁이란 법령의 규정에 따른 원인에 의하여 금전·유가증권 기타 물건을 법원의 공탁소에 임치하여 변제·담보·보관 등의 목적을 달성하는 제도를 말한다. 반드시 해당 법정에 따른 공탁사유가 있어야 하고 공탁을 하는 원인에 따라 다음과 같이 분류된다.

2. 공탁의 종류

1) 변제공탁

채무자가 변제를 하려고 해도 **채권자가 변제**를 수령하지 않거나 받을 수 없는 경우 혹은 과실 없이 **채권자가 누구인지** 알 수 없는 경우에 채무자는 채무이행에 갈음하여 채무의 목적물을 공탁하여 그 채무를 면할 수 있는 변제방법을 말한다.

채무자가 변제공탁을 하면 채무가 소멸되고 채권자는 법원의 **공탁소**에 공탁물의 지급을 청구할 수 있다. 이 때 채권자는 공탁통지서를 받고 법원에 비치된 공탁서와 일정한 서류와 함께 제출하면 이를 심사하여 공탁을 수리한다.

2) 보증공탁

특정의 상대방이 받을 수 있는 손해를 담보하기 위한 공탁을 말하는 것으로 손해담보공탁이라고도 한다. 여기에는 재판상 보증공탁으로 **가압류보증·가처분보증·소송비용담보** 등의 경우에는 법원의 허가를 얻어 금융기관·보험회사와 지급보증계약을 체결한 문서를 공탁서에 갈음하여 집행법원에 제출할 수 있다. 지급청구절차는 변제공탁과 같다.

3) 집행공탁

강제집행 절차의 어느 단계에 있어서 집행의 목적물(가압류 금전, 압류물건의 환가대금, 채권집행에 있어서 변제 제 공과금)을 집행기관·집행당사자·제3채무자가 공탁소에 공탁하여 그 목적물의 관리와 집행당사자에의 교부를 공탁절차에 따라 행하도록 하기 위해서 하는 공탁을 말한다.

4) 보관공탁

목적물을 단순히 보관하기 위하여 하는 공탁으로 채권자집회의 소집청구 및 의결권 행사를 위하여 무기명의 채권을 가진 자가 그 채권을 공탁하는 경우이다.

5) 몰취공탁

일정한 사유가 발생하였을 때에는 공탁물을 몰취할 수 있도록 하는 공탁으로 이는 상대방의 손해를 담보하기 위해서가 아니라 국가에 대하여 자기의 주장이 허위인 때에는 몰취의 제재를 당하여도 이를 감수한다는 취지의 공탁이다. 예컨대 법원은 당사자 또는 법정대리인으로 하여금 보증금을 공탁하게 하여 소명[9]에 갈음할 수 있다. 보증금을 공탁한 당사자나 법정대리인이 허위진술을 한 때에는 법원은 보증금을 몰취한다.

---

9) 소명(疏明)이란 재판에서 법관이 당사자가 주장하는 사실이 확실할 것이라고 추측을 하는 상태 또는 그 상태에 이르도록 당사자가 증거를 제출하려고 노력하는 것을 말한다. 증명보다 낮은 정도의 심증(心證)이다.

학습과제

01. 물권과 채권을 어떻게 구별해야 하는지에 대하여 적시하시오.

02. 물권법정주의와 죄형법정주의에 대하여 적시하시오.

03. 법률행위 자유의 원칙 혹은 계약자유의 원칙에 대하여 적시하시오.

04. 담보물권의 종류와 그 내용에 대하여 적시하시오.

05. 용익물권의 종류와 그 내용에 대하여 적시하시오.

06. 경매에서 유치권이 왜 중시되는지에 대하여 적시하시오.

07. 법정저당권에 대하여 적시하시오.

08. 전형계약의 종류에 대하여 적시하시오.

09. 부당이득의 사례를 적시하시오.

10. 불법행위의 사례를 적시하시오.

11. 왜 강제이행청구가 필요한지에 대하여 적시하시오.

12. 채권의 일반적 효력에 대하여 적시하시오.

13. 채권자대위권의 성립에 대하여 적시하시오.

14. 채권자취소권의 성립에 대하여 적시하시오.

15. 공탁이 필요한 이유에 대하여 적시하시오.

제 3 장

생활과 법률

부동산 임대차와 법률

[학습목표]

- 이 장에서는 주택 임대차와 상가건물 임대차의 입법취지를 생각해 본다.
- 양 임대차에서 대항력에 대하여 생각해 본다.
- 양 임대차에서 적용범위에 대하여 생각해 본다.
- 양 임대차에서 존속기간에 대하여 생각해 본다.
- 양 임대차에서 보증금의 회수에 대하여 생각해 본다.
- 양 임대차에서 임차권등기명령에 대하여 생각해 본다.
- 상가건물 임대차에서 계약갱신 요구에 대하여 생각해 본다.
- 양 임대차에서 차임 등의 증감청구권에 대하여 생각해 본다.
- 양 임대차에서 월 차임 전환시 산정률의 제한에 대하여 생각해 본다.
- 양 임대차에서 보증금 중 일정액의 보호에 대하여 생각해 본다.
- 상가건물 임대차에서 권리금의 적용과 적용 제외에 대하여 생각해 본다.

I 주택임대차보호법의 주요 내용은 무엇인가

1. 입법취지

우리나라는 경제적 강자인 집주인의 횡포와 자의에 의하여 경제적 약자인 임차인의 부당한 요구를 강요당하고 피해를 입는 경우가 빈번하게 발생하여 심각한 사회적 문제가 되었다.

따라서 주택의 이용관계를 규율하는 민사법규를 계약자유의 원칙이 되는 시민법의 차원에서 임차인의 주거생활과 경제적 지위를 보장하여야 한다는 사회법적 차원으로 전환할 필요성이 요청되어 무주택임차인의 권리와 지위를 보장하는 주택임대차보호법(약칭: 주택임대차법)이 1981년 3월 5일 제정되었다.

〈표 3-1〉 주택임대차보호법과 민법의 비교

구분	민법상 임대차	주택임대차보호법
객체	부동산, 동산	부동산(주택)
대항력	원칙적으로 없음	있음
양도성	임대인의 동의 없이 양도·전대 할 수 없음	임대인의 동의 없이 양도·전대 할 수 없음
존속기간	최장존속기간 20년	최단기한 제한 2년
우선변제효력	원칙적으로 없음 단, 등기할 경우 있음	확정일자인 부여받으면 있음
기간 약정이 없는 경우	당사자는 언제든지 해지의 통고를 할 수 있음. 임대인이 해지의 통고를 하면 6월, 임차인이 한 때는 1월이 경과해야 해지 효력 발생	임차인은 언제든지 계약해지의 통고 가능. 이 경우 임대인이 그 통고를 받은 날부터 3월이 경과하면 해지통고의 효력이 발생함
소액임차인보호	없음	있음
임차권의 승계	양수인(매수인 등)에게 승계 안 됨(양수인과 다시 계약해야 함)	양수인·상속인에게 임차권 승계 됨

주택임대차법은 민법의 임대차 일반규정 제618조 내지 제654조에 우선하여 적용(특별법우선의 원칙)함으로써 주택임차인의 권리를 보호하는 민법의 특별법이다.

2. 민법상 임대차와 주택임대차보호법의 관계

임대차는 임대인이 임차인에게 목적물을 사용·수익하게 할 것을 약정하고 임차인이 이에 대하여 차임을 지급할 것을 약정하는 것을 말한다(민법 제618조). 이런 임대차에 대한 일반규정은 민법 제618조 내지 제654조에 규정되어 있으며, 주택임대차보호법 규정은 민법 규정에 대한 특례규정이다.

3. 존속기간

주택임대차보호법에는 "임대차의 기간을 정하지 아니하거나 2년 미만으로 정한 임대차는 그 기간을 2년으로 본다. 다만, 임차인은 2년 미만으로 정한 기간이 유효함을 주장할 수 있다"고 규정하고 있다. 따라서 최소한 임대차가 2년은 존속하도록 강제하고 있고, 한편으로는 임차인이 원하는 경우에는 2년 미만의 임대차도 유효하도록 규정하고 있다. 또한 임대인이 임대차 기간이 종료되기 6개월 전부터 1개월 전까지 임차인에게 갱신 거절의 통지를 하지 않거나 계약 조건을 변경하지 않고 임대차 기간이 종료된 때는 전 임대차와 동일한 조건으로 다시 임대차를 한 것으로 본다(묵시적 갱신).

이때 임대차의 존속 기간은 정하지 않은 것으로 보지만, 이 경우에도 임차인은 다시 2년의 임대차 기간을 보장받게 된다. 뿐만 아니라 이와 같은 묵시적 갱신은 임차인이 언제든지 임대인에게 계약 해지를 통지할 수 있고, 이 경우 임대인이 그 통지를 받은 날부터 3개월이 지나면 해지 효력이 발생한다고 규정해 임차인의 안정적인 주거 기간을 보장하고 있다.

4. 전세권과 전세의 차이점

전세권은 외국의 입법례에서 찾아 볼 수 없는 우리나라의 특유한 제도로서 등기를 요건으로 하는 물권이다. 즉 전세권자는 전세금을 지급하고 전세권설정자의 부동산을 점유하여 그 부동산의 용도에 좇아 사용·수익하며, 그 부동산

전부에 대하여 후순위권리자 기타 채권자보다 전세금의 우선변제를 받을 권리가 있다. 등기를 하지 아니한 전세(미등기전세)는 채권이지만 물권인 전세권에 관한 규정이 유추적용된다. 다만 주택에 대한 채권적 전세, 즉 주택의 미등기전세는 주택임대차보호법이 준용된다.

〈표 3-2〉 전세권과 전세(채권적 전세)의 비교

구분	전세권	채권적 전세
성질	물권	채권
우선변제대항력	있음	없음
대항력	있음	없음
양도성	양도, 담보제공, 전전세, 임대 가능	임대인의 동의 없이는 양도, 전대 불가
존속기간	최장존속기간: 10년 건물전세권의 최단기한: 1년	최장존속기간 20년
묵시의 갱신	건물전세권은 가능	가능
비용상환청구권	필요비: × , 유익비: ○	필요비: ○, 유익비: ○
부속물매수청구권	○	○

5. 주택임대차보호법의 적용대상

1) 주거용 건물의 정의

주거용 건물, 즉 주택이란 시청이나 구·읍·면 등에 비치되고 있는 건축물대장의 용도란에 '주거용'으로 기재되어 있지 않더라도 사회통념상 건물로 보기에 충분하고 실제로 주거용으로 사용되고 있으면 주택이다. 따라서 공부상 공장용 건물이나 창고용 건물이라도 건물의 내부구조를 사실상 주거용으로 변경된 경우에는 주택으로 보아야 할 것이다. 또한 관할청으로부터 허가를 받지 아니한 **무허가 건물**이나 건축허가를 받았으나 **준공검사를 필하지 못한 건축물**도 이 법의 적용을 받는다.

주택을 건축한 사람은 공사가 끝난 후 준공검사를 받았으나 소유권보존 등기를 하지 않았더라도 그 주택의 소유권을 취득한 것이 되므로 **미등기주택**도이 법의 적용을 받는다. 따라서 주택의 신축자는 정당한 권리자로 그 주택을 임대할 수 있으므로 미등기주택이라도 건축의 진정한 소유자인가를 확인하여 임대차 계약을 체결하면 된다.

2) 미등기전세

미등기전세는 상당히 오래 전부터 부동산임대차, 특히 건물임대차의 한 형태로 관습상 발전하여 온 제도이다. 예컨대 건물의 소유자인 갑(甲)이 그 건물에 세들어 살고자 하는 을(乙)로부터 일정한 '전세금(보증금)'을 받고 일정기간 그 건물을 乙로 하여금 사용·수익하게 한다. 그리고 그 약정기간이 만료되면 그 건물을 인도받음과 동시에 전세금을 반환하는 것으로 하는 계약제도이다. 대부분이 이러한 계약에는 이 법이 적용된다.

따라서 이 법에서는 목적건물을 등기하지 아니한 전세계약에 관하여 이 법을 준용한다(동법 제17조).

〈표 3-3〉 주택임대차보호법이 적용되는 대상물의 범위

구분	내용
동법이 적용되는 경우	• 등기된 주택(단독주택, 아파트, 연립주택, 다세대, 빌라 등) • 미등기된 건물이나 준공검사를 받지 않은 건물 • 무허가 건물이나 가건물 • 비주거용 건물을 집주인이 주거용도로 개조하여 세놓은 건물 • 비주거용 건물을 세입자가 집주인의 승낙을 받고 주거용도로 개조하여 사용하는 건물 • 주거를 겸하는 가게나 공장
동법이 부정되는 경우	• 보증금이나 월세를 내지 않고 사용하는 경우(무료 사용) • 여관, 호텔, 민박, 가건물 등 임시사용을 목적으로 개조한 경우 • 비주거용 건물을 임차인의 임대인의 승낙 없이 주거용으로 개조한 경우 • 오피스텔, 콘도 등

3) 주택 일부가 비주거용인 경우

임차한 주택의 일부는 주거용이고 일부는 비주거용으로 사용되는 건물이라도 이 법의 보호 대상이 된다. 예컨대 주택이 딸린 가게에서 소규모 영업이나 공장으로 사용하는 경우가 이에 해당한다.

4) 일시사용을 위한 임대차는 제외

주거용 건물의 임대차일지라도 일시사용을 위한 임대차임이 명백한 경우에는 이를 적용하지 아니한다. 이 때 일시적인 사용을 위한 임대차 여부는 임대차의 목적·동기·기간 등 기타의 여러 사정을 종합해서 판단해야 한다.

5) 외국인의 적용

외국인의 경우 주민등록법 시행령 제6조에 의한 주민등록에 관한 신고 대신에 출입국관리법 제31조(외국인의 등록) 및 제36조(체류지의 변경의 신고) 규정에 의한 등록을 하면 주택임대차보호법의 적용을 받아 보호받을 수 있다. 따라서 외국인이 경우 변경사항이 발생하면 출입국관리법에 의한 체류지변경신고를 임차주택 소재지번으로 하는 방법으로 대항력을 취득하여야 한다.

6. 임차인의 대항력

1) 대항력의 개념

건물의 임대차 계약은 채권이므로 그 계약의 효력은 원칙적으로 당사자인 임대인과 임차인 사이에서만 발생하고, 다른 사람인 제3자에게는 임대차의 효력을 주장하지 못한다. 따라서 임대인의 임차기간 중에 그 목적 건물을 다른 사람에게 매매 또는 증여 등의 방법으로 양도하는 경우, 그 목적 건물의 새 소유자는 자기와 계약관계가 없는 임차인에게 건물을 비우도록 요구할 수 있다.

임차인의 이러한 경우에 처했을 때, 주택에 한하여 주택임대차보호법이 임차인을 특별히 보호하기 위하여 일정한 요건을 갖춘 경우에, 주택임차인에게 당초의 임대인 이외의 자(주택승계인)에게 임대차 관계를 주장할 수 있는 대항력을 인정하고 있다. 즉 일정한 요건(임대차는 그 등기가 없는 경우에도 임차인이 주택의 인도와 주민등록을 마친 때에는 그 다음 날부터 제3자에게 대하여 효력이 있다)을 갖춘 주택임차인은 계약기간 중에 집소유자가 바뀌어도 당초의 임대차 기간이 만료될 때까지 그 집에서 살 수 있고, 기간이 끝나면 현재의 집주인으로부터 보증금을 반환받을 수 있다.

민법에 의해서도 전세권 또는 임차권을 등기한 경우에는 제3자에 대한 대항력을 인정하고 있으나 임차인의 주택을 임차하면서 전세권 또는 임차권의 등기를 요구하여도 임대인이 이에 응하지 않는 것이 현실이므로 이러한 민법상의 제도는 실효성이 없다. 이러한 현실로 인하여 주택임대차보호법은 임차인의 실제적인 보호를 위하여 다음의 요건을 갖추었을 때 등기하지 않더라도 대항력을 인정하고 있다.

2) 대항력의 요건

주택임대차는 그 등기가 없는 경우에도 주택의 인도(입주)와 주민등록 이전(전입신고)을 마친 때에는 그 다음 날부터 제3자에 대하여 효력이 생긴다. 제3자에게 효력이 생긴다는 것은 임대인 이외의 자에 대하여도 임차인은 그 주택의 임대차관계를 주장할 수 있다는 것이다. 따라서 임대차 계약 이후 실제로 입주하기 전에 임차주택의 주인이 바뀌게 된 경우에는 임차인은 새 주인에게 대항력을 주장할 수 없다.

또한 대항력은 주민등록 전입신고를 하면 그 다음 날부터 발생하므로 실제로 임차인의 주택을 입주하여 사는 경우라도 임차인의 주민등록 전입을 늦게 하면 그만큼 대항력이 발생이 늦어진다. 여기서 주민등록은 원칙적으로 임차인 본인에 한하나 그 배우자의 주민등록이 된 경우에도 대항력을 인정하는 것이 법원의 판단이다.

그러나 임차인의 입주와 전입신고를 하기 전에 그 집이 이미 저당권 설정이나 가압류, 압류등기, 가등기 등이 행하여졌고 그 결과로 경매나 가등기에 의한 본등기에 의하여 소유권자가 변경된 경우에는 임차권은 소멸되어 임차인은 신 소유자에 대하여 대항할 수 없다. 따라서 타인의 주택을 임대차하고자 할 때에는 최소한 등기부를 열람하여 저당권 설정이나 가등기 여부를 확인하여야 한다.

신축한 연립주택이 '나동 301호'라고 해서 계약서에 그렇게 쓰고 전입신고도 마쳤는데 후에 준공검사가 끝나고 건축물관리대장에 'B동 301호'로 등재되었다. 이러한 경우 대항력을 주장할 수 있는지 여부에 대하여 대법원은, 신축 중인 연립주택 중 1층 소재 주택의 임차인의 주민등록 이전시 잘못된 현관문의 표시대로 1층 201호라고 전입신고를 마쳤는데, 준공 후 그 주택의 공부상 1층 101호로 등재된 경우, 주택임대차보호법상의 대항력이 없다고 판시하였다 이 경우 'B동 301호'로 정정된 다음 날부터 대항력을 인정받을 수 있다.[1)]

---

1) 대법원 1995. 8. 11. 선고 95다177 판결.

대항력 요건인 주민등록은 거래안전을 위하여 임차권의 존재를 제3자가 명백히 인식할 수 있는 공시방법으로 마련된 것이므로 주민등록이 어떤 임대차를 공시하는 효력이 있는가의 여부는 일반 사회통념상 그 주민등록으로 당해 임대차 건물의 임차인의 주소 또는 거소를 가진 자로 등록되어 있는지를 인식할 수 있는가의 여부에 따라 인정된다.[2]

3) 주택임대차보호법의 보호내용

(1) 임차주택 양수인의 임대인 지위 승계

임대주택 양수인이라 함은 **매매나 교환** 등의 법률행위에 의하여 임차주택의 소유권을 취득한 자는 물론 **상속, 공용징수, 판결 및 경매** 등 법률의 규정에 의하여 임차주택의 소유권을 취득한 자를 말한다. 그러나 임차주택의 양수인이라고 하여 모두 임대인의 지위를 승계하는 것은 아니다. 즉 임차권보다 선순위인 저당권이나 가등기에 의하여 경매 또는 본등기의 이행으로 소유권을 취득한 사람에 대하여 임차인은 임차권을 주장할 수 없으므로 이들은 임차인의 보호를 받을 수 있는 임차주택의 양수인에는 해당하지 않는다.

(2) 임차인 선순위에 의한 우선변제권

주택임대차보호법에서는 임차인에게 대항력을 인정하는데 그치지 않고 일정한 요건을 갖춘 임차인에게 **우선변제권**을 인정하고 있다. 즉 주택의 임차인은 주택의 인도(입주)와 주민등록(전입)을 마치고 임대차 계약서상에 확정일자를 갖추었을 때에는 경매 또는 공매시 임차주택의 환가대금에서 후순위의 권리자 및 기타 채권자보다 우선하여 보증금을 변제받을 권리가 있다. 따라서 후순위 권리자 및 기타 채권자보다 우선하여 보증금을 변제받을 권리가 있을 뿐이므로 임차인의 주택인도, 주민등록 이전 및 계약서상의 확정일자를 갖추기 **전**에 설정된 담보물권보다는 우선하지 못한다.

임대차계약서상의 **확정일자인**이란 합동법률사무소의 공증인, 법원 및 등기소, 동사무소의 직원이 그 확정일 현재에 임대차 계약이 존재하고 있음을 증명하기 위하여 확정일자부의 번호를 써 넣거나 일자인을 찍는 것을 말하는 것으로, 확정일자인을 받기 위해서는 임대인의 동의가 필요하지는 않다.

---

2) 대법원 1987. 11. 10. 선고 87다카1573 판결.

순위에 의한 우선변제권이 인정되는 보증금은 그 금액에 제한이 없으므로 다액 보증금의 경우에도 적용된다. 임차인의 당해 주택의 양수인에게 대항할 수 있는 경우에는 임대차가 종료된 후가 아니면 보증금의 우선변제를 청구하지 못하여 우선변제가 인정되더라도 임차인의 임차주택을 양수인에게 인도하지 않으면 보증금을 회수할 수 없다.

(3) 임대차 기간의 보장

주택의 임대차 기간은 당사자 간에 자유로이 정할 수 있으나 기한의 정함이 없거나 기간을 2년 미만으로 정한 경우에는 그 기간을 2년으로 한다. 그러나 임차인의 요구에 의하여 1년도 무방하다. 그리고 **임대인이** 임대기간 만료 전 6월부터 1월까지에 갱신거절의 통지나 조건의 변경을 통지하지 아니하면 그 기간이 만료된 때에 전과 동일한 조건으로 다시 임대차한 것으로 본다.

임차인이 임대차 기간 만료 전 1월까지 통지하지 아니한 때에도 또한 같다. 이때는 임대기간이 정함이 없으므로 임차인은 해지 통보를 하고 3월이 지나면 계약이 자동적으로 해지되어 이사할 수 있다.

묵시적 갱신의 경우에는 임차인은 언제든지 임대인에게 계약해지를 통지할 수 있고 통지받은 날로부터 3개월이 지나면 그 효력이 발생한다.

(4) 임대인의 보증금의 제한

민법상 임대차계약의 당사자는 임대물에 대한 공과금 부담의 증감 기타 경제 사정의 변동으로 인하여 약정한 차임이 상당하지 아니할 때에는 증액이나 감액을 상대방에게 청구할 수 있다.

그러나 주택임대차보호법은 위와 같은 차임청구권을 인정하되 임대인의 증액청구권만을 일방적으로 제한하여 임차인을 보호하고, 차임의 증액청구는 임대차 계약 또는 약정한 차임의 증액의 있은 후 1년 이내에는 하지 못하고, 올리는 경우에도 기존차임의 5%(20분의 1)를 초가할 수 없도록 하고 있다.

(5) 소액임차인의 최우선변제권(동법 시행령 제10조 제11조 개정 참조)

우선변제를 받을 수 있는 소액보증금의 범위는 주택임대차보호법 시행령 제3조에 규정되어 있다.

서울의 경우 1억 1천만원 이하로 입주하고 있는 임차인에 한하여 3천 700

만원까지, 수도권(과밀억제지역, 세종시·용인시·화성시)은 1억원 이하인 경우 3천 400만원까지, 광역시(안산시·김포·경기도 광주시·파주시, 군지역과 인천광역시 제외)에서는 6천만원 이하인 경우에 한하여 2천만원까지, 그 외의 지역에서는 5천만원 이하인 경우에 한하여 1천 700만원까지 우선변제를 받을 수 있다.

여기서 우선변제를 받을 수 있다는 것은 당해 임차주택 소유자에 대한 일반채권자는 물론 그 주택위에 설정된 선순위 저장권보다도 우선하여 당해 주택(대지 포함) 가액의 2분의 1 범위 내에서 보증금을 반환받을 수 있다는 것이다.

이와 같이 일정한 범위의 임차인은 일정한 범위의 보증금에 대하여 최우선 변제권이 인정된다. 따라서 보증금 중 서울은 3천 700만원, 과밀억제지역권에서는 3천 400만원, 광역시에서는 2천만원, 기타 지역에서는 1천 700만원 이하인 경우에 한하여 전액 보장된다. 그러나 금액에 상관없이 전액에 대한 우선변제권을 인정받기 위해서는 다른 담보물권보다 먼저 임대차계약서상에 확정일자인을 받아 두어야 한다.

(6) 임차권의 승계

임차인의 사실상의 혼인관계에 있는 자는 재산상속권이 없으므로 상속권자 없이 사망한 경우에는 당해 임차권과 보증금 등의 반환청구권은 국가에 귀속된다. 따라서 사실상의 혼인관계에 있는 자는 임차인의 사망으로 임차주택을 승계하지 못하고 쫓겨나게 된다.

이러한 불합리를 없애기 위하여 주택임대차보호법 제9조는 임차인이 상속권자 없이 사망한 경우에 그 주택에서 가정공동생활을 하던 사실상의 혼인관계에 있는 자가 임차인의 권리와 의무를 승계하도록 하고 있다. 또한 임차인이 사망할 당시 상속권자가 그 주택에서 가정공동생활을 하고 있지 아니 한 때에는 그 주택에서 가정공동생활을 하던 사실상의 혼인관계에 있는 자와 2촌 이내의 친족이 임차인의 권리와 의무를 승계한다.

(7) 임차권등기명령제도

임대인이 임대차가 종료하였음에도 불구하고 보증금을 돌려주지 못하는 경우, 특별히 법원의 명령에 의하여 임차인 단독으로 등기를 할 수 있다. 임차인은 임차권 등기를 해 놓으면 다른 곳으로 이사하더라도 대항력과 우선변제권의 그대로 유지된다.

임차권 등기신청은 신청서 양식에 맞추어 신청의 취지와 이유, 임대차 대상주택에 대해 간략하게 기재하고 확정일자부 임대차 계약서, 주민등록등본, 임차인거주사실확인서, 건물 중 일부를 주택으로 꾸며 사는 경우 그 도면을 첨부하면 된다. 법원은 제출된 서류를 검토 한 후, 심문을 거쳐 1~2주 안에 임차권 등기명령 결정을 내리고 직권으로 등기소에 등기하도록 한다.

(8) 강행규정

계약의 당사자가 선택의 여지 없이 강제적으로 지켜야 하는 규정을 말한다. 민사법은 **임의규정**과 **강행규정**으로 나눌 수 있는데 강행규정은 그 규정에 어긋나는 계약은 무효인 것으로 간주하고, 임의규정은 그 규정에 어긋나는 계약이라도 당사자가 동의하면 유효한 것으로 여기는 것을 말한다.

주택임대차보호법의 규정에 위반된 약정으로서 임차인에게 불리한 것은 그 효력이 없다. 예를 들어 계약기간을 1년으로 한다든지, 계약 후 6개월 후에 보증금을 올려 달라는 것은 약정은 당사자끼리 자유롭게 맺은 임대차 계약이라 할지라도 주택임대차보호법의 규정에 어긋나는 내용이므로 효력이 없다. 즉 경제적 약자인 임차인이 불리하게 임대차 계약을 맺을 경우 주택임대차보호법의 입법취지인 세입자의 주거안정에 어긋나기 때문이다.

또한 계약기간을 2년으로 임차하면서 임대차 계약서상 '이 주택을 매도할 경우에는 언제든지 명도한다'라는 약정이 되어 있다고 하더라도 주택임대차보호법의 규정에 위반된 약정으로서 임차인에게 불리한 것은 그 효력이 없다(편면적 강행규정).

Ⅱ 상가건물 임대차보호법의 주요 내용은 무엇인가

1. 입법취지

상가건물에 대한 임차인을 보호하기 위하여 민법에 대한 특례를 규정함으로써 소상공인들의 경제적 안정을 도모하고 있다. 즉 상가건물 임대차의 공정한 거래질서를 확립하고 영세상인들의 안정적으로 생업에 종사할 수 있도록 과도한 임대료 인상 방지와 상가 세입자의 권리를 보장하기 위하여 의원입법[3]으로 제정되었다.

2. 적용범위

1) 상가건물의 정의

상가건물이란 사업자등록의 대상이 되는 건물을 말하며, 등기부상의 용도나 구조 등에 상관없이 사실상 영업용도로 사용되는 건물을 말한다. 예를 들어 등기부상에 주택으로 되어 있는 건물에 임대인이 점포로 개조하여 임대하였거나 임차인이 주인의 승낙을 얻어 점포로 개조하여 영업을 하고 있었다면 상가건물로 보며 상가건물임대차보호법의 적용을 받을 수 있다. 그러나 세입자가 주인의 승낙 없이 임의로 개조한 경우라면 상가건물임대차보호법의 적용을 받지 못한다.

〈표 3-4〉 민법과 상가건물임대차보호법의 비교

구분	민법	상가건물임대차보호법
객체	부동산, 동산	상가건물, 일정액 이하 보증금
대항력	원칙적으로 없음	있음
양도성	임대인의 동의 없이 양도, 전대할 수 없음	임대인의 동의 없이 양도, 전대할 수 없음
존속기간	최장존속기간: 20년	최단기의 제한: 1년 계약갱신요구권: 10년까지
우선변제효력	원칙적으로 없음. 단 등기한 경우 있음	확정일자 부여받으면 있음
소액임차인의 보호	없음	있음
기간의 약정이 없는 경우	당사자는 언제든지 해지의 통고를 할 수 있음. 임대인이 해지의 통고를 하면 6월, 임차인이 하면 1월이 경과하면 효력발생	임차인은 언제든지 계약해지의 통고 가능. 이 경우 임대인이 그 통고를 받은 날부터 3월이 경과하면 효력 발생

3) 의원입법 2001. 12. 29. 법률 제6542호로 공포되어 2002. 11. 1부터 시행되는 법률이다.

또한 종교·자선단체 및 친목모임사무실, 동창회사무실 등 법인격 없는 사단·재단 등의 **비영리단체**의 상가임대차에는 이 법이 적용되지 않는다.

2) 상가건물 전부 또는 일부의 임대차

상거건물의 전부 또는 일부의 임대차에 관하여 이 법의 적용을 받을 수 있다. 또한 상가건물에 속하는 시설물로서 전체를 임차하거나 그 일부를 얻는 경우에도 이 법의 적용을 받는다.

〈표 3-5〉 상가건물임대차보호법의 적용 여부

구분	내용
이 법을 적용받을 수 있는 경우	• 등기된 상가건물(단독상가건물, 지분등기가 된 상가건물 등) • 미등기된 건물이나 준공검사를 받지 않은 건물 • 무허가 건물이나 가건물 • 비영업용 건물을 주인이 영업용도로 개조하여 임대한 건물 • 비영업용 건물을 세입자가 주인의 승낙을 받고 영업용도로 개조하여 사용하는 건물 • 주거를 겸하는 가게나 공장
본법을 적용받을 수 없는 경우	• 보증금이나 월세를 내지 않고 사용하는 경우(무료 사용) • 일시사용을 목적으로 임대차한 경우 • 비영업용 건물을 임차인이 임대인의 승낙 없이 영업용으로 개조한 경우 • 보증금과 차임이 규정액을 초과하는 경우

3) 적용범위

첫째, 상가건물임대차보호법의 적용을 받는 임차보증금의 한도는 서울특별시 6억 1천만원 이하, 수도권과밀억제권역(부산 포함) 5억원 이하, 광역시(세종·파주·화성·안산·용인·김포·경기 광주) 3억 9천만원 이하, 그 밖의 지역 2억 7천만원 이하에 한하여 이 법을 적용받는다.

둘째, 우선변제를 받을 임차인의 범위는 서울특별시 보증금 6천 500만원 이하 2천 200만원까지, 수도권과밀억제권역 보증금 5천 500만원 이하 1천 900만원까지, 광역시(세종·파주·화성·안산·용인·김포·경기 광주) 보증금 3천 8백만원 이하 1천 300만원까지, 그 밖의 지역 보증금 3천만원 이하 1천만원까지는 임차인은 환가임차보증금에서 다른 담보권자보다 최우선 변제받는다.

〈표 3-6〉 상가건물임대차보호법 적용범위와 최우선변제 금액

지 역	환산보증금 (월세×100)+임대보증금	우선변제받을 보증금의 범위(이하)	보증금 중 우선변제받을 금액(이하)
서울	6억 1천만원 이하	6천 500만원	2천 200만원
수도권과밀억제지역	5억원 이하	5천 500만원	1천 900만원
광역시(세종·파주·화성·안산·용인·김포·경기 광주)	3억 9천만원 이하	3천 8백만원	1천 300만원
기타지역	2억 7천만원 이하	3천만원	1천만원

3. 대항력

1) 대항력의 요건

임대차는 그 등기가 없는 경우에도 임차인의 건물의 인도와 부가가치세법 제5조, 소득세법 제168조, 또는 법인세법 제111조의 규정에 의한 사업자등록을 신청한 때에는 그 다음 날부터 제3자에 대한 대항력을 가질 수 있다고 규정하고 있다. 그러나 이것만으로는 선순위 저당권자에 대항하지 못하기 때문에 확정일자를 받아 두어야 한다.

임차인은 확정일자를 받기 위해서는 사업자등록증, 임대차계약서 원본, 건물도면, 신분증 등을 상가건물 소재지 관할 세무서에 제출하면 되고, 이때 해당 건물에 대한 등록사항도 열람할 수 있다. 여기서 확정일자란 공공기관에서 특정일에 계약서가 존재했음을 인정하는 것으로 세무서장이 임대차계약서에 확정일자와 번호를 날인하는 것이다.

이렇게 상가임대차계약서에 확정일자를 받게 되면 일반주택의 전세권 등기와 똑 같은 효력이 인정돼 해당 상가의 소유자가 바뀌더라도 임차권을 주장할 수 있고, 경매나 공매시에도 우선 보증금을 반환받을 수 있다.

2) 임차 상가건물 양수인의 지위

임차 상가건물의 양수인이란 전세와 월세가 들어 있는 건물을 새로이 구입한 사람을 말하며 상속인도 포함된다. 임대건물의 매수인이나 상속인은 종전

임대차계약을 그대로 인수한 것으로 본다. 즉 건물을 임차한 사람은 임차건물이 다른 사람에게 양도하거나 사망으로 인하여 자식에게 상속되었더라도 건물을 비워야 한다거나 기간을 단축하는 등의 영향을 받지 않으며, 계약기간 만료 후 보증금의 반환채무도 승계인(매수인, 상속인)에게 주장할 수 있다.

4. 존속기간

상가건물임대차보호법 제9조는 "① 기간을 정하지 아니하거나 기간을 1년 미만으로 정한 임대차는 그 기간을 1년으로 본다. 다만, 임차인은 1년 미만으로 정한 기간이 유효함을 주장할 수 있다. ② 임대차가 종료한 경우에도 임차인이 보증금을 돌려받을 때까지는 임대차 관계는 존속하는 것으로 본다"고 규정하고 있다. 상가건물임대차보호법상의 계약갱신요구권은 임대인은 임차인이 임대차 기간이 만료되기 6개월 전부터 1개월 전까지 사이에 계약갱신을 요구할 경우 정당한 사유 없이 거절하지 못한다. 그러나 다음의 경우에는 계약갱신요구권이 인정되지 않는다.

(1) 임차인이 3기의 차임액에 해당하는 금액에 이르도록 차임을 연체한 사실이 있는 경우
(2) 임차인이 거짓이나 그 밖의 부정한 방법으로 임차한 경우
(3) 서로 합의하여 임대인이 임차인에게 상당한 보상을 제공한 경우
(4) 임차인이 임대인의 동의 없이 목적 건물의 전부 또는 일부를 전대(轉貸)한 경우
(5) 임차인이 임차한 건물의 전부 또는 일부를 고의나 중대한 과실로 파손한 경우
(6) 임차한 건물의 전부 또는 일부가 멸실되어 임대차의 목적을 달성하지 못할 경우
(7) 임대인이 목적 건물의 전부 또는 대부분을 철거하거나 재건축하기 위하여 목적 건물의 점유를 회복할 필요가 있는 경우
(8) 그 밖에 임차인이 임차인으로서의 의무를 현저히 위반하거나 임대차를 계속하기 어려운 중대한 사유가 있는 경우

또한 이러한 임차인의 계약갱신요구권은 최초의 임대차기간을 포함한 전체 임대차기간이 10년을 초과하지 아니하는 범위에서만 행사할 수 있다.

다만, 최근 국회 개정안의 핵심 내용은 임차인의 영업권 보장을 위해 계약갱신요구권 보장기간을 현행 5년에서 최대 10년으로 연장하는 것이다. 임대 기간을 단기로 정하는 바람에 쫓겨날 수 있는 임차인에게 시설비·권리금 등 투입 비용을 회수할 시간을 충분히 벌어주기 위해서다.

5. 임차권등기명령

임대차가 종료된 후 보증금을 반환받지 못한 임차인은 임차건물의 소재지를 관할하는 지방법원, 지방법원 지원 또는 시·군법원에 임차권등기명령을 신청할 수 있다. 이 신청서에는 신청의 취지 및 이유, 임대차의 목적인 건물, 임차권 등기의 원인이 된 사실 등을 기재하여야 하며, 임차인은 신청의 이유 및 임차권 등기의 원인인 사실을 소명하여야 한다. 이러한 절차를 밟아 임차권등기명령을 발하여 이를 촉탁하도록 함으로써 임대인의 협력 없이도 임차인의 단독으로 임차권을 등기할 수 있도록 하였다. 따라서 임차인은 상가건물임대차보호법의 규정에 의하여 우선변제권을 취득한다.

6. 보증금·차임의 증액 제한

상가건물임대차보증금이나 차임의 증액은 청구 당시의 보증금 또는 차임의 **100분의 5**를 초과하여 인상할 수 없다. 또한 인상한지 1년 이내에는 또다시 인상할 수 없다. 또한 계약기간이 종료되고 계약이 갱신되는 경우라도 최초의 임대차기간을 포함한 임차인의 계약갱신 요구가 가능한 전체임대차 기간인 10년 이내에서는 그 증액에 제한을 받는다.

7. 전대차에 대한 적용

1) 전차인의 보호

전차인은 전대인에게 계약갱신요구권, 차임 등의 증감청구권 및 월차임시 산정율 제한 등의 권리가 적용된다. 하지만 전대인에 대하여 권리를 행사할 수 있을 뿐이며, 임대인에게는 그 권리를 주장할 수 없다. 다만 임대인의 동의를 받고 전차한 경우에는 임차인의 계약갱신요구권 기간 내에서 임차인을 대위하여 계약갱신권을 주장할 수 있다.

〈표 3-7〉 확정일자와 전세권등기의 비교

구분	전세권설정등기	확정일자
대항요건 필요 여부	당연히 순위 보호	환산보증금의 일정액 이하 건물의 인도와 사업자등록신청을 요건으로 함
절차	임대인의 협력 등 절차 복잡	임대인의 협력 없이도 가능한 점에서 절차 간편함
임대인의 보증금을 반환하지 않는 경우	민사집행의 담보권 실행 등을 위한 경매규정에 근거하여 판결절차 없이도 직접 신청 가능	임차보증금반환소송을 별도로 제기하여 승소판결을 받은 후 그 확정판결문에 기하여서만 강제집행 신청 가능
배당요구 여부	배당 요구할 필요 없음	별도의 배당요구 필요
대지가액 포함 여부	대지의 환가대금에서 우선배당받을 수 없음	대지의 환가대금에서도 우선배당을 받음

2) 전차인의 확정일자

전차인도 확정일자를 받을 수 있으나 전차인은 제3자에 대한 대항력 및 우선변제권 등의 권리는 상가건물임대차보호법에 규정되어 있지는 않다.

또한 세무서의 업무처리 과정에서도 전차인과 임차인을 구별할 수 없어 확정일자를 부여한 경우에도 전차인은 대항력이 발생하지 않으므로 우선변제권을 얻을 수 없다.

다만, 전차인은 전대인이 임차인으로서 사업자등록신청 및 확정일자를 받아 우선변제권을 득한 경우, 임차인의 보증금에 대하여 민법 규정의 채권자대위권을 행사하여 적극적으로 임차보증금을 변제받을 수 있다.

8. 권리금 회수 기회 보장

1) 상가권리금의 의미

상가건물의 권리금에 대하여 다른 법령에서는 권리금이라는 용어를 사용한 경우는 있다. 하지만 권리금의 개념에 대하여 정의한 바 없으나 판례는 "영업용 건물의 임대차에 수반하여 행하여지는 권리금의 지급은 임대차계약의 내용을 이루는 것은 아니고 권리금 자체는 거기의 영업시설·비품 등 유형물이나 거래처, 신용, 영업상의 노하우 또는 점포 위치에 따른 영업상의 이점 등 무형의 재산적 가치의 양 정의를 정립시키고 있었고 또는 일정기간 동안의 이용대가"[4]라고 하여 판례가 그 개념을 정립해 오고 있었으나, 민법이나 민사특별법에서는 사용되지 않고 관행적으로 행하여졌던 것을 2015년도에 상가건물임대차보호법을 개정하여 입법적으로 해결하고 있다.

학설은 권리금 개념을 상가건물임차인의 영업상의 지위를 승계하는 대가로 지급되는 금전, 임대인과 임차인 간, 임차인 간(임차권 양도인과 양수인 간), 임차인과 전차인 간에 장소, 시설 또는 계속된 영업활동으로 인한 이익이나 기대감에서 임대차보증금 이외에 지급되는 금전 기타 유가물, 영업용 건물의 임대차계약, 전대차계약 및 임차권의 양도계약에 부수하여 임차인으로부터 임대인에게 또는 전차인으로부터 임차인에게, 임차권의 양수인으로부터 임차권의 양도인에게 지급되는 임차보증금이나 차임 이외의 금전 기타 유가물 등 다양하게 정의하고 있었다.

상가권리금은 '주로 도시의 토지 또는 상가건물의 임대차에 부수해서, 그 부동산이 갖는 특수한 장소적 이익 내지 특수한 권리이용의 대가로 지급되는 금전으로 임차인이 임대인에게, 임차권양수인이 임차권양도인에게 또는 전차인이 전대인에게 지급하는 것'으로 이해되고 있다.

이러한 상가권리금은 유형에 따라서 지역(바닥)권리금, 시설권리금, 영업권리금 등으로 불리고 있는데, **지역(바닥)권리금**은 교통이 편리하고 유동인구가 많은 곳 등 지리적으로 유리한 관계에 있어 발생되는 이익 등의 대가이고, **시설권리금**은 목적물의 개축이나 개수비용, 내부에 설치한 진열장, 냉난방설비, 통신시설, 생활편의시설 등 유형물에 대한 대가로서 수수되는 보상적 또는 매매적 성질의 대가이며, **영업권리금**은 장기간의 영업활동으로 인해 확보한 고객이나 명성, 영업상의 노하우, 신용 등에 대한 대가를 말한다. 이와 같이 권리금에

4) 대법원 2013. 5. 9. 선고 2012다115120 판결; 대법원 2008. 4. 10. 선고 2007다76986 판결; 대법원 2002. 7. 26. 선고 2002다25013 판결; 대법원 2002. 11. 13. 선고 2001다20394 판결; 대법원 2000. 9. 22. 선고 2000다26326 판결 등.

대하여 명확히 정의되지 않는 이유는 권리금이 사인간의 거래관계에서 오랫동안 관행적으로 수수되어 왔기 때문이라고 할 수 있다.

2015년 5월에 개정된 상가건물임대차보호법은 이러한 학설과 판례의 정의를 기초로, "권리금이란 임대차 목적물인 상가건물에서 영업을 하는 자 또는 영업을 하려는 자가 영업시설·비품, 거래처, 신용, 영업상의 노하우, 상가건물의 위치에 따른 영업상의 이점 등 유형·무형의 재산적 가치의 양도 또는 이용대가로서 임대인, 임차인에게 보증금과 차임 이외에 지급하는 금전 등의 대가를 말한다"라고 규정하고 있다(동법 제10조의3 제1항).

임대차 종료시 원칙적으로 임차인은 임대인에 대하여 권리금의 반환을 청구하지 못한다. 권리금이 그 수수 후 일정한 기간 이상으로 그 임대차를 존속시키기로 하는 임차권 보장의 약정 하에 임차인으로부터 임대인에게 지급된 경우에, 보장기간 동안의 이용이 유효하게 이루어진 이상 임대인은 그 권리금의 반환의무를 지지 않는다. 임차인이나 임차권의 양수인 또는 전차인은 당초의 임대차에서 반대약정이 없는 한 임차권의 양도 또는 전대차 기회에 부수하여 자신도 일정기간 이용할 수 있는 권리를 다른 사람에게 양도하거나 다른 사람으로 하여금 일정기간 이용하게 함으로써 권리금 상당액을 회수할 수 있는 외에 권리금의 반대급부로 인수한 부속물에 대하여 임대차 종료시 임대인에게 매수청구권(민법 제646조)을 청구할 수 있고, 임차물에 대한 필요비와 유익비의 상환을 청구할 수 있다는 것이 종래의 관행이다.

그런데 권리금을 수령한 임대인의 사정으로 임대차계약이 중도해지됨으로써 당초 보장된 기간 동안의 이용이 불가능하였다는 등의 특별한 사정이 있을 경우에 임대인은 임차인에 대하여 그 권리금의 반환의무를 지고, 그 때 임대인이 반환의무를 부담하는 권리금의 범위는 지급된 권리금을 경과기간과 잔존기간에 대응하는 것으로 나누어, 임대인은 임차인으로부터 수령한 권리금 중 임대차계약이 종료될 때까지 잔존기간에 대응하는 부분만을 반환할 의무를 부담한다고 하는 것이 공평의 원칙에 합치된다.

2) 권리금계약

상가건물임대차 보호법은 "권리금계약이란 신규임차인이 되려는 자가 임차인에게 권리금을 지급하기로 하는 계약을 말한다(동법 제10조의3 제2항)"고 규정하고 있다. 이 규정은 권리금 계약의 당사자를 신규임차인이 되려는 자와 임차인 사이로 한정하였고, 신규 임차인이 되려는 자와 임대인 사이에서의 권리금 계약 체결은 예정하고 있지 않다. 임차인과 신규 임차인이 되려는 자 사이에 체결되는 권리금 계약은 임대인과 신규 임차인 사이의 임대차계약에 수반되지만, 그 당사자가 다르므로 양자는 서로 다른 계약이고 그 성립 및 소멸 또한 별개라고 해야 한다.[5]

그런데 앞서 본 바와 같이 상가임대차법 제10조의3 제1항에서는 권리금의 지급상대방으로 임대인도 포함하고 있어서 동조 제1항과 제2항을 어떻게 해석해야 할 것인가에 대하여 다툼이 있다. 예컨대, 제1항과 제2항의 범위를 일치시킬 필요가 있다는 견해가 있는 반면, 제1항에서 말하는 권리금이 제2항에서 정하는 권리금 계약에서의 권리금보다 범위가 넓고, 임차인이 현실적으로 임대인에게 권리금 명목의 금원을 지급하는 경우가 있지만 이는 동법에서 말하는 권리금 계약은 아니며, 동법 제10조의4는 임차인이 권리금 계약을 통해 신규 임차인으로부터 권리금을 회수할 기회를 보장하는 것인데, 신규 임차인이 임대인에게 권리금을 지급하는 경우에는 개념적으로 위 조항에서 말하는 임대인의 권리금 회수방해 자체가 성립될 수 없으므로, 이를 상가임대차법상 권리금 계약에 포함할 이유가 없다는 이유로, 제1항과 제2항의 범위는 다르고 반드시 일치시킬 필요가 없다는 견해도 있다.

3) 상가권리금의 유형

권리금의 유형에 따라서 권리금에 대한 규제가 다를 수 있으므로 권리금의 유형을 나누는 것은 매우 중요하다. 권리금의 유형에 대하여 유형적 권리금, 무형적 권리금, 투기적 권리금으로 구분하는 견해도 있지만, 학설의 대부분은 그 경제적 성질이나 본질적 측면, 그리고 그 수수되는 형태와 그 성질에 따라서, ① 바닥권리금(지역권리금), ② 시설권리금, ③ 영업권리금 및 인·허가에 대한 권리금으로 나누고 있다.

---

5) 대법원 2013. 5. 9. 선고 2012다115120 판결.

(1) 바닥(지역)권리금

바닥권리금은 임차 목적 부동산 자체가 가지는 장소적 이익에 대한 양도 또는 이용대가로서 수수되는 권리금이다. 이는 현재 상가건물이 있는 지역상권이 잘 형성되어 영업을 통하여 얻을 수 있는 이익이 상당할 것이라는 기대에서 생기는 무형의 사업적 가치로 이해하는 것이다. 상가의 장소적 이익이란 상가의 위치가 지하철이나 버스정류장 가까이에 위치하고 있는 등 교통이 편리하고 유동인구가 많으며 사람들의 눈에 잘 띄는 위치에 있거나 사람들의 접근이 쉬운 위치에 있기 때문에 기대되는 이익을 말하며, 이 바닥권리금은 통상적으로 임대인이 임차인으로부터 받는 것으로 이해되고 있다.

그러나 이 바닥권리금은 보증금 및 임대료와 별도로 받고 있지만 임대료에 포함되어야 할 부분으로서, 어떤 면에서는 임대료의 사전 지급적 성격을 지니고 있다고 해야 한다. 상가건물이 영업상 유리한 장소에 위치하고 있다면 그 상가의 교환가치가 상승함은 물론, 임대보증금 또는 월차임의 상승으로 이어지게 되므로 상가건물의 장소적 이익의 향유 대가로 수수되는 이 권리금은 결국 상가건물의 임대차의 보증금이나 월차임의 결정에 큰 영향을 미치게 된다고 보아야 할 것이므로 이를 따로 권리금으로 받을 필요는 없는 것이며, 점포의 위치를 포함한 지리적 이점에 대한 대가는 임대인이 보증금과 임대료에 포함시켜 그 이익을 누리는 것이라고 볼 수 있으므로 장소적 이익이라는 외부적 환경뿐만 아니라 임차인 또는 임차인이 속한 상가건물의 모든 상인들의 노력에 의하여 형성되는 것인 만큼 임차인이 그 이익을 누려야 한다는 견해도 있다.

(2) 시설권리금

시설권리금은 장소적 이익에 대한 권리금인 바닥권리금보다는 적지만 상당한 정도로 시설권리금의 수수가 발생하고 있다. 이 시설권리금은 점포 내의 영업시설이나 비품, 간판, 영업장 인테리어 비용, 전기·가스·수도·전화 등의 시설에 관한 권리로서, 실제는 영업상의 시설이나 비품에 대한 매매대금으로서의 성격이 강하다. 시설권리금은 임대인과 임차인 간에 발생하는 경우도 있으나, 일반적으로는 임차인이 신규 임차인으로부터 수수하고 있으며, 해당 시설에 대한 감가상각이 적용된다.

(3) 영업권리금 등

영업권리금은 기존의 임차인이 장기간 영업을 함으로써 이루어진 고객이나 거래처 확보, 신용, 영업상의 노하우 등 무형의 재산적 가치를 전차인 또는 신규 임차인이 되려는 자에게 양도하는 대가로서 지급하는 권리금이다. 이 영업권리금은 임대시점부터 6개월 또는 그 이상의 기간 순이익을 말하기도 하며, 통상적으로 1년간 해당 업소에서 발생하는 영업상의 순이익이라고 한다.

학설상으로 영업권리금은 임차인이 임대인에게 일정부분 반환 청구할 수 있다고 설명하기도 하고, 영업상의 노하우를 제외하고는 거래처를 양도한다는 것은 단순히 그들에 대한 정보를 제공해 주는 것에 불과한 것이며, 특히 고객이나 신용이라는 것은 임차인이 개인적으로 형성한 것으로서 양도가 불가능하다고 설명하기도 한다.

학습과제

01. 민법상 임대차와 주택임대차의 차이점에 대하여 적시하시오.

02. 양 임대차에서 입법취지와 목적에 대하여 적시하시오.

03. 양 임대차에서 적용범위에 대하여 적시하시오.

04. 양 임대차에서 대항력에 대하여 적시하시오.

05. 양 임대차에서 확정일자에 대하여 적시하시오.

06. 양 임대차에서 보증금의 회수에 대하여 적시하시오.

07. 양 임대차에서 임차권등기명령에 대하여 적시하시오.

08. 양 임대차에서 임대차기간에 대하여 적시하시오.

09. 양 임대차에서 계약갱신 요구권 등에 대하여 적시하시오.

10. 양 임대차에서 차임 등의 증감청구권에 대하여 적시하시오.

11. 양 임대차에서 월 차임 전환시 산정률의 제한에 대하여 적시하시오.

12. 양 임대차에서 보증금 중 일정액 보호에 대하여 적시하시오.

13. 상가건물임대차에서 권리금과 권리금계약에 대하여 적시하시오.

14. 권리금 회수 기회 보호에 대하여 적시하시오.

15. 권리금의 종류에 대하여 적시하시오.

제 4 장

생활과 법률

부동산과 법률

[학습목표]

- 이 장에서는 건물과 토지의 순기능과 역기능에 대하여 생각해 본다.
- 부동산과 동산을 표상하는 것이 무엇인가를 생각해 본다.
- 외부 공시를 믿고 취득한 경우에 보호할 수는 없는지 생각해 본다.
- 부동산은 왜 등기해야 하는지에 대하여 생각해 본다.
- 등기하지 않더라도 취득할 수 있는 권리에 대하여 생각해 본다.
- 점유취득시효에 대하여 생각해 본다.
- 가등기의 효력에 대하여 생각해 본다.
- 명의신탁된 부동산은 어떠한 것들이 있는지에 대하여 생각해 본다.
- 부동산매매 절차에 대하여 생각해 본다.
- 중간생략등기에 대하여 생각해 본다.
- 이중매매에 대하여 생각해 본다.

I 부동산이란 무엇인가

1. 부동산의 중요성

사람들은 사회가 복잡하고 다양화됨에 따라 **사회생활** 속에서 상호 **이해당사자 간**의 **충돌**이 발생할 수 있다. 이러한 **분쟁**을 사전에 **방지**하고 **예방**하는 것이 무엇보다도 중요하다고 할 수 있다.

그러나 우리 인간은 미래를 예견하지 못하고 현실 사회생활 속에서 이해당사자 간의 **상호 충돌**이 발생한 후에, **소송** 등을 통한 사후적인 분쟁해결 방안에만 집중하게 된다.

그러한 다툼과 분쟁을 조금이나마 줄일 수 있기 위해서는 사전에 **'살아 있는 생활법률'**을 학습하는 것이 아주 중요하다.

여러 가지 다양한 분쟁 중에서도 특히 부동산과 관련된 다툼이 많아지고 있는 것이 현실이다.

부동산거래에서 발생하는 **부동산거래 사고**뿐만 아니라 **주택임대차**와 **상가건물임대차**에서도 흔히 이해 당사자 간에 분쟁이 발생하는 것을 볼 수 있다.

이하에서는 부동산의 특성 및 권리에 대하여 알아보고, 부동산거래 계약관계 및 부동산거래 계약 실무사례를 중심으로 사회공동생활관계에서 발생될 수 있는 다툼과 분쟁을 사전에 예방할 수 있는 대안을 찾고, 주민생활과 밀접한 법률지식을 습득함으로써 부동산거래 계약에 따른 분쟁을 사전에 방지할 수 있는 **능력**을 배양하는 데 있다.

2. 부동산의 의미

일반적으로 부동산이라 함은 위치가 고정되어 장소적 이동이 어렵고 현금화하기 쉽지 않은 재산으로서 '**토지 및 그 정착물**(**건물**)'을 말하며, 부동산 이외의 물건은 동산이다.

여기서 토지란 정당한 이익이 있는 범위 내에서 공중공간과 지하공간을 포함하는 **입체공간**을 말한다. **정착물**이란 계속적으로 토지에 부착하여 그 상태에서 사용됨이 **사회관념**상 인정되는 물건을 말한다.

부동산에 준하여 취급되는 동산으로 자동차, 항공기, 선박, 공장재단, 광업재단, 수목 등이 있는데 이를 **준부동산**이라 한다. 정착물 중 건물은 항상 독립된 부동산이고, 기타 수목 등은 **입목에 관한 법률**에 의해서 부동산으로 취급할 수 있다. 건물은 **단독주택, 공동주택(아파트, 연립, 다세대)**, 빌딩, 상가 등을 의미하고, 건물이냐 아니냐는 사회통념에 따라서 정한다. 토지는 그 특성 때문에 자산가치면에서 아주 중요하므로, **등기**하여야만 물권변동의 효력이 생긴다. 다만, **상속·공용징수·판결·경매** 기타 법률규정에 의한 취득시의 **물권의 변동**은 등기를 요하지 않으나 등기를 하지 않으면 처분할 수 없다.

3. 부동산의 특성

1) 토지의 특성

자연적 특성으로, ① 지리적 위치의 고정성·**부동성**, ② 영속성·불변성, ③ **부증성**·유한성, ④ 개별성을 들 수 있다. 인문적 특성으로, ⑤ **용도의 다양성**, ⑥ 병합 및 분할의 가능성, ⑦ 사회적 및 경제적 위치의 가능성, ② **비가역성(도시 Sprawl 현상)** 등이 있다.

2) 건물의 특성

① 비영속성, ② 생산가능성, ③ 동질성, ④ 이동가능성, ⑤ 토지의 개별적 요인의 지배성이 있다.

Ⅱ 부동산물권의 변동은 어떻게 되는가

1. 부동산물권 변동의 의미

부동산도 물건이므로 부동산에 대한 권리는 물권이 되고 물권에 관한 법원리는 부동산에도 그대로 적용된다. 여기서 **물권**이라고 하면 일정한 물건을 직접 지배하여 이익을 얻는 배타적인 권리로서 어떤 물건에 하나의 물권이 성립하면 다시는 동일한 내용의 물권이 성립될 수 없다. 이를 물권의 **배타적 효력**이라고 한다. 또한 동일 물건 위에 성립하는 물권 상호간에 있어서는 시간적으로 먼저 성립한 물권이 뒤에 성립한 물권에 우선한다. 이와 같은 **물권 상호간의 우선적 효력**은 물권의 배타성에서 나오는 직접적인 효과이다

2. 공시의 원칙과 공신의 원칙

1) 공시의 원칙

물권의 변동은 언제나 외부에서 인식할 수 있는 표상, 즉 **공시방법**을 수반하여야 한다는 원칙이다. 다시 말해서 그러한 공시방법을 갖추지 않으면 물권변동의 효과는 부인된다는 원칙이다.

공시의 원칙을 실현·강제하는 방법으로는 **성립요건주의**(형식주의 또는 독법주의)와 **대항요건주의**(의사주의 또는 불법주의)가 있다. 즉 **성립요건주의**는 물권행위 외에 부동산물권에 관하여는 **등기**, 동산물권에 관하여는 **인도**(점유의 이전)와 같은 공시방법을 갖추지 아니하면 제3자에 대한 관계에 있어서는 물론이고, 당사자 사이에 있어서도 물권변동은 생기지 않는 것으로 한다. 예컨대 소유권이 이전되려면 매매 등 소유권이전에 관한 합의와 소유권이전등기가 있어야 하고, 저당권의 설정되려면 저당권 설정에 관한 합의와 저당권설정등기가 필요하다. 후자는 물권행위만으로도 당사자 사이에서는 물권변동의 효력이 생기지만, 등기나 인도라는 공시방법을 갖추지 않는 한 그 물권변동을 가지고 제3자에게 대항하지 못하는 것으로 하는 입법주의를 말하며, 민법은 전자의 방법을 따르고 있다.

2) 공신의 원칙

등기(부동산) 혹은 **점유**(동산)라는 물권의 외형을 신뢰한 자는 비록 그 공시방법이 진실한 권리관계에 부합하지 않더라도 그 공시된 대로의 권리를 취득한다는 원칙을 말한다. 공신의 원칙이 인정되면 **거래의 안전**을 보호 하게 되나 **진정한 권리자는 희생**을 당하게 된다.

민법은 부동산의 등기에 관하여는 이 원칙을 채용하고 있지 않고, 동산의 점유에 관해서만 이를 인정하고 있다. 동산에 있어서 **선의취득**을 인정하는 것

은 바로 동산에 관하여 공신의 원칙이 적용되기 때문이다. 여기서 선의취득이란 "평온·공연하게 동산을 양수한 자가 선의이며 과실 없이 그 동산을 점유한 경우에는 양도인이 정당한 소유자가 아닌 때에도 즉시 그 동산을 취득한다"(민법 제249조)는 것이다.

III 법률행위에 의한 물권의 변동은 어떠한가

1. 형식주의의 원칙

민법 제186조는 "부동산에 관한 법률행위로 인한 물권의 득실변경은 등기하여야 그 효력이 생긴다"고 규정하여 형식주의의 원칙을 취하고 있다. 이는 법률행위에 의한 부동산물권의 변동은 **물권적 합의**와 **등기**라는 두 가지 요소를 갖추었을 때 비로소 효력이 발생한다는 것이다.

권리의 변동에 등기가 필요한 물권은 부동산에 한한다. 그러나 부동산물권 중에서도 **점유권**과 **유치권**은 현재 물건을 점유하고 있다는 사실에 기인하므로 점유가 계속되는 동안에만 인정된다. 따라서 점유권과 유치권은 등기에 의하여 공시할 필요가 없고 **소유권·지상권·지역권·전세권 및 저당권**만이 등기가 필요하다.

법률행위로 인한 물권변동이 생기려면 유효한 법률행위가 있고, 동시에 이에 부합하는 등기가 있어야 한다. 만약 법률행위가 있더라도 등기가 없거나 물권행위가 유효하지 못하면 물권변동은 생기지 않는다. 또한 물권행위가 유효하고 등기가 있는 경우에도 이 때 등기와 물권행위의 내용이 합치하지 않을 때에는 양자 모두 효력이 생기지 않는 것이 원칙이다.

2. 이전등기를 하지 않은 부동산취득자의 지위

부동산을 매매·증여 등의 행위로 사실상 인수하여 사용·수익하거나 원시취득하여 아직 이전등기를 하지 않고 있는 경우, 취득자는 통상 점유자로서 지위를 가질 뿐만 아니라 사실상 소유자로서의 지위를 가진다. 이 때 사실상 소유권이란 법률상 어떤 의미를 가지며, **부동산등기를 하지 않는 취득자**의 지위가 문제이다.

1) 매도인과 매수인의 관계

매도인이 매수인에게 목적부동산을 명도하였으나, 매수인이 이전등기를 하지 않고 있는 경우 매도인은 등기가 자신의 명의로 되어 있으므로 법률적으로 매도인의 소유이다. 이 때 매도인이 자신의 소유라는 이유로 매수인에게 목적부동산의 반환을 청구한다면 매수인은 그 반환을 거절할 수 있는가에 대해서 통설은 거절할 수 있다고 한다.

2) 제3자와의 관계

매도인과 제3자의 관계에서는 매도인은 점유권은 없으나 등기부상 명의자이므로 법률상 소유자로서의 지위를 갖는다. 따라서 매도인이 자기 등기명의를 토대로 제3자에게 목적물을 매각한 때에는 매수인에게 특별한 권한을 부여받지 않고 유효하게 양도할 수 있는 것이라 하여 제3자의 소유권 취득을 인정하고 있다.

Ⅳ 법률규정에 의한 물권변동은 어떠한가

1. 법률의 규정에 의한 부동산물권 변동

민법 제187조는 "상속·공용징수·판결·경매 기타 법률의 규정에 의한 부동산에 관한 물권의 취득은 등기를 요하지 않는다. 그러나 등기하지 않으면 이를 처분하지 못한다"라고 규정하고 있다.

이는 취득에 국한하지 않고 널리 물권의 변동(발생·변경·소멸)을 모두 포함하는 것으로 등기 없이 변동의 원인이 발생한 때에는 물권변동이 생긴다는 것이다. 그러나 민법 제187조에 의한 이전등기 없이 취득한 물권일지라도 이를 **처분**하기 위해서는 등기를 하여야 한다.

2. 민법 제187조의 적용대상

1) 상 속

상속으로 부동산물권의 변동이 일어나는 시기는 피상속인이 사망하는 시기이고 상속등기를 한 때가 아니다. 상속인은 단독으로 상속등기를 신청할 수 있다.

2) 공용징수

공용징수(공용수용)에는 토지소유자와 사업자 간의 협의에 의하여 성립하는 **협의수용**과, 협의가 성립하지 못한 경우 토지수용위원회의 재결로 성립하는 **재결수용**이 있다. 공용징수에 의하여 물권변동이 일어나는 시기는 협의수용의 경우에는 협의가 정하여진 때이고, 재결수용의 경우에는 재결한 때가 되는 것이 원칙이다.

3) 판 결

판결의 확정으로 물권변동이 일어나는 **형성판결**(공유물분할, 상속재산분할판결 등)에 한하며, 그 물권변동이 일어나는 시기는 그 판결이 확정된 때이다. 이 때도 판결에 의한 등기는 등기권리자가 단독으로 신청할 수 있다.

4) 경 매

경매는 국가기관이 행하는 공경매만을 의미하며 **강제경매**[1])와 **임의경매**[2])를 묻지 않고 경락대금의 완납으로 소유권을 취득한다.

5) 기타 법률의 규정

기타 법률규정에 의한 물권변동이 일어나는 주요한 경우로는 ① 사실행위에 의한 소유권 취득(**신축건물**의 소유권 취득), ② 물건의 부합·혼화·혼동·소멸시효에 의한 물권의 소멸, ③ 법정물권의 취득(**법정지상권, 법정저당권**의 취득 등), ④ 용익물권의 존속기간의 만료, ⑤ 피담보채권 소멸에 의한 저당권의 소멸

---

1) 강제경매란 부동산 강제집행 방법의 하나로서, 법원에서 채무자의 부동산을 압류하여 매각한 후 그 대금으로 채권자의 금전채권을 만족시키는 데 필요한 절차를 말한다.

2) 임의경매란 일반적으로 담보권의 실행을 위한 경매를 말한다. 채무자가 채무를 임의로 이행하지 않을 때 근저당권 또는 전세권 등의 담보권을 가진 채권자가 담보권을 행사하여 담보의 목적물을 경매로 매각한 다음 그 매각대금에서 다른 채권자보다 먼저 채권을 회수하는 강제집행 절차이다.

등으로 모두 등기 없이 물권변동의 효력이 생긴다.

3. 민법 제187조의 예외

민법 제245조 제1항은 "20년간 소유의 의사로 평온·공연하게 부동산을 점유하는 자는 등기함으로써 그 소유권을 취득 한다"고 규정하고 있다. 따라서 시효취득은 법률의 규정에 의한 물권의 취득이 명백하나, 다만 등기함으로 소유권을 취득하게 함으로써 민법 제187조의 예외를 규정하고 있다.

V 중간생략등기는 유효한가

1. 중간생략등기의 의미

부동산물권이 갑(甲)에게서 을(乙)에게로, 을에게서 병(丙)에게로 이전된 경우에 그 변동의 중간과정의 전부 또는 일부에 관하여 등기할 것을 생략하고 등기명의인인 최초의 매도인(甲)으로부터 을(乙)을 생략하여 직접 최후의 매수인(丙)에게 바로 등기하는 것을 말한다.

등기제도는 물권공시제도이므로 진실한 권리관계만을 기재해야 하기 때문에 원칙적으로 중간생략등기인 것은 무효이다. 그러나 중간생략등기인 것을 이유로 무효가 된다면 거래의 안전을 해하게 되고 중간생략등기라도 현재의 등기명의인이 진실한 권리자임은 틀림없기 때문에 판례에서는 중간취득자 전원의 동의가 있는 중간생략등기의 경우에는 유효하다고 인정하고 있다.

중간생략등기를 하는 경우에는 3년 이하의 징역이나 1억원 이하의 벌금에 처한다. 부동산등기특별조치법에 의하면 소유권 등 권리변동을 규제하는 법령제한을 회피할 목적으로 ① 부동산의 소유권이전계약을 체결한 자가 일정기간 이후 그 부동산에 대해 다시 제3자와 소유권이전계약이나 제3자에게 계약당사자의 지위를 이전하는 계약을 체결하고 그 제3자와의 계약체결 전에 먼저 체결된 계약에 따라 소유권이전등기를 신청하지 않은 경우 또는 ② 부동산의 소유권이전계약을 체결한 자가 일정기간 이전에 그 부동산에 대하여 다시 제3자와 소유권이전계약을 체결한 경우에 먼저 체결된 계약의 반대급부의 이행이 완료되거나 계약효력 발생일부터 30일 이내에 먼저 체결된 계약에 따라 소유권이전등기 신청을 하지 않은 경우에는 3년 이하의 징역이나 1억원 이하의 벌금에 처한다고 규정하고 있다.

2. 중간생략등기의 유효성 가부 사례연구

〈기초사실〉

丙은 乙로부터 2005. 7. 1. X토지를 매수하고 그 해 9. 1. 잔금까지 지급한 다음 그 때부터 당해 토지를 2015년 9월 7일 현재까지 사용·수익하고 있으나 乙은 丙의 수차의 청구에도 불구하고 소유권이전등기를 하여주지 않으므로 丙이 乙의 등기부를 열람하여 보았더니, 그 토지는 甲의 소유명의로 여전히 등기되어 있었다.

乙은 甲으로부터 1985. 3. 1. X토지를 매수하고 그해 6. 1. 잔금까지 지급한 다음 그 때부터 당해 토지를 사용·수익하고 있다가 丙에게 전매하였으며, 아직 甲으로부터 乙에게 소유권이전등기가 경료되지 않고 있었다.

〈학습문제〉

(1) 이에 丙은 변호사를 찾아가 자기 앞으로 소유권이전등기를 경료받을 수 있는 방법과 가능성에 대하여 상담을 하였다. 귀하가 변호사의 입장에서 甲에게 제시해 줄 수 있는 구제수단과 논거는?

(2) 만약 丙과 乙이 2009. 1. 3.에 매매계약의 체결을 통해 乙의 甲에 대한 매매로 인한 소유권이전청구권을 丙에게 양도하고, 甲에게 그 사실을 통지하였는데, 甲은 여전히 소유권이전등기를 경료해 주지 않고 있었다. 이에 丙은 甲에게 직접 매매를 원인으로 한 소유권이전등기절차의 이행을 청구하였다. 이 경우 丙의 청구에 대한 결론[소각하, 청구인용, 청구기각]과 그 논거는?

(3) 만약 위 토지가 토지거래허가 대상인데 등기는 甲에서 丙으로 직접 경료하기로 합의하여 甲은 丙을 매수인으로 하는 토지거래허가를 받은 후 丙 앞으로 소유권이전등기가 이루어진 경우, 丙의 소유권이전등기가 유효한지 여부.

가. 설문 (1)에 대하여

▷ 丙이 甲에게 직접 중간생략등기청구권을 행사할 수 있는지 여부

물권변동의 원인이 되는 채권관계의 최종 채권자인 丙이 최초 채무자인 甲에게 중간과정을 생략한 등기에 협력해 줄 것을 청구할 수 있는가의 문제이다.

판례는 조건부 유효설 중 3자합의설을 취한다. 합의는 3인이 같이 할 수도 있고 순차로 할 수도 있다고 한다.

원칙적으로 3자합의설이 타당하다. 사안에서는 3자간 합의가 없었으므로 丙은 직접 甲에게 중간생략등기를 청구할 수 없다.

▷ 점유취득시효완성을 이유로 한 甲에 대한 소유권이전등기청구의 가부

사안에서 乙은 이미 20년의 점유를 통하여 시효가 완성된 경우이다. ① 丙이 제199조 제1항의 점유승계법리를 기초로 한 제245조 제1항에 의한 점유취득시효를 주장함으로써 甲에게 소유권이전등기청구권을 행사할 수 있을지 여부, ② 기산점의 임의취득을 주장하여 甲에게 소유권 이전등기청구권을 행사할 수 있을 것인지 여부가 문제된다.

▷ 점유승계의 효과로서 丙이 직접 점유취득시효를 완성할 수 있는지 여부

전 점유자의 점유를 승계한 자는 그 점유 자체와 하자만을 승계하는 것이지 그 점유로 인한 법률효과까지 승계하는 것은 아니므로 부동산을 취득시효기간 만료 당시의 점유자로부터 양수하여 점유를 승계한 현 점유자는 자신의 전 점유자에 대한 소유권이전등기청구권을 보전하기 위하여 전 점유자의 소유자에 대한 소유권이전등기청구권을 대위행사할 수 있을 뿐, 전 점유자의 취득시효완성의 효과를 주장하여 직접 자기에게 소유권이전등기를 청구할 권원은 없다.

민법 제199조에 정하여진 점유의 승계는 그 점유 자체와 하자의 승계를 의미하는 것이지, 점유로 인한 법률효과의 승계까지 의미하지 않는다. 즉 점유를 승계하였다고 하여 점유와 관련되어 생긴 권리나 의무까지 당연히 승계되는 것은 아니다. 따라서 현 점유자가 전 점유자의 점유의 승계를 주장하더라도 그들 사이의 별도의 합의가 없는 한 전 점유자의 점유취득시효완성으로 인한 소유권이전등기청구권까지 당연히 승계되지 않으므로 다수의견이 타당하다. 사안의 경우 점유승계의 효과로 丙이 직접 점유취득시효완성을 이유로 甲에게 소유권이전등기를 청구할 수 없다.

▷ 기산점의 임의선택으로써 丙이 직접 점유취득시효를 완성할 수 있는지 여부

현재가 2015. 9. 경이라고 할 때 丙은 그로부터 역산하여 20년의 점유취득시효를 주장할 수 있는지 문제된다. 즉 丙은 乙의 점유 중 1995. 9. 경 이후의 점유의 승계만을 주장하여 그로부터 20년이 지난 2015. 9. 경 자신이 X토지에 관한 점유취득시효를 완성했음을 주장할 수 있는지가 문제된다.

판례는 "취득시효기간 중 계속해서 등기명의자가 동일한 경우 그 기산점을 어디에 두든 취득시효의 완성을 주장할 수 있는 시점에서 보아 그 기간이 경과한 사실만 확정되면 충분하므로, 전 점유자의 점유를 승계하여 자신의 점유기간을 통산하여 20년이 경과한 경우에 있어서도 전 점유자가 점유를 개시한 이후의 임의의 시점을 그 기산점으로 삼을 수 있다"고 한다.

기산점의 임의선택을 막는 이유는 제3취득자가 있는 경우 기산점을 임의선택하는 방법으로 취득시효완성 이후의 제3취득자를 취득시효완성 당시의 소유자로 바꾸는 것을 막기 위해서이다. 따라서 취득시효의 완성을 주장하는 시점에서 역산하여 20년 동안 소유자에 변동이 없는 경우에는 그러한 문제가 없기 때문에 기산점의 임의선택을 인정해도 무방하다. 사안은 2015. 9. 현재부터 역산하여 20년 동안 X토지 소유자의 변동이 없으므로 현 점유자인 丙은 1995. 9. 경을 점유취득시효의 기산점으로 선택하여 甲에게 소유권이전등기 청구를 할 수 있다.

▷ 채권자대위권에 의한 丙의 甲에 대한 등기청구권 행사 여부

채권자대위권의 요건은 ① 채권자의 피보전채권의 존재, ② 채권보전의 필요성, ③ 채무자가 스스로 권리행사를 하지 않을 것, ④ 피대위권리의 존재를 들 수 있다. 매매에 기한 등기청구권은 채권적 청구권으로서 사안에서 피보전채권과 피대위채권이 시효로 소멸한 것은 아닌지 문제된다.

– 피보전채권의 소멸시효 완성 여부

부동산매수인의 등기청구권은 채권적청구권이지만 매수인이 그 부동산을 인도받아 사용·수익하는 경우 그 등기청구권은 소멸시효에 걸리지 않는다.

매수인이 목적물을 인도받아 사용·수익하고 있다면 이는 권리 위에 잠자는 자라 할 수도 없고, 구체적 타당성 측면에서도 소멸시효의 진행을 부정하는 것이 타당하다. 따라서 사안에서 丙이 2005. 9. 1. 잔금지급으로 등기청구권을 취득하여 2015. 9. 7. 현재 10년이 경과하였더라도 목적물을 사용·수익하고 있어 소멸시효가 진행하지 않으므로 여전히 丙은 乙에 대해 매매계약에 기한 소유권이전등기청구권을 가진다.

– 피대위채권의 소멸시효완성 여부

사안과 같이 부동산 매수인 乙이 목적물을 인도받아 사용·수익하다가 등기하지 아니한 채 이를 丙에게 처분한 경우 乙의 등기청구권은 시효가 진행하는지 문제된다.

– 부동산 매수인 乙의 丙에게로의 처분과 乙의 甲에 대한 등기청구권의 소멸시효

대법원은 乙이 그 부동산을 丙에게 처분하고 점유승계를 마친 경우에도 그가 스스로 그 부동산을 계속 사용·수익하는 경우와 특별히 다를 것이 없다는 이유에서 소멸시효에 걸리지 않는다는 입장이다. 목적물을 인도받고 등기만 이전받지 못한 丙을 甲에 비하여 더 보호하는 것이 타당하므로 판례의 다수의견이 타당하다.

丙은 乙을 대위하여 甲에게 이전등기를 구한 후, 자신 명의로 재차 이전등기를 받을 수 있다.

나. 설문 (2)에 대하여

법원은 丙의 청구에 대해 청구기각판결을 선고하여야 한다. 판례는 "부동산의 매매로 인한 소유권이전등기청구권은 물권의 이전을 목적으로 하는 매매의 효과로서 매도인이 부담하는 재산권이전의무의 한 내용을 이루는 것이고, 매도인이 물권행위의 성립요건을 갖추도록 의무를 부담하는 경우에 발생하는 채권적 청구권으로 그 이행과정에 신뢰관계가 따르므로, 소유권이전등기청구권을 매수인으로부터 양도받은 양수인은 매도인이 그 양도에 대하여 동의하지 않고 있다면 매도인에 대하여 채권양도를 원인으로 하여 소유권이전등기절차의 이행을 청구할 수 없고, 따라서 매매로 인한 소유권이전등기청구권은 특별한 사정이 없는 이상 그 권리의 성질상 양도가 제한되고 그 양도에 채무자의 승낙이나 동의를 요한다고 할 것이므로 통상의 채권양도와 달리 양도인의 채무자에 대한 통지만으로는 채무자에 대한 대항력이 생기지 않으며 반드시 채무자의 동의나 승낙을 받아야 대항력이 생긴다"고 한다.

소유권이전등기청구권은 그 이행과정에 신뢰관계가 따르므로 특별한 사정이 없는 한 그 권리의 양도에 채무자인 매도인의 승낙이나 동의를 요한다고 보아야 할 것이고, 이를 인정할 경우 중간생략등기가 더욱 남용될 가능성이 있으므로 판례의 입장이 타당하다. 따라서 丙은 甲에게 채권양도를 원인으로 직접 소유권이전등기절차의 이행을 청구할 수 없다

다. 설문 (3)에 관하여

甲·乙, 乙·丙 간의 매매계약은 토지거래허가 없이 체결되었고 현재까지도 허가를 받지 않은 상태이므로 모두 **유동적 무효상태**에 있다. 그런데 설문에서 중간생략등기의 합의를 기초로 甲·丙을 매매당사자로 한 토지거래허가와 소유권이전등기의 효력이 문제된다.

▷ 甲·丙을 계약당사자로 한 토지거래허가와 소유권이전등기의 효력

중간생략등기의 유효성에 관한 문제는 이 사안에서와 같이 최초양도인으로부터 최종양수인에게 곧바로 등기가 된 경우에 그 등기의 효력을 인정할 것인지에 관한 문제이다.

판례는 중간생략등기가 이미 이루어진 경우 ① 3자간에 합의가 있거나, ② 합의가 없더라도 적법한 등기원인에 의하여 성립되어 실체관계에 부합하는 경우에는 유효하다고 보고 있다. 그리고 ③ 중간생략등기의 합의란 부동산이 전전 매도된 경우, 각 매매계약이 유효하게 성립함을 전제로 그 이행의 편의상 최초매도인으로부터 최종매수인 앞으로 소유권이전등기를 경료하기로 한다는 당사자 사이의 합의에 불과할 뿐, 그러한 합의가 있었다고 하여 최초매도인과 최종양수인 사이에 매매계약이 체결되었다는 것을 의미하는 것은 아니다.

3자간의 중간생략등기의 합의가 있는 경우와 합의가 없더라도 실체관계에 부합하는 경우에는 유효하다고 보는 판례가 타당하다. 사안의 경우 ① 토지거래허가구역 내의 토지에 관하여 중간생략등기가 경료된 경우 甲·丙 사이에 매매계약이 성립하지 않았고, ② 甲·乙, 乙·丙의 매매가 토지거래허가를 잠탈하기

위한 것으로서 무효이므로 甲·乙·丙 삼자간의 합의 역시 무효이고, ③ 丙 명의 등기가 실체관계에 부합한다고 볼 수도 없으므로, 丙 명의 등기는 무효이다.

따라서 甲과 乙, 乙과 丙 사이의 계약은 허가를 배제·잠탈하는 것을 내용으로 하여 확정적 무효가 되는데, 중간생략등기는 각 매매계약이 유효함을 전제로 하므로 甲·乙, 乙·丙 사이의 계약이 무효여서 丙 명의의 이전등기는 무효로 된다.

Ⅵ 부동산의 등기는 왜 해야 하는가

1. 등기의 의미

등기라 함은 **법원 등기공무원**이 소정의 절차를 밟아 등기소에 비치된 **등기부**라는 장부에 부동산에 관한 일정한 권리관계를 기재하는 것을 말한다. 등기에는 부동산등기, 선박등기 및 입목등기 등 여러 가지가 있다. 등기사무는 등기할 권리의 목적인 부동산소재지를 관할하는 지방법원 및 동 지원의 등기소에서 이를 관장한다.

2. 등기의 내용에 따른 분류

1) 기입등기

일정한 등기원인에 의하여 어떤 사항을 등기부에 새로이 기입하는 등기로 **소유권보전**이나 **이전등기** 등을 말한다.

2) 변경등기

광의의 변경등기는 기존등기의 일부를 변경하는 등기로 이는 다시 원시적으로 등기와 실질관계 사이에 불일치가 생긴 경우에 이를 시정하기 위한 **경정등기**와 실질관계가 후발적으로 생긴 때에 이를 시정하기 위한 협의의 **변경등기**가 있다.

3) 말소등기

말소등기란 등기된 권리나 객체가 원시적 또는 후발적으로 존재하지 않게 된 경우에 기존의 등기 전부를 **말소**하는 등기이다.

3. 등기의 효력

1) 본등기의 효력

우리 민법상 등기는 **공신력**이 인정되지 않으나, 일단 등기된 이상 그 등기와 부합한 실제적 권리관계가 있는 것으로 **추정**된다. 이를 등기의 추정력이라고 한다.

또한 동일한 부동산에 설정된 다수 권리의 순위관계는 법률에 다른 규정이 없으면 **등기순위**에 의하여 정하여진다. 그리고 등기순위는 등기 용지 중 같은 구(區)에서 한 등기는 그 순위번호에 의하고, 다른 구에서 한 등기는 주등기의 순위에 의하고 부기등기 상호간에는 그 선·후에 의하여 정하여진다.

2) 가등기의 효력

가등기의 효력에는 크게 **소유권보전의 가등기**와 **담보목적의 가등기**가 있다. 본래 가등기효력은 물권변동에는 직접 관계가 없고, 다만 간접적으로 장차 종국등기를 할 수 있는 실체법적 또는 절차법적 요건을 완비한 때 행하여질 본등기를 위하여 미리 그 순위를 보전해 주는 효력을 가진다.

Ⅶ 명의신탁이란 어떤 의미인가

1. 명의신탁의 의미

명의신탁이란 수탁자에게 재산권의 소유자 명의가 이전되어 있지만 수탁자는 외관상 소유자로 표시되어 있을 뿐이고 적극적으로 그 재산을 관리·처분할 수 있는 권리를 갖지 않는 수탁관계를 말한다. 실제 소유자를 **신탁자**, 명의상 소유자로 된 사람을 **수탁자**라고 한다.

부동산의 명의신탁은 그 부동산에 관하여 소유권 등기를 다른 사람 이름으로 해놓고, 신탁자와 수탁자 사이에서 **공증**을 거친 **소유권 확인증서**를 따로 만들어 놓음으로써 이루어진다. 명의신탁된 재산의 실제적 소유관계는 신탁자와 수탁자 사이에서는 소유권이 그대로 신탁자에게 있지만, 대외관계 또는 제3자에 대한 관계에서는 소유권이 수탁자에게 이전·귀속된다. 따라서 수탁자가 신탁자의 승낙 없이 신탁재산을 처분할 때에도 제3취득자는 선의·악의를 불문하고 적법하게 소유권을 취득한다.

판례는 **종중(宗中)재산**의 보전과 관리를 위하여 명의신탁을 대내적 관계에 있어서는 신탁자가 소유권을 보유하고 관리·수익하지만 공부상의 소유명의만을 수탁자에게 두는 것이라 하여 명의신탁을 널리 부동산에 인정하고 있다. 그런데 **다수의 학설**은 명의신탁이 의사표시라는 측면에서 가장적 외관을 나타내는 당사자 간의 합의가 되고, 경제적 측면에서는 재산의 은닉·탈세 등 위법적·탈법적 수단으로 악용될 가능성이 있을 뿐만 아니라 악의의 전득자로부터 소유자를 보호하기 위해서라도 무효로 해야 한다고 하고 있다.

이와 관련하여 명의신탁을 통한 탈법·탈세 등 반사회적 행위를 방지하고 부동산거래의 정상화와 부동산가격의 안정을 도모하기 위하여 **부동산실권리자 명의등기에 관한 법률**(이하 '부동산실명법')을 제정하여 부동산명의신탁을 원칙적으로 금지함으로써 판례와 학설상 부동산명의신탁의 논의는 동법의 제정으로 사실상 실익을 상실하고, 다만 동산 등의 명의신탁에 관한 논의만이 실익이 있다고 할 수 있다.

2. 부동산의 명의신탁

1) 부동산실명법상의 금지

부동산명의신탁은 부동산실명법상 원칙적으로 금지되어 있다 부동산에 관한 물권을 명의수탁자의 명의로 등기하지 못하고, 이를 위반하면 무효로 하는 한편, 일정한 사항의 명의신탁만을 그 효력으로 인정하고 있다. 따라서 현행법상 무효인 명의신탁과 유효인 명의신탁으로 그 법률관계가 나누어진다.

2) 무효인 명의신탁과 유효인 명의신탁

부동산실명법상 금지되는 명의신탁은 부동산소유권 및 물권을 사실상 취득하려는 자가 타인과의 약정에 의하여 대내적으로는 실권리자가 부동산에 관한 물권을 보유하기로 하고, 그에 관한 등기는 타인명의로 하는 명의신탁이다. 따라서 동법상 명의신탁은 특정 목적의 명의신탁에 한하지 않고 널리 일반적으로 금지하고 있다.

그러나 명의신탁이지만 일정한 경우에는 부동산실명법의 규제대상에서 제외되므로 유효한 명의신탁이 인정된다. 즉 ① 명의신탁의 형태를 취한 그 실질이 채권의 담보를 위하여 채권자가 부동산에 관한 물권을 이전받거나 가등기하는 경우(**양도담보, 가등기담보신탁**), ② 부동산의 위치나 면적을 특정하여 2인 이상이 나누어 소유하기로 약정하고, 그 소유자의 **공유**로 등기하는 경우, ③ **종중**이 보유한 부동산에 관한 물권을 종중 이외의 명의로 등기한 경우 또는 종중과 그 대표자를 같이하여 등기한 경우, ④ **배우자**의 명의로 부동산에 관한 물권을 등기한 경우 등이다

3. 동산의 명의신탁

자동차·전화가입권 등 등기·등록제도가 인정되는 동산에 관하여는 명의신탁이 인정되며, 이들은 그대로 유효한 명의신탁의 이론이 적용된다.

4. 신탁법상 신탁재산의 독립성 유지

위탁자가 수탁자에게 신탁한 재산은 수탁자 명의로 되어 있다고 하더라도 이는 수탁자의 고유재산이 되는 것이 아니며, 오히려 신탁재산과 고유재산을 분리하여 관리하여야 할 의무를 수탁자에게 부과하고 있다. 이는 단순히 분리관리의무만 부과하는 것이 아니라 실체적 법률관계에서도 수탁자의 고유재산과 별개의 것으로 취급하여야 한다는 의미이다.

1) 신탁재산의 강제집행 금지

신탁재산에 대하여는 강제집행, 담보권실행 등을 위한 경매, 보전처분 또는 국세 등 체납처분을 할 수 없다(법 제22조 제1항). 다만 신탁 전의 원인으로 발생한 권리 또는 신탁사무의 처리상 발생한 권리에 기한 경우에는 강제집행을 허용하고 있다(법 제22조 제1항 단서). 이는 부동산담보신탁의 경우에 수익권은

원인채권을 담보하기 위해 신탁대상 부동산 처분 등으로 발생한 수익에서 수익자가 수익권 설정금액까지 자신의 원인채권 상당액을 우선 부여받을 수 있는 것을 표상하는 권리라 할 수 있으므로 수익자의 채권자는 수익자가 교부받을 채권에 대한 압류 및 추신, 전부명령 신청을 수탁자를 제3자 채무자로 하여 신청함으로써 강제집행이 가능할 수 있다.

그렇지만 부동산담보신탁이 설정된 신탁재산에 대하여 강제집행이 이루어지면 신탁을 통해 담보목적을 달성하기 위해 수익자들은 해당 강제집행권자에 비해 후순위가 될 수밖에 없다. 이는 수익자가 배분받을 권리는 신탁재산에 대하여 강제집행이 이뤄지고 남는 잔여재산에 대해서만 그 효력이 미치기 때문이다. 따라서 신탁재산에 대한 위탁자의 채권자들이 강제집행이 폭넓게 허용된다면 담보신탁은 아무런 효용성이 없어지게 된다. 그리므로 신탁재산에 대한 강제집행의 제한은 다른 신탁제도의 신탁 목적 달성을 위해서도 반드시 필요하다. 이에 신탁법상 신탁재산에 대한 강제집행을 원칙적으로 제한하고 있는 것이다(법 제22조 제1항 본문). 다만 '신탁 전의 원인으로 발생한 권리'와 '신탁사무의 처리상 발생한 권리'에 기하여는 강제집행이 허용(법 제22조 제1항 단서)된다.

2) 신탁재산의 상계금지

신탁법상 신탁재산에 속하는 채권과 신탁재산에 속하지 아니하는 채무와는 상계하지 못한다(법 제25조 제1항). 여기서 신탁재산에 속하는 채권은 신탁재산의 관리처분에 의해 발생하는 채권, 신탁재산의 멸실·훼손에 의해 발생한 채권, 기타의 사유, 가령 신탁재산의 수용으로 인한 수용보상금, 신탁재산과 타인의 재산이 첨부된 경우 보상금청구권에 의해 수탁자가 얻은 채권 등이 이에 해당한다. 그리고 신탁재산에 속하지 않는 채무라고 하는 것은 신탁재산으로 부담하지 않는 채무를 말하며 이는 수탁자 개인의 채무와 수탁자 명의의 다른 신탁재산에 속하는 채무를 의미한다. 만일 신탁재산에 대하여 상계를 허용하면 문제가 되는데 그 이유는 수탁자의 충실의무에 위반되기 때문이다. 그러나 신탁재산에 속하는 채무와 신탁재산에 속하는 채권 간에는 상계가 가능하다고 해석된다(법 제25조 제1항 반대해석). 가령 부동산담보신탁의 수탁자인 신탁회사가 신탁재산을 처분할 경우, 매수인이 수익자인 경우에 수탁자가 수익자로부터 지급받은 매매대금채권과 수익자가 수탁자로부터 정산 받을 수익금교부채권과는 상계할 수 있다고 해석할 수 있다. 부동산담보신탁에서 수익자는 담보의 목적이 된 신탁재산이 수탁자의 신탁재산에 속하지 않는 채무와 상계될 위험으로부터 보호받게 되는 것이다.

그런데 문제는 부동산담보신탁의 수익자가 교부받을 채권, 즉 수익채권과 신탁재산에 속하지 아니하는 수탁자에 대한 수익자의 채무와의 상계가 허용되는지에 대하여는 견해가 나뉜다. 상계를 허용하자는 견해는 수익권의 본질이 금전채권인 이상 상계를 금지하여야 할 특별한 이유가 없다는 점에 근거하고 있는 반면, 상계를 금지하자는 견해는 수탁자의 충실의무에 따라 신탁재산을 관리하고 있는 수탁자로서는 수익자로부터 수익채권의 이행청구에 대하여 이것을 이행하지 않고 오히려 상계에 의하여 자기의 대출금 채권의 회수를 도모하는 것은 수익자와 수탁자의 이익상반이 되어 충실의무에 반하는 것이므로 허용되지 않아야 한다고 한다. 그런데 이와 관련하여 대법원은 원칙적으로 상계가 가능하다는 입장에 있다.[3)]

사견으로서는 신탁재산으로부터 교부받을 수익채권이 신탁재산에 속하지 않는 수탁자에 대한 채무와 상계가 허용된다고 보는 것은 신탁법 제25조 규정의 취지에 반하고, 수탁자를 수익자가 정하는 것이 아니라 위탁자가 결정하는데, 만약 수익채권과 상계가 허용된다면 수탁자에 따라 수탁자 결정에 수익자가 영향을 미칠 수는 있으므로 수익자의 지위가 열악해질 수 있다. 그러므로 상계를 허용할 경우 수익자의 다른 채권자에 비해 수탁자가 우선변제받을 수 있는 상황이 초래될 수 있는 점 등을 감안할 때 상계를 허용하지 않는 것이 합리적이라 생각한다.

3) 수탁자의 사망 및 파산으로부터 격리

신탁재산은 수탁자의 사망에 의한 상속재산에 속하지 아니하며, 수탁자의 이혼에 따른 재산분할의 대상도 되지 않는다(법 제23조). 그리고 신탁재산은 수탁자의 파산재단, 회생절차의 관리인이 관리 및 처분 권한을 갖고 있는 채무자의 재산이나 개인회생재단을 구성하지도 않는다(법 제24조). 이는 신탁재산의

3) 대법원 2003. 1. 10. 선고 2002다12741 판결.

속성은 질권 등 점유를 이전시키는 다른 담보제도와 달리 담보신탁의 경우 위탁자 및 수익자로 하여금 수탁자의 상황과 무관하게 안정적으로 신탁재산을 특정 채권의 담보목적으로 유지시키기 위해서 수탁자의 사망 및 파산으로부터 절연시키는 것이다.

4) 신탁재산의 관리의무와 혼동 및 첨부의 특례

신탁법에서는 수탁자로 하여금 신탁재산을 수탁자의 고유재산과 구별하여 관리하도록 하고(법 제37조), 동일한 물건에 대한 소유권과 그 밖의 물권이 각각 신탁재산과 고유재산 또는 서로 다른 신탁재산에 귀속하는 경우(법 제26조 제1호)와 소유권 외의 물권과 이를 목적으로 하는 권리가 각각 신탁재산과 고유재산 또는 서로 다른 신탁재산에 속하는 경우(동법 제2호), 신탁재산에 대한 채무가 수탁자에게 귀속하거나 수탁자에 대한 채권이 신탁재산에 귀속하는 경우(동법 제3호)에 그 권리들이 혼동으로 소멸하지 않는다.

그리고 신탁재산과 고유재산 또는 서로 다른 신탁재산에 속한 물건간 부합·혼화·가공 등이 있는 경우에도 각 신탁재산이 고유재산과 각각 그 소유자를 달리하는 것으로 간주한다(법 제28조). 신탁재산에 첨부가 있는 경우에도 수탁자 고유재산과 신탁재산은 각각 소유자가 다른 것으로 보아서 신탁재산에 속하는 물건의 소유권이 소멸하는 경우에는 보상청구권이 인정된다(민법 제261조). 이러한 신탁재산과의 부합이 있는 경우에 신탁재산의 각각의 독립성을 인정함으로써 첨부시 첨부된 물건의 소유자가 보유하게 되는 보상금청구권이나 그 보상물이 신탁재산을 구성하도록 하고 있다(법 제27조).

이와 같이 신탁재산의 특성은 고유재산과 분별하여 관리하여야 하고, 다른 담보제도와는 달리 안정적인 담보가치가 유지되게 하는데 그 특징이 있는 것이다.

Ⅷ 부동산매매에서는 어떠한 절차 등이 필요한가

1. 사전조사

개업공인중개사, 신문광고, 전문잡지 및 소개자 등을 통하여 정보를 입수한 후 마음에 드는 건물이나 토지를 찾는다. 사려는 토지나 건물이 사용 목적에 적합한지 충분히 생각하고 조사·확인한 후 선택하여야 한다. 즉 그 위치, 경계, 주위환경, 일조, 통풍관계, 교통편의, 급수, 배수 배치상황 및 세입자 등을 **직접 현장**에서 확인하여야 한다.

주택의 경우 전세·임대차·월세 등을 살고 있는 세입자의 입주 여부가 등기부에 나타나지 않는 경우가 대부분이므로 직접 현장에 가서 확인하여야 한다.

2. 등기부열람

등기는 부동산 물권변동의 효력발생요건으로서 등기하지 않는 경우에는 물권변동이 일어나지 않는다. 부동산물권 중 등기를 필요로 하는 것은 소유권, 지상권, 지역권, 전세권 및 저당권 등 5종이 있다.

부동산의 권리관계 또는 법률관계를 확인하기 위해서는 **관할등기소**에 가서 부동산의 토지 및 건물등기부를 열람해야 한다.

등기부는 등기번호란, 표제부·甲구 및 乙구의 4부분으로 구성되어 있다. **등기번호**란에는 토지나 건물대지의 지번이 기재되어 있고, 표제부에는 토지의 내용, 즉 소재지(예: 제주시 영평동 1번지), 면적(예: 500㎡), 용도(예: 대지, 임야, 주택, 창고 등), 구조(예: 석조, 콘크리트) 등이 변경된 순서대로 기록되어 있다.

甲구는 소유권에 관한 사항이 접수된 일자 순으로 적혀 있는데, 맨 처음 기재된 것이 소유권보존등기이고 다음부터는 소유권이전등기로 이어진다.

만약에 소유권이전등기가 무효라고 하여 제3자가 소송을 걸어오면 법원에서 등기부에 예고등기를 하는 것이 보통이다. 소송결과가 무효로 확정되어 소유권이전등기의 말소등기를 하면 이전등기하기 전의 상태로 돌아간다. 그 외 압류등기, 가처분등기가 있는데, 가등기는 순위보존의 효력이 있으므로 나중에 본등기를 하면 가등기보다 늦게 한 모든 등기는 무효가 된다.

乙구에는 소유권 이외의 권리, 즉 저당권, 지상권과 같은 제한물권에 관한 사항을 기재한다. 저당권설정등기에는 채권최고액이 적혀 있는데, 기재된 최고액을 한도로 부동산이 담보로 되어 있기 때문에 실제 대출금액이 얼마인가를 별도로 파악하여야 한다.

3. 토지대장열람

부동산에 관한 공부로서 토지등기부·건물등기부 외에도 **토지대장·건축물관리대장**이 있다. 이는 토지 또는 건물의 상황을 보다 명확하게 하는 장부로서 과세의 기준이 된다. 시·구·군에 비치되어 있다.

시나 읍·면에서 토지대장을 열람하여 등기부와 대조·확인하여 하자가 없음을 확인하고 또한 거래가 허가대상인지 아니면 신고대상인지도 함께 확인하여야 한다.

4. 매매계약의 체결

이상과 같은 절차를 거치면 당사자간의 **교섭**을 통하여 계약을 체결하게 된다. 만약 대리인과 계약을 체결할 경우에는 **대리인의 위임장**을 확인하고 본인에게 확인하면 더욱 안전할 것이다. 또한 계약을 체결하고 소유권을 이전할 때까지의 사이에 이중으로 매매할 우려가 있으므로 가등기 신청의 이행 여부를 약속한 후 계약서에 그 내용을 기재해 두는 것이 분쟁의 소지를 없애는 방법이 된다.

매매계약이 성립하면 **매도인**은 매매의 목적인 재산권을 매수인에게 이전할 의무를 지고, **매수인**은 매매대금을 매도인에게 지급할 의무를 진다. 이 밖에도 매매의 목적인 재산권에 하자가 있거나 매매목적물에 하자가 있는 경우에는 **매도인의 담보책임**을 지게 된다.

이중매매란 甲이 乙에게 자기의 부동산을 매각하였으나, 이전등기를 마치기 전에 이를 다시 丙에게 매도하여 소유권이전등기를 경료해 주는 경우이다. 따라서 먼저 甲이 乙에게 소유권이전등기를 경료해 준 경우에는 이중매매의 문제가 생기지 않고 丙에 대한 사기죄가 성립하게 된다.

또한 이러한 이중매매에 있어서 매도인의 형사책임과 관련하여 丙에 대한 배임죄의 성립 여부가 문제된다. 즉 ① 계약금만을 수령한 단계에서 매도인은 언제든지 계약금의 배액을 지급하고 이를 해제할 수 있으므로 매도인의 배임죄는 성립되지 않는다. 그러나 ② 중도금 또는 잔금이 지불된 상태에서는 이미 계약의 이행에 착수한 것이 되어 매도인은 계약을 일방적으로 해제할 수 없는 상태이기 때문에 배임죄[4)]가 성립된다고 보아야 한다. 이때 이중매매의 사실을 알면서 매도인과 공모하여 이를 매수한 후매수자는 배임죄의 공범이 된다.

5. 계약금의 지급

계약금이란 계약 당시의 약정에 의하여 매수인이 매도인에게 지급하는 일정한 금액을 말한다. 계약금은 일반적으로 ① 계약체결의 증거로서 증약금, ② 손해배상의 예정으로서 위약예약금, ③ 계약의 해제권을 보류하는 작용을 갖는 해약금의 성질을 갖는 것으로 이해된다. 우리 민법은 당사자 사이에 다른 약정이 없는 한 해제권을 보류하기 위하여 접수된 **해약금으로 추정**하고 있다. 따라서 해약의 경우 매수인은 지급한 계약금을 포기하여야 하고, 매도인은 계약금의 2배를 지급하여야 한다. 매매계약시 매수인이 매도인에게 부동산 가액의 약 10%를 계약금으로 지급하는 것이 통례이나, 그 액수에는 제한이 없고 당사자의 합의에 의하여 임의로 정할 수 있다.

6. 중도금의 지급

중도금은 계약서에 정한 일시에 매도인에게 지급하는 것으로 계약 내용의 일부를 **이행**한 것으로 본다. 따라서 중도금을 지급한 후에는 계약을 해제할 수

---

4) 배임죄란 타인을 위하여 처리하는 자가 그 임무에 위배되는 행위로서 재산상의 이익을 취득하거나 제3자로 하여금 이를 취득하게 하여 본인에게 재산상의 손해를 가는 죄이다(형법 제355조 제2항) 여기는 ① 사기에 의한 배임행위: 가령 보험회사의 외판원이 피보험자의 기존 질병 경력을 숨기고 회사와 보험계약을 체결시켜 회사로부터 모집수당 등을 수령했을 때는 어떤 죄가 성립될 것인가. 일본 판례는 배임행위는 사기죄의 관념 속에 당연히 포함되므로 사기죄만의 성립을 인정하였다. 그러나 배임은 반드시 사기에 포함된다고는 생각지 않으므로 상상적 경합으로 보아야 할 것이다. 이와 마찬가지로 타인의 위탁물을 손괴한 경우도 배임과 손괴의 양 죄의 상상적 경합으로 될 것이다. ② 업무상 배임: 단순한 배임죄보다 형이 가중된다. '업무'는 공무·사무를 불문하고 또 보수의 유무나 생활수단으로서의 직업, 영리행위, 적법, 본무, 겸무, 주업무, 부수적 업무 등을 가리지 않는다. 그리고 업무는 법령이나 특별한 규정 등의 근거가 없더라도 당사자간의 정함이 있으면 된다.

없다. 일반적으로 채무자의 신용상태가 의심이 간다든가 혹은 지급상 분할이 편리하다는 이유로 중도금의 지급을 약정하는 것이 통례이다.

7. 잔금의 지급과 등기서류

계약시에 정한 잔금 지불 일자에 매도인은 등기서류와 부동산을 인도하고 매수인은 잔금을 지급하여야 한다. 등기에 필요한 것으로서 받아야 할 서류는 ① 등기필증(등기권리증), ② 매도인의 인감증명서(용도는 부동산 매도용), ③ 매도증서, ④ 위임장 등이다.

8. 등기신청

등기는 관공서의 촉탁, 법원의 명령 또는 등기공무원의 직권으로 행하기도 하나 당사자의 신청에 의하여 이루어지는 것이 보통이다. 따라서 등기는 **등기권리자**와 **등기의무자** 또는 이들의 **대리인**이 등기소에 출두하여 공동으로 신청하는 것이 원칙이다.

그러나 미등기 부동산의 보존등기, 판결에 의한 등기 또는 상속등기 등은 등기권리자가 단독으로 신청할 수 있다. 여기서 **등기권리자**란 신청된 등기가 행하여짐으로써 실체적 권리관계에 있어서 권리의 취득 기타 이익을 받는 등기부상 형식적으로 표시되는 자를 말한다. 반면에 **등기의무자**는 등기가 행하여짐으로써 실체적 권리관계에 있어서 권리의 상실 기타의 불이익을 받는 등기부상 형식적으로 표시되는 자를 말한다.

9. 취득세·양도세의 납부

매수인은 등기를 한 후 **1개월 안**에 부동산의 취득세를 납부하여야 한다. 취득세는 매매가격을 기준으로 부과되는 것이나 매매가격이 공시지가보다 낮을 경우에는 공시지가를 기준으로 취득세를 부과한다.

매매와 같은 경우는 실제 거래가액을 신고하도록 하고 있기 때문에 실제거래가액으로 신고하지 않는다면 시가표준액으로 부과되므로 실제거래가액과 시가표준액 중 큰 금액으로 부과될 것이다. 무상거래는 실제거래가액이 없기 때문에 시가표준액으로 취득세를 계산할 수밖에 없다.

상속과 상속 외 무상취득, 즉 증여가 이에 속한다. 농지 상속은 2.3%, 농지 외 상속은 2.8%, 상속 외 무상취득, 즉 증여는 3.5%의 세금이 부과되고 이들은 모두 기준시가로 과세되는데 이 기준시가가 시가표준액이 된다.

유상취득은 농지와 농지 외로 나뉘고 농지는 3.0% 그 외는 4.0%의 세율로 과세되는데, 유상거래이므로 실제거래가가 존재하기 때문에 실제거래가로 과세하게 된다. 다만 유상취득 중 주택은 국민 주거생활 안정을 위해 세율을 많이 낮춰서 6억원 이하는 1%, 9억원 이하 2%, 9억원 초과는 3%의 세율을 적용하고 있다.

취득세는 대부분 감면을 해주지 않는다. 그 중 감면되는 경우는 임대사업을 하게 되면 감면을 받을 수 있는 경우가 있다. 60제곱미터 이하의 공동주택 즉 아파트와 연립주택을 말하고, 준주택 중에서는 오피스텔을 최초로 분양받아 임대사업을 개시하는 경우에는 취득세를 100% 감면해 준다. 다만 취득세가 200만원을 초과하는 경우 85%만 감면해주고 15%의 취득세는 납부해야 한다. 그리고 임대사업자 등록은 취득일로부터 60일 이내에 등록할 때만 감면을 해주므로 기한을 잘 지켜야 한다.

취득세에는 농어촌특별세와 지방교육세가 같이 부과된다. 농어촌특별세는 0.2%이고 지방교육세는 0.4%인데, 농어촌특별세는 85제곱미터 이하의 국민주택에 대해서는 부과되지 않고, 취득세 감면이 있는 경우 감면세액의 20%가 농어촌특별세로 부과된다. 지방교육세도 유상취득하는 주택에 대해서는 0.1%에서 0.3%까지로 낮춰서 부과된다.

반면에 매도인은 그 부동산에서 소득세법상 1가구 1주택을 1년 이상 거주하고 3년 이상 보유해야 비과세되고, 이를 경과하지 않았으면 토지는 국토부가 정한 개별공시지, 일반건물과 아파트는 국세청기준시가에 따라 양도소득세를 납부하여야 한다. 그러나 직장의 변경, 전근 등 근무상 이유로 다른 시·군으로 이주하면서 1년 이상 살던 집을 팔 경우 비과세하도록 예외를 인정하고 있다. 또한 취학, 1년 이상의 치료·요양을 필요로 하는 질병, 퇴직자가 농사를 짓기 위해 가족과 함께 귀향하는 경우 등의 이유로 1년 이상 거주했던 주택을 매도한 경우에도 양도세가 면제된다.

IX 부동산등기특별조치법의 이해

1. 제정의 취지

등기는 부동산 위에 어떠한 권리관계가 있는지를 알리기 위한 것이므로 등기된 권리관계와 실제의 권리관계를 일치시킬 필요가 있다. 특히 등기제도의 근본 목적이 부동산에 관한 권리관계의 공시에 있으므로 등기는 언제나 진실된 권리관계를 그대로 고시하여야 한다.

최근 우리 사회에서 등기는 원칙적으로 당사자의 신청에 의하여 이루어지도록 하고 있다. 이러한 점을 **악용**하여 등기신청을 하지 않거나 **허위**로 하는 등 부동산투기행위를 자행하고 있는 경우가 만연하여 심각한 문제를 야기하고 있다. 따라서 정부는 부동산 거래시에는 반드시 등기신청을 하도록 하고 등기신청을 둘러싼 각종 탈법행위 등을 규제하는 것을 내용으로 부동산등기특별조치법을 제정하여 1990년 9월 2일부터 시행하게 되었다.

2. 소유권이전등기의 신청의무

부동산의 소유권 이전을 내용으로 하는 계약을 체결한 자는 그 계약의 종류에 관계없이 반드시 등기신청을 할 수 있는 때로부터 **60일 이내**에 소유권이전등기를 신청하여야 한다. 즉 매매와 같은 **쌍무계약**의 경우에는 상대방으로부터 이전등기관계서류를 넘겨받은 때와 같이 반대급부의 이행이 완료된 날, 증여와 같은 **편무계약**의 경우에는 그 계약의 효력이 발생한 날로부터 소유권이전등기를 신청하여야 한다.

소유권보존등기가 되어 있지 아니한 부동산에 대하여 소유권 이전을 내용으로 하는 계약을 체결한 자는 ① 부동산등기법(제130조·제131조)에 의하여 소유권보존등기를 신청할 수 있었음에도 이를 하지 아니한 채 소유권이전계약을 체결한 경우에는 그 계약을 체결한 날로부터, ② 소유권이전계약을 체결한 후에 부동산등기법에 의한 소유권보존등기를 신청할 수 있게 된 날로부터 60일 이내에 소유권보존등기부터 먼저 신청하여야 한다.

이상과 같은 등기신청 의무를 상당한 사유 없이 이행하지 아니하면 해태한 날 당시의 그 부동산에 대한 등록세액의 5배 이하의 과태료를 부담하게 되고 과태료는 원칙적으로 등기를 함으로써 이익을 얻게 되는 등기권리자에게 부과하되, 등기를 제때에 신청하지 못한 원인이 등기의무자의 책임 있는 사유에 의한 때에는 등기의무자에게 부과된다.

3. 부당한 등기행위에 대한 처벌

① 부동산의 소유권을 넘겨주고 넘겨받는 것을 목적으로 하는 계약을 한 사람이 그 원인을 허위로 기재하거나 소유권이전등기 외 다른 등기를 신청하여서는 아니 되며, 이를 위반하면 3년 이하의 징역 또는 1억원 이하의 벌금형에 처하도록 하고 있다. 예컨대 토지를 매매한 자가 증여를 받은 것으로 하여 등기를 신청하거나 저당권설정등기를 신청하는 경우이다.

② 부동산의 소유권을 넘겨받을 목적으로 하는 계약을 체결한 사람이 조세를 면탈하려고 하거나, 다른 시점간의 가격변동에 따른 **시세차익**을 얻으려 하거나, 소유권 등 권리변동을 규제하는 법령의 제한 회피 목적으로 **전매계약**을 체결하면 3년 이하의 징역이나 1억원 이하의 벌금형을 받게 된다. 즉 원계약에 따른 등기신청을 할 수 있는데도 소유권이전등기를 신청하지 아니하고 전매한 때나, 전매계약 체결 후 원계약에 따른 등기신청을 할 수 있게 된 날로부터 60일 이내에 소유권이전등기를 신청하지 아니한 때이다.

③ 상대방과 계약을 맺어 그로부터 부동산에 대한 소유권을 넘겨받도록 돼 있는 사람이 그 계약서에 **검인**을 받지 아니한 상태에서 다시 제3자와 그 부동산의 소유권을 넘겨주는 것을 내용으로 하는 계약이나, 당사자의 지위를 이전하는 계약을 체결한 때에는 1년 이하의 징역 또는 3천만원 이하의 벌금형에 처한다.

④ **탈법행위**를 방지하기 위하여 계약이나 확정판결을 원인으로 소유권이전등기를 신청할 때에는 반드시 계약서와 판결서에 검인을 받아야만 소유권이전등기를 신청할 수 있다. 그러나 부동산을 취득하기 위하여 행정관청으로부터 허가를 받아야 하거나 신고를 하여야 하는 경우에는 등기신청시에 반드시 그 허가 또는 신고를 증명하는 서면을 함께 제출하여야 등기가 가능하다.

X 종물과 부실등기 문제

1. 종 물

두 개의 독립된 물건 사이에서 한 쪽이 다른 쪽의 상용(사용에 제공)에 공하는 관계, 즉 다른 쪽이 경제적 효용을 발휘하게 하는 관계일 때에는 그 한 쪽을 종물, 다른 쪽을 주물이라고 한다. 예컨대 가방과 그 열쇠, 배와 노, 집과 그 마당의 나무·덧문 등이 그것이다. 주물과 종물은 모두 동일한 소유자에게 속하여야 한다. 종물은 주물의 법률적 운명과 같이 한다. 따라서 주물의 매매·임대·담보 등의 효력은 원칙적으로 종물에 미친다. 그러나 특약으로 이 효력을 배제할 수 있다

2. 부실등기

매수인 乙이 매도인 甲의 명의로 된 등기를 믿고서 甲으로부터 부동산을 매입한 경우에도 매도인이 진정한 권리자가 아니거나 매도인과 그 이전의 매도인 丙 사이의 법률관계가 **무효**이거나 **취소**된 경우에는 乙은 당해 부동산의 소유권을 취득할 수 없게 된다. 이것은 우리나라의 법제상 등기에 공신력이 인정되지 않고 있기 때문이다.

학습과제

01. 부동산의 의미와 준부동산의 의미에 대하여 적시하시오.

02. 부동산과 준부동산의 공시방법에 대하여 적시하시오.

03. 명인방법에 대하여 적시하시오.

04. 공시의 원칙에 대하여 적시하시오.

05. 공신의 원칙에 대하여 적시하시오.

06. 중간생략등기의 효력에 대하여 적시하시오.

07. 이전등기를 하지 않은 부동산취득자의 지위에 대하여 적시하시오.

08. 법률규정에 의한 부동산물권 변동에 대하여 적시하시오.

09. 가등기의 효력에 대하여 적시하시오.

10. 명의신탁관계에 대하여 적시하시오.

11. 신탁법상 부동산명의신탁의 효력에 대하여 적시하시오.

12. 이중매매의 효력에 대하여 적시하시오.

13. 부동산매매의 절차에 대하여 적시하시오.

14. 부동산등기특별조치법 위반의 효력에 대하여 적시하시오.

15. 부동산실명법 위반의 효력에 대하여 적시하시오.

제 5 장

생활과 법률

분쟁해결과 법률

[학습목표]

- 이 장에서는 민사상 피해자에 대하여 생각해 본다.
- 법률구조절차에 대하여 생각해 본다.
- 민사조정의 절차에 대하여 생각해 본다.
- 소액심판제도에 대하여 생각해 본다.
- 민사소송의 절차에 대하여 생각해 본다.
- 강제집행절차에 대하여 생각해 본다.
- 공증제도에 대하여 생각해 본다.

I 법률구조제도란 어떠한 제도인가

1. 법률구조제도의 의미

법률구조란 억울한 피해를 당하고도 법을 모르거나 소송비용이 없어서 정당한 법절차에 따른 권리구제절차를 밟지 못하는 서민들에게 무료로 법률상담을 해주고 소송비용을 빌려 주거나 변호사를 선임해서 소송을 해주는 제도이다. 사회와 경제의 발달에 따라 국민들의 법의 보호를 필요로 하는 경우가 날로 증가함으로 법률구조는 사회복지 제도로서 중요한 역할을 하고 있다. 따라서 법률구조 업무를 위한 **법률구조법**이 1986년 12월 23일에 제정되고, 이 법률에 의거하여 특수법인인 **대한법률구조공단**이 1987년 9월 1일자로 설립되었다.

2. 법률구조공단의 업무

공단의 활동목적은 억울한 피해를 입는 일이 없도록 인권을 옹호하는 데 있다. 따라서 공단은 이러한 목적을 달성하기 위하여 법률상담과 법률구조 등 모든 법률적인 서비스를 제공한다. **상담**을 통하여 구조를 필요로 하는 **민사·가사사건**에 대해서는 양 당사자에게 **화해·조정**을 권유하고, 성립되지 않으면 변호사나 공익법무관에 의한 **소송대리**를 하여주고, 필요한 때에는 **공탁금**까지 걸고 가압류·가처분을 신청하여 **강제집행절차**도 밟아주고 있다. **형사사건**에 대해서는 변호사나 공익법무관이 변호를 하여 준다.

3. 법률구조의 대상

법률구조공단의 법률구조를 받을 수 있는 사람은 국가 또는 지방자치단체를 상대로 하는 사건을 제외한 모든 민사·가사사건에 대하여 법률구조를 해주고 있다. 구조를 받을 수 있는 사람은 아래의 대상자 중에서 공단이 법률구조를 할 필요가 있다고 인정하는 사람이다. 농·어민, 6급 이하의 공무원, 월 평균수입 70만원 이하의 근로자 및 영세상인, 위관급 장교 이하의 군인, 국가보훈대상자, 물품의 사용 및 용역의 이용으로 인한 피해를 입은 소비자, 기타 생활이 어렵고 법을 잘 몰라 스스로 법적 수단을 강구하지 못하는 국민(생활보호대상자) 등이 있다. 한편 구조를 받을 수 없는 경우에는 ① 의뢰자의 주장을 입증할 증거가 부족하여 소송에서 이길 가망이 없는 경우, ② 상대방이 무능력자이거나 소재를 알 수 없어 소송에 이긴다고 하더라도 집행을 할 수 없는 경우, ③ 국가 또는 지방자치단체를 상대로 하는 경우, ④ 부모형제 간의 재산싸움 등 사회적으로 지탄을 받아 구조할 가치가 없는 경우 등에는 구조를 받을 수 없다.

4. 법률구조의 절차

법률구조 신청은 공단의 소정양식인 법률구조신청서와 함께 주민등록등본과 증명하는 서류 및 소송을 제기하는데 필요한 각종 입증 자료를 해당 지역의 공단사무실에 제출하면 된다.

이렇게 준비한 서류를 해당 지부나 출장소에 제출하면 당해 법률구조심사회의 심사를 거치게 된다. 여기서 심사한 결과 구조요건에 해당하면 구조결정이 내려지고 요건에 맞지 않으면 구조를 기각하는 결정을 한다. 그러나 이 결정에 불복하면 중앙법률구조심사회에 이의신청을 하여 재심사를 받을 수 있다.

구조 결정이 내려지면 공단과 의뢰자 간에 소송구조 계약을 체결하고 공단소속변호사·공익법무관 또는 공단법률 구조위원으로 위촉된 변호사가 소송을 수행하게 되며 소송에 필요한 모든 비용은 공단에서 우선 지급하게 된다.

5. 소송비용과 상환

소송구조 결정이 내려진 사건은 인지대·송달료·감정료·변호사선임료·여비·공탁금 등 모든 비용은 공단에서 지급하게 된다. 그러나 소송이 끝난 후에 의뢰자는 승소에 관계없이 소송비용을 상환하여야 한다. 의뢰자는 공단에 상환한 비용을 법원의 소송비용절차를 거쳐 패소한 상대방으로부터 회수할 수 있을 뿐만 아니라, 공단에서도 의뢰자의 사정을 고려하여 분할상환을 받거나 상환을 면제해 주고 있다. 특히 농·어민, 생활보호대상자, 소년·소녀가장, 장애인, 국가보훈대상자 등은 무료로 법률구조를 받을 수 있다.

II 민사소송절차의 이해

1. 민사소송의 의미

사람들 사이에 사적인 이해관계가 충돌하여 분쟁이 생긴 경우에는 원칙적으로 분쟁해결을 담당하는 국가기관인 법원에 분쟁의 해결을 청구하게 되며, 법원은 분쟁당사자의 진술을 듣고, 그와 관련된 증거를 확인하여 판단을 하게 된다. 이와 같이 분쟁 당사자들이 법원에 대하여 분쟁의 해결을 구하는 절차를 민사소송이라고 한다.

민사소송절차에 관하여는 민사소송법과 민사소송규칙에서 자세히 규정하고 있으며, 대법원 홈페이지의 '전자민원센터'를 통하여 민사소송의 대강과 구체적인 사항들에 대한 정보를 얻을 수 있다.

2. 민사소송의 당사자

민사소송에서 소를 제기하는 사람을 **원고**라고 하고, 그 상대방을 **피고**라고 한다(형사소송에서의 소송당사자는 검사와 피고인이다). 원고와 피고는 당사자가 될 수 있는 능력이 있어야 하는데, 이러한 **당사자능력**은 민법상의 권리능력이 인정되는 개인이나 법인뿐만 아니라 법인이 아닌 단체인 종중·동창회, 아파트 입주자 대표자회의 등에 대해서도 인정된다. **미성년자**의 경우에는 당사자능력은 인정되지만 행위능력이 인정되지 않으므로 법정대리인이 소송을 대리하여야 한다.

한편 소송을 진행하는 과정에서 당사자는 문제된 분쟁에 관한 자신의 주장과 그에 따른 증명을 할 책임을 진다. 이러한 과정이 복잡하고 힘들기 때문에 변호사를 선임하게 된다. 소송을 위하여 선임한 변호사를 소송대리인이라고 하는데, 소송대리인은 본인에 의하여 주어진 권한의 범위 내에서 소송을 수행하게 된다.

소송은 원칙적으로 피고의 주소지를 관할하는 법원에 제기하여야 하지만 원고의 편의 등을 위하여 여러 가지 예외가 인정되고 있다. 예를 들어 주소지와 다른 곳에 근무하는 사람에 대한 소는 근무지를 관할하는 법원에 제기할 수 있고, 재산권에 관한 소는 근무지를 관할하는 법원에 제기할 수 있다. 또한 당사자가 합의한 경우에는 합의한 곳에 소를 제기할 수 있다.

그리고 지방법원의 경우에는 소송물의 액수에 따라 **단독판사**와 **합의부**에서 심리하는 사건을 다루고 있는데, 수표나 어음금의 지급을 청구하는 경우를 제외하고 1억원을 초과하는 사건은 합의부의 관할에 속하며, 그 외의 사건은 단독판사의 관할에 속한다.

3. 소장의 작성

민사소송을 제기하고자 하는 원고는 소장을 작성한 후 소송가액에 해당하는 인지를 붙여서 관할법원에 제출하면 된다. 변호사를 소송대리인으로 선임한 경우에는 변호사가 원고를 대리하여 소장을 작성하여 제출하게 되며, 변호사를 선임하지 않은 경우에도 법무사에게 소장의 작성을 의뢰하고 원고가 직접 제출할 수 있다.

소장에는 원고와 피고의 주소 및 성명이 명확하게 기재되어야 하며, 피고의 주소를 알 수 없는 경우에는 소명자료를 첨부하여 공시송달을 신청할 수 있다. 또한 소장에는 청구취지를 특정하여 기재하여야 하는데, 청구취지는 원고가 판결을 통하여 얻어내려는 결론에 해당하며, 법원은 청구원인에 대한 판단을 기초로 청구취지를 인정할 것인지 여부를 결정한다. 그리고 청구취지에서 주장하는 결론을 정당화하기 위한 근거로서 원고와 피고 사이에 있었던 법률관계의 구체적 내용과 그에 따라 원고에게 인정될 수 있는 권리 등에 관하여 기재한 것을 청구원인이라고 하는데, 법원은 청구원인에 대한 판단을 통하여 원고의 청구취지의 정당성을 판단하게 되므로 청구원인은 가급적 구체적으로 작성하여야 한다.

소장에 첨부한 서류가 있는 경우에는 첨부한 서류의 목록을 기재하여야 하며, 어느 법원에 제출하는가도 소장에 기재하여야 한다. 그리고 소장에는 소송가액에 따른 인지를 붙여야 하며, 소송의 진행을 당사자들에게 통지하기 위하여 필요한 송달료를 납부하여야 한다.

4. 민사소송의 진행

1) 주장과 항변

원고가 법원에 **소장**을 제출하면 재판장은 소장 부본을 피고인에게 **송달**하여 피고를 상대로 어떠한 소가 제기되었는가를 알려준다. 이 때 원고의 청구가 부당하다고 생각하면 피고는 원고의 소장에 대한 **답변서**를 작성하여 정해진 기간까지 법원에 제출하여야 한다. 그 후 재판장은 사건이 접수된 순서에 따라 **변론기일**을 정하여 원고와 피고를 소환한다.

대여금 사건의 경우 변론기일에 원고는 먼저 자신의 소장에서 주장했던 사실을 법정에서 다시 주장하고 피고는 이에 대하여 빌린 사실이 있다거나 또는 없다는 내용의 답변을 하거나, 빌렸지만 변제하였다는 등의 답변을 할 수 있다. 이 경우 빌린 사실이 있다고 답변하는 것은 **자백**이라고 하며, 법원이 원고의 청구를 인용하는 근거가 된다(침묵하는 것도 자백과 마찬가지로 취급된다). 이와는 달리 빌린 사실이 없다고 답을 하거나 모르겠다고 답을 한 경우에는 원고의 청구를 **부인**하는 것이 되며, 원고가 돈을 빌려 주었다는 사실을 증명하지 못하는 경우에는 청구가 **기각**된다.

한편 피고가 돈을 빌리기는 했지만 이미 변제하였다고 하는 것은 원고의 청구를 거절한다는 의미에서 **항변**이라고 한다. 이러한 항변에 대하여는 피고가 그 사실을 증명하여야 하고, 피고의 증명에 대하여 원고가 다시 자백하거나 부인하는 등의 주장을 함으로써 소송이 진행된다.

이러한 주장과 답변 등은 원고와 피고가 변론기일에 출석하여 **구두**로 하는 것이 원칙이나 **서면**으로 제출할 수도 있는데, 이러한 서면을 **답변서** 또는 **준비서면**이라고 부른다. 실제로 소송상의 주장, 답변 등은 간단한 것을 제외하고는 미리 서면으로 준비하여 제출하는 것이 보다 유익하다.

2) 증명책임

원고와 피고는 자신이 주장하거나 항변한 사실에 대하여 상대방이 부인하면 자신의 주장에 대하여 증명할 책임을 진다. 증명할 책임을 지는 자가 증명을 하지 못한 경우에는 그 주장이나 항변이 법원에 의하여 받아들여지지 않는다. 증명을 하는 방법은 제한이 없으나 **서증**, **증인신문**, **검증**, **감정**, **당사자 본인신**

문 등의 방법이 주로 사용되고 있다. 그렇지만 이 가운데 서증이 실무상 가장 신빙성이 있는 것으로 다루어지므로 상대방과의 법률관계는 가급적 서면에 의하여 형성하는 것이 바람직하다.

3) 변론기일 불출석에 따른 불이익

원고 또는 피고 중 어느 한 쪽이 법원으로부터 소환을 받고도 출석하지 아니하면 출석한 쪽이 주장하는 사실을 자백한 것으로 간주되기 때문에, 불리한 판결을 받을 가능성이 매우 크다. 또한 당사자 쌍방이 모두 2회에 걸쳐서 적법한 소환을 받고도 출석하지 아니하거나 출석하였더라도 변론을 하지 아니한 때에는 그 후 1개월 이내에 기일지정신청을 하지 아니하면 소가 취하된 것으로 간주한다.

5. 소송절차의 종료

법원은 당사자의 변론과 증거조사 등을 통하여 문제된 법률관계에 관하여 충분히 알게 됨으로써 판결을 할 때가 되었다고 판단되면 당사자의 변론을 종결하며, 그로부터 일정한 기간이 지난 후에 판결을 선고하게 된다. 판결을 선고한 경우에는 **판결문**을 당사자에게 송달한다. 한편 원고가 판결확정 전에 소를 취하하는 경우에도 소송이 종결된다.

다만 피고가 준비서면을 제출하거나 변론을 한 후에는 피고의 동의를 얻어야만 소를 취하할 수 있다. 그 밖에 **청구의 포기, 인낙,**[1] **화해** 등으로 소송이 종료되기도 한다.

6. 상 소

1) 항 소

1심에서 패소판결을 받았으나 이러한 판결에 대하여 불복하는 사람은 판결을 송달받은 날로부터 2주 이내에 항소장을 작성하여 1심법원에 제출하면 판결이 확정되지 않고 항소심에서 또다시 재판을 받을 수 있게 된다. 항소심은 1심법원이 **합의부**였던 경우에는 **고등법원**이 되며, **단독판사**였던 경우에는 **지방법**

1) 청구의 인낙(請求의 認諾)이란 원고의 청구, 즉 소송물인 권리주장의 전부 또는 일부가 실체상의 이유 있음을 피고가 변론 또는 준비절차에서 인정하는 진술을 말한다.

원의 항소부가 된다. 항소장에 붙이는 인지액은 1심의 1.5배이다.

2) 상 고

항소심의 판결에 대하여 불복하는 경우에도 판결을 송달받은 날로부터 2주 이내에 상고장을 항소심 법원에 제출하여야 한다. 상고심은 대법원이며, **대법원**은 항소심 재판에 있어서의 **법률적용의 오류**에 대해서만 심판을 한다.[2] 상고장에 붙이는 인지액은 1심의 2배이다.

7. 확정과 강제집행

1심과 항소심에서 판결은 패소한 자가 송달받은 날로부터 14일 이내에 항소하거나 상고하지 않으면 확정되며, 대법원의 경우에는 상고가 기각되면 확정된다.

당사자는 판결이 확정된 경우에는 소송기록이 있는 법원에서 판결확정 증명을, 확정판결 중 **가집행선고**[3]가 붙은 판결인 경우에는 **판결정본송달증명**을 받고, 판결에 집행문을 부여받아 이를 집행권원으로 하여 강제집행함으로써 소송의 목적을 달성할 수 있다.

Ⅲ 소액심판제도의 이해

1. 제도의 취지

민사소송은 진행과정이 복잡하고 비용도 많이 들며 시일도 오래 걸리기 때문에 재판을 통하여 권리를 실현하는 것이 힘든 경우가 많다. 그래서 민사소송

2) 대법원에서의 소송 진행에서는 상고이유서만 참고하며 당사자의 변론은 필요하지 않다.
3) 가집행선고란 판결이 확정되기 전에 그 판결에 근거하여 집행할 것을 허용하는 재판을 한다. 판결은 확정되어야 비로소 강제집행을 할 수 있는 것이 원칙이지만, 그동안 피고의 재산상태가 악화되거나 확정된 후에 집행하는 것이 별로 소용이 없는 경우에는 예외적으로 판결이 확정되기 이전에도 확정된 것과 마찬가지로 다루어 판결을 집행할 수 있게 하는 것이다. 그렇다고 소송이 확정된 것이 아니므로 원고로 하여금 가집행을 위하여 담보를 제공하게 하거나 가집행이 취소된 경우에는 피고에게 가집행으로 인한 손해를 배상하게 한다.

에 해당하는 사건 가운데 소송가액이 3천만원을 넘지 않는 사건의 경우에는 일반적인 경우에 비하여 신속하고 간편한 절차를 통하여 재판을 받을 수 있도록 하고 있다. 이러한 제도를 소액심판제도라고 하며, 1심법원의 단독판사의 권한에 속한다. 소액사건에 관하여는 민사소송법과 함께 **소액사건심판법**이 적용된다.

2. 소송제기의 방법

소액사건의 소장은 일정한 양식으로 만들어져 있어 누구나 그 양식에서 요구하는 내용을 채워 넣는 방법을 통하여 소장을 작성할 수 있다. 또한 당사자 쌍방이 임의로 법원에 출석하여 진술하는 방법이나 법원공무원에 대한 구술을 통하여서도 소송을 제기할 수 있다.

3. 소송의 진행

원고가 법원에 소송을 제기하면 법원은 피고에게 이행을 권고할 수 있고 피고가 이에 대하여 서면을 송달받은 날로부터 2주 이내에 이의신청을 하지 않거나 또는 이의신청이 각하 또는 기각되면 이행권고결정은 확정판결과 같은 효력을 갖게 된다.

그리고 원고가 소장을 제출한 경우, 법원은 답변서의 제출이 없는 경우에도 변론기일을 지정할 수 있고, 되도록 1회의 변론기일에 심리를 마치도록 하고 있으며, 판결도 변론을 마친 후 즉시 할 수 있다. 따라서 소액사건의 경우 당사자는 모든 증거를 최초의 변론기일에 제출할 수 있도록 준비하여야 하며, 피고의 경우 반드시 출석하여 원고의 주장에 대한 항변을 하여야 한다. 출석을 하지 않거나 출석은 하였더라도 항변을 하지 않는 경우 또는 답변서를 제출하지도 않는 경우에는 원고승소의 판결이 선고된다.

그리고 일반적인 민사소송의 경우와는 달리 변호사가 아니라도 당사자의 배우자, 직계혈족 또는 형제자매는 법원의 허가 없이도 당사자를 대리하여 소송을 할 수 있다. 이 경우 소송대리인은 당사자와의 가족관계 및 수권관계를 증명할 수 있는 서면을 제출하여야 한다.

[그림 5-1] 통상의 민사재판 절차(특칙 적용)

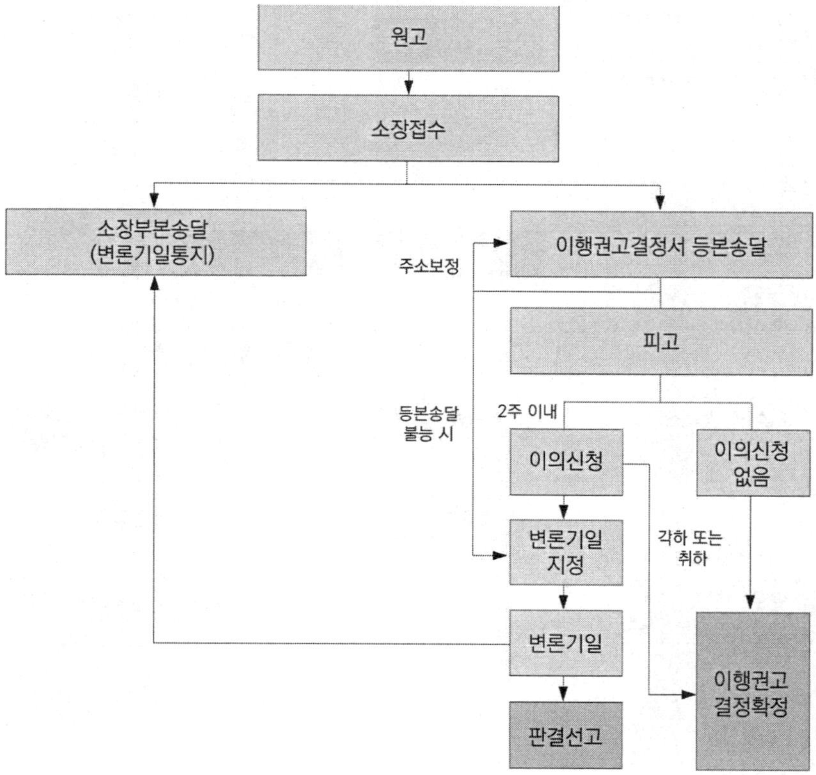

IV 민사조정제도의 이해

1. 민사조정의 의미

민사조정이란 법관 또는 조정위원이 분쟁의 당사자로부터 각자의 주장을 듣고, 관계 자료를 검토한 후, 여러 사정을 참작하여 당사자들의 합의를 하도록 주선·권고함으로써 종국적으로 화해에 이르게 하는 소송 이외의 분쟁해결 절차이다.

조정절차는 소송절차와는 달리 엄격한 제한이 없으므로 절차를 진행함에 있어 융통성이 많으며, 조정을 신청하면 즉시 조정기일이 정하여지고, 단 한 번의

[그림 5-2] 민사조정 절차의 흐름

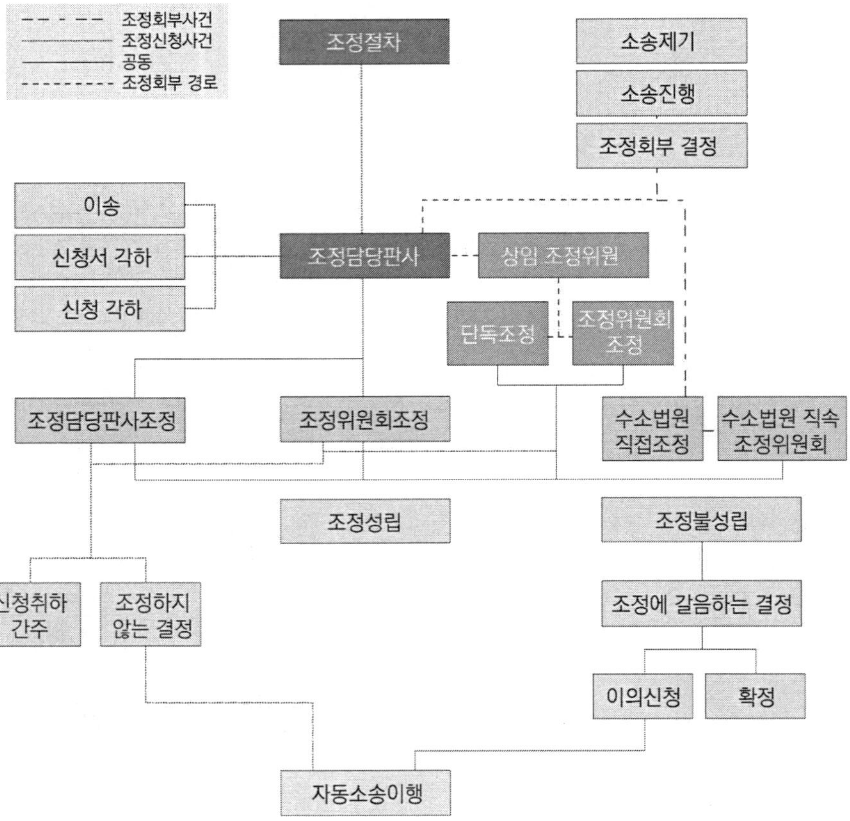

출석으로 절차가 끝나는 것이 보통이므로 짧은 시간 내에 분쟁을 해결할 수 있다. 그리고 비교적 자유로운 분위기에서 당사자는 자기가 하고 싶은 말을 충분히 할 수 있고, 비밀유지가 가능하며, 무조건 이행을 명하는 판결에 비하여 채무자의 경제적 사정 등을 고려한 원만하고 융통성 있는 결론을 제시함으로써 그 결과로 인한 당사자 사이의 날카로운 감정의 대립을 방지할 수 있다. 또한 수수료도 소송사건의 5분의 1밖에 되지 않아 소송에 비하여 많은 비용을 절감할 수 있다.

2. 조정의 개시

민사조정은 분쟁의 당사자 일방 또는 쌍방이 조정신청을 하거나, 소송사건을 심리하고 있는 판사가 직권으로 그 사건을 조정에 회부함으로써 시작된다. 조정은 피신청인의 주소지, 사무소 또는 영업소의 소재지, 근무지, 분쟁목적물의 소재지 또는 손해발생지를 관할하는 지방법원, 지방법원 지원, 시·군 법원에 신청할 수 있으며, 당사자의 합의에 의하여 관할법원을 정할 수도 있다.[4] 조정신청은 본인 스스로 작성하거나 또는 변호사나 법무사에게 의뢰하여 작성한 조정신청서를 관할법원에 제출하거나 구술로도 할 수 있다.

3. 조정의 진행

조정사건은 원칙적으로 조정담당판사가 처리한다. 조정담당판사는 스스로 조정하거나 상임조정위원 또는 조정위원회로 하여금 조정하게 할 수 있지만, 당사자가 특별히 조정위원회에 의한 조정을 신청한 때에는 조정위원회에서 처리하게 한다. 조정위원회는 판사 중에서 지정된 조정장 1인과 학식과 덕망이 있는 인사들 중에서 위촉된 2인 이상의 조정위원으로 구성된다. 다만 당사자는 합의하여 조정위원을 따로 신청할 수도 있다.

조정신청이 있으면 즉시 조정기일이 정하여지고 신청인과 상대방에게 그 일시와 장소가 통지된다. 특히 당사자 쌍방이 법원에 출석하여 조정신청을 한 때에는 특별한 사정이 없는 한 그 신청 당일에 조정을 할 수 있다. 그리고 지정된 조정기일에 본인이 직접 출석하여야 하지만, 조정담당판사의 허가가 있으면 당사자는 친족이나 피용자 등을 보조인으로 동반하거나 대리인을 출석하게 할 수 있다. 조정절차를 진행함에 있어서 조정담당판사는 당사자 또는 이해관계인의 진술을 듣고 필요한 경우에는 증거조사를 하는 등의 방법으로 당사자들이 합의를 이룰 수 있도록 한다.

4. 조정의 성립과 불성립

1) 조정의 성립

조정기일에 당사자 사이에 합의가 이루어지면 그 내용이 조서에 기재됨으로써 조정이 성립된다. 다만 예외적으로 합의가 성립되지 않거나 합의내용이

4) 최근에는 법원 밖에 조정센터를 설치하여 상임조정위원으로 하여금 조정을 할 수 있도록 하고 있다.

상당하지 아니한 경우에는 조정담당판사가 합의를 무시하고 조정이 성립되지 아니한 것으로 하여 사건을 종결시키거나 합의내용과 다른 내용으로 조정에 갈음하는 결정을 할 수도 있다.

조정기일에 피신청인이 출석하지 아니한 경우 또는 당사자 쌍방이 출석하였더라도 합의가 성립되지 아니한 경우에는, 조정담당판사는 상당한 이유가 없는 한 직권으로 '조정에 갈음하는 결정'을 하게 된다(이를 강제조정이라고도 한다). 이 결정에 대하여 당사자는 그 내용이 기재된 조서 정본 또는 결정서 정본을 송달받은 날로부터 2주일 내에 이의신청을 할 수 있고, 이의신청이 있으면 그 결정은 효력을 상실하고, 사건은 자동적으로 소송으로 이행된다. 당사자 쌍방이 2주일 내에 이의신청을 하지 아니하면 그 결정내용대로 조정이 성립된 것과 동일한 효력이 생기게 된다.

2) 조정의 불성립

조정신청이 있었으나 사건의 성질상 조정을 함이 적당하지 아니하다고 인정되는 경우 또는 당사자가 부당한 목적으로 조정을 신청하였다고 인정되는 경우에는 조정담당판사는 '조정을 하지 아니하는 결정'으로 사건을 종결시킬 수 있으며, 당사자 사이에 합의가 성립되지 아니하거나 성립된 합의의 내용이 상당하지 아니하다고 인정하는 경우 및 조정에 갈음하는 결정을 하지 아니할 때에는 조정이 성립되지 아니한 것으로 처리한다.

5. 소송으로의 이행

조정신청을 하였으나 조정을 하지 아니하는 결정이 있거나, 조정이 성립되지 아니한 경우 또는 조정에 갈음하는 결정에 대하여 당사자가 이의신청을 한 경우에는 당사자가 별도의 신청을 하지 않더라도 그 사건은 자동으로 소송으로 이행된다. 조정이 소송으로 이행되는 경우에는 조정신청시에 소가 제기된 것으로 처리되며, 소송의 제기에 필요한 수수료를 추가로 납부하여야 한다.

6. 조정의 효력과 집행

조정이 성립한 경우 또는 조정에 갈음하는 결정에 대하여 이의신청이 없거나 이의신청이 취하된 경우 및 이의신청의 각하결정이 확정된 경우에는 그 조정 또는 결정은 모두 재판상 화해와 같은 효력이 있다(재판상 화해는 확정판결과 같은 효력이 있음). 나아가 조정이 성립되었거나 조정에 갈음하는 결정이 확정되었는데도 상대방이 그 의무를 이행하지 아니하는 때에는 조정 또는 결정을 집행권원으로 하여 강제집행을 할 수 있다. 또한 채무의 내용이 금전채무인 경우에는 법원에 채무자의 재산관계의 명시를 요구하는 신청을 하거나 일정한 경우 채무자를 채무불이행자명부에 등재하여 줄 것을 요구하는 신청을 할 수 있다.

재판 외의 분쟁해결절차(ADR: Alternative Dispute Resolution)

재판 외의 분쟁해결절차에는 조정 이외에도 중재와 화해가 있다. 중재는 당사자 간의 분쟁을 그들이 선임한 제3자의 판단에 의하여 해결하기로 하는 분쟁의 해결방법이나 당사자가 자신의 선택에 따라 중재인을 선임한 후 중재인을 심판관으로 하여 주장과 항변을 하면 중재인이 그에 대한 판단을 하는 방법으로 이루어지며, 당사자는 중재인의 판단을 따라야 한다는 점에서 조정과 다르다. 중재에 관하여는 중재법이 적용되며, 중재판정은 확정판결과 동일한 효력을 가진다. 노사 간의 분쟁의 경우에는 노동조합 및 노동관계조정법의 규정에 따른 중재가 이루어진다.

화해는 당사자가 서로 양보하여 분쟁을 종료시킬 것을 약정하는 것으로, 화해에는 민법상의 화해계약과 재판상 화해가 있다. 화해계약은 당사자가 서로 양보하여 분쟁을 종결시킬 것을 합의하는 계약을 말하며, 화해계약이 성립하면 당사자는 종전의 권리를 상실하고 화해계약에 따른 새로운 권리만을 취득한다. 다만 이 경우에도 분쟁의 목적이 되지 아니하였던 사항에 관하여는 다시 화해계약을 체결할 수 있다. 이와는 달리 재판상 화해는 법원에서 법관의 확인을 받은 경우를 말하는데, 이것은 다시 제소 전 화해와 소송상 화해로 나눌 수 있다. 제소 전 화해는 분생이 발생하기 이전에 당사자가 분쟁이 발생할 경우를 예상하여 그 처리방법을 약정한 것이며, 소송상 화해는 소가 제기된 후에 당사자가 분쟁을 종식시키는 내용의 합의를 한 경우를 말한다. 재판상 화해가 있는 경우에는 법원의 확인을 거쳐 화해조서가 작성되는데, 화해조서는 확정판결과 같은 효력을 가진다.

V 강제집행절차에 대한 이해

소송 등을 통하여 채권자에게 권리가 있음이 확인된 경우에도 채무자가 임의로 이행하지 않는 경우, 채권자는 민사집행법이 정한 절차에 따라 채무자의 채무이행을 강제할 수 있다. 이와 같이 국가가 정해진 절차에 따라 채권자의 권리를 실현할 수 있도록 하는 제도가 강제집행절차이다. 강제집행절차는 목적물에 따라 차이가 있지만 공통적으로 집행권원과 집행문의 부여가 필요하다. 집행권원은 강제집행을 할 수 있는 권리가 있음을 확인한 공적인 문서이며, 집행문은 집행권원에 근거하여 강제집행을 할 수 있다는 사실을 기재한 서면이다. 강제집행절차는 강제집행의 대상이 되는 목적물에 따라 차이가 있으므로 이를 기준으로 간단하게 살펴본다.

1. 목적물에 따른 강제집행절차

1) 부동산의 경우

강제집행의 목적물이 부동산인 경우에는 관할법원에 부동산의 강제경매를 신청하는 방법으로 강제집행을 할 수 있다. 채권자에 의한 경매신청이 있는 경우에 법원은 경매개시결정을 하고 부동산을 압류하여 그 사실을 부동산등기부에 등기하도록 한다. 그 후 부동산에 대한 현황조사와 함께 채권자들로 하여금 배당요구를 하도록 하며, 부동산의 평가와 최저매각가격을 결정한다. 그런 후에 부동산에 대한 경매공고를 하고, 경매기일을 정하여 최고가매수신고를 한 사람에게 부동산을 매각한다. 부동산의 경매가 끝나면 법원은 매각대금을 완납한 매수인에 대한 부동산소유권이전등기를 촉탁하게 되며, 매각대금은 각 채권의 순위에 따라 채권자들에게 배당한다.

2) 동산의 경우

동산에 대한 강제집행도 압류하는 것에 의하여 개시되는데, 채무자가 점유하고 있는 물건을 집행관이 점유하는 방법을 취하거나 물건을 봉인하는 방법 등을 취한다. 압류한 물건이 금전인 때에는 곧바로 채권자에게 인도하지만, 물건인 경우에는 그 물건을 매각한 대금을 채권자에게 지급한다.

3) 금전채권의 경우

강제집행의 목적물이 채권인 경우에는 그 채권의 존재를 소명하여 법원에 압류명령을 신청하면 법원이 그 채권의 채무자(제3채무자라고 한다)에게 압류명령을 하여, 제3채무자로 하여금 채무자에게 채무를 이행하지 말 것을 명하게 되며, 그 다음에 채권자는 추심명령이나 전부명령을 통하여 자신의 채권을 만족시킬 수 있다. 추심명령이 있는 경우 채권자는 제3채무자에게 직접 채무의 이행을 청구할 수 있으며, 전부명령이 있는 경우 채권자는 채무자가 제3채무자에 대하여 가지는 채권을 취득하게 된다. 이 경우 추심명령을 신청한 채권자는 채권액 전부를 변제받지 못하였다면 채무자의 다른 재산에 대하여 강제집행을 신청할 수 있지만, 전부명령을 신청한 채권자는 전부받은 채권액을 모두 변제받을 것으로 보아 전부의 대상이 된 채권을 변제받지 못한 경우에도 채무자의 재산에 대하여 강제집행을 할 수 없게 된다.

2. 보전처분

1) 보전처분의 의의

보전처분이란 채권자가 소송에서 승소한 후 강제집행을 하기 이전에 채무자의 재산을 임의로 처분하지 못하게 함으로써 장차 승소한 후에 이루어질 강제집행의 실효성을 확보하기 위한 제도이다. 강제집행을 하기 위해서는 집행권원을 얻어야 하지만 확정판결을 얻는 데는 시간이 많이 걸리기 때문에 그 사이에 채무자가 강제집행의 대상이 될 재산을 처분하게 되면 집행권원을 얻고서도 실제로 강제집행을 할 수 없는 경우가 있기 때문이다. 민사집행법에서 규정하고 있는 보전처분에는 가압류와 가처분이 있다. 가압류나 가처분에 대하여 채무자가 이의신청을 할 수 있다. 한편 가압류나 가처분의 표시를 침해한 경우에는 공무상표시무효죄로 처벌받게 된다.

2) 가압류·가처분의 의의

가압류란 금전채권이나 장차 금전채권으로 바뀔 수 있는 청구권을 만족시키기 위하여 경매하게 될 채무자의 재산을 미리 처분하지 못하도록 하는 임시조치이다. 가처분이란 분쟁의 대상이 되고 있는 물건에 대한 강제이행에 대비하여 채무자로 하여금 그 물건을 처분할 수 없도록 하는 처분을 말한다. 가압류나 가처분은 채권자의 신청을 근거로 하여 법원이 행하는 처분이며, 법원이 채무자의 의견을 듣지 않고 행하는 것이기 때문에 당사자 사이의 권리관계가 확정될 때까지 임시로 인정되는 것이다.

가압류나 가처분의 근거가 되는 권리는 법원의 판결을 통하여 확인된 것이 아니기 때문에 부당한 보전처분으로 말미암아 채무자에게 손해를 줄 수도 있어 대부분의 경우 가압류나 가처분을 하기 위해서는 담보를 제공하도록 하고 있다. 이 경우 원칙적으로 정해진 공탁금을 공탁하여야 하지만, 신청인은 법원의 허가를 얻어 보증보험회사의 보험증권을 담보로 제공할 수 있다.

3) 가압류·가처분의 종류

가압류나 가처분은 그 목적물에 따라 여러 가지로 나누어지는데, 채무자의 특정 부동산(토지, 건물)을 임의로 처분할 수 없도록 하는 가압류를 부동산 가압류라 하고, 채무자의 유체동산(냉장고, TV 등)을 임의로 처분할 수 없도록 하는 가압류를 유채동산 가압류라고 하며, 채무자가 제3채무자로부터 채무를 이행받지 못하도록 하는 것을 채권가압류라고 한다. 한편 채무자가 분쟁의 대상이 된 부동산의 점유를 다른 사람에게 이전하지 못하도록 하는 것을 부동산점유이전금지가처분이라 하고, 채무자가 분쟁의 대상이 된 부동산을 매매, 양도하는 등의 처분을 못하도록 하는 것을 부동산처분금지가처분이라고 한다.

VI 공증제도의 이해

1. 공증의 의미

공증은 행정주체가 특정한 사실이나 법률관계의 존부를 공적으로 증명하는 법률행위적 행정행위를 말한다. 즉 일상의 거래에 있어서 증거를 보전하고 권리자의 권리행사를 용이하게 하기 위하여 사실을 증명해 주는 제도이다. 이 제도를 이용하면 여러 거래에 있어서 재판절차를 거치지 않고 간편하게 권리를 실행할 수 있다.

따라서 일정한 금전, 대체물, 유가증권의 지급을 목적으로 하는 법률행위에 관하여 공정증서를 작성하면 지급이 이행되지 않을 경우 재판절차를 거치지 않고 공정증서를 작성한 공증사무소에서 집행문을 부여받아 바로 강제집행을 할 수 있어 편리하다.

2. 공증기관

공증은 공증인가를 받은 합동법률사무소와 법무법인 또는 임명된 공증인의 사무실에서 할 수 있고, 진술할 곳이 없는 지역에서는 지방검찰청의 지청에서 공증을 할 수 있다.

3. 공증의 종류

1) 공정증서의 작성

공증인의 당사자의 의사를 확인하여 그에 관한 서류를 직접 작성하는 것을 말한다. 예컨대 일정한 금전 등의 지급을 목적으로 하는 법률행위에 관하여 공정증서를 작성할 경우에 강제집행을 인낙하는 문구를 기재하며 약정대로 지급해야 하는데 이를 이행하지 않을 경우에는 바로 강제집행을 할 수 있다.

2) 사서증서의 인증

당사자가 작성한 서류상의 서명날인의 본인의 의사에 의한 것이 틀림없다는 것을 공증인이 확인하고 그 사실을 기재하는 것을 말한다. 이러한 인증의 경우에는 강력한 증거력이 있다는 효과만을 인정하고 공정증서를 작성한 경우처럼 간편하게 강제집행을 할 수 있는 효력은 없다.

3) 정관 및 의사록 인증

상법의 규정에 의하여 주식회사 등 일정한 법인은 정관을 인증받아야 하고, 법인등기절차에 소요되는 의사록도 인증받도록 되어 있다. 이것은 정관이나 의사록이 적법한 절차에 의하여 작성되고 그 내용도 사실과 같다는 것을 공증인이 확인하여 주는 것이다.

4) 확정일자의 압날(押捺)

당사자가 작성한 계약서에 공증인의 일자인을 찍어 그 날에 그 문서가 존재하였다는 사실을 증명해 주는 것이다. 주택임대차의 경우에 입주한 임차인이 주민등록을 마치고 임대차계약서에 확정일자를 받으면 그때부터 등기한 것과 동일하게 대항력을 갖게 되어 임차보증금에 대하여 나중에 우선변제를 받을 수 있다. 이러한 확정일자는 읍·면·동사무소, 등기소 및 합동법률사무소에서 받을 수 있다(상가건물임대차의 경우에도 동일하다).

학습과제

01. 억울한 피해를 당하고 법도 모르고 돈도 없는 경우에 어디에 어떠한 방법으로 도움을 요청해야 하는지에 적시하시오.

02. 민사조정제도는 왜 필요한지에 대하여 적시하시오.

03. 민사조정의 효력에 대하여 적시하시오.

04. 민사소송절차에 대하여 적시하시오.

05. 청구취지와 청구이유에 대하여 적시하시오.

06. 주장과 항변에 대하여 적시하시오.

07. 증명책임에 대하여 적시하시오.

08. 항소와 상고에 대하여 적시하시오.

09. 소액심판제도는 왜 필요하는지에 대하여 적시하시오.

10. 민사조정이 성립되지 않으면 어떻게 해야 하는지에 대하여 적시하시오.

11. 부동산 강제집행절차에 대하여 적시하시오.

12. 동산 강제집행절차에 대하여 적시하시오.

13. 보전처분에 대하여 적시하시오.

14. 가압류와 가처분에 대하여 적시하시오.

15. 공증의 효과에 대하여 적시하시오.

제 6 장

생활과 법률

형사와 법률

[학습목표]

- 이 장에서는 왜 범죄의 종류를 법정해야 하는지에 대하여 생각해 본다.
- 범죄의 성립요건인 구성요건해당성에 대하여 생각해 본다.
- 범죄의 성립요건인 책임성에 대하여 생각해 본다.
- 형사소송절차에 대하여 생각해 본다.
- 형사소송의 당사자에 대하여 생각해 본다.
- 수사의 개시에 대하여 생각해 본다.
- 공판절차에 대하여 생각해 본다.
- 약식명령절차와 즉결심판절차에 대하여 생각해 본다.
- 범죄피해자구조절차에 대하여 생각해 본다.
- 형사보상금청구절차에 대하여 생각해 본다.

I 형벌은 법률에 왜 근거가 있어야 하는가

1. 죄형법정주의의 의미

죄형법정주의란 일정한 행위를 범죄라 하여 형벌을 과하기 위하여 먼저 성문 법규의 존재를 필요로 한다는 원칙이다. 즉 '법률이 없으면 범죄도 형벌도 없다'는 것이다. 이러한 원칙은 법률주의와 사후입법의 금지를 그 내용으로 하고 국가가 독점하는 강력한 형벌권의 남용으로부터 국민의 자유를 보장하는 것을 목적으로 한다.

형식적 의미의 죄형법정주의는 유추해석의 금지, 소급처벌의 금지, 관습형법의 금지, 절대적 부정기형의 금지를 표명하고 있다. 따라서 고전적 죄형법정주의에 의하면 법률을 가지고 처벌하는 한 죄형법정주의에 어긋나는 것이 아니라고 할 수 있다.

실질적 의미의 죄형법정주의는 그 내용이 실질적 정의에 합치하여야 한다는 원칙으로 이해된다. 따라서 이 원칙을 실현하기 위해서는 법률주의, 소급효금지, 유추해석금지, 명확성·적정성의 원칙 등이 요구된다.

2. 범죄의 성립요건

범죄가 성립하기 위해서는 어떠한 요소가 갖추어져야 하는가? 이것이 범죄의 법률적 개념이며, 범죄의 성립요건의 문제이다. 근대 형법은 범죄가 성립하기 위한 요건으로 구성요건해당성·위법성·책임성을 요구하고 있다. 따라서 이 중에 어느 하나의 요건이라도 결하면 범죄는 성립하지 않는다.

1) 구성요건해당성

범죄는 형법의 각 조문 및 기타의 형벌법규에 규정되어 있는 구성요건에 해당하는 행위여야 한다. 즉 형법은 일정한 반사회적 행위를 유형화하여 이를 죄로서 규정하고 있다.

2) 위법성

일정한 행위는 구성요건에 해당하는 것만으로는 범죄로 되지 않고 위법한 행위가 되어야 한다. 여기서 **위법**이란 형식적으로는 법규를 위반하고 실질적으로는 사회상규에 위배되는 것을 말한다. 따라서 구체적인 행위가 형식적으로 구성요건에 해당하더라도 실질적으로 사회상규에 위배되지 아니한 경우에는 범죄는 성립하지 않는데 이러한 사유를 **위법성조각사유**라고 한다. 형법은 정당행위·정당방위·긴급피난·자구행위 및 피해자의 승낙에 의한 행위를 규정하고 있다.

3) 책임성

범죄가 성립하기 위해서 일정한 행위가 구성요건에 해당하고 위법한 행위일 뿐만 아니라 다시 주관적으로 행위자에게 책임 있는 행위라야 한다. 여기서 책임이란 당해 행위를 한 행위자에 대한 **비난가능성**을 말한다.

즉 책임능력자의 고의나 과실에 의한 행위가 책임 있는 행위이다. 따라서 정신병자, 유아 등과 같이 책임능력이 없는 자의 행위는 책임이 없어 범죄로 되지 않는다.

II 형사소송법의 주요 내용 이해

1. 형사소송법의 의미

헌법 제12조는 죄형법정주의를 규정하고 범죄의 종류와 그 처벌을 반드시 법률에 의할 것을 요구하고 있다. 따라서 범죄가 성립되는지의 여부와 그 처벌 방법은 구체적으로 법원의 공정한 재판을 통해서 이루어져야 한다. 법원이 행하는 이러한 형사재판절차를 **형사소송**이라 하고 그 절차를 규정한 법을 형사소송법이라고 한다.

형사소송법은 실체법인 형법을 실현하기 위한 소송절차에 관한 것을 규정한 법률이다. 따라서 형법의 구체적 적용은 반드시 형사소송법에 의하여야 한다. 이러한 의미에서 형법과 형사소송법은 불가분의 관계에 있으며, 민법과 민사소송법의 관계보다도 더 밀접하다고 할 수 있다.

형사소송법은 형법과 함께 형사사법의 정의를 실현함을 목적으로 한다. 그러나 **형법**이 형사사법에 의한 **정의의 실현**을 목적으로 함에 반하여, **형사소송법**은 형사사법에 있어서 정의의 실현을 목적으로 한다. 형사사법에 의한 정의는 형사사법에 있어서의 정의가 실현되지 않으면 무의미하다.

형사소송법의 법원에는 헌법, 형사소송법, 형사소송규칙(대법원규칙) 등이 있다. 형사소송법의 법원이 되는 헌법규정에는 형사절차 법정주의, 적정 절차의 원칙, 고문금지와 불이익 진술거부권(묵비권), 영장주의, 변호인의 조력을 받을 권리, 구속적부심사청구권, 일사부재리의 원칙, 신속한 공개재판을 받을 권리 등이 있다.

2. 형사소송의 이념

1) 실체적 진실주의

형사소송법은 형법의 적정한 적용을 위해서 사건의 진상을 파악하여 죄에 대한 혐의의 진부(眞否)를 명백히 하는 데 있다. 따라서 형사소송법의 목적을 형벌권의 존부와 범위를 확정하여 형벌권의 정당한 실현에 두고 당사자의 자유로운 처분에 맡길 수 없는 실체적 진실발견주의를 그 이념으로 하고 있다. 실체적 진실주의라 법원이 당사자의 사실상의 주장 사실의 인부 또는 제출한 증거에 구속되지 아니하고 실질적으로 사안의 진상을 규명하여 진실한 사실을 인정하는 주의를 말한다.

이에 반해서 **민사소송**은 당사자의 자유로운 처분을 할 수 있는 사권의 보호를 목적으로 하고 있으므로 형식적 진실주의를 채용하고 있다. **형식적 진실주의**란 법원이 당사자의 주장 사실의 인부 또는 제출한 증거에 구속되어 이를 기초로 하여 사실의 진부를 인정하는 주의를 말한다.

실체적 진실주의는 공판절차뿐만 아니라 수사절차를 지배하는 형사소송의 지도 이념이다. 따라서 검사와 피고인은 당사자로서의 지위를 가지고 있다. 검사에게는 객관의무가 부여되어 있고, 변호인에게는 진실의무가 부여되어 있다. 형사소송법이 **직권에 의한 증거조사**와 **상소**와 **재심제도**를 두고 있는 것도 여기에 기인한다.

2) 적정절차의 원칙

형사소송법은 헌법의 정치상황이 그대로 반영되는 법률분야이다. 따라서 형사소송은 헌법의 기본원칙, 특히 법치국가의 원리에 합치하여야 한다. **적정절차**(due process)란 헌법 정신을 구현한 공정한 법정절차에 의하여 형벌권이 실현되어야 한다는 원칙을 말한다. 형사소송의 근본이념은 인간의 존엄과 가치를 인정하고 기본적 인권을 보장하는 데 있다.

3) 신속한 재판의 원칙

신속한 재판은 주로 피고인의 인권을 보호하기 위하여 인정된 원칙이다. 그러나 실체적 진실의 발견과 형벌목적의 실현 및 소송경제를 위하여도 신속한 재판이 필요하다.

형사소송법이 구속기간과 상소기간 등 각종 기간을 제한하고 법원조직법에 당사자의 공판기일 지정권을 인정하고 소송촉진에 관한 특례법에 판결 선고기일을 제한한 것은 모두 신속한 재판을 위한 것이다. 다만 신속한 재판은 어디까지나 피고인의 이익을 보호하는 데 기본취지가 있으므로 소송경제를 위한 소송촉진과 졸속 재판과는 구별하여야 한다. 신속한 재판의 이념은 결국 법원의 신속한 기일지정과 집중적인 심리를 통하여 달성될 수 있다.

3. 형사소송법의 구조

1) 소송구조론의 의의

형사소송은 소송주체의 활동을 전제로 한다. 소송구조론이란 소송주체의 관계를 어떻게 규정할 것인가에 대한 이론이다. 그것은 형사소송의 이념을 실현하기 위한 수단이라고 할 수 있다.

2) 탄핵주의와 규문주의

소송구조에는 탄핵(彈劾)주의와 규문(糾問)주의가 있다. 탄핵주의는 재판기관인 법원이 소추기관(검사의 공소제기)에 의하여 재판절차를 개시하는 주의를 말한다. 따라서 법원은 검사의 공소제기가 없으면 심판할 수 없는데 이를 **불고불리(不告不理)의 원칙**이라고 한다.

이에 반하여 규문주의는 소추기관(검사)의 소추를 기다리지 않고 법원이 직권으로써 스스로 심판을 개시할 수 있는 주의를 말한다. 이러한 규문주의는 법관에게 지나친 부담을 줄 뿐만 아니라 피고인의 방어권을 충분히 보장할 수 없다는 결함이 있다. 형사소송법은 "공소는 검사가 제기하여 수행한다"고 규정하고 있어 탄핵주의의 소송구조를 취하고 있다.

3) 당사자주의와 직권주의

탄핵주의 소송구조에는 당사자주의와 직권주의가 있다. **당사자주의**란 당사자인 검사와 피고인에게 소송의 주도적 지위를 인정하여 당사자 사이의 공격과 방어에 의하여 심리가 진행되고, 법원은 제3자의 입장에서 당사자의 주장과 증명을 판단하는 주의를 말한다. 이에 반하여 **직권주의**란 법원에게 소송의 주도적 지위를 인정하는 것을 말한다.

형사소송법은 당사자주의와 직권주의를 조화한 소송구조를 취하고 있다. 즉 검사의 공소제기를 전제로 하여 검사가 공소장에 기재한 사실만을 심리의 대상으로 하며, 피고인 신문과 증인신문을 교호신문의 방식으로 실시하고, 당사자의 신청에 의한 증거조사를 원칙으로 하고 있는 것은 당사자 주의적 요소이다. 그러나 직권에 의한 피고인 신문과 증거조사를 인정하고 법원에 실체적 진실의 발견의무를 부과하고 있는 것은 직권주의적 요소라고 할 수 있다.

III 형사소송의 주체는 누구인가

형사소송에 있어서 그 주제는 심판자인 법원, 소추자인 검사, 수동적 방어자인 피고인으로 구성된다. 여기서 당사자라고 하면 검사와 피고인을 지칭하나, 검사의 자격은 법으로 규정되어 있기 때문에 통상적으로 당사자라고 하면 피고인만을 의미하기도 한다.

1. 법 원

소송법상에 있어서 법원은 개개의 소송사건에 대하여 실제로 재판권을 실행하는 재판기관, 즉 법관의 합의부 또는 1인의 법관을 말한다. 법원으로는 최고법원인 대법원이 있고 하급법원으로서는 고등법원·지방법원 및 가정법원이 있다. 그리고 지방법원의 사무 일부를 처리하기 위하여 그 관할구역 안에 지방법원지원, 시·군법원을 두고 있다. 이 밖에 군인·군무원 등의 범죄행위를 처벌하기 위한 특별법원으로서 군사법원이 있다.

지방법원, 동 지원 및 가정법원은 원칙적으로 단독제이나, 사형·무기·단기 1년 이상의 징역 또는 금고에 해당하는 사건 등에 대하여는 판사 3인으로 구성된 합의부에서 심판한다. 그러나 고등법원은 언제나 3인의 판사로써 구성된 합의부에서 심판한다. 대법원은 원칙적으로 대법관 전원의 3분의 2 이상의 합의체에서 이를 행하며 대법원장이 재판장이 된다.

지방법원과 고등법원에서는 범죄사건에 대하여 사실심리를 기초로 하여 재판을 하기 때문에 이를 사실심이라고 하며, 대법원에서는 그 사건에 대하여 하급법원에서 행해진 법률적용의 위법 여부를 판단하기 때문에 이를 법률심이라고도 한다.

2. 검 사

검사는 국가의 형벌권을 발동하는 국가기관이다. 즉 검사는 형사에 관하여 공익의 대표자로서 범죄수사·공소제기 및 그 유지에 필요한 행위를 하고, 범죄수사를 담당하는 사법경찰관리를 지휘·감독하고, 법원에 대한 법령의 정당한 적용의 청구 및 재판의 집행을 지휘·감독하는 것이 그 중요한 직무이다.

검사에게는 공익과 법질서의 유지라는 관점에서의 수사권한, 국가의 청렴을 대변하는 원고로서의 소송에 임하는 지위를 부여하는 것으로 인식되는 것이 일반적이나, 보다 더 중요한 검사의 직무는 객관적인 공익의 대표자라는 점에 주의할 필요가 있다.

검사는 한 사람 한 사람이 검찰권 행사의 권한을 갖는 독립한 관청이기는 하지만 법관과 달리 검찰권의 행사에 있어서 상사의 명령과 지휘·감독에 복종한다. 그 지휘·감독의 계통은 검찰총장을 정점으로 하여 고등검찰청 검사장, 지방검찰청 검사장과 계층적으로 조직되어 있는 동시에 각 검찰청의 장의 지휘·감독권은 그 청 및 관내의 검사의 전부에 미친다. 이와 같이 검사는 전국적으로 계층적 통일체를 이룩하여 항상 일체불가분의 전체로써 활동한다. 이를 '**검**

사동일체의 원칙'이라고 한다. 이러한 검사동일체의 원칙을 검사에게 적용하는 배경은 기소기준의 통일, 양형의 통일, 수사에서의 전국적인 신속성·기동성의 필요에서 기인한다.

3. 피고인

피고인(被告人)이란 형사소송에서 검사에 의하여 공소가 제기된 자를 말한다. 따라서 공소가 제기되기 전에 수사기관에 의하여 조사를 받고 있을 때에는 피의자라고 한다. 형사소송법의 공판절차에서는 피의자라는 용어를 사용하지 않고 피고인이라는 지위를 인정하는 데는 중요한 의미가 있다. 그것은 형사소송의 역사적 발전과 깊은 관련이 있다. 형사소송절차의 발전과정은 인간의 존엄성 보장을 전제로 한 것이다. 따라서 오늘날의 형사소송은 적법한 절차 위에서 피고인에 대한 인간적 권리를 부여하지 않으면 안 되게 되었으며, 피고인의 권리를 인정하기 위해서는 공격자인 검사와 대등관계를 인정할 필요성을 느끼게 된 것이다. 이러한 인권보장을 위한 제도적 장치를 마련하자는 데에서 피고인이라는 특별한 지위를 부여하고 피의자라는 단계와 구분지어 법률상의 성격을 달리 해석하고 있는 것이다.

그러나 피고인이 법률상 당사자로서의 지위를 인정받고 있다고 하지만, 공격자인 검사와 대비하여 볼 때 피고인은 현실적으로 많은 취약점을 갖고 있다. 따라서 오늘의 형사소송법이나 형사소송절차의 운영이 당사자의 무기대등을 전제로 한다고 하지만, 이는 이론적이고 법률적인 측면에서의 의미에 불과할 뿐, 현실적으로는 이미 무기대등의 유지는 곤란한 것임에 틀림없다.

따라서 현행 소송제도는 검사보다 열악한 피고인의 지위를 보장해 주기 위하여 검사와 대등한 능력을 지닌 변호인제도를 도입하였고 헌법상에도 변호인의 조력을 받을 수 있는 권리를 보장하고 있다.

Ⅳ 소송절차의 이해

1. 소송절차의 의미

형사소송은 과거에 실재하였던 범죄사실을 발견·확인하고, 이에 형사실체법을 적용하고 형량을 정함으로써 국가형벌권의 실현을 목적으로 하는 절차이다. 즉 형사소송은 형사실체법의 실현을 목적으로 하는 절차과정이라고 할 수 있다. 여기서 절차라 함은 일정한 목적에 맞는 행위를 말하므로 형사소송절차라고 할 때에는 확정판결에 이르는 법원 및 양 당사자의 각종 소송행위에 의하여 진행되는 과정이라고 할 수 있다.

형사소송을 협의와 광의로 구분하여 설명하면, 협의의 형사소송은 검사에 의한 공소제기에서부터 재판의 확정에 이르기까지의 일련의 공판절차를 말하고, 광의의 형사소송은 공판절차를 전후하여 존재하는 범죄의 수사절차와 공판절차 및 재판의 집행절차를 포함하는 절차를 말한다.

2. 수사와 공소

1) 수사의 의미

수사(搜査)란 범죄의 혐의 유무를 명백히 하여 공소를 제기하고, 이를 유지·수행 여부를 결정하기 위하여 범인을 발견·확보하고 증거를 수집·보전하는 수사기관의 활동을 말한다. 수사는 형사절차에 있어서 제1단계가 된다.

2) 수사기관

수사기관이란 법률상 수사의 권한이 인정되어 있는 국가기관을 의미한다. 수사기관에는 검사와 사법경찰관리가 있다. 검사는 모든 수사의 최종 책임자로서 범죄 성립 여부 및 어떤 처분을 내릴 것인가를 결정하며, 사법경찰관리를 지휘하며 수사한다.

사법경찰관리에는 일반 형사사건을 다루는 **일반사법경찰관리**와 철도공안·산림·소방·해사 등 특별한 사항만 수사할 수 있는 **특별사법경찰관리**가 있다.

일반사법경찰관리에는 **사법경찰관**과 **사법경찰리**가 있다. 즉 경찰관으로서 수사서기관, 수사사무관, 경무관, 총경, 경정, 경감 경위는 검사의 지휘를 받아 수사한다. 사법경찰리로서 경사, 경장, 순경은 검사 또는 사법경찰관의 지휘를 받아 수사를 보조한다.

3) 수사의 개시

형사소송법은 수사개시의 단서로서 현행범, 고소, 고발, 자수, 변사자의 검시 등을 규정하고 있으나, 이에 한하지 않고 불심검문, 타 사건 수사 중의 범죄 발견, 기사, 풍문, 진정, 범죄 신고 등이 있다.

고소, 고발, 자수가 있는 경우에는 즉시 수사가 개시되나, 기타의 경우에는 내사(內査) 과정을 거쳐 수사기관의 범죄인지에 의하여 비로소 개시된다. **내사**라는 말은 아직 범죄혐의가 뚜렷하지 않아 정식으로 입건하기에는 부족하지만 진정이나 투서가 있다든가, 진정이나 투서가 없더라도 조사해 볼 필요가 있다고 판단되는 경우에 내부적으로 조사를 하는 경우이다. 이때도 물론 내사사건부에 기재를 한다. 그리고 살인사건이 났을 때 범인이 아닌가 하는 상당한 의심이 있는 자가 있으나 범인이라는 뚜렷한 혐의가 아직 발견되지 않는 경우에는 그 자를 **용의자** 또는 혐의자라고 부른다.

수사기관이 수사를 개시할 때에는 각 수사기관에 비치하고 있는 '사건부'라는 장부에 번호를 붙여 기재를 하는데, 이를 '**입건**'한다고 한다. 사건부에 이름이 오르면 그 사람은 형사소송법상 '피의자'가 되는 것이다.

(1) 고 소

고소라 함은 범죄의 피해자 등 고소권을 가진 자가 수사기관(경찰서나 검찰청)에 대하여 범죄사실을 신고하여 범인을 처벌해 달라고 요구하는 것이다. 단순한 피해 신고와는 다르다. 여기서 고소권을 가진 자는 모든 범죄의 피해자와 피해자가 무능력자인 경우에는 법정대리인 그리고 피해자가 사망한 경우에는 그 배우자, 직계친족, 형제자매이다. 다만 자기나 배우자의 직계존속, 즉 부모나 시부모, 장인·장모 등은 원칙적으로 고소할 수 없으나 예외적으로 직계존속으로부터 성폭력을 당했을 때는 직계존속이라도 고소할 수 있다. 또한 피해자의 법정대리인이 피의자이거나 법정대리인의 친족이 피의자인 때에는 피해자의 친족, 사망한 자의 명예훼손의 경우에는 그 친족이나 자손, **친고죄**에 있어서 고소할 자가 없으면 이해관계인의 청구에 의하여 검사가 지정한 자이다.

범죄 중에는 피해자의 명예나 입장을 고려하여 고소가 없으면 처벌할 수 없는 죄가 있는데 이를 '친고죄'라고 한다. **친고죄**에 해당하는 죄는 강간죄, 모욕죄 등이다. 친고죄는 범인을 알게 된 날로부터 6개월이 지나면 고소할 수 없다. 그러나 일반범죄의 경우에는 기간의 제한이 없다. 그리고 한번 고소를 취하하면 다시 고소를 할 수 없고 1심의 판결이 선고된 후에는 고소를 취하할 수 없다. 공범이 있는 경우에는 고소인 마음대로 법인의 일부만 고소하거나 취하할 수 없고, 공범 전부에게 고소와 취하의 효력이 생긴다.

친고죄와 달리 고소가 없어도 처벌할 수 있으나 피해자가 처벌을 원치 않으면 처벌할 수 없는 죄가 있는데, 이를 '**반의사불벌죄**'라고 한다. 이는 명예훼손죄, 폭행죄 등이다. 처벌을 원하지 않는 의사표시는 친고죄의 고소취하와 같은 효력이 있다.

(2) 고 발

고발이란 고소권자와 범인 이외의 사람이 수사기관에 대하여 범죄사실을 신고하여 그 소추를 구하는 의사표시를 말한다. 고소와는 달리 범인 및 고소권자 이외의 제3자 누구든지 할 수 있다. 공무원은 그 직무를 행함에 있어서 범죄가 있다고 인지하는 때에는 고발의 의무가 있다. 통상 일반인은 남의 범죄사실을 알고 있더라도 이를 수사기관에 신고할 의무가 없다.

그러나 예외적으로 남의 범죄사실을 알고 있으면서 신고하지 아니하면 처벌되는 경우가 있는데 이는 국가보안법상의 '불고지죄'이다.

(3) 자 수

범인이 스스로 수사기관에 대하여 자기의 범죄사실을 신고하여 소추를 구하는 의사표시를 말한다. 자수하는 자가 범인 자신이라는 점이 고발이나 고소와 다르다. 자기 자신이 신고하지 않고 타인을 통하여 자수하더라도 무방하지만 범죄사실만 신고하고 행방을 감추는 것은 자수라고 할 수는 없다. 자수는 형법상 형의 **감면사유**이며, 소송법상으로 수사단서의 의미를 지닌다.

4) 수사의 방법

수사에는 임의수사와 강제수사가 있는데, **임의수사**는 수사받는 상대방의 동의·승낙을 전제로 법익 침해를 수반하지 않는 수사를 말하고, **강제수사**는 상대방의 의사 여부를 불문하고 강제적으로 실시하는 수사를 말한다.

형사소송법은 수사에 관하여는 그 목적을 달성하기 위하여 필요한 조사를 할 수 있다 단, 강제처분은 법률에 규정이 없으면 하지 못한다. 따라서 임의수사를 원칙으로 하고 있다. 또한 강제수사를 제한하기 위하여 **강제수사법정주의**를 채용하고 있다.

(1) 임의수사

임의수사로서는 검사나 사법경찰관이 필요하면 피의자를 출석시켜 진술을 들을 수 있다. 진술을 들을 때에는 사전에 피의자에게 진술을 거부할 수 있음을 알려야 한다. 또한 수사에 필요한 때에는 피의자 아닌 자의 출석을 요구하여 진술을 들을 수 있고, 감정·통역 또는 번역을 위촉할 수 있다.

(2) 강제수사

강제수사로서 수사는 공소제기를 위한 준비활동으로서 범인 및 증거를 발견·모집·확보하는 절차이므로 그 목적을 달성하기 위한 어느 정도의 강제력의 행사는 부득이 인정된다. 따라서 헌법(제12조 제3항)은 "체포·구속·압수 또는 수색을 할 때는 적법한 절차에 따라 **검사의 신청**에 의하여 법관이 발부한 영장을 제시하여야 한다. 다만 현행범인 경우와 장기 3년 이상의 형에 해당하는 죄를 범하고 도피 또는 증거인멸의 염려가 있을 때에는 사후에 영장을 청구할 수 있다"라고 하여 수사기관이 강제처분을 함에는 원칙적으로 법관의 영장을 받아야 하는 것을 '영장주의'라고 한다. 이러한 영장주의는 강제처분에 대하여 사전에 법원을 관여시켜 사법적 억제를 가함으로써 그 남용을 방지하고 인권을 옹호하려는 데 있다.

강제수사의 방법에는 소환, 체포·구속, 압수·수색 등이 있다. **소환**이라 함은 피고인 또는 증인 등에 대하여 일정한 일시에 법원 및 기타 장소에 출두함을 강제하는 대인적 강제처분으로서 소환장에 의하여 법원이 행한다. 다만 급속을 요하는 경우에는 재판장이나 수명법관에게 소환시킬 수 있다. 소환에 응하지 않을 때에는 구인할 수 있고, 증인의 경우에는 법원의 결정으로 500만원 이하의 과태료에 처하고 출석하지 아니함으로써 생긴 비용의 배상을 명할 수 있다.

구속이란 피의자 또는 피고인의 신체의 자유를 제한하는 대인적 강제처분이다. 이러한 구속은 구금과 구인을 포함한다. 구인은 피고인을 법원 또는 기타의 장소에 인치하는 강제처분을 말하고, 구금이란 피고인을 교도소 또는 구치소에 구금하는 강제처분을 말한다.

압수란 점유를 취득하는 강제처분을 말한다. 점유취득의 과정 자체에 강제력이 가하여지는 경우를 압류, 유류물과 임의 제출물을 점유하는 경우를 영치, 일정한 물건의 제출을 명령하는 처분을 제출명령이라 하나, 압수는 이상 3가지 개념을 포함하는 개념이다.

수색이란 일정한 장소에 관하여 물건 또는 사람의 발견을 목적으로 행하여지는 강제처분이다. 특히 물건의 발견을 목적으로 하는 수색이며 사실상 압수와 밀접한 관련이 있다.

5) 영장실질심사제도

검사는 법원에 구속영장을 청구하여 판사가 발부한 구속영장에 의하여 피의자를 구속하게 된다. 이 경우 피의자는 수사과정에서 변명할 기회를 가지는 것은 물론 구속 여부가 결정되기 전에 판사 앞에서 변명의 기회를 가질 수 있는데 이제도가 바로 '**구속 전 피의자심문**' 제도이다.

현행범인·체포영장 및 긴급체포 방식으로 수사기관에 체포된 피의자는 구속 전 피의자심문을 신청할 권리가 있고, 피의자와 별도로 피의자의 변호인·법정대리인·배우자·직계존속·형제자매·가족·동거인 및 고용인도 구속 전 피의자심문을 신청할 수 있는 권리가 있다 그러나 피의자나 변호인의 신청이 있는 경우에 판사가 반드시 심문하여야 하는 것이 아니므로 심문을 실시하지 않고 구속영장을 발부할 수도 있다.

6) 구속적부심의 청구

일단 영장에 의하여 수사기관에 체포·구속되었다고 하더라도 피의자는 적부심사절차에 따라 다시 법원으로부터 구속의 적부 여부를 심사받을 수 있다. 구속적부심이란 일정한 자의 청구에 의하여 구속된 피의자에 대하여 법원이 구속의 적부 여부 및 구속 계속의 필요성을 심사하여 석방 여부를 결정하는 제도이다. 구속적부심사는 지방법원 합의부 또는 단독판사가 한다. 심사법원은 청구일로부터 심문기일을 지정하고 피의자와 증거물을 조사한다. 심사는 24시간 이내에 기각 또는 석방결정을 해야 한다.

구속적부심의 청구는 피의자 본인·변호인·배우자·직계존속·형제자매·가족·동거인 및 고용인도 피의자를 위하여 청구할 수 있다. 구속적부심을 청구받은 법원은 지체 없이 구속된 피의자를 심문하고 증거를 조사하여 결정하는데, 청구권자가 아닌 자가 청구하거나 동일한 영장에 대하여 재청구한 때 또는 수사방해의 목적이 분명한 때에는 청구를 기각하게 된다. 이 기각결정에 대하여 피의자는 항고하지 못한다. 그러나 이 절차에서 구속이 부당하다고 하여 법원이 석방을 명하면 피의자는 즉시 석방되며, 이에 대하여 검사는 항고하지 못한다.

구속적부심은 사건이 경찰에 있든 검찰에 있든 상관하지 않고 검사가 법원에 기소하기 전이면 청구할 수 있다는 점에서 기소 후에 인정되는 보석과 다르다.

7) 수사의 종결

사법경찰관이 **피의자를 구속한 때에는 10일 이내에 피의자를 검사에게 인치하거나 석방**하여야 한다. 사법경찰관은 그가 수사한 모든 형사사건에 대하여 기록과 증거물, 그리고 구속한 경우에는 피의자를 검찰청으로 보내야 하는데, 이를 송치한다고 한다. 검사도 인치를 받은 날로부터 또는 직접 구속한 날로부터 10일 이내에 법원에 기소하거나 석방하여야 한다. 다만 검사는 **1회**에 한하여 연장할 수 있다.

(1) 기 소

검사는 사법경찰관으로부터 송치받은 사건이나 직접 인지하여 수사한 사건에 대하여 피의자가 재판을 받음이 마땅하다고 판단되는 경우에는 이를 법원에 회부하게 된다. 이를 기소라고 하며 기소된 사람을 피고인이라고 한다. 검사가 수사한 결과 충분한 범죄의 혐의가 있고 소송조건을 구비한 경우에는 반드시 공소를 제기하여야 한다는 것이 '**기소법정주의**'이고, 반면에 검사에게 기소·불기소에 관한 재량의 여지를 인정하는 것이 '**기소편의주의**'이다. 현행법은 후자를 채택하고 있다.

이 때 검사는 피의자에 대하여 징역형이나 금고형에 처하는 것보다 벌금형에 처함이 상당하다고 판단되는 경우에는 기소와 동시에 법원에 대하여 벌금형에 처해 달라는 뜻의 **약식명령**을 청구할 수 있는데, 이를 '**약식기소**'라고 한다. 구속된 피의자에 대하여 약식기소가 되면 석방하여야 하고, 이 경우에 판사는 공판절차를 거치지 않고 수사기록만으로 재판을 하게 된다. 그러나 판사는 약식절차에 의하는 것이 불가능 또는 부적당하다고 판단하는 경우에는 정식재판에 회부하여 재판을 할 수도 있다.

(2) 불기소처분

검사가 사건을 수사한 결과, 재판에 회부하지 않는 것이 상당하다고 판단되는 경우에는 기소를 하지 않고 사건을 종결하는데, 이를 불기소처분이라고 한다. 불기소처분에는 협의의 불기소처분, 기소유예 및 기소중지가 있다.

① 협의의 불기소처분

협의의 불기소처분에는 무혐의 처분, 죄가 안 됨, 공소권 없음이 있다. 무혐의처분은 법률전문가인 검사가 수사한 결과 범죄를 인정할 만한 증거가 없는 경우에 피의자의 무고함을 최종적으로 판단하는 처분이다. 여기서 민사상의 채무불이행에 해당되어 무혐의 처분을 한 경우에는 형사상의 범죄가 성립되지 않는 것을 의미할 뿐이지 민사상의 채무까지 면해 주는 것이 아님을 주의하여야 한다. 그리고 무혐의처분에 대하여도 만약 새로운 증거가 발견되면 검사는 기소를 할 수 있다.

죄가 안 됨은 피의사실이 범죄의 구성요건에 해당하나 법률상 범죄의 성립을 조각하는 사유가 있는 경우에 내리는 처분이다. 그 대표적인 경우는 피의자의 행위가 정당방위에 해당하거나 피의자가 형사미성년자인 때이다. 공소권 없음은 피의사건에 관하여 소송요건이 결여되었거나 형이 면제되는 경우이다.

② 기소유예

범죄의 혐의가 인정되고 소송조건이 구비되었지만 피의자의 연령, 성행, 환경, 피해자에 대한 관계, 범행의 동기나 수단 및 범행의 정황 등을 참작하여 기소하는 것보다는 성실한 삶의 기회를 주기 위해 검사가 기소하지 않고 용서

해 주는 것을 기소유예라고 한다. 그리고 한 번 기소유예를 하면 다시 같은 죄로 기소되지 않지만 만약 기소유예 후에 다시 죄를 범하면 검사는 기소유예처분 한 범죄에 대하여 새로이 기소할 수 있다.

검찰실무에서는 '**선도조건부 기소유예제도**'라는 것을 많이 활용하고 있는데, 이는 선도위원이 피의자를 선도하여 앞으로 재범하지 않을 것을 조건으로 검사가 기소를 유예하는 것으로 이 제도를 실시한 결과 재범률이 낮아지고 있다.

③ 기소중지

기소중지는 검사가 피의자의 소재불명 등의 사유로 수사를 종결할 수 없는 경우에 그 사유가 해소될 때까지 하는 처분으로 이는 수사의 종결이라기보다는 수사중지처분에 속한다고 할 수 있다.

8) 보 석

검사에 의하여 구속 기소된 경우에는 피고인은 재판을 담당하고 있는 법원에 보증금을 납부할 것을 조건으로 석방하여 줄 것을 청구할 수 있는데 이를 보석이라고 한다. 보석보증금은 현금으로 납부하지 않고 보석보증보험증권을 첨부한 보증서로 갈음할 수 있다. 즉 보석이란 보석금의 납부를 조건으로 구속의 집행을 정지하여 피고인을 석방하는 제도이다. 이와 같은 보석은 기소 후에 청구하는 점에서 기소 전에 청구하는 구속적부심과 다르며, 보증금의 납부를 조건으로 석방하는 피의자보석제도와 유사하다.

보석은 피고인·변호인·피고인의 법정대리인·배우자·직계존속·형제자매 등이 청구할 수 있다. 법원은 보석을 결정함에 있어서 미리 검사의 의견을 물어야 하지만 그 의견에 구애받지 않고 자유로이 결정할 수 있다. 검사가 3일 이내에 의견을 표명하지 아니한 때에는 보석허가에 대하여 동의한 것으로 간주되며, 보석을 허가하는 결정에 대하여 검사는 즉시 항고할 수 있다. 법원은 피고인의 자력정도와 범죄의 성질, 증거 등을 고려하여 상당한 보증금을 납부할 것과 주거를 제한하는 등의 조건을 붙이는 것이 보통이다.

다만 피고인이 사형, 무기 또는 장기 10년 이상의 징역이나 금고에 해당하는 죄를 범하였거나 피해자나 당해 사건의 재판에 필요한 사실을 알고 있다고 인정되는 자 또는 그 친족의 생명, 신체나 재산에 해를 가하거나 가할 염려가 있다고 믿을 만한 충분한 이유가 있는 때에는 보석을 허가하지 아니한다.

3. 공판절차

1) 공판절차의 의미

수사가 종결된 후 검사에 의해 공소가 제기되면 법원에 의해 사건에 대한 심판절차가 개시된다. 이와 같이 검사의 기소를 기다려서 검사가 기소사건에 대해서만 법원이 공판을 열어 재판을 하게 되는데, 이를 **불고불리의 원칙**이라고 한다.

공판은 보통 법원에 마련된 공판정에서 공개적으로 진행된다. 이 재판에서 피고인은 자기의 억울함이나 정당함을 주장할 수 있고, 또 변호인의 도움을 받을 수 있다. 공판절차는 주로 양 당사자의 공격·방어를 중심으로 전개되는 당사자주의의 소송구조를 취하고 있다 공판은 각 심급마다 존재하고 사건에 관한 법원의 심리는 모두 공판절차에서 행해지므로 형사소송의 중심을 이루고 있다.

2) 공판절차의 기본원칙

(1) 구두변론주의

구두변론주의란 법원이 당사자의 구술에 의한 공격·방어 등 변론에 의하여 심판을 하여야 한다는 주의로 서면주의·직권주의와 대립되는 당사자주의의 중요한 내용이다. 판결은 법률에 다른 규정이 없으면 구두변론에 의거하여야 한다.

(2) 직접심리주의

직접심리주의란 공판정에서 직접 조사한 증거에 한하여 재판의 기초로 할 수 있는 주의를 말한다.

(3) 공개주의

공개주의란 일반국민에게 심판의 방청을 허용하는 주의를 말한다. 공개주의는 법원의 심판절차를 일반국민의 감시하에 둠으로써 재판의 공정을 보장하고 국민의 재판에 대한 신뢰를 유지한다는 공적 의미를 가지는 동시에 피고인의 개인적 권리로서 보장하고 있다.

3) 공판의 절차

공판절차는 공판준비절차와 공판기일절차로 나누어지는데, 공판기일의 절차는 공판정에서 행해지는 구두변론 및 증거조사이고 공판절차의 중심이 되는 중요한 절차이다.

(1) 공판정

공판정은 판사·서기관 및 서기가 열석하고 검사가 출석하여 개정한다. 피고인은 소송당사자로서 공판기일에 출석하여 공소사실에 대하여 진술할 권리가 있으므로 피고인이 출석하지 아니한 때에는 특별한 규정이 없으면 개정하지 못한다. 즉 사형·무기 또는 단기 3년 이상의 징역이나 금고에 해당하는 사건에 관하여는 변호인 없이 개정하지 못한다.

(2) 공판절차의 순서

① 인정신문(人定訊問)

당해 사건의 재판장이 검사의 공소논지의 진술에 앞서서 피고인에 대하여 그 성명·나이·주소·직업 등을 물어서 그 피고인이 당해 사건에 대하여 재판을 받을 사람과 동일인인가를 확인하는 절차이다.

② 검사의 모두(冒頭)진술

인정신문이 끝난 뒤에는 검사가 공소장에 기재되어 있는 기소의 요지를 진술하여야 한다. 즉 검사는 피고인의 범행과 관련된 내용 및 적용 가능한 법조문 등을 진술하여야 한다.

③ 피고인의 진술

검사의 기소요지의 진술이 끝나면 재판장은 피고인에게 자기 방어와 관련된 사실을 진술할 기회를 주어야 한다. 피고인에게 공소사실에 대한 인정 여부 등 진술의 기회를 부여하는 것은 검사와 대등한 위치에서 자기와 관련된 총체적인 진술을 할 기회를 보장하려는 취지에서 인정되고 있다. 따라서 피고인은 각종 신청 등을 이 단계에서 해야만 한다. 다만 피고인의 이 진술은 검사의 모두진술과는 달리 의무적인 것은 아니다.

④ 피고인 신문

피고인의 진술이 끝나면 검사와 변호인은 순차로 피고인에 대하여 공소사실과 정상에 관한 필요한 사항을 직접 신문할 수 있고, 합의부 판사는 재판장에게 피고인을 신문하겠다는 의사를 전달하고 신문할 수 있다. 이 때 피고인은 각개의 신문에 대하여 진술을 거부할 수 있다. 이와 같이 피고인의 신문방식은 검사나 변호인의 신문이 끝난 뒤에 판사는 보충적 의미에서만 신문할 수 있다.

⑤ 증거조사

일련의 모두 절차가 끝나면 증거조사의 단계에 들어가게 된다. 증거조사란 법원이 범죄의 성립 여부 및 어떠한 형벌을 과할 것인가를 명확히 하기 위하여 형벌법규가 적용될 사실관계를 규명하는 소송행위를 말한다. 이러한 사실관계를 인정하는 데 사용되는 자료를 증거라고 한다. 우리 형사소송법은 "사실의 인정은 증거에 의하여야 한다"라고 규정하여 증거재판주의를 채택하고 있다. 또한 법관이 재판의 대상이 된 범죄사실의 존부에 관하여 심증을 가지게 하는 것을 증명이라고 하고, 제출된 증거에 대한 증명력의 판단은 법관의 자유로운 판단에 맡긴다. 이를 '**자유심증주의**'라고 한다.

증거를 분류할 때 사람의 진술이 증거가 된 때에는 **인적 증거**라고 한다. 직접 자기가 경험한 사실을 진술했을 때의 증거를 원래(본래)증거라고 하며, 타인이 경험한 사실을 진술했을 때의 증거를 **전문증거**라고 한다. 전문증거는 원칙적으로 증거로 사용할 수 없다

⑥ 변 론

피고인 신문과 증거조사가 다 끝나면 검사, 피고인 및 변호인에게 의견을 진술할 수 있는 기회가 주어진다. 먼저 검사는 사실과 법률적용에 따른 양정에 관한 의견, 즉 **구형**을 하는데 이것이 논고이다.

재판장은 검사의 의견을 들은 후 피고인과 변호인에게 최종의 의견을 진술할 기회를 주어야 하는데, 이를 **최후진술권**이라고 한다. 여기서 변호인의 의견진술을 변론이라고 하고, 피고인의 최후진술이 끝나는 단계를 구술변론이 종결되는 단계로 이를 결심이라고 한다.

보통 결심공판일에 선고공판기일을 지정하는 것이 관례이다. 그러나 결심

이후라도 법원은 필요하다고 인정되는 때에는 직권 또는 검사·피고인 및 변호인의 신청에 의하여 결정으로 종결한 변론을 재개할 수 있다.

⑦ 판결의 선고

공판절차의 최종단계로서 판결이 선고된다. 판결의 선고는 공판정에서 재판장이 하며, 주문(主文)을 낭독하고 이유의 요지를 설명하여야 한다. 형을 선고하는 경우에 재판장은 피고인에게 상소할 기간과 법원을 고지하여야 한다.

심리결과 피고인의 죄가 인정되면 판사는 유죄의 판결을 하는데, 정상에 따라 실형을 선고할 수도 있고 집행유예를 붙여주는 경우도 있으며 정상이 특히 참작될 때에는 선고유예를 선고할 수도 있다.

집행유예는 형(예컨대, 징역 1년)을 선고하면서 일정기간 그 형의 집행을 미루어 두었다가 그 기간 재범을 하지 않고 착실히 살면 형의 선고를 소멸시켜 형의 집행을 하지 않는 것이며, 선고유예는 형의 선고 자체를 미루어 두었다가 일정기간을 무사히 경과하면 면소되는 것으로 간주된다.

기소한 사건에 대하여 유죄로 인정할 만한 증거가 없으면 판사는 무죄를 선고한다. 피고인으로서 구속되었다가 법원에서 무죄의 판결을 받거나 검사로부터 불기소처분(기소유예 처분은 제외)을 받은 사람 중 범인이 아닌 것이 명백한 사람 및 처음부터 잘못 구속된 사람은 형사보상법에 따라 구속에 대한 보상을 청구할 수 있다.

4) 재판의 확정

재판이 통상의 상소방법에 의하여 다툴 수 없게 되고 그 내용을 변경할 수 없게 된 상태를 재판의 확정이라고 한다. 재판 중 상고법원의 판결은 원칙적으로 선고와 동시에 확정된다. 하급심법원의 판결은 상소기간(7일)을 경과하거나 상소의 포기·취하에 의하여 확정된다.

유죄·무죄의 실체적 판결이 확정되면 이른바 기판력이 발생하여 동일한 범죄사실에 대하여는 다시 공소를 제기하거나 심판을 할 수 없게 된다. 이를 '일사부재리의 원칙'이라고 한다.

4. 상 소

1) 상소의 의미

상소(上訴)는 아직 확정되지 않는 재판에 대하여 상급법원에 불복신청을 하여 구제를 구하는 절차이다. 따라서 확정재판에 대한 불복신청제도인 재심. 비상상고와는 다르다.

재판이 행하여지면 이로 인하여 일정한 법률관계가 공권적으로 정하여지므로 이를 함부로 변경하는 것은 재판의 권위와 당사자의 이익을 해하는 것이 된다. 그러나 재판도 사람이 행하므로 사실의 인정이나 법령의 적용에 있어서 과오를 범하지 않을 수 없다. 따라서 이러한 과오가 있다고 생각하는 당사자의 신청에 의하여 상급법원의 재판으로써 그 과오를 시정하기 위한 제도이다.

2) 상소의 종류

상소에는 항소·상고 및 항고 등 세 종류가 있다. 항소와 상고는 판결에 대한 상소방법이고, 항고는 결정에 대한 상소방법이다. 항소는 항상 제1심 판결에 대한 상소방법인데 비하여 상고는 원칙적으로 제2심판결에 대한 상소방법이다.

(1) 항 소

제1심 법원의 판결에 대하여 불복이 있으면 지방법원 또는 지원의 단독판사가 선고한 것은 **지방법원 본원합의부**에 항소할 수 있으며, 지방법원 합의부가 선고한 것은 **고등법원**에 항소할 수 있다. 항소를 하려면 소제기 기간인 7일 이내에 항소장을 원심법원에 제출하여야 한다.

(2) 상 고

제2심 판결에 대하여 불복이 있으면 **대법원**에 상고할 수 있다. 상고는 하급법원의 법령의 해석·적용의 오류를 시정함으로써 **법령의 해석**을 통일시키는 기능을 다하는 데 있다. 따라서 상고이유는 원칙적으로 헌법위반 기타 법령위반에 대해서만 하고, 예외적으로 중한 사건에 있어서 중대한 사실의 오인 또한 상당한 양형부당의 사실에 한한다. 다만 **비약적 상고**는 예외적으로 제1심 판결에 대하여 항소를 하지 않고 직접 대법원에 상소할 수 있다.

(3) 항 고

항고는 결정에 대한 상소방법이다. 항고에는 일반항고와 재항고 두 종류가 있고 일반항고에는 다시 보통항고와 즉시항고가 있다. **즉시항고**는 단기(3일)의 제기기간이 있고, 보통항고는 즉시항고 이외의 항고를 말한다. **재항고**란 항고법원 또는 고등법원의 결정에 대하여는 재판에 영향을 미친 헌법·법률·명령 또는 규칙의 위반이 있음을 이유로 하는 때에 한하여 대법원에 즉시 할 수 있는 항고를 말한다.

5. 재심 및 비상상고

실체적 판결이 한번 확정되면 함부로 이를 변경하지 아니하도록 하는 것이 법적 안정성의 견지에서 요청된다. 그러나 확정판결에 중대한 하자가 있는 경우에도 절대로 그 변경을 허용하지 아니하는 것은 부당하므로 경우에 따라서는 그 예외를 인정하지 아니할 수 없다. 여기에 사실인정의 결합이 있는 경우에 **재심**을, 확정판결에 법령위반의 하자가 있는 경우에는 **비상상고**를 인정하고 있다.

비상상고의 판결은 그 효력이 피고인에게 미치지 않는 것이 원칙이며, 비상상고는 검찰총장에게만 그 신청권이 인정된다.

6. 형의 집행

법원의 판결에 의하여 선고된 형은 검사의 지휘 하에 집행되는데, 징역형이나 금고형은 교도소에서 집행된다. 그리고 벌금은 판결 확정일로부터 30일 이내에 납부하여야 하며 벌금을 납부하지 않는 경우에는 1일 이상 3년 이내의 범위에서 노역장에 유치하게 되므로 스스로 납부하여 불이익을 면해야 할 것이다.

7. 가석방과 형집행정지

징역 또는 금고의 형을 받아 집행 중인 자 가운데 복역성적이 양호하고 뉘우침이 있을 때에는 법무부장관이 가석방할 수 있다. **무기형**에 있어서는 10년, **유기형**에 있어서는 형기의 3분의 1을 경과하여야 한다. 그러나 가석방 중에 행실이 나쁘거나 다시 죄를 범한 경우에는 가석방이 취소 또는 실효되어 남은 형기를 복역하여야 한다.

그리고 형의 집행으로 생명을 보전할 수가 없거나, 임신 후 6개월 이상인 때나, 연령이 70세 이상인 때 또는 기타 중대한 사유가 있으면 검사는 형집행을 정지시키고 석방할 수도 있다.

8. 전과 말소

한번의 잘못으로 형을 받았다고 하더라도 일정한 기간 죄를 범하지 않으면 전과를 말소하여 사회에 복귀시킴으로써 정상적인 활동을 보장하는 것이 전과말소제도이다. 즉 징역 또는 금고의 집행이 종료하였거나 집행이 면제된 자가 피해자의 손해를 보상하고 자격정지 이상의 형을 받음이 없이 7년이 경과하여 **본인이 신청을 하면** 재판의 실효를 선고받을 수 있다. 그러나 일반인이 이 절차를 모르고 이용하지 않기 때문에 정부는 '**형의 실효에 관한 법률**'을 제정하여 형의 집행이 종료 또는 면제된 후 일정기간 자격정지 이상의 죄를 범하지 않은 경우에는 자동적으로 형을 실효시키도록 하였는바, 그 기간은 3년을 초과하는 징역이나 금고는 10년, 3년 이하의 징역이나 금고는 5년, 벌금은 2년, 구류나 과료는 형의 집행의 종료나 그 집행이 면제된 때에 그 즉시 실효된다.

9. 형사사건과 합의

범죄를 저질러 남에게 피해를 입히면 피해에 대한 보상을 적절히 해주고 합의하는 것이 사람의 도리이다. 따라서 형사사건 처리과정에서 검사나 판사는 피의자나 피고인에게 합의를 권유하고, 이를 받아들여 합의하면 참작하여 가벼운 처분이나 판결을 하는 것이 보통이다. 그러나 피해보상은 근본적으로 민사문제이므로 형사사건에서 참고가 될 뿐이고 수사기관이나 법원에서 강요할 수 없는 것이다. 가해자가 검사나 판사의 권유에도 불구하고 적절한 피해보상을 하지 않는 경우에는 민사재판에 의하여 해결할 수밖에 없다.

어떤 피해자는 수사기관이나 법원에서 피해보상도 받아주지 않고 형사사건을 처리한다는 이유로 각종 민원을 제기하는 사례가 있다. 이는 법제도를 잘못 이해한 것이다. 다만 일정한 형사사건에 있어서는 **배상명령**을 신청하여 민사문제까지 처리되는 경우가 있다. 여기서 배상명령이란 형사사건의 피해자가 범인의 형사재판 과정에서 범죄행위로 인하여 발생한 직접적인 물적 피해 및 치료비의 민사적인 손해까지 배상받을 수 있는 제도를 말한다.

V 특별소송절차의 이해

1. 약식명령

1) 약식명령의 목적

이 명령은 공판절차를 거치지 않고 원칙적으로 **서면심리**만으로 피고인에게 벌금·과료 또는 몰수 등 재산형을 과하는 재판이다. 이 제도는 벌금이나 과료에 처할 경미한 사건이고 범죄행위에 대한 증명이 명백한 경우에 피고인을 공개법정에 출석시켜 복잡한 정식재판절차를 진행하는 것은 소송경제에 어긋나고, 오히려 정신적·시간적 불이익을 초래하므로 이를 덜어주는 데 있다.

2) 약식명령의 절차

(1) 약식명령의 청구권자 및 대상

약식명령의 청구권자는 검사이며, 그 대상은 지방법원의 관할에 속하는 사건으로 벌금·과료 및 몰수에 처할 수 있는 경미한 사건이다. 약식명령은 검사가 공소제기와 동시에 서면으로 청구한다. 검사가 구속된 피의자에 대하여 약식명령을 청구하면 구속영장의 효력이 당연히 소멸하는 것은 아니지만, 실무상으로는 피의자에 대한 구속을 취소하고 벌금구형 액을 예납하고 있다.

(2) 약식명령이 부적절한 경우

약식명령을 청구받은 법원은 사건이 약식명령을 할 수 없는 경우나 약식명령으로 하는 것이 부적당하다고 인정되는 경우에는 공판절차에 의하여 심판하여야 한다.

(3) 약식명령의 고지내용

약식명령에는 범죄사실·적용법령·주형·부수처분과 약식명령을 고지받은 날로부터 7일 이내에 정식재판을 청구할 수 있음이 명시되어야 한다.

(4) 약식명령의 효력

지방법원은 그 관할에 속한 사건에 대하여 검사의 청구가 있는 때에는 공판절차 없이 약식명령으로 피고인을 벌금, 과료 또는 몰수에 처할 수 있다. 이를 **약식절차**라 하는데, 경미한 사건에 대하여 검사가 제출한 자료만을 조사하여 약식명령으로 형을 과하는 간이한 재판절차이다.

약식명령의 고지를 받은 검사 또는 피고인은 고지를 받은 날로부터 7일 이내에 정식재판의 청구를 할 수 있고, 피고인이 정식재판을 청구한 사건에 대하여는 약식명령의 형보다 중한 형을 선고하지 못한다. 이는 형사소송법상의 원칙으로써 **불이익변경금지 원칙**이라 하며, 피고인이 상소한 사건이나 피고인을 위해 상소한 사건에 대해 원심 판결의 형보다 중한 형을 선고할 수 없다는 원칙이다. 그러나 이제는 피고인은 정식재판에서 약식명령보다 불리한 판결을 받을 수 있다.[1)] 약식명령은 정식재판의 청구기간이 경과하거나 그 청구의 취하 또는 청구기각의 결정이 확정된 때에는 확정판결과 동일한 효력이 있다.

2. 즉결심판절차

1) 즉결심판의 의미

즉결심판이란 지방법원, 지원 또는 시·군법원의 판사가 경미한 범죄사건

---

1) 피고인의 상소권을 보장하기 위해 인정된 원래의 목적과는 달리 오히려 이 원칙으로 인해 피고인들이 벌금 집행을 지연하거나 불법 영업을 연장하기 위해 정식재판 청구를 남발하게 되었고 법원의 업무는 과중될 수밖에 없었다. 불이익변경금지 원칙 도입 직후인 1996년에는 정식재판 청구비율이 전체 사건 대비 1.8%에 불과했으나 2012년에는 14.1% 수준으로 폭증했고, 지난 8년 동안 정식재판을 청구해 받은 1심판결에 불복해 항소한 비율은 평균 26.1%, 2심에 불복해 대법원에 상고한 비율은 41.3%에 달했다. 이 때문에 대법원에 계류 중인 상고 형사사건 가운데 정식재판을 청구해 올라온 사건이 26.9%를 차지해 상고심의 부담을 가중시킨다는 비판이 있었다. 이와 같은 사정을 감안하여 국회는 2017. 12. 1. '밑져야 본전'이라는 생각으로 법원의 약식명령에 불복해 정식재판 청구를 남용하는 사례를 막기 위해 "피고인이 정식재판을 청구한 사건에서 약식명령의 형보다 중한 형을 선고하지 못한다"는 형사소송법 제457조의2를 개정하여 약식명령에 불복해 정식재판을 청구한 사건에서 약식명령의 형(주로 벌금형)보다 중한 '종류'의 형(예를 들면 징역형)을 선고하지 못하도록 하면서도 약식명령에서 부과한 벌금의 액수보다 더 많은 벌금을 선고할 수 있도록 하였다(개정 전 형사소송법과의 차이점). 이는 공포된 날부터 바로 시행되며, 법 시행 전에 정식재판을 청구한 사건에 대해서는 종전 규정이 적용된다. 앞으로 벌금을 부과하는 약식명령을 받고 이에 불복하여 정식재판을 청구하려는 피고인들은 불이익변경금지 원칙이 완화되었다는 사실을 숙지하고 정식재판 청구에 신중을 기하여야 한다.

에 대하여 정식수사와 재판을 거치지 않고 간략하고 신속한 절차로 처벌을 마침으로써 법원과 검찰의 부담을 줄이고 당사자에게 편의를 주려는 제도이다.

2) 즉결심판의 대상

법원조직법 제34조 제1항 제3호인 '20만원 이하의 벌금 또는 구류나 과료'에 처할 범죄사건이다. 예컨대 행정법규 위반사건에 해당하는 도로교통법상의 자동차주정차금지위반, 향토예비군설치법상의 예비군불참자 등이 있고, 형법 위반사건으로 폭행죄·단순도박죄 등이 있다. 또한 10만원 이하의 벌금, 구류 또는 과료의 형으로 벌하는 경범죄처벌법상의 업무방해, 허위신고, 무임승차 및 무전취식 등 50개 항목의 위반사범이 이에 해당한다.

3) 처리절차

즉결심판의 청구권자는 경찰서장이 한다. 이 점에서 검사가 청구하는 약식절차와 다르다. 이를 위한 사전조치로서 주거와 신원이 확실하지 않고 석방하면 형집행에 지장이 있다고 판단되는 경우에는 즉결심판 회부시까지 경찰서에서 보호해야 한다. 그러나 위반자의 신원이 확실하여 보호의 필요가 없다고 판단되는 경우에는 출석지시서를 발부해 주고 석방하여 나중에 본인이 법정에 출두하여 재판을 받도록 한다.

또한 경범죄처벌법이나 도로교통법을 위반한 사항 중 일정한 범칙행위에 대하여는 먼저 범칙금을 납부하도록 통고처분을 하고, 그 위반자가 범칙금을 기일 내에 납부하지 않으면 비로소 즉결심판을 받도록 한다. 그러나 범죄사실이 가볍고 피해자가 없으며 잘못을 뉘우치는 경우에는 지서장·파출소장 또는 경찰서장이 훈계하고 방면할 수 있다.

4) 심판절차

즉결심판은 판사의 주재 하에 경찰서가 아닌 **공개 장소**에서 열리며, 피고인이 출석하는 것이 원칙이지만 벌금·과료를 선고하는 경우에는 불출석재판도 가능하다. 여기서 판사는 피고인에게 사건내용을 알려주고 변명의 기회도 주고 변호사도 선임케 할 수 있으나, 신속·간편한 심리를 위하여 경찰조서만을 증거로 삼아 유죄를 선고할 수 있다. 이 때 판사는 보통 벌금·구류 또는 과료의 형을 선고하지만 선고유예나 무죄의 선고를 할 수도 있다. 즉결심판을 받은 피고인이 이에 불복하는 경우에는 법정에서 구두로 또는 즉결심판의 선고, 고지를 받은 날로부터 7일 이내에 경찰서장에게 정식 재판청구서를 제출하여 정식재판을 청구할 수 있다. 그러나 사건의 내용이 즉결심판을 함에 부적당한 경우에는 결정으로써 즉결심판의 청구를 기각하여야 한다.

5) 형의 집행

즉결심판은 정식재판을 청구하지 아니하거나 포기한 때, 청구한 정식재판을 취하한 때 또는 정식재판의 청구가 기각된 때에는 확정판결과 같은 효력이 있게 된다. 즉결심판에 의한 형의 집행은 경찰서장이 하고 그 집행의 결과를 관할검사에게 보고한다. **벌금**은 5만원 이상 20만원 이하이며, 이를 감경할 때에는 5만원 이하로 할 수 있다. **과료**는 2천원 이상 5만원 미만이며, 경찰서장에게 납입한다. 그리고 **구류**는 1일 이상 30일 미만인데, 보통 경찰서 유치장에서 집행하나 검사의 지휘 하에 교도소에서 집행하는 경우도 있다.

3. 배상명령절차

1) 배상명령의 의미

배상명령이란 형사사건의 피해자가 범인의 형사재판 과정에서 범죄행위로 인하여 발생한 직접적인 물적 피해 및 치료비의 민사적인 손해까지 배상받을 수 있는 제도를 말한다. 예컨대 절도나 상해를 당한 경우에 그 범인이 절도죄나 상해죄로 형사처벌을 받는다고 하더라도 피해자가 피해보상을 받으려면 따로 민사소송절차를 밟아야 한다. 이는 복잡하고 불편한 절차를 추가하는 것이 되므로 형사재판 때에 직권 또는 피해자의 신청에 의하여 형사판결과 동시에 민사판결인 배상명령으로 신속하고 간편하게 보상을 받도록 해주는 제도이다.

2) 배상명령의 대상

배상명령을 신청할 수 있는 형사사건은 상해를 당했을 때, 상해를 당하여 불구가 되거나 난치의 병에 걸렸을 때, 폭행을 당하여 상처를 입거나 죽었을 때, 과실 또는 업무상 과실로 상처를 입거나 죽었을 때, 절도나 강도를 당했을 때, 사기나 공갈을 당했을 때, 횡령이나 배임을 당했을 때, 재물이 손괴되었을 때로 한정하고 있다.

3) 배상명령 신청과 범위

위에 열거된 범죄의 직접 피해자나 그 상속인만이 신청할 수 있는데, 범인이 피고인으로 재판받고 있는 법원에 1심 또는 2심 공판의 변론이 종결되기 전까지 배상명령신청서를 제출하면 된다. 이 경우에 비용은 국가가 부담하므로 인지를 첨부할 필요는 없다. 다만 그 형사재판에 증인으로 출석하여 증언할 때에는 구두로도 신청할 수 있다. 여기서는 신청할 수 있는 범위는 범죄로 인한 직접적인 물적 피해와 치료비뿐이다. 예컨대 정신적 피해, 즉 위자료까지 배상받으려면 민사소송을 따로 제기하여야 한다.

4) 배상명령의 효력

배상명령이 내려진 판결문은 민사판결문과 동일한 효력이 있으므로 강제집행이 가능하다. 그러나 신청인의 신청이 이유 없다고 각하되거나 일단 배상명령이 있으면 배상명령을 다시 신청할 수 없다. 또한 인용된 금액 범위 내에서는 민사소송을 제기할 수 없다. 여기서 피고인은 배상명령에 불만이 있으면 상소할 수 있다.

VI 범죄피해자 구조제도란 무엇인가

1. 구조제도의 의미

사람이 생명이나 신체를 해하는 범죄행위로 인하여 사망하거나 중장해를 당하고도 가해자를 알 수 없거나, 가해자에게 재력이 없는 관계로 피해의 전부 또는 일부를 배상받지 못하여 그 생계유지가 곤란한 사정이 있는 때에는 국가가 피해자 또는 유족에게 일정한 한도의 구조금을 지급하도록 하는 제도이다.

2. 구조의 대상

살인 등 **강력범죄**로 인하여 사망한 사람의 유족이 피해자의 사망 당시에 피해자의 수입으로 생계를 유지하고 있던 배우자·자·부모·손·조부모·형제자매여야 **유족구조금**을 받을 수 있다. 또한 강력범죄로 인하여 중대한 신체장해를 당한 사람으로 신체장해등급 기준상 1급 내지 3급의 장해를 당하여 노동력을 100% 상실한 피해자는 **장해구조금**을 받을 수 있다.

그러나 피해자와 가해자 사이가 친족(사실혼 관계 포함)관계이거나 피해자가 범죄행위를 유발하여 당해 범죄피해자가 가해자에게 귀책사유가 있는 경우, 혹은 **사회통념상** 구조금의 전부나 일부를 지급하지 아니함이 상당한 경우에는 구조금의 일부 또는 전부를 지급하지 아니할 수 있다.

범죄로 인해 상해를 입은 피해자가 범죄피해자 구조금 지급 전에 사망해도 이를 유족이 대신 받는다. 또 지금까지 구조금 사각지대에 놓여 있었던 외국 국적 결혼이민자도 구조금 지급 대상에 포함된다.

아울러 지금까지 전액을 한 번에 지급하던 구조금을 나눠서 주는 규정도 추가했다. 이는 미성년자·피성견후견인 등이 지급된 구조금을 제대로 관리하지 못해 생기는 부작용을 막자는 취지다.

3. 구조금 신청절차

구조금을 지급받고자 하는 사람은 그 주소지 또는 범죄발생지를 관할하는 지방경찰청에 설치된 범죄피해구조심의회에 신청하면 된다. 다만 범죄로 인한 피해가 발생한 날로부터 1년이 경과하였거나 범죄피해가 발생한 날로부터 5년이 경과한 때에는 신청할 수 없다.

4. 범죄피해구조금 종류 및 액수

- 유족구조금
  - 피해자가 범죄행위 발생 당시 생계를 책임지고 있었는지의 여부 등에 따라 1,500만원, 2,000만원, 3,000만원으로 차등 지급된다.
- 장해구조금
  - 1급(두 눈 실명, 씹는 기능과 말하는 기능 영구 상실 등) : 3,000만원
  - 2급(한 눈 실명·다른 눈 시력이 0.02 이하 등) : 2,500만원
  - 3급(한 눈 실명·다른 눈 시력 0.06 이하, 손가락 모두 절단 등) : 2,000만원
  - 4급(두 눈 시력 0.06 이하 등) : 1,500만원
  - 5급(한 눈 실명·다른 눈 시력 0.1 이하 등) : 1,000만원

– 6급(두 눈 시력 0.1 이하 등) : 600만원

Ⅶ 형사보상제도의 이해

1. 형사보상제도의 의미

형사재판절차에서 무죄를 선고받은 자는 재판확정 전까지의 구금에 대한 보상을 청구할 수 있고, 피의자로서 구금된 후 불기소된 자는 그 구금에 대한 보상을 청구할 수 있는 제도이다. 단 구금된 이후에 불기소할 사유가 있는 경우, 기소중지 등 종국처분이 아닌 경우 및 기소유예, 공소보류 등의 경우는 제외된다.

2. 형사보상금 청구절차

1) 피고인으로서의 보상 청구

형사재판절차에서 무죄를 선고받은 자는 재판이 확정된 날로부터 1년 이내에 무죄재판을 한 법원에 보상을 청구하여야 한다. 법원의 합의부는 보상청구가 이유 있을 때 검사와 청구인의 의견을 들은 후 보상결정을 하여야 한다. 청구인은 보상결정이 송달된 후 1년 이내에 보상결정을 한 법원에 대응한 검찰청에 보상지급청구서를 제출하여야 한다.

그러나 형사미성년자·심신장애자라는 사유로 무죄재판을 받은 경우, 본인의 수사 또는 심판을 그르칠 목적으로 허위의 자백을 하거나 다른 유죄의 증거를 만듦으로써 기소, 미결구금 또는 유죄재판을 받게 된 것으로 인정된 경우, 1개의 재판으로서 경합범의 일부에 대하여 무죄재판을 받고 다른 부분에 대하여 유죄재판을 받았을 경우에는 법원은 재량에 의하여 보상청구권의 전부 또는 일부를 기각할 수 있다.

2) 피의자로서의 보상 청구

피의자로서 구금되어 기소되지 아니한 자는 검사로부터 불기소처분의 통지를 받은 날로부터 1년 이내에 불기소처분을 한 검사가 소속하는 지방검찰청의 피의자보상심의회에 보상을 청구할 수 있다.

그러나 본인의 수사 또는 재판을 그르칠 목적으로 허위의 자백을 하거나 다른 유죄의 증거를 만듦으로써 구금된 것으로 인정되는 경우, 구금기간 중에 다른 사실에 대하여 수사가 행하여지고 그 사실에 관하여 범죄가 성립할 경우, 보상을 하는 것이 선량한 풍속 기타 사회질서에 반한다고 인정할 특별한 사정이 있는 경우는 피의자보상금의 전부 또는 일부를 지급하지 아니할 수 있다.

위와 같이 형사보상의 청구는 무죄재판이 확정된 때로부터 1년 이내에 하도록 규정하고 있는 형사보상법 제7조가 헌법 제28조에 위반되는지 여부에 대하여 헌법재판소는, "형사소송법상 형사피고인이 재정하지 아니한 가운데 재판할 수 있는 예외적인 경우를 상정하고 있는 등 형사피고인은 당사자가 책임질 수 없는 사유에 의하여 무죄재판의 확정사실을 모를 수 있는 가능성이 있으므로, 형사피고인이 책임질 수 없는 사유에 의하여 제척기간을 도과할 가능성이 있는바, 이는 국가의 잘못된 형사사법작용에 의하여 신체의 자유라는 중대한 법익을 침해받은 국민의 기본권을 사법상의 권리보다도 가볍게 보호하는 것으로서 부당하다"고 판단하고 있다.[2)]

3. 형사보상금액의 내용

기소되었다가 무죄로 풀려나거나 하면 국가로부터 받을 수 있는 형사보상금은 그 일수에 따라 1일 5,000원 이상 대통령이 정하는 금액 이하의 비율에 의한 보상금을 지급한다. 즉 1일 보상금의 상한액은 보상청구의 원인이 발생한 년도의 일금 최저임금액의 5배 이내에서 결정된다. 따라서 전체보상금은 최저임금액법상 최저임금액의 5배의 구금일수를 곱한 금액이 된다.

형사보상금의 최대한도는 1일에 15만 800원이며, 정해진 기준이 따로 있지는 않고, 다만 2~3년에 한번씩 구금된 하루당 1만원씩 오르는 추세이다.

형사보상금의 지연이자에 대하여 형사보상법 및 명예회복에 관한 법률에서는 형사보상금 지급청구 후 지급 지연이자에 대한 조항이 없으나 그러한 사정만으로 지급 지연에 대한 청구권을 제한해서는 안 된다(대법원도 같은 견해).

---

2) 헌법재판소 2010. 7. 29. 선고 2008헌가4 전원재판부; 헌법재판소 2011. 12. 29. 선고 2009헌마354 전원재판부.

학습과제

01. '범죄'하면 무슨 생각이 나는지 5개 단어를 적시하시오.

02. 죄형법정주의에 대하여 적시하시오.

03. 범죄의 성립요건인 구성요건해당성에 대하여 적시하시오.

04. 범죄의 성립요건인 위법성에 대하여 적시하시오.

05. 범죄의 성립요건인 책임성에 대하여 적시하시오.

06. 실체적 진실주의에 대하여 적시하시오.

07. 적정절차의 원칙과 신속한 재판의 원칙에 대하여 적시하시오.

08. 형사소송의 당사자에 대하여 적시하시오.

09. 수사의 개시에 대하여 적시하시오.

10. 수사의 방법에 대하여 적시하시오.

11. 공소의 제기에 대하여 적시하시오.

12. 영장실질심사에 대하여 적시하시오.

13. 구속적부심사에 대하여 적시하시오.

14. 기소와 보석에 대하여 적시하시오.

15. 공판절차에 대하여 적시하시오.

16. 재심 및 비상상고에 대하여 적시하시오.

제 7 장

생활과 법률

교통사고와 법률

[학습목표]

- 이 장에서는 교통사고시 운전자의 조치의무에 대하여 생각해 본다.
- 자동차사고 운행자의 형사책임에 대하여 생각해 본다.
- 자동차 운행자의 주의의무는 왜 강하게 요구하는지에 대하여 생각해 본다.
- 자동차 운행자의 처벌상의 특례와 예외사유에 대하여 생각해 본다.
- 자동차사고 운행자의 민사책임에 대하여 생각해 본다.
- 자동차보험의 유형에 대하여 생각해 본다.

I 교통사고란 무엇인가

교통사고란 항공기, 선박, 자동차 등 모든 교통수단에 의하여 발생하는 사고를 말하지만 여기서는 도로상의 자동차사고에 관하여 설명하기로 한다. 교통사고가 발생하면 사람이 사상하거나 재물이 손괴된다. 따라서 교통사고가 발생하면 다음 세 가지 측면, 즉 행정상의 구호의무와 신고의무, 형사상의 책임문제 및 민사상의 배상문제가 그것이다. 이 때 세 가지의 책임은 별개의 것이기 때문에 형사적으로 처벌을 받아도 민사적으로 손해를 전액 배상하여야 하며, 행정상의 여러 의무위반에 대한 처분도 받아야 된다.

II 교통사고가 발생하는 경우 조치의무

1. 조치의무의 내용

도로교통법은 도로에서 일어나는 교통상의 모든 위험과 장해를 방지·제거하여 안전하고 원활한 교통을 확보하기 위하여 신호·차선·속도 등 운전자에게 준수해야 할 여러 가지 의무를 부과하고 있다. 따라서 이러한 의무를 위반한 자는 일정한 벌칙이나 통고처분을 받게 된다. 도로상에서 운전자에게 특히 강조되어 부과되는 의무로는 **구호의무**와 신고의무가 있다.

2. 구호의무

자동차의 교통으로 인하여 사람을 사상하거나 물건을 손괴한 때에는 사고차량의 운전자나 그 밖의 승무원은 자기에 과실이 있든 없든 즉시 차를 세우고 피해상황을 확인하고 사상자를 구호하는 데 필요한 조치를 취하여야 한다.

구호에 필요한 조치란, 예컨대 차량 밑에 깔려 있는 부상자를 구출하여 응급조치를 하거나, 가까운 병원에 연락하여 구급차의 출동을 요청한다든가 또는 사고 차나 지나가는 차에 태워 병원으로 후송하는 등의 조치를 말한다.

만약 구호조치를 하지 않으면 수사결과, 과실이 없다고 판단되어도 구호조치를 취하지 아니하면 5년 이하의 징역이나 1,500만원 이하의 벌금형에 처하게 된다. 또한 구호조치를 취하지 아니하고 현장에서 도주해 버리면 **수사상 도주차량**으로 취급되어, 그 혐의가 인정되면 교통사고처리특례법상의 형벌면제혜택을 받을 수 없을 뿐만 아니라 일반교통사고와 달리 징역 1년 이상 최고 사형까지 가중처벌을 받게 된다(특정범죄가중처벌 등에 관한 법률 제5조의3).

3. 신고의무

위의 구호조치가 끝나면 경찰이 현장에 있으면 지체 없이 그에게, 현장에 없을 때에는 가까운 경찰관서에 신고하여야 한다. 이 때 피해자 구호 등으로 경황이 없을 때에는 다른 사람에게 신고를 부탁하여도 된다. 신고할 사항은 사고가 일어난 위치, 사상자 수 및 부상의 정도, 손괴된 물건 및 손괴 정도, 그 밖의 조치상황 등이다.

단순한 교통사고의 경우는 입건이 되어도 공소권이 없으므로 신고를 반드시 하는 것이 좋다. 만약 피해자가 신고를 원하지 않는다든가 사고가 경미하여 신고하지 않아서 나중에 신고의무 불이행이 문제되면 30만원 이하의 벌금이나 구류처분을 받게 된다.

4. 그 밖의 조치

사고가 발생하면 사고운전자끼리 현장에서 서로 자기가 과실이 없다고 싸우는 것이 보통이다. 그러면 교통은 마비되고 이러한 상황을 모르고 달려오는 **후속 차량**에 의한 사고의 위험성마저 있게 된다. 따라서 이때에는 교통소통을 원활히 하고 후속사고를 방지하기 위하여 사고현장을 정리하고 차량을 길가로 옮기는 조치 등을 취하여야 한다. 이 때 누구의 과실이냐는 사고현장 그 자체가 가장 유력한 진실의 증거가 될 수 있기 때문에 이러한 점에 유의하면서 2~3명 목격자의 인적 사항을 확보해 두고 경찰관서에 즉시 **현장조사를 요청**하여야 한다. 사고를 낸 본인은 사고현장의 차량의 최종위치에 스프레이 등을 뿌려 놓고 사고로 인한 유류품, 피해자가 최종 넘어진 위치, 깨어진 차량유리 등의 위치에 관한 간략한 약도를 작성하거나 **스프레이** 등으로 확인해 놓아야 한다. 이는 현장보존을 제대로 하지 못해 진실과 다른 실황조사서가 작성되는 것을 방지하기 위해서이다. **카메라 촬영**도 실황조사서가 허위로 작성되지 않도록 하는 방법이 될 것이다.

사고가 발생하면 경찰의 현장조사와 현장상황 보존이 문제될 수 있다. 따라서 교통사고 관계자는 사고 후 신속히 이루어지는 경찰의 현장조사에 의하여 과실 유무 및 그 정도가 거의 결정되기 때문에 미리 현장보존에 필요한 조치를 취하고 **목격자**를 확보해 두어야 한다. 그래야 경찰의 현장조사 때에 작성되는 피의자의 **신문조서**나 피해자 또는 목격자들의 **진술조서**에 사실과 다른 불리한 내용이 들어가는 것을 막을 수 있다.

그리고 이때에 작성되는 실황조사서는 일종의 **현장검증**과 같은 것으로 대단히 중요하다. 그것은 한번 작성되면 이를 번복하기란 대단히 어렵기 때문이다. 따라서 관계자는 실황조사에 참여할 때에는 사고경위가 잘못 조사되지 않도록 사고 당시의 상황을 분명히 할 것이며, 자신에게 유리한 자료들을 찾아내어 첨가해야 한다.

III 자동차 운전자의 형사책임은 무엇인가

1. 과실손괴죄

형법은 과실로 재물을 손괴한 경우에는 처벌하지 않고 있으므로 **대물사고**의 경우에는 형법상 문제가 되지 않는다. 그러나 도로교통법은 이에 대한 처벌규정을 두고 있다. 즉 자동차의 운전자가 업무상 필요한 주의를 게을리하거나 중대한 과실로 다른 사람의 건조물이나 그 밖의 재물을 손괴한 때에는 2년 이하의 징역과 500만원 이하의 벌금형에 처한다.

2. 업무상 과실치사상죄·중과실치사상죄

형법은 '업무상 과실 또는 중대한 과실로 인하여 사람을 사상에 이르게 한

자는 5년 이하의 금고 또는 2,000만원 이하의 벌금'에 처하고 있으며, 교통사고처리특례법에서도 5년 이하의 금고 또는 2,000만원 이하의 벌금에 처하고 있다. 이 죄는 과실치사상죄에 비하여 업무자라는 신분관계로 인하여 형이 가중되는 경우이다.

그 근거에 대하여 ① 업무자에게는 특히 고도의 주의의무가 과하여지기 때문에 고도의 주의의무를 태만히 한 데에 있다는 견해, ② 주의의무는 동일하지만 업무자에게는 고도의 주의 능력이 있으므로 위법성이 크다는 점에 있다는 견해, ③ 주의의무는 동일하지만 업무자에게는 일반적으로 결과에 대한 예견가능성이 크기 때문에 보통 사람의 중과실과 같다는 점에 있다는 견해가 있다.

3. 운전행위와 업무

일반적으로 업무라고 하면 사람이 사회생활상의 지위에 기하여 계속하여 행하는 사무를 말한다. 사회생활상의 지위에 기한 사무란 사람이 사회생활을 유지하면서 행하는 사무로, 예컨대 식사·육아·가사 등은 이에 해당하지 않는다.

업무는 객관적으로 상당한 횟수를 반복하여 행하여지거나 반복, 계속할 의사로 행하여진 것이어야 한다. 따라서 호기심으로 단 1회 운전한 것으로는 업무라고 할 수 없지만, 장래 반복하여 행할 의사로 운전할 때에는 단 1회의 운전이라도 업무에 해당한다.

4. 업무상 운전자의 주의의무

1) 사고방지 의무

운전자에게는 운전업무로 인하여 발생할 수 있는 모든 사고를 방지할 고도의 의무가 있다. 즉 운전자는 ① 운전을 하기 전에 자동차를 점검·정비하여야 하고, ② 운전 중에는 교통신호·제한속도·안전거리·추월방법 등 교통규칙을 준수하고 전후좌우를 주시하여 장애물이 나타나면 언제든지 급제동할 준비를 갖추어 사고를 미연에 방지할 수 있는 만반의 조치를 취하고, ③ 운전이 끝난 후에도 차가 미끄러지거나 다른 사람이 운전하지 못하도록 안전조치를 취할 의무가 있다.

2) 신뢰의 원칙

과실이란 주의의무를 위반하는 것을 말하며, 그것은 객관적 기준에 의하여 결정된다. 그러나 현대사회에 있어서 생활상 발생하는 불가피한 위험은 과실결정의 기준에 있어서 고려되어야 한다는 것이다. 이것이 '**허용된 위험의 법리**'이다. 이 위험은 필요한 안전조치를 강구한 이상은 허용된다는 원칙이다. 허용된 위험의 법리로 교통사고에 적용되는 것이 바로 **신뢰의 원칙**이다.

신뢰의 원칙은 교통규칙을 자발적으로 준수하는 운전자는 다른 사람도 교통규칙을 준수할 것이라고 신뢰하는 것으로 족하고, 다른 사람이 비이성적인 행동을 하거나 규칙을 위반하여 행동하는 것을 미리 예견하여 조치할 의무는 없다는 형법상의 법리이다. 신뢰의 원칙은 허용된 위험의 특별한 경우로서 사회생활상 요구되는 객관적 주의의무에 대한 한계를 그음으로써 과실범의 구성요건해당성을 배제하는 원칙이다.

3) 신뢰원칙의 수정

신뢰의 원칙은 과실의 기준을 정하는 원칙이다. 신뢰의 원칙이 적용되기 위해서는 ① 원활한 자동차교통의 필요성, ② 교통환경의 정비, ③ 교통교육과 교통도덕의 보급이 전제되어야 한다. 따라서 신뢰의 원칙은 신뢰할 수 없는 특별한 사정이 있는 경우에는 적용되지 않는다.

대법원 판례는, 자동차 대 자동차, 자동차 대 자전거 사이의 사고에 대하여 이 원칙을 엄격하게 적용하여 상대방 자동차가 신호나 우선권 또는 차선을 위반한 경우에는 과실이 없다고 하고 있으나, 자동차가 사람을 친 사고에 있어서는 아직 이 원칙을 철저히 적용하지 않고 있다. 다만 고속도로나 자동차전용도로에서 사람을 치상한 경우, 육교 밑을 지나는 사람을 친 경우, 길가에 서 있던 사람이 갑자기 튀어나와 충격한 경우 등에는 운전자에게 과실이 없다고 하여 이 원칙의 적용범위를 확대하고 있다.

가령 **버스운전자**가 40m 전방 우측에 어린아이가 같은 방향으로 걸어가고 있음을 목격한 경우에 운전자는 그 아이가 진행하는 버스 앞으로 느닷없이 튀어나올 수 있음을 예견하고 운행할 주의의무가 있다.[1)]

1) 대법원 1970. 8. 18. 선고 70도1336 판결.

고속도로를 무단횡단하는 보행자를 충격하여 사고를 발생시킨 경우라도 운전자가 상당한 거리에서 보행자의 무단횡단을 미리 예상할 수 있는 사정이 있었고, 그에 따라 즉시 감속하거나 급제동하는 등의 조치를 취하였다면 보행자와의 충돌을 피할 수 있었다는 등의 특별한 사정이 인정되는 경우에만 자동차 운전자의 과실이 인정될 수 있다.

중앙선 침범 행위를 불처벌 예외사유로 규정하고 있는 이유 중의 하나가 반대차선을 운행 중인 운전자의 신뢰를 보호하려는 데 있다 하여서 중앙선 침범사고는 반대차선 차량 운전자의 신뢰와 어긋난 운행으로 사고를 일으킨 경우에 한하여 적용하여야 한다고 볼 수 없다.

5. 운전자의 처벌상의 특례

1) 반의사불벌죄

교통사고처리특례법은 운전자가 도로교통법상의 과실재물손괴죄를 범하였거나 형법상의 업무상 과실·중과실치상죄를 범하였다 하더라도 **피해자와 합의하면** 원칙적으로 처벌하지 않는 형사상의 면제혜택을 운전자에게 주고 있다.

이 경우에는 피해자가 명시한 의사에 반하여 공소를 제기할 수 없는 **반의사불벌죄**로 규정하여 피해자와 합의가 있는 경우에는 공소를 제기할 수 없도록 규정하고 있다. 또한 교통사고를 일으킨 자동차운전자가 종합보험이나 공제회보험에 가입한 때에도 피해자의 의사에 관계없이 피해자가 합의가 있는 것으로 간주하여 공소를 제기할 수 없도록 하고 있다.

2) 합 의

피해자가 처벌을 원하지 않는다는 의사표기는 1심판결 선고 전까지 해야 한다. 재판 도중 합의가 되어 처벌을 원하지 않는다고 하면 재판부는 공소를 기각하며, 1심판결 선고 후에 피해자가 처벌을 원하지 않으면 유죄판결을 하되 정상참작을 할 수 있다.

합의에는 형사상의 합의와 민사상의 합의가 있다. 전자는 가해자의 처벌을 원치 않는다는 내용으로 피해자측의 감정을 감안하여 형사처리를 참작하는 것이고, 후자는 일정한 금액을 받고 손해배상의 청구를 포기하여 사건을 종결짓는 것을 말한다. 원칙적으로 의사표시는 상해를 입거나 재물피해를 본 본인이 당사자이다. 그러나 피해자가 미성년자인 경우는 부모가 독립하여 의사표시를 할 수 있고, 그 이외에는 대리인만이 합의의 효력이 있다.

재물피해자가 법인인 경우는 그 법인의 대표자나 그 위임을 받은 자가 의사표시를 해야 한다. 또한 국가나 지방자치단체의 경우에는 당해 피해물의 관리책임자가 의사표시를 해야 한다. 처벌불원의 의사표시는 조건 없이 행해져야 하기 때문에 조건부나 법대로 처리해 달라는 의사표시는 처벌불원의 의사표시가 아니다.

가해자는 피해자에 대하여 진심으로 사과하고 문병하는 등 성의를 보이며, 계속 대화로써 거리를 좁혀가야 한다. 그리고 피해자에게 발생한 손해의 정도 범위 및 과실정도 등에 관한 정확한 자료를 준비하여 적정한 선에서 합의가 이루어지도록 하여야 한다. 어디까지나 대화로서 타협을 하면 서로 양보하여 합의점이 나타날 것이므로 그 기회를 놓치지 않도록 하여야 한다. 합의가 이루어지면 반드시 합의서를 작성해 두는 일을 잊지 않도록 해야 한다.

6. 처벌면제의 예외사유

1) 피해자의 사망

교통사고에 있어서 사망사고란 가해자의 과실로 원칙적으로는 사고시각으로부터 72시간 이내의 사망을 말하나 형사사건 실무에서는 72시간이 지나도 사망이 교통사고가 주원인이었다면 형사처벌 대상이 된다. 그러나 피해자의 일방과실로 피해자가 사망한 경우에는 형사처벌이 되지 않는다. 처벌법규는 5년 이하의 금고 또는 2,000만원이하의 벌금형에 처해진다.

2) 도 주

일명 '뺑소니'라고 하며, 운전자가 교통사고를 일으켜 사람을 다치게 하거나 사망케 하고도 구호조치를 취하지 않고 도주하거나 피해자를 다른 곳으로 옮겨 놓고 도망한 경우이다.

사망사고인 경우라도 도주하지 않으면 가장 무거운 처벌을 받아도 금고 5년이다. 그런데 뺑소니의 경우 5년 이상의 유기징역 또는 무기징역에 처해지며,

피해자를 다른 곳에 버리고 도주하였을 때에는 최고 사형이다. 그렇지 않으면 보통 금고 1년 전후이며 정상참작이 있으면 집행유예도 가능하다.

3) 12대 중과실

(1) 신호위반 등

교통신호기 또는 교통정리를 하는 교통순시원·전투경찰·의경·헌병·모범운전자 등의 신호나 통행의 금지 및 일시정지를 내용으로 하는 안전표지가 표시하는 지시에 위반하여 운전한 경우이다. 예컨대 비보호좌회전 표시가 있는 곳에서는 신호에 따른 다른 차량의 진로에 방해가 되지 않을 때에만 좌회전할 수 있다. 따라서 다른 차량의 진로에 방해가 되는 때에는 신호위반의 책임을 진다(교통사고처리특례법 제3조 제2항 제1호).

(2) 중앙선 침범

자동차가 중앙선을 완전히 넘어서 반대차선으로 들어가는 경우뿐만 아니라 차체의 일부가 중앙선을 살짝만 물고 들어와도 중앙선 침범이 된다. 예컨대 브레이크를 늦게 밟아서 과속으로 달리다가 미끄러져서 또는 안전거리 미확보로 달리다가 앞차가 급정거하는 바람에 앞차와의 충돌을 피하기 위하여 중앙선을 넘어가는 경우가 이에 해당한다(제3조 제2항 제2호).

그러나 뒤차에 받혀서 중앙선을 넘어간 경우, 거북이처럼 기어가는데도 눈길의 빙판에 미끄러져 중앙선을 넘어간 경우 등은 중앙선 침범으로 보지 않는다. 그리고 갑자기 진행차선 앞으로 끼어든 차량 또는 무단횡단자와의 충돌을 피하기 위하여 핸들을 좌측으로 틀어 중앙선을 넘어간 경우와 같이 불가항력에 의한 경우는 중앙선 침범 사고로 보지 아니한다.

(3) 속도위반

제한속도를 매 시간마다 20km를 초과하여 운전하다가 사고가 난 경우로 사고 당시의 속도를 산출하는 데는 운전자의 자백, 스키드마크, 스피드건,[2] 타코메타[3]의 기록 등에 의한다(제3조 제2항 제3호).

---

2) 스피드건(speed gun)이란 마이크로파로서 물체의 속도를 측정하는 계기를 말한다.
3) 타코메타(tachometer)란 회전속도계로 원동기나 자동차의 회전속도를 측정하는 계기.

(4) 추월 위반

추월(앞지르기)은 반드시 주행차선의 좌측 차선으로 하게 되어 있으며, 앞지르기의 방법·금지시기·금지장소 또는 끼어들기 금지에 위반하여 운전한 경우이다(제4호).

(5) 건널목 통과방법 위반

모든 차는 철길건널목을 통과하고자 할 때에는 그 건널목 앞에서 일단 정지를 하여 안전함을 확인한 후에 통과하여야 한다. 이를 위반한 사고가 건널목 통과위반 사고이다(제5호).

(6) 횡단보도 위반

보행자 보호의무를 위반하여 일으킨 횡단보도 사고란 신호등이 없는 횡단보도에서 횡단보도로 선이 그어져 있는 곳에서 보행자와 부딪힌 경우를 말한다. 신호등이 있는 횡단보도에서 나는 사고는 신호위반 사고가 되며, 선(線) 밖에서 사고가 난 경우에는 이에 해당하지 않는다(제6호).

(7) 무면허운전

운전면허를 발급받지 아니하거나 국제운전면허증을 소지하지 아니하고 운전한 경우이다. 다만 면허증을 소지하지 않고 운전하는 경우는 무면허운전이 아니고, **면허불소지**에 해당한다. 그러나 운전면허효력이 정지된 기간 중에 운전하거나 2종 보통면허를 소지한 자가 고속버스를 운전하는 경우는 무면허운전이 된다. 한편 무면허운전 중에 사고를 낸 경우에는 보험처리를 받지 못한다(제7호).

(8) 음주 및 약물복용운전

윤창호법[4]이 시행되면서 운전이 금지되는 술에 취한 상태의 기준은 혈중 알코올농도 0.03% 이상 0.08% 미만인 경우 운전면허정지, 술에 만취한 상태는 혈중 알코올농도가 0.08% 이상으로 운전면허가 취소된다. 그리고 음주운전 적

4) 군복무 중이던 윤창호 장병이 휴가를 나와 2018년 9월 25일 부산 해운대를 걸어가던 윤창호와 그의 친구는 만취한 음주운전 차량에 치어 뇌사상태에 빠졌는데, 결국 윤창호는 46일간의 사투를 벌이다 사망하게 된다. 이후 윤창호의 친구들은 '음주운전자를 강하게 처벌하는 법을 만들어 달라'는 국민청원을 냈고 이것이 국민들의 관심과 지지를 얻어 결국 '윤창호법'은 2018년 11월 29일 국회본회의를 통과하게 되었다.

발기준[5)]도 2회 이상 적발시 '징역 2년 이상 5년 이하 또는 벌금 1,000만원 이상 2,000만원 이하'로 개정되었다. 또한 음주운전으로 사람이 다치거나 사망하는 경우 '특정범죄 가중처벌 등에 관한 법률'[6)]이 적용되는데 음주운전으로 사람이 사망하면 3년 이상의 징역 또는 무기징역, 그리고 사람이 다치게 되면 1년 이상 15년 이하의 징역 또는 1,000만원 이상 3,000만원 이하의 벌금이 적용된다.

음주운전으로 음주측정을 거부한 운전자는 2년 이하의 징역이나 500만원 이하의 벌금형을 받는다. 또한 음주운전 중에 사고가 나면 자손 및 차량손해에 대해서는 보험처리가 되지 않는다.

(9) 보도침범 및 보도횡단 방법 위반

보도가 설치된 도로의 보도를 침범하거나 보도횡단 방법을 위반하여 돌진한 '**인도돌진 사고**'를 말한다. 즉 보도와 차도가 구분된 도로에서는 차마는 차도를 통행해야 한다. 그리고 차마가 보도를 횡단할 때에는 일단 정지하고 보행자의 통행을 방해하지 말아야 한다(제9호).

(10) 추락방지의무 위반

승객의 추락방지의무를 위반하여 운전하다가 승객이 사상하는 **개문발차 사고**를 말한다. 따라서 운전자는 운전 중 타고 있는 사람 또는 타고 내리는 사람이 떨어지지 아니하도록 하기 위하여 문을 정확히 여닫는 등 필요한 조치를 하여야 한다(제10호).

(11) 어린이 보호구역 위반

어린이 보호구역 안에서는 보호조치에 따른 어린이 안전에 유의하여 운전하여야 한다(제11호).

(12) 화물낙하 위반

자동차 운행자는 자동차의 화물이 떨어지지 아니하도록 필요한 조치를 하여야 한다(제12호).

---

5) 개정 전에는 음주운전 3회 이상 적발시 징역 1년 이상 3년 이하 또는 벌금 500만원 이상 1,000만원 이하.

6) '윤창호법' 중 '특정범죄 가중처벌 등에 관한 법률'은 이미 2018년 12월 18일부터 시행 중이고 '도로교통법'은 2019년 6월 25일부터 시행된다.

12대 중과실 교통사고

교통사고처리특례법에 규정된 12개의 중과실 교통사고를 말한다. 이 규정을 위반한 사고의 경우에는 운전자가 보험에 가입됐다고 하더라도 형사처벌된다. 1. 신호위반 2. 중앙선침범 3. 제한속도보다 20km 이상 과속 4. 앞지르기 방법위반 5. 철길건널목 통과방법 위반 6. 횡단보도 사고 7. 무면허운전 8. 음주운전 9. 보도를 침범 10. 승객추락방지의무 위반 11. 어린이보호구역 안전운전 의무위반 12. 화물낙하 위반
12대 중과실사고와 사망 중상해사고, 음주측정 거부, 뺑소니 사고는 공소제기가 가능하다.

Ⅳ 자동차 운전자의 민사책임은 무엇인가

1. 의 미

교통사고로 사람을 사상케 하거나 타인의 재물을 손괴한 경우 형사상의 처벌이나 행정상의 통고처분을 받는다. 그러나 별도로 가해자는 민사상 교통사고로 인한 손해를 배상할 책임을 진다. 따라서 사고를 낸 운전자가 구속되지 않거나 집행유예로 풀려났다고 해서 피해자가 손해배상을 받지 못하는 것은 아니다. 민사상의 손해는 교통사고, 즉 가해자의 고의 또는 과실로 인한 위법행위로 타인에게 손해를 가한 경우에 해당하므로 불법행위책임이 성립한다.

2. 불법행위책임

불법행위라 함은 고의 또는 과실로 인한 위법행위로 타인에게 손해를 가한 것을 말한다. 이 경우 불법행위로 인한 손해는 가해자가 이를 배상하여야 한다. 불법행위가 성립하려면 ① 가해자에게 고의 또는 과실이 있어야 하고, ② 가해자에게 책임능력이 있어야 하고, ③ 가해행위는 위법해야 하고, ④ 가해행위와 손해 사이에는 인과관계가 있어야 한다는 요건이 필요하다.

1) 운전자의 고의·과실

고의란 타인의 법익이 침해될 것을 예견하면서 이를 행하는 심리상태를 말하며, 과실이란 주의를 태만히 하여 결과발생을 미리 인식하지 못하고 이를 행

하는 심리상태를 말한다.

민법은 불법행위에 관해 과실책임주의를 원칙으로 한다. 그러나 교통사고에 있어서는 이 원칙이 그대로 적용되지 않는다. 자동차손해배상보장법은 피해자보호의 입장에서 자동차 소유자에게 무과실책임을 지우고 있다.

2) 운전자의 책임능력

책임능력이란 자기행위의 책임을 인식할 수 있는 능력을 말한다. 그것은 자기의 행위에 의하여 일정한 결과가 발생하는 것을 인식하는 능력이 아니라, 그 결과가 위법한 것으로서 법률상 비난받는 것임을 인식할 수 있는 정신능력을 말한다.

민법은 미성년자로서 그 행위의 책임을 변별할 능력이 없는 자와 제한능력자를 책임능력이 없는 것으로 하고, 이 경우에는 그 감독자나 후견인이 원칙적으로 책임을 지는 것으로 하고 있다. 여기서 미성년자의 경우 어느 정도의 연령에 이르렀을 때 책임변별력을 인정할 것인가가 문제이다. 형법의 경우에는 14세 미만의 자를 형사미성년자로 하고 있지만, 민법의 경우에는 획일적인 기준이 없다. 일반적으로 의사능력은 6~7세부터 10세 정도까지는 갖추어진다고 하면, 책임능력은 대체로 12세의 연령이 되면 갖추어진다고 할 수 있다.

3) 운전행위의 위법성

위법성이란 법률상 행위가 법질서에 반하는 것을 말한다. 보통 위법행위라도 일정한 사유가 있는 경우에는 위법성이 조각(阻却)된다. 정당방위[7]와 긴급피난[8]

7) 정당방위가 성립하려면, ① 상대방의 부당한 침해가 먼저 있을 것, ② 방위행위가 침해행위 종료 전 일어날 것, ③ 방위행위가 침해행위를 방어하기 위한 목적일 것, ④ 먼저 도발하지 않을 것, ⑤ 방위 수단이 필요한 범위에 속할 것, ⑥ 방위 행위로 인해 침해되는 법익이 현저히 커서는 안 될 것 등을 요건으로 할 수 있다. 경찰관의 행위가 적법한 공무집행을 벗어나 불법하게 체포한 것으로 볼 수밖에 없다면, 그 체포를 면하려고 반항하는 과정에서 경찰관에게 상해를 가한 것은 불법 체포로 인한 신체에 대한 현재의 부당한 침해에서 벗어나기 위한 행위로서 정당방위에 해당하여 위법성이 조각된다(대법원 2000. 7. 4. 선고 99도4341 판결).

8) 민법상의 긴급피난에 관하여 판례는 “민법 제761조 제2항 소정의 ‘급박한 위난’에는 가해자의 고의나 과실에 의하여 조성된 위난은 포함되지 아니한다”라고 하고(대법원 1975. 8. 19. 선고 74다1487 판결; 1981. 3. 24. 선고 80다1592 판결). 또한, “강간 등에 의한 치사상죄에 있어서 사상의 결과는 간음행위 그 자체로부터 발생한 경우나 강간의 수단으로 사용한 폭행으로부터 발생한 경우는 물론, 강간에 수반하는 행위에서 발생한 경우도 포함하

이 그것이다. 이 밖에도 자구행위,[9] 피해자의 승락,[10] 정당행위[11]도 위법성을 조각할 수 있다.

4) 운전행위와 손해 사이의 인과관계

운전행위로 인하여 현실적으로 손해가 발생하여야 한다. 따라서 타인의 권리를 침해하였어도 그로 인하여 손해가 발생했다는 증명이 없으면 손해배상을 청구하더라도 기각되고 만다.

손해가 발생하였다는 증명책임은 피해자인 원고에게 있다. 손해가 발생하였더라도 원고가 그 금액에 관하여 적정한 산정을 하고 있지 않을 때에는 배상청구는 인정되지 않는다. 여기서 운전자가 배상하는 손해는 운전행위로 피해자에게 준 손해이므로 운전행위와 손해발생 사이에는 인과관계가 있어야 한다. 인과관계는 원인과 결과 사이의 무한한 사실 가운데 객관적으로 보아 전행사실로부터 후행사실의 발생을 일반적으로 인정할 수 있으면 된다.

고, 피고인이 스스로 야기한 강간범행의 와중에서 피해자가 피고인의 손가락을 깨물며 반항하자 물린 손가락을 비틀며 잡아 뽑다가 피해자에게 치아결손의 상해를 입힌 행위를 가리켜 법에 의하여 용인되는 피난행위라 할 수 없다"라고 한다(대법원 1995. 1. 12. 선고 94도2781 판결).

9) 자구행위로서 위법성이 조각되기 위해서는 법정 절차로는 청구권을 보전하기 불가능한 상황으로 가령 채무자가 돈을 갚지 않고 해외로 출국하기 직전이라든가 지금 채무자를 붙잡거나 하지 않으면 어디론가 도피해서 도저히 찾기 어려운 상황이라든가 그런 상황이어야만 한다. 따라서 도망간 사람의 신원을 알고 있어 고소를 하거나 민사상 소송을 제기할 수 있는 상황이라면 자구행위 상황이 아니다. 도망간 사람을 잡아서 때리면 폭행 또는 상해죄로 처벌된다.

10) 판례는 "형법 제24조의 규정에 의하여 위법성이 조각되는 소위 피해자의 승낙은 해석상 개인적 법익을 훼손하는 경우에 법률상 이를 처분할 수 있는 사람의 승낙을 말할 뿐만 아니라 그 승낙이 윤리적, 도덕적으로 사회상규에 반하는 것이 아니어야 한다고 풀이하여야 할 것이다"라고 하였다(대법원 2008. 12. 11. 선고 2008도9606 판결).

11) 여자중학교 체육교사 겸 태권도 지도교사인 피고인은 1999년 3월 자신이 체육교사로 근무하는 충남 모 여중학교 운동장에서 피해여학생들이 "무질서하게 구보한다"는 이유로 손이나 주먹으로 두 차례 머리 부분을 때리고, 자신이 신고 있는 슬리퍼로 피해여학생의 양손을 때렸으며, 같은 달 태권도대회 출전과 관련해 질문하는 유 모양 등 2명에게 낯모르는 학생들이 보는 가운데 "싸가지 없는 년"이라고 욕설하여 폭행·모욕혐의로 기소되었다. 제1심과 항소심은 유죄를 인정하고 벌금 100만원을 선고하였다. 피고인은 "자신의 행위가 교육목적상 정당한 징계행위이므로 정당행위"임을 주장하며 상고하였다. 이에 대법원은 피고인이 행한 체벌이 정당행위에 해당하지 않는다며 상고를 기각하였다(대법원 2004. 6. 10. 선고 2001도 5380 판결).

3. 불법행위의 효과

1) 손해배상청구권

불법행위의 요건이 충족되면 그 효과로서 피해자는 가해자에 대하여 불법행위로 인한 **손해배상**을 청구할 수 있는 권리가 생긴다. 이와 관련하여 불법행위에 대한 구제로서 현재 행해지고 있는 위법행위의 정지·배제 및 장래에 발생하게 될 위법행위의 예방을 가해자에게 요구할 수 있는 **침해제거청구권** 또는 **침해예방청구권**이 직접 발생하는가에 대하여는 견해가 나뉘고 있다. 이는 입법정책의 문제로서 일정한 경우에만 제한적으로 침해배제청구권을 인정하고 있다. 교통사고의 경우에는 손해배상청구권만을 인정하고 있다.

2) 손해배상의 방법

손해배상의 방법으로는 **원상회복주의**와 **금전배상주의**가 있다. 민법은 편의상 금전배상주의를 원칙으로 하고, 법률에 다른 규정이 있거나 당사자가 다른 의사표시를 한 때에는 예외적으로 원상회복주의를 인정하고 있다. 따라서 교통사고 피해자는 가해자에 대하여 자신이 입은 손해의 손해배상청구권을 가지며, 이러한 손해는 금전으로 배상하는 것을 원칙으로 한다. 여기서 손해는 재산적 손해뿐만 아니라 정신적 손해(위자료)도 금전으로 평가된다.

3) 손해배상의 범위

물질적 손해는 적극적 손해와 소극적 손해로 나눌 수 있고, **정신적 손해**는 위자료를 말한다. 적극적 손해란 치료비, 장례비 등 사고로 인하여 현실적으로 지출된 비용을 말하고, 소극적 손해란 장래에 얻을 수 있으리라고 예상되는 수입이 사고로 인하여 소멸된 경우 그 손해를 말한다. 이를 보통 **일실(逸失)이익 혹은 일실수익**이라고 한다.

4) 위자료

위자료란 피해자 등이 교통사고로 인하여 입은 정신적 손해액을 말하는 것으로 성질상 주관적 사정, 피해자와 가해자의 자력, 사회적 지위에 따라 다르기 때문에 결국 법원에서 최종적으로 결정할 수밖에 없다.

피해자가 사망한 때에는 피해자의 법정상속인에게 위자료 청구권이 주어지며, 사망으로 인하여 정신적 고통을 받은 배우자나 형제자매 등 특별관계가 있는 자에게는 고유의 위자료 청구권이 있다.

4. 과실상계

사고가 발생한 당시 또는 피해의 중대성에 비추어 피해자에게 잘못이 있는 경우에 피해자가 피해의 전부를 배상받도록 하는 것은 공평하지 못하므로 피해자의 잘못의 정도만큼 배상액을 감하는 것을 과실상계라고 한다. 가령 무단횡단자의 과실이 30%이고 운전자의 과실이 70%라고 한다면, 만약 피해자 과실이 전혀 없었을 때의 배상액이 1천만원이라고 하면 과실상계 후의 피해배상액은 700만원이 된다.

V 자동차보험제도의 이해

1. 보험의 필요성

자동차사고가 발생하게 되면 먼저 차주나 운전자는 피해를 입은 사람에게 그 피해를 배상해야 할 법적 책임을 지게 되며, 피해자는 신속하고도 적정한 수준의 피해배상을 요구하게 된다.

자동차사고로 인한 피해배상 문제를 보험제도 등의 도움 없이 순수하게 가해자인 차주와 피해자 간의 손해배상 문제로만 맡겨 둘 경우, 차주나 운전자는 피해자에 대한 배상을 하려면 경제적 파탄을 피할 수 없게 된다. 또한 인사사고의 경우 그 피해를 금전으로 환산하여 정하기가 곤란하기 때문에 피해배상을 둘러싼 분쟁이 심화되어 사회문제화된다.

이러한 문제에 대하여 자동차보험은 피해자에 대한 손해배상과 차주나 운전자가 직접 입은 신체적·재산적 손실 등에 대하여 보험금을 지급함으로써 차주나 운전자의 재산을 보호하여 정상적인 사회생활을 영위할 수 있도록 한다. 한편 피해자에게는 신속하고도 적정한 수준의 배상을 가능하게 하여 자동차사고로 인하여 입은 피해로부터 신속히 회복할 수 있도록 하는 사회보장적 기능을 한다.

2. 책임보험(대인배상 I)

1) 의 미

자동차손해배상보장법에 의한 강제 가입보험인 책임보험은 자동차를 등록한 사람이 **의무적으로** 가입하도록 되어 있으며, 이 보험에서 보상되는 금액과 보상내역은 자동차손해배상보장법, 동법 시행령 및 책임보험의 약관에 따라 보상하는 것을 내용으로 한다.

자동차사고로 인한 피해 중 인사사고의 경우에는 그 피해액을 금전으로 산출하기가 매우 곤란한 경우가 대부분이며, 손해의 종류도 치료비, 장래의 소득상실액, 휴업손해, 위자료, 장례비 등 다양하게 나타나고 피해자측의 감정적 요인도 작용하고 있기 때문에 기본적 보장제도인 책임보험제도 하에서 이러한 손해액을 객관적으로 적정하게 산출할 수 있는 기준을 사회적 여건에 맞게 설정할 필요가 있다.

2) 보상의 한도

자동차손해배상보장법은 그 보상이 사회적·경제적 수준에 비하여 낮게 책정되어 있다는 지적이 있어 다음과 같이 상향조정되었다. 즉 보상한도액이 사망과 후유장해(1급)의 경우 최고 1억 5천만원까지, 부상시 등급별로 치료비는 50만원(14급)부터 최고 3천만원(1급)까지이다. 그리고 사망최저보험금은 2천만원이다.

책임보험에 대하여 피해자의 직접청구권이 인정되어 있기 때문에 장례비 등 시급하게 소요되는 비용은 보험회사에 가불지급청구서·사고증명서 및 진단서 등 필요한 서류를 구비하여 신청하면 지체 없이 지불하도록 되어 있다.

피해자는 위 손해금액 범위 안에서 보상을 받을 수 있을 뿐이므로 실제의 손해금액이 그보다 많은 경우에는 그 초과액을 가해자측에 대하여 청구하여야 한다.

3. 종합보험(대인배상 II)

1) 의 미

교통사고로 인한 손해가 책임보험만으로는 보상될 수 없는 경우가 많으므로 이러한 때를 대비하여 임의보험인 종합보험에 가입해 두어야 한다. 즉 책임보험은 인적 사고의 경우에는 일정한 금액의 범위를 한도로 하고 있고, 물적 손해에 대하여는 전혀 배상하지 않기 때문에 종합보험에 가입해 두어야 모든 손해를 보험회사로부터 배상받을 수 있다.

종합보험은 계약조건 및 담보내용에 따라 다음과 같이 나눌 수 있다. 이 중에서 교통사고처리특례법상의 혜택을 받을 수 있는 보험은 개인용, 업무용, 영업용 자동차보험 등 3가지가 있다.

2) 개인용 종합보험

자가용 승용차를 가진 자연인 및 개인사업자가 가입할 수 있는 보험으로서 보험가입 방법은 담보종목에 따라 ① 대인배상, ② 대물배상, ③ 자기신체사고, ④ 자기차량손해별로 선택하여 가입할 수 있으나 대물배상과 자기신체사고는 대인배상과 동시에만 가입할 수 있다.

운전한정특약으로 가입한 경우에는 피보험자와 그 배우자 부모 및 자녀 이외의 자가 운전 중 발생한 사고에 대하여는 보상받을 수 없다. 보상의 내용은 보험가입금액의 한도 내에서 보험금지급기준에 의하여 산출한 금액 또는 판결금액이다.

3) 업무용 종합보험

개인소유 자가용 승용차를 제외한 모든 비사업용 자동차 및 관용자동차를 소유, 사용 및 관리에 기인한 사고로 피보험자가 법률상 손해배상책임을 담보하는 보험이다. 보험가입 방법은 개인용의 경우와 동일하다.

4. 면책사항

보험은 그 종류에 따라 약관에 보험회사가 보험금의 지급을 거부할 수 있는 면제조항을 두는 것이 일반적이다. 이 중에서 공통되는 사항으로 주요한 것은 **무면허운전** 또는 **음주운전** 중에 생긴 손해, **고의**로 인한 손해, **자가용 영업** 중에 생긴 손해 등이다.

임의보험은 약관의 일반조항에 의하여 보험회사의 사전 승인 없이 지급한 손해배상의 전부 또는 일부는 승인하지 않는다는 규정이 있는 경우도 있으므로 합의를 할 때에는 반드시 보험회사와 협의하여 하는 것이 좋다. 또 피해자가 보험회사가 산정한 금액 이상을 청구할 경우가 있다. 이때는 보험회사와 상의하여 피해자측이 제소함을 기다려 법원의 공정한 판결에 따를 수밖에 없다. 이 경우 변호사의 조력을 받는 것이 좋은데 변호사비용도 보험회사가 부담하는 것으로 보험회사와 상의하는 것이 좋다.

5. 기타 사고의 보상

1) 뺑소니 사고의 경우

피해자나 목격자가 도주차량을 기억하면 해결되지만, 목격자가 없어서 어느 보험회사에 가입되었는지 확인할 수 없는 경우에는 보험혜택을 받을 수 없다. 그러나 이러한 경우에도 가해차량은 책임보험에 가입되어 있는 것으로 추정되기 때문에 책임보험의 한도 내에서 보상받을 수 있다.

현재 이러한 보상업무는 손해보험사에서 수행하고 있으므로 피해자가 위의 보상을 받으려면 치료 중인 병원을 관할하는 지점에 연락해야 한다. 보험금을 청구하려면 자동차 손해배상청구서(보험회사 소정양식), 관할경찰서에서 발급하는 교통사고 사실 확인원, 진단서, 장해진단서, 치료비명세서, 영수증 및 기타 보험회사에서 필요로 하는 서류 등을 갖추어야 한다.

2) 미군용 차량에 치인 경우

자동차 명의이전을 하기 전의 사고에 대한 책임은 미군용 차량의 운전사인 미군의 과실로 인하여 사고가 발생하였다면 우리나라와 미국 간에 체결된 행정협정에 따라 우리나라 정부에서 피해보상을 해준다. 따라서 피해자는 전국 각 지방검찰청 단위로 설치되어 있는 각 지구배상심의회에 배상신청을 하면 피해를 배상받을 수 있다. 그런데 배상심의회에서 결정된 금액이 충분하다고 생각되지 않으면 피해자는 법원에 소송을 제기하여 판결을 받을 수 있다. 그러나 법원에 소송을 내기 전에 반드시 배상신청절차를 거쳐야 하는 점에 주의하여야 한다.

3) 자동차 명의이전 사고책임

자동차를 매도하고 등록명의가 이전되지 않은 상태에서 교통사고가 발생된 경우에 관한 사례를 보면, 매도인이 자동차를 매도하여 인도하고 잔대금까지 모두 변제되었더라도 매수인이 그 자동차를 타인에게 전매할 때까지 자동차

등록원부상 소유명의를 매도인이 그대로 보유하기로 특약하였을 뿐만 아니라 그 자동차에 대한 할부계약상 채무자의 명의도 매도인이 그대로 보유하며, 자동차보험까지도 매도인명의로 가입하도록 한 채 매수인으로 하여금 자동차를 사용하도록 하여 왔다면, 매도인은 매수인이 그 자동차를 전매하여 명의변경등록을 마치기까지 매도인명의로 자동차를 운행할 것을 허용한 것으로서 그 자동차운행에 대한 책무를 벗어났다고 보기는 어려우므로 '자동차손해배상 보장법' 제3조에서 정한 자기를 위하여 자동차를 운행하는 자에 해당한다고 하여 운행지배이익이 있다고 한 사례가 있으나,[12] 반면에 자동차매도인이 매매대금을 모두 지급받고 차량을 인도한 후 매수인에게 자동차등록원부상 소유명의의 이전등록과 할부구입계약상의 채무자 명의변경 및 보험관계의 명의변경 등에 필요한 일체의 서류를 교부하여 매수인은 그 이전등록과 명의변경이 가능하였는데도, 할부금보증인을 미처 구하지 못한 매수인측 사정으로 보험계약만료일까지 명의변경절차를 미루다가 사고가 발생한 것이라면, 매도인은 차량에 대한 운행지배를 행사하거나 운행이익을 얻는 지위에서 벗어났다고 할 것이고, 매도인이 매수인에게 위 명의변경절차를 미루는 것을 양해하였다는 것만으로 차량의 운행지배나 운행이익을 보유한다고 볼 수 없다고 하여 매도인의 운행지배이익을 부정한 사례도 있다.[13]

4) 차량관리 소홀 책임

예컨대 차량 소유자가 자동차의 열쇠를 허술하게 보관하여 다른 사람이 무단운전하다가 사고가 났을 경우 차주는 이에 대한 손해배상책임을 져야 한다. 그러나 차주는 사고에 대한 형사책임까지는 지지 않는다.

6. 마디모(MADYMO) 프로그램

마디모는 교통사고에 따른 자동차 탑승객과 보행인의 거동 상황을 3차원 시뮬레이션으로 재연해 해석하는 상해 판별 프로그램이다. 억울한 피해나 나이롱환자 등을 잡아내는 데 큰 역할을 하고 있다. 네덜란드 응용과학연구기구(TNO)에서 개발하였다.

12) 대법원 1995. 1. 12. 선고 94다38212 판결.
13) 대법원 1992. 4. 14. 선고 91다41866 판결.

학습과제

01. 교통사고 하면 생각나는 단어 5개 이상을 적시하시오.

02. 자동차 운행 중에 사고가 발생할 경우 취할 조치에 대하여 적시하시오.

03. 자동차사고 운행자의 형사책임에 대하여 적시하시오.

04. 자동차사고 운행자의 민사책임에 대하여 적시하시오.

05. 업무상 운행자의 주의의무에 대하여 적시하시오.

06. 자동차사고 운행자의 처벌면제와 그 예외에 대해 적시하시오.

07. 교통사고처리특례법 제3조의 12개의 처벌의 특례를 적시하시오.

08. 자동차사고 운행자의 민사책임에서 운행자의 위법성에 대하여 적시하시오.

09. 운행자의 불법행위가 성립하는 경우 그 효과에 대하여 적시하시오.

10. 호의동승의 경우에 과실상계에 대하여 적시하시오.

11. 자동차보험의 필요성에 대하여 적시하시오.

12. 자동차보험에서 책임보험에 대하여 적시하시오.

13. 자동차보험에서 종합보험에 대하여 적시하시오.

14. 뺑소니 사고의 책임문제에 대하여 적시하시오.

15. 자동차 명의이전 과정에서 사고책임에 대하여 적시하시오.

제 8 장

생활과 법률

가족과 법률

[학습목표]

- 이 장에서는 가족의 특수성이 무엇인가에 대하여 생각해 본다.
- 친족관계의 성립에 따른 존수와 혈족과 인척에 대해 생각해 본다.
- 약혼의 성립과 약혼의 해제에 대하여 생각해 본다.
- 혼인의 성립과 혼인의 장애사유에 대하여 생각해 본다.
- 혼인하면 발생하는 효과에 대하여 생각해 본다.
- 혼인의 무효와 취소사유에 대하여 생각해 본다.
- 사실혼의 성립과 효과에 대하여 생각해 본다.
- 혼인의 해소사유에 대하여 생각해 본다.

I 가족법이란 무엇인가

민법전은 제4편·제5편에서 친족·상속에 관하여 규율하고 있다. 그리고 보통 이들을 중심으로 하는 법을 통틀어 **친족상속법, 신분법 또는 가족법**이라고 한다. 가족법과 상속법은 그 성격이 다르다. 친족법과 상속법은 모두 민법의 일부이기 때문에 그것들의 의의도 민법 전체의 의의에서와 마찬가지로 실질적인 것과 형식적인 것의 두 가지가 있게 된다.

실질적 가족법은 '친족관계 내지 가족관계를 규율하는 일반사법'이고, **실질적 상속법**은 '상속관계를 규율하는 일반사법'이다. 그리고 형식적 친족법·상속법은 각각 민법 '제4편 친족', '제5편 상속'을 가리킨다.

실질적 친족법·상속법과 형식적 친족법·상속법은 일치하지 않는다. 민법 '제4편 친족', '제5편 상속' 중에 실질적 친족법·상속법이 아닌 것이 있는가 하면 민법전 제4편·제5편 이외의 부분이나 특별법·관습법 등에도 실질적 친족법·상속법이 있기 때문이다.

II 가족법의 특성은 무엇인가

가족법은 친족관계 내지 가족관계를 규율한다. 그런데 혼인관계·친자관계 등의 친족관계는 혼인 및 혈연을 기초로 하는 공동사회적인 것으로서 이해타산적인 재산관계와 다르다.

1. 비합리성·비타산성

가족법은 혼인·친자관계와 같이 성적·혈연적 관계를 규율하는 법이어서 이해타산적이 아니고 또 합리성을 추구하는 것이 아니다. 가령 부모가 자녀를 양육하는 것은 자신의 이익을 위한 것이 아니다. 가족법은 이 점에서 타산적이고 합리적인 재산법과는 차이가 있다.

2. 강행법규성

계약법은 대부분 **임의법규성**인데 비하여 가족법은 대체로 강행법규이다. 가족제도를 유지하게 하기 위해서는 국가의 관여가 불가피하기 때문이다. 그렇다고 하여 가족법에서는 사적 자치가 원칙이 아닌 것으로 생각해서는 안 된다. 가족법분야에서도 혼인의 자유, 입양의 자유처럼 사적 자치가 허용되어 있다.

3. 보수성

재산법 특히 계약법은 세계적으로 비슷해지는 경향을 보이는데 비하여 가족법은 관습·전통에 의하여 지배되는 경향이 강하고 보수적인 성격을 띠고 있다.

Ⅲ 친족관계란 어떠한 의미인가

1. 친족관계의 성립

1) 친계(親系)

(1) 의 의

친계란 세대(世代)간의 혈통의 연결관계를 가리키며, 이것에 의하여 친족이 어떻게 혈연적으로 연결되어 있는지를 알 수 있다. 배우자는 친계가 없고 인척은 직접 혈통이 연결되지 않기 때문에 배우자의 친계를 기준으로 판단한다.

(2) 종 류

① 직계친·방계친

직계친은 혈통이 직선적으로 올라가거나 내려가는 관계이고, 방계친은 공동시조부터 갈라져서 바로 아래로 내려가는 다른 친계이다. 부모와 자녀, 조부모와 손자녀는 직계친의 예이고, 형제자매와 백숙부(큰아버지·작은아버지)는 방계친의 예이다. 혈족은 모두 직계친과 방계친 가운데 어느 하나에 속하며, 이를 직계혈족·방계혈족이라고 한다. 그리고 배우자의 직계혈족·방계혈족은 다른 배우자에게는 직계인척·방계인척이 된다.

② 존속친·비속친

부모 및 그와 동일한 항렬에 있는 친족(백숙부모)보다 위의 친계에 있는 자를 존속친이라고 하고, 자녀 및 그와 동일한 항렬에 있는 친족(조카 등)보다 아래의 친계에 있는 자를 비속친이라고 한다. 자기와 같은 항렬에 있는 자(형제자매·종형자매 등)는 존속친도 비속친도 아니다. 존속친·비속친의 구별은 항렬에 의한 것이고 나이와는 관계가 없어서, 자기보다 나이가 적은 존속친이나 자기보다 나이가 많은 비속친이 있을 수 있다.

직계친·방계친은 그 각각에 대하여 존속친·비속친으로 나눌 수 있다. 그리하여 직계존속·직계존속·직계비속, 방계존속·방계비속이 있게 된다. 이 경우 부모·조부모·증조부모는 직계존속이고, 자녀·손자녀는 직계비속이며, 백숙부·고모·이모·증조부는 방계존속이고, 조카·생질·종손자녀는 방계비속이다.

③ 부계친·모계친

부(父)와 그의 혈족이 부계친이고, 모(母)와 그의 혈족이 모계친이다.

2) 촌수(寸數)

(1) 의 의

촌은 친족관계의 긴밀도를 측정하는 척도의 단위이다. 민법은 친족 사이에서는 촌수가 작을수록 가까운 것으로 평가하며, 그에 기초하여 여러 가지 법률효과를 부여하고 있다.

(2) 촌수계산 방법

직계혈족 사이에는 자기로부터 직계존속에 이르는 세대수, 자기로부터 직계비속에 이르는 세대수를 계산하여 이를 각각 그 촌수로 한다(제770조 제1항). 그리하여 甲과 그의 부모·조부모는 각각 1촌·2촌이고, 甲과 그의 증손자녀는 3촌이다.

방계혈족 사이에는 자기로부터 가장 가까운 공동의 직계존속에 이르는 세대수와 그 직계존속으로부터 그 직계비속에 이르는 세대수를 모두 합하여 이를 그 촌수로 한다(제770조 제2항). 예를 들어 A·B가 방계혈족인 경우에는 A·B 사이에 가장 가까운 공동시조가 C라면, A로부터 C에 이르는 세대수를 세고 또 C로부터 B에 이르는 세대수를 세어 이 두 세대수를 합하면 그것이 A·B 사이의 촌수가 된다. 그리하여 형제자매는 2촌이고, 백숙부는 3촌, 종형제자매는 4촌이다.

한편, **인척**인 경우 배우자의 혈족에 대하여는 배우자의 그 혈족에 대한 촌수에 따른다(제771조 전단). 그리하여 처나 남편의 부모는 인척 1촌이고, 처나 남편의 형제자매는 인척 2촌이 된다. 그리고 **혈족의 배우자**에 대하여는 그 혈족에 대한 촌수에 따른다(제771조 후단). 그리하여 형수·제수·매형이나 올케·형부는 인척 2촌이고, 백숙모·이모부는 인척 3촌이다.

양자와 양부모 및 그 혈족, 인척 사이의 친계와 촌수는 **입양된 때부터** 혼인중의 출생자와 동일한 것으로 본다(제772조 제1항). 그리고 양자의 배우자, 직계비속과 그 배우자는 양자의 친계를 기준으로 하여 촌수를 정한다(제772조 제2항).

배우자와는 촌수가 없으며, 민법은 배우자에 대하여 법률효과를 부여할 경우에는 대부분 친족에 포함하지 않고 배우자라는 용어를 별도로 사용한다. 그러나 예외가 있다(제963조·제971조 등).

2. 친족의 정의와 종류

민법은 제767조에서 "배우자, 혈족 및 인척을 친족으로 한다"라고 친족의 정의를 내리고 있다. 이에 의하면, 친족은 배우자·혈족·인척을 통틀어 일컫는 말이다.

1) 혈 족

혈족은 혈연관계가 있는 친족이다. 혈족은 자연혈족·법정혈족, 직계혈족·방계혈족·부계혈족·모계혈족으로 나누어진다.

(1) 자연혈족·법정혈족

자연혈족은 자연적인 혈연관계가 있는 혈족이다. 부모·조부모·외조부모·형제자매 등을 말한다. 법정혈족은 자연적인 혈연관계가 없지만 법률에 의하여 혈족으로 의제된 경우이다. 민법상의 법정혈족관계로는 양친자(養親子)관계가 있다. 양친자관계는 입양에 의하여 발생한다(제878조). 즉 입양한 때부터 양자와 양친 및 양친의 혈족 사이, 양친과 양자의 직계비속 사이에 법정혈족관계가 된다.

(2) 직계혈족·방계혈족

직계혈족이란 직계친의 관계에 있는 혈족을 말하며, 민법은 '자기의 직계존속과 직계비속'을 직계혈족이라고 규정한다(제768조 전단). 방계혈족은 방계친의 관계에 있는 혈족이며, 민법은 '자기의 형제자매와 형제자매의 직계비속, 직계존속의 형제자매 및 그 형제자매의 직계비속'을 방계혈족이라고 규정한다(제768조 후단). 여기서 형제자매는 부계 및 모계의 형제자매를 모두 포함하며, 이복형제도 포함된다.

(3) 부계혈족·모계혈족

부계친의 관계에 있는 혈족이 부계혈족이고(부·조부모·백숙부·고모 등), 모계친의 관계에 있는 혈족이 모계혈족이다(모·외조부모·외숙부·이모 등).

2) 인척(姻戚)

인척은 혼인으로 인하여 성립하는 친족이다. 민법은 혈족의 배우자(계모, 적모, 형제의 처, 자매의 남편, 고모·이모의 남편, 백숙부의 처), 배우자의 혈족(배우자의 부모나 형제자매), 배우자의 혈족의 배우자(처의 자매의 남편, 남편의 형제자매의 처나 남편)를 인척으로 한다(제769조).

인척관계는 혼인의 성립으로 발생하며, 혼인의 취소 또는 이혼으로 인하여 종료한다(제775조 제1항). 그리고 부부의 일방이 사망한 경우에 생존배우자가 재혼할 때에도 인척관계가 종료한다(제775조 제2항).

3) 배우자(配偶者)

남녀가 혼인을 하면 서로 배우자가 되고. 친족에 속하게 된다.

Ⅳ 약혼제도의 이해

1. 약혼의 의미

약혼은 장차 혼인하기로 하는 합의이다. 즉 약혼은 혼인예약이다.

2. 약혼의 성립요건

약혼은 장차 혼인을 하려는 당사자 사이의 혼인의사의 합의가 있으면 성립하며, 혼인에 있어서의 신고와 같은 특별한 방식이 요구되지 않는다. 성년자는 의사능력이 있으면 자유로이 약혼할 수 있다(제809조). 그러나 미성년자가 약혼을 하려면 만 18세가 되어야 하고, 부모 또는 미성년후견인의 동의를 얻어야 한다(제801조). 피성년후견인은 부모 또는 후견인의 동의를 얻어 약혼할 수 있다(제802조). 그러나 피한정후견인은 후견인의 동의 없이 약혼할 수 있다.

3. 약혼의 효과

약혼이 성립하면 당사자는 성실하게 교제하고 가까운 장래에 혼인을 할 의무를 부담한다. 그러나 혼인의 의사가 없는 자에게 혼인을 강제하는 것은 혼인의 본질에 반하므로 혼인을 하지 않더라도 혼인의무의 강제이행은 청구하지 못한다(제803조). 혼인의무의 이행이 없을 경우 약혼당사자는 손해배상을 청구할 수 있을 뿐이다.

4. 약혼의 해제

1) 해제사유

당사자 한쪽에게 다음과 같은 사유가 있을 때에는 상대방이 일방적으로 정당하게 약혼을 해제할 수 있다(제804조).

① 약혼 후 자격정지 이상의 형의 선고를 받은 때
② 약혼 후 성년후견개시나 한정후견개시의 심판을 받은 때
③ 성병, 불치의 정신병, 그 밖의 불치의 병질(病疾)이 있는 때
④ 약혼 후 타인과 약혼 또는 혼인을 한 때
⑤ 약혼 후 타인과 간음을 한 때
⑥ 약혼 후 1년 이상 그 생사가 불명한 때
⑦ 정당한 이유 없이 혼인을 거절하거나 그 시기를 늦추는 때
⑧ 그 밖에 중대한 사유가 있는 때

2) 해제방법

약혼의 해제는 상대방에 대한 의사표시로 한다(제805조 본문). 그러나 상대방에 대하여 의사표시를 할 수 없는 때에는 그 해제의 원인 있음을 안 때에 해제된 것으로 본다(제805조 단서).

3) 해제의 효과

약혼의 해제가 있으면 약혼은 처음부터 없었던 것으로 된다. 약혼을 해제한 때에는 당사자 일방은 과실 있는 상대방에 대하여 이로 인한 손해배상을 청구할 수 있다(제806조 제1항). 그 손해에는 **재산상의 손해**(약혼실 비용, 중매 사례금, 혼인준비 비용) 외에 **정신상 고통**에 대한 것도 포함된다(제806조 제2항). 그리고 정신상 고통에 대한 배상청구권, 즉 위자료청구권은 양도 또는 승계되지 않는다(제806조 제3항 본문). 그러나 당사 사이에 이미 그 배상에 관한 계약이 성립되거나 소를 제기한 후에는 승계된다(제806조 제3항 단서).

약혼을 하는 경우 당사자가 보통 반지와 같은 예물 등을 교환하게 되는데, 약혼이 해제되는 때에 이를 반환하는지가 문제가 된다. 판례는 약혼예물의 수수를 혼인의 불성립을 해제조건으로 하는 증여와 유사하다고 보고, 약혼이 해제되면 예물은 부당이득반환의 법리에 따라 반환되어야 하나, 과실이 있는 당사자는 자신이 제공한 예물의 반환청구권이 없다고 한다.[1)]

V 혼인제도의 이해

1. 혼인의 의미

혼인은 1남 1녀가 평생 부부로서의 생활공동체를 형성하기로 하는 가족법상의 합의이다. 혼인은 넓은 의미의 계약에 해당한다. 그런데 가족법상의 계약이어서 채권계약과는 다른 특수성이 있다. 그리고 약혼은 '가족관계의 등록 등에 관한 법률'에 의하여 일정한 방식으로 신고하여야 성립하는 **요식행위**이다(제812조).

---

1) 대법원 1976. 12. 28. 선고 76므41·42 판결.

2. 혼인의 성립

혼인은 계약에 해당하므로, 성립하기 위해서는 당사자의 의사표시의 합치가 필요하다. 그리고 혼인신고도 하여야 한다(제812조).

1) 당사자 사이의 혼인의사의 합치

혼인이 성립하려면, 당사자 사이에 혼인의 의사표시의 합의가 있어야 한다. **성전환자**는 법적으로 전환된 성으로 인정되는 때에는 다른 성의 사람과 혼인을 할 수 있다.

혼인의 성립시키는 합의는 외형적인 의사표시의 일치로서 충분하다고 하여야 한다. 그리고 그러한 의사표시와 그것들의 일치인 합의는 **혼인신고**가 있을 때 그것에 포함되어서 행하여지게 된다. 따라서 혼인이 성립하기 위하여 합의가 따로 행하여질 필요는 없다. 그 결과 실제로 혼인을 할 의사가 없어도 혼인신고를 하였으면 혼인이 성립하기 위한 합의가 인정되어 혼인은 성립하게 되며, 단지 그 혼인의 무효로 될 뿐이다(민법 제815조 제1호). 실질적인 의사의 일치는 혼인의 성립의 문제가 아니고, 그 다음 단계인 혼인의 유효·무효의 문제로 된다.

2) 혼인신고

혼인이 성립하려면 '가족관계의 등록 등에 관한 법률'에 정한 바에 의하여 신고하여야 한다(제812조 제1항). 우리 민법은 **법률혼주의**로 신고에 의한 **혼인성립주의**를 채택하고 있다. 따라서 이 혼인신고는 혼인의 효력발생요건이 아니고 **성립요건**이다.

(1) 신고의 절차

민법은 혼인신고를 당사자 쌍방과 성년자인 증인 2인의 연서한 서면으로 하여야 한다(제812조 제2항). 하지만 '가족관계의 등록 등에 관한 법률'에 의하면 구두로도 할 수 있다(동법 제23조 제1항 참조).

(2) 신고의 수리

혼인신고는 가족관계 등록사무를 담당하는 공무원이 그 신고서를 수리함으로써 효력이 발생하며, 가족관계등록부 기록은 그 효력요건이 아니다. 따라서 수리된 혼인신고가 가족관계등록부에 기록되지 않거나 허위로 기록된 경우에도 혼인이 성립하게 된다. 혼인신고서가 접수되면 담당공무원은 신고한 혼인이 제807조 내지 제810조 및 제812조 제2항의 규정 기타 법령에 위반함이 있는지를 심사하여야 하며, 그에 위반함이 없으면 신고를 수리하여야 한다(제813조).

(3) 신고의 효과

혼인신고가 일단 수리되면 설령 그것이 법령에 위반되는 것이라도 효력이 발생하며, 오로지 혼인의 무효·취소가 문제될 뿐이다.

3. 혼인의 장애사유

민법 제807조 내지 제810조에는 혼인의 장애사유가 규정되어 있다. 그러한 사유가 있을 때에는 가족관계 등록사무 담당공무원은 혼인신고를 수리하지 않는다(제813조). 그러나 그러한 사유가 있더라도 신고가 수리되면 혼인은 성립하게 되고, 혼인의 무효 또는 취소의 문제가 생길 뿐이다(제815조·제816조).

1) 혼인적령의 미달

만 18세가 된 사람은 혼인을 할 수 있다(제807조). 이 연령에 미달한 자의 혼인신고는 수리되지 않으나(제813조), 신고가 수리되었으면 혼인이 성립하되 그 취소를 청구할 수 있다(제816조 제1호·제817조).

2) 부모 등의 동의 결여

미성년자가 혼인을 할 경우에는 혼인적령에 달하였더라도 부모의 동의를 얻어야 하며, 부모 중 일방이 동의권을 행사할 수 없는 때에는 다른 일방의 동의를 얻어야 하고, 부모가 모두 동의권을 행사할 수 없는 때에는 **미성년후견인의 동의**를 얻어야 하며, 피성년후견인은 부모나 성년후견인의 동의를 받아야 한다(제808조 제1항 및 제2항).

부모 등의 동의가 필요한 경우에 동의가 없으면 혼인신고가 수리되지 않는다(제813조). 그러나 만일 수리가 되면 혼인은 성립하고 취소할 수 있을 뿐이다(제816조 제1호, 제817조).

3) 근친혼

다음과 같은 일정한 범위의 근친자 사이의 혼인은 금지된다.

① 8촌 이내의 혈족 사이의 혼인(제809조 제1항). 여기의 혈족에는 자연혈족·법정혈족(양부모계 혈족), 부계혈족·모계혈족, 직계혈족·방계혈족이 모두 포함된다.

② 친양자의 입양 전에 8촌 이내의 혈족이었던 자 사이의 혼인(제809조 제1항).

③ 6촌 이내의 혈족 이내의 혈족의 배우자, 배우자의 6촌 이내의 혈족, 배우자의 4촌 이내의 혈족의 배우자인 인척이거나 이러한 인척이었던 자 사이에는 혼인하지 못한다(제809조 제2항).

④ 6촌 이내의 양부모계의 혈족이었던 자와 4촌 이내의 양부모계의 인척이었던 자 사이의 혼인(제809조 제3항). 이는 입양관계가 종료된 후에도 일정범위에서 혼인을 금지하는 것이다.

위의 ①~④의 경우에 혼인신고는 수리되지 않은 것이 원칙이나(제813조), 일단 수리가 되면 혼인은 성립하게 되고 경우에 따라 혼인이 무효로 되거나(제815조 제2호 내지 제4호), 취소할 수 있는 것으로 된다(제816조 제1호·제818조).

4) 중혼(重婚)

배우자가 있는 자는 다시 혼인하지 못한다(제810조). 즉 중혼은 금지된다. 그런데 금지되는 혼인은 법률혼만이며, **사실혼**은 포함되지 않는다. 이미 혼인신고를 한 자가 다시 혼인신고를 하면 그 신고의 수리가 거부되는 것이 원칙이나(제813조), 만일 혼인신고가 수리가 되면 혼인이 성립하고 취소할 수 있을 것으로 될 뿐이다(제816조 제1호·제818조).

4. 혼인의 효력

1) 일반적 효과

(1) 친족관계의 발생

혼인이 성립하면, 부부는 서로 배우자로서 친족이 된다(제777조 제3호). 그리고 서로 상대방의 4촌 이내의 혈족, 상대방의 4촌 이내의 혈족의 배우자와 인척이 된다(제777조 제2호, 제769조).

(2) 부부의 성(姓)

부부는 혼인 후에도 각자 본래의 자기의 성을 그대로 가진다.

(3) 동거·부양·협조의 의무

부부는 동거하며 서로 부양하고 협조하여야 한다(제826조 제1항 본문). 그리고 부부는 서로 정조를 지킬 의무가 있으며, 이를 위반한 경우에는 상대방은 부정행위를 이유로 이혼을 청구할 수 있으며(제840조 제1호), 아울러 손해배상도 청구할 수 있다.

(4) 성년의제

미성년자가 혼인을 한 때에는 성년자로 본다(제826조의2).

2) 재산적 효과

혼인을 한 당사자가 혼인 당시에 재산을 가지고 있거나 혼인 후에 새로이 재산을 취득하는 경우, 그 재산의 귀속·관리가 문제된다. 여기에 관한 민법은 우선 그들의 합의에 의하여 재산관계를 정하도록 하고(제829조), 그러한 합의가 없는 경우에는 민법이 규정하는 부부재산제 혹은 별산제를 따르도록 하고 있다(제830조).

(1) 부부재산계약

부부로 될 자는 혼인이 성립하기 전에 그 재산에 관하여 자유롭게 계약을 체결할 수 있다(제829조 제1항). 그 계약을 부부재산계약이라고 한다.

(2) 법정재산제

부부재산계약이 체결되지 않거나 그것이 효력을 잃은 때에는 민법이 정하는 바에 따른다.

가. 부부의 특유재산

민법은 부부재산의 귀속에 관하여 **별산제**를 채용하고 있다. 즉 부부의 일방이 혼인 전에부터 가지고 있는 고유재산과 혼인 중에 자기의 명의로 취득한 재산은 그의 특유재산으로 한다(제830조 제1항). 가령 처가 상속 또는 증여받은 재산, 그로부터 생긴 수익, 의복이나 장신구는 그 처 자신의 특유재산으로 본다는 것이다. 이러한 특유재산은 부부가 각자 관리·사용·수익한다(제831조). 그리고 부부 중 누구에게 속한 것인지 분명하지 않는 재산은 부부의 공유(共有)로 추정한다(제830조 제2항).

나. 혼인생활비용의 공동부담

부부 공동생활에 필요한 비용, 가령 가족의 의·식·주 비용, 자녀의 출산·교육·양육에 필요한 비용은 당사자 사이에 특별한 약정이 없으면 부부가 공동으로 부담한다(제833조).

다. 일상가사대리권과 일상가사채무의 연대책임

부부는 일상의 가사에 관하여 서로 대리권이 있으며(제827조 제1항), 부부의 일방이 일상의 가사에 관하여 제3자와 법률행위를 한 때에는 다른 일방은 이로 인한 채무에 대하여 연대책임이 있다(제832조 본문). 여기서 **'일상의 가사'**란 부부의 공동생활에서 필요한 통상의 사무를 가리키며, 그 구체적인 범위는 부부공동체의 사회적 지위·직업·재산·수입능력 등 현실적 생활상태뿐만 아니라 그 부부의 생활장소인 지역사회의 관습 등에 의하여 정하여진다. 이와 같이 일상의 가사인지 여부는 개별적인 각각의 부부에 따라 차이가 있으나, 일반적으로 식료품·연료·의복의 구입, 주택의 임차, 집세·방세의 지급과 수령, 가재도구의 구입, 전기·수도·가스의 공급계약 체결 및 비용지급, 자녀의 양육비·교육비 등의 지급 등은 일상가사의 범위에 속한다.

그리고 금전차용행위는 부부의 공동생활에 필수적인 비용으로 사용하기 위한 것이라면 일상가사의 범위에 속하나, 그렇지 않으면 일상가사대리권의 범위에 속하기 않는다.

5. 혼인의 무효·취소

1) 의 의

혼인의 무효·취소는 혼인에 일정한 하자가 있을 때 그 혼인관계를 종료시키는 제도이다. 그런데 혼인이 무효 또는 취소되는 경우에 자녀가 출생하는 때는 원상회복이 불가능하기 때문에 민법은 혼인에 하자가 있을지라도 극히 제한된 범위에서만 혼인을 무효로 하고 나머지는 취소할 수 있는 것으로 하였다. 또한 혼인취소에 대하여도 소급효를 인정하지 않는다.

2) 혼인의 무효

(1) 무효원인

① 당사자 사이에 혼인의 합의가 없을 때(제815조 1호).

② 당사자 사이에 8촌 이내의 혈족(친양자의 입양 전의 혈족을 포함)관계가 있는 때(제815조 제2호, 제809조 제1항).

③ 당사자 사이에 직계인척(배우자의 직계혈족과 직계혈족의 배우자)관계가 있거나 있었던 때(제815조 제3호).

④ 당사자 사이에 양부모계의 직계혈족관계가 있었던 때(제815조 제4호).

(2) 혼인무효의 소(訴)

혼인무효의 소는 당사자·법정대리인 또는 4촌 이내의 친족이 언제든지 이를 제기할 수 있다(가사소송법 제23조).

(3) 혼인무효의 효과

혼인무효판결이 확정되면, 당사자 사이에 처음부터 혼인이 없었던 것과 같이 된다. 혼인에 기한 상속 등 권리변동은 무효로 되고, 출생한 자녀는 혼인 외의 자(子)로 된다(제855조 제2항). 그리고 혼인이 무효로 된 경우 당사자 일방은 과실 있는 상대방에 대하여 이로 인한 **손해배상**(정신적 손해 포함)을 청구할 수 있다(제825조, 제806조).

3) 혼인의 취소

(1) 취소의 원인

가. 혼인적령의 미달

혼인적령(만 18세)에 달하지 않는 자의 혼인은 당사자 또는 그 법정대리인이 그 취소를 청구할 수 있다(제816조 제1호, 제807조, 제817조 전단).

나. 부모 등의 동의를 결여한 혼인

미성년자 또는 피성년후견인이 부모 또는 후견인의 동의를 얻지 못하고 혼인한 경우에는 당사자 또는 그 법정대리인이 혼인의 취소를 청구할 수 있다(제816조 제1호, 제808조, 제817조 전단). 그러나 혼인의 당사자가 19세에 달한 후 또는 성년후견종료의 심판이 있은 후 3개월이 경과하거나 혼인 중 임신한 때에는 취소를 청구하지 못한다(제819조).

다. 근친혼

근친혼 가운데 무효로 되지 않는 혼인은 당사자·직계존속 또는 4촌 이내의 방계혈족이 그 취소를 청구할 수 있다(제816조 제1호, 제817조 후단). 그러나 그 당사자 사이에 **혼인 중 임신한 때에**는 취소를 청구하지 못한다(제820조).

라. 중 혼

배우자 있는 자가 다시 행한 혼인은 당사자 및 그 배우자·4촌 이내의 방계혈족 또는 검사가 그 취소를 청구할 수 있다(제816조 제1호, 제810조, 제818조).

마. 악질 기타의 중대한 사유가 있는 혼인

혼인 당시 당사자 일방에 부부생활을 계속할 수 없는 악질 기타 중대한 사유가 있음을 알지 못한 때에는 그 사유가 있음을 안 날로부터 6개월 이내에 그 취소를 청구할 수 있다(제816조 제2호, 제822조).

바. 사기 또는 강박에 의한 혼인

사기 또는 강박에 의한 혼인의 의사표시를 한 때에는 사기를 안 날 또는 강박을 면한 날로부터 3개월 이내에 혼인의 취소를 청구할 수 있다(제816조 제3호, 제823조).

(2) 혼인취소의 효과

취소원인이 있는 혼인도 법원의 판결에 의하여 취소될 때까지는 유효한 혼인으로 다루어진다. 혼인취소의 효력은 취소판결이 확정된 때에 발생한다. 그리고 혼인취소의 효력은 소급하지 않는다(제824조). 따라서 그 혼인에서 출생한 자녀는 혼인 중의 자로 된다.

6. 사실혼

1) 의 의

사실혼이란 실질적으로 부부로서 혼인생활을 하고 있으나 혼인신고를 하지 않아서 법률상의 혼인으로 인정되지 않는 부부관계이다. 사실혼은 법률혼과 동일하게 다루어질 수 없다. 그것은 법률혼주의의 취지에 반하기 때문이다. 그러나 당사자를 보호하여야 한다는 점에서는 결코 사실혼이 법률혼에 뒤지지 않는다. 여기서 학설은 사실혼을 준혼관계(법률혼에 준하는 관계)로 이해하여 혼인의 효과 가운데 혼인신고와 불가분적으로 결합되어 있는 것을 제외하고는 모두 인정하려는 경향을 보인다.

2) 성립요건

사실혼이 성립하기 위해서는 당사자 사이에 주관적으로 혼인의사의 합치가 있고, 객관적으로 부부공동생활이라고 인정할 만한 혼인생활의 실제가 존재하여야 한다는 것이 판례의 태도이다. 또한 혼인의 장애사유(제807조 내지 제810조)도 없어야 하는가에 관하여 논란이 있으나, 법률혼의 장애사유는 모두 사실혼에도 장애가 된다고 하여야 할 것이다.

3) 사실혼의 효과

(1) 일반적 효과

가. 혼인신고를 전제로 하는 효과

사실혼이 성립하여도 사실혼의 배우자 및 그 혈족과의 사이에 친족관계가 생기지 않는다. 그리고 사실혼의 배우자는 서로 후견인이 될 권리·의무가 없다. 또한 미성년자는 사실혼관계에 있더라도 성년의제(제826조의2)가 되지 않는다. 그 밖에 배우자로서의 상속권도 인정되지 않는다.

나. 동거·부양·협조의무 등

부부로서의 동거·부양·협조의무는 사실혼의 경우에도 동일하게 인정되어야 한다. 정조의무 역시 마찬가지로 해석된다.

다. 자녀의 법적 지위

사실혼의 부부 사이의 자녀는 혼인 외의 출생자이다. 따라서 부가 **인지**하지 않는 한 그 자녀는 모의 성과 본을 따르며(제781조 제3항), 모가 친권자가 된다(제909조 제1항).

(2) 재산적 효과

혼인의 재산적 효과는 사실혼의 경우에도 적용된다.

(3) 특별법상의 효과

민법에는 사실혼에 관한 규정이 두어져 있지 않는다. 특별법령에서 사실혼의 배우자를 법률상의 배우자와 동일하게 다루고 있다. 각종 연금법에서 그렇다. 그리고 **주택임대차보호법**에서는 임차인이 사망한 경우에 그와 사실상의 혼인관계에 있는 생존배우자의 주거를 보장해주고 있다(동법 제9조 제1항, 제2항).

4) 사실상 혼인관계 존재 확인청구

사실혼관계가 성립되었다고 할 수 있는 경우에, 당사자 일방이 혼인신고에 협력하지 않을 때에는 상대방은 사실상 혼인관계 존부 확인을 청구하여 법률혼으로 만들 수 있다(가소법 제2조 제1항 나류사건 제1호).

7. 혼인의 해소[2)]

1) 혼인해소의 의의

혼인의 해소란 완전히 유효하게 성립한 혼인이 그 후의 사유로 말미암아 소멸하는 것을 말한다. 혼인해소의 원인에는 배우자의 사망과 이혼이 있다.

2) 사망에 의한 해소

부부의 일방이 **사망**하면 혼인은 당연히 소멸한다. 그리하여 혼인의 효과가 해소된다. 다른 일방은 자유롭게 재혼할 수 있게 된다. 그리고 잔존배우자는 상속을 하게 된다. 한편 부부의 일방이 사망한 경우 생존배우자와의 인척관계는 당연히 소멸하지는 않으며, 생존배우자가 재혼할 때에만 소멸한다(제775조 제2항). 부부의 일방이 **실종선고**를 받은 경우(제28조)와 **인정사망**의 경우(가족관계의 등록에 관한 법률 제87조)에도 사망한 것과 마찬가지로 혼인이 해소된다.

3) 이혼에 의한 해소

이혼이란 완전·유효하게 성립한 혼인을 당사자 쌍방 또는 일방의 의사에 의하여 해소하는 제도이다. 우리 법상 이혼에는 협의이혼과 재판상 이혼이 있다(이하는 제9장 이혼과 재산분할에서 검토한다).

---

2) 이하는 제9장 이혼과 재산분할에서 검토하기로 한다.

학습과제

01. 우리나라 가족법의 변천과정을 적시하시오.

02. 우리나라 가족법의 특징에 대하여 적시하시오.

03. 친족관계의 성립에 대하여 적시하시오.

04. 촌수에 대하여 적시하시오.

05. 친족관계에서 혈족에 대하여 적시하시오.

06. 친족관계에서 인척에 대하여 적시하시오.

07. 약혼의 성립과 약혼의 해제사유에 대하여 적시하시오.

08. 혼인의 성립요건과 효과에 대하여 적시하시오.

09. 혼인의 장애사유에 대하여 적시하시오.

10. 혼인하면 발생하게 되는 효과에 대하여 적시하시오.

11. 부부의 일상가사대리권과 일상가사채무에 대하여 적시하시오.

12. 혼인의 무효사유에 대하여 적시하시오.

13. 혼인의 취소사유에 대하여 적시하시오.

14. 사실혼의 성립요건과 효과에 대하여 적시하시오.

15. 결혼의 장·단점에 대하여 적시하시오.

제 9 장

생활과 법률

이혼과 재산분할

[학습목표]

- 이 장에서는 부부의 일상가사대리에 대하여 생각해 본다.
- 일상가사대리권과 표현대리에 대하여 생각해 본다.
- 일상가사의 연대책임에 대하여 생각해 본다.
- 부부재산별산제에 대하여 생각해 본다.
- 협의이혼의 성립과 그 효과에 대하여 생각해 본다.
- 재판상 이혼의 사유와 그 효과에 대하여 생각해 본다.
- 이혼숙려기간이 필요한 이유에 대하여 생각해 본다.
- 유책배우자의 이혼청구권에 대하여 생각해 본다.
- 재산분할청구권에 대하여 생각해 본다.
- 위자료청구권에 대하여 생각해 본다.
- 이혼하면 왜 자녀문제가 중요한지에 대하여 생각해 본다.

I 일상가사대리권이란 무엇인가

1. 일상가사대리권

1) 민법의 규정

우리 민법에는 부부는 일상가사에 관하여 서로 대리권이 있다고 규정하고 있다. 이에 반하여 게르만 사회에서 혼인할 때에는 아내가 남편으로부터 열쇠의 인도를 받음으로써 주부의 권리를 취득한 것으로 보았다. 따라서 부부의 일상가사대리권은 게르만법상의 열쇠의 권능에서 비롯한 것이라 할 수 있다.

부부의 일방은 일상가사대리권을 제한할 수 있으나 그 제한은 선의의 제3자에게는 대항하지 못한다. 또한 부부의 일방이 일상의 가사에 관하여 제3자와 법률행위를 한 때에는 다른 일방은 이로 인한 채무에 대하여 **연대책임**이 있다.

2) 일상가사의 범위

일상가사의 내용·정도 및 범위는 그 부부의 생활 정도와 그들이 사는 지역사회의 관행 내지 보편적인 견해에 의해 정해진다. 나아가 부부의 사회적 지위, 직업, 재산, 수입능력, 돈을 빌릴 때의 상황 등 현실적 생활 상태를 종합적으로 고려하여 구체적·개별적으로 결정된다.

보통의 경우에 일상생활에 필요한 비용(식료품·의복구입비, 가족의 병원비, 주택의 임차비용, 집세·방세의 지급과 수령, 가재도구의 구입비, 전기·수도·가스의 공급계약 체결 및 그 비용지급, 자녀의 양육비·교육비 등)은 일상가사의 범위에 속한다고 본다. 따라서 유흥비·도박자금·부동산투기자금·갯돈 등으로 빌려 쓴 돈, 일상생활비로서 인정되는 범위를 초과한 금액의 소비대차 등은 특별한 사정이 없는 한 일상가사의 범위로 볼 수 없다.

가령, 남편의 돈과 은행대출금으로 의류매장을 경영하면서 경영부진으로 거액의 채무를 부담하고 있는 처가 부담한 금 4천만원의 계금채무,[1] 부인이 교회에 건축헌금, 가계의 인수대금, 장남의 교회 및 주택임대차보증금의 보조금,

---

1) 대법원 2000. 4. 25. 선고 2000다8267 판결.

거액의 대출금에 대한 이자지급 등의 명목으로 금원을 차용한 행위,[2] 아내가 외국에 체류 중인 남편의 재산을 처분한 행위,[3] 아내가 자가용차의 구입 명목으로 타인으로부터 금전을 차용하는 행위,[4] 아내가 남편소유의 부동산을 매각하는 행위[5] 등은 일상가사에 속하지 않는다.

2. 일상가사대리권과 표현대리

1) 민법 제126조의 표현대리 성립 여부

일상가사대리권의 법적 성질은 법정대리권이라 하면서 일상가사대리권을 기본대리권으로 하여 제126조의 표현대리가 성립할 수 있다는 제1설과, 일상가사대리권의 법적 성질을 결혼 공동체의 대표권이라 하여 상대방의 일상가사대리의 범위 내라고 믿을 만한 정당한 이유가 있는 경우에는 제126조를 유추적용하여야 한다는 제2설, 일상가사대리권은 부부간의 묵시적 수권행위가 법률로 표현된 것이라고 이해함으로써, 부부관계의 태양에 따라 일상가사의 범위가 정하여질 것이라 하여 일상가사의 범위에 들어갈 경우에는 바로 제827조가 적용되고 그러한 범위를 넘는 경우에는 대리권의 수여문제가 아니라 제126조의 정당한 이유 존부 문제로 다루어 표현대리의 인정 여부를 결정하는 것이 타당하다는 제3설, 일상가사대리권을 기본대리권으로 인정할 경우에도 상대방의 신뢰는 언제나 정당한 이유가 없는 것으로 판단될 것이라 하여 일상가사대리권에 본조의 적용을 인정하더라도 실제로 본조의 요건을 갖추지 못함으로써 본조의 적용의도가 유명무실하게 되기 때문에 법적 대리에 제126조를 적용할 필요가 없다는 제4설 등으로 나뉜다. 그러나 판례는 대체로 제1설과 같은 견해를 취하고 있는 것으로 보인다.

2) 표현대리의 성립을 긍정한 판례

아내가 남편 몰래 인감과 인감증명서를 소지하고 남편의 대리인인 것처럼 행세하여 타인으로부터 돈을 빌리면서 그 담보로 남편 소유의 부동산에 대하여

---

2) 대법원 1997. 11. 28. 선고 97다31229 판결.
3) 대법원 1993. 9. 28. 선고 93다16369 판결.
4) 대법원 1985. 3. 26. 선고 84다카1621 판결.
5) 대법원 1966. 7. 19. 선고 66다863 판결.

소유권이전청구권 보전의 가등기를 해준 경우와, 아내와 15년 전부터 별거하고 있는 甲이 9년 전부터 乙을 만나 사실상 부부관계를 맺고 대외적으로 부부로 행세하여 온 경우에 甲이 乙을 대리하여 乙 소유의 부동산에 관하여 근저당권 설정계약을 체결한 경우가 표현대리의 성립을 인정한 사례이다.

또한 아내가 본인의 인장을 사용하여 2년 동안에 걸쳐 모두 100여장의 본인 명의의 수표 및 어음을 발행하는 것을 중간에 알고도 방치한 자는 표현대리가 인정된다.

3) 표현대리의 성립을 부정한 판례

처가 제3자를 남편으로 가장시켜 관련서류를 위조하여 남편소유의 부동산을 담보로 하여 금원을 대출받은 경우, 처가 남편의 채무에 관하여 채권자들과 채무금 확정 및 분할변제 약정을 한 경우, 남편이 식품회사와 대리점 계약을 체결한 후 그 회사에 '처가 대리점 계약에 의한 남편의 채무를 연대보증한다'는 내용에 처의 인감도장이 날인된 처 명의의 연대보증 각서와 대리 발급된 처의 인감증명서를 제출한 경우에 그와 같은 연대보증 각서의 제출이나 그 각서 제출 전 남편이 체결한 보증보험계약에 처가 직접 연대보증을 하였다는 사정만으로 처가 남편에게 연대보증에 관한 대리권을 수여하였다고 보기 어렵다고 한 사례 등을 들 수 있다.

3. 일상가사 연대책임의 문제

1) 원 칙

부부 중 어느 일방이 일상가사에 관하여 제3자와 법률행위를 한 경우, 다른 일방은 이로 인한 채무에 대하여 연대책임을 지게 된다. 부부가 부담하는 연대책임은 <u>일상가사로 인한 채무의 경우에 부부가 연대채무</u>를 부담한다는 의미이다. 보통의 연대채무는 각 채무자의 부담부문에 한하여 <u>상계·면제·소멸시효의 효력</u>이 생기지만, 부부의 연대책임은 혼인 공동생활에서 비롯되는 부부 사이의 긴밀한 내적 연관성의 특수성에서 부부가 완전히 동일한 채무를 병존적으로 부담하는 것이라서 <u>일방에 대한 채권자로부터 채무면제, 채무의 시효소멸 등은 절대적 효력</u>이 있다.

2) 예 외

부부의 일방이 미리 제3자에 대하여 그 책임이 없음을 명시한 경우, 그 일방은 다른 일방의 일상가사로 인한 채무에 대하여 연대책임을 지지 않는다. 그 명시는 일반적인 불특정 다수인을 상대로 할 수는 없고, 부부 중 어느 일방이 일상가사로 인한 제3자와의 법률행위 전에 채무의 종류와 액수 등을 구체적으로 정하여 하여야 한다.

부부의 일방이 의식불명의 상태에 있어 사회통념상 대리관계를 인정할 필요가 있다는 사정만으로 그 배우자가 당연히 모든 법률행위에 관하여 대리권을 갖는지 여부에 대하여 대법원은, 대리가 적법하게 성립하기 위해서는 대리행위를 한 자, 즉 대리인이 본인을 대리할 권한을 가지고 그 대리권의 범위 내에서 법률행위를 하였음을 요하며, 부부의 경우에도 일상의 가사가 아닌 법률행위를 배우자를 대리하여 행함에 있어서는 별도로 대리권을 수여하는 수권행위가 필요한 것이지 부부의 일방이 의식불명의 상태에 있어 사회통념상 대리관계를 인정할 필요가 있다는 사정만으로 그 배우자가 당연히 채무의 부담행위를 포함한 모든 법률행위에 관하여 대리권을 갖는다고 볼 것은 아니다.[6)]

남편이 처를 대리하여 연대보증을 체결하였으나 그 대리권이 인정되지 않는 경우, 민법 제126조의 표현대리가 성립하기 위한 요건에 관하여 대법원은, 소외인이 피고의 남편으로서 일상가사대리권이 있고 원고가 소외인에게 피고를 대리하여 사건 연대보증을 할 권한이 있었다고 믿었다 하더라도, 소외인에게 대리권이 있었다고 인정되지 않는 이상 민법 제126조의 표현대리가 성립하기 위하여는 원고가 소외인에게 그 대리권이 있었다고 믿었음을 정당화할 만한 객관적인 사정이 있어야 한다.[7)]

---

6) 대법원 2000. 12. 8. 선고 99다37856 판결.

7) 대법원 2009. 12. 10. 선고 2009다66068 판결.

Ⅱ 부부별산제란 무엇인가

1. 부부별산제의 내용

1) 특유재산

부부 중 어느 한쪽이 혼인 전부터 가진 재산과 혼인 중 자기의 명의로 취득한 재산은 그 특유재산으로서 그 개인 소유의 재산이 된다. 상속 또는 증여받은 재산으로부터 생긴 수익, 의복·장신구 등을 들 수 있다. 이러한 특유재산은 부부가 각자 자신의 재산으로서 관리·사용·수익·처분할 수 있다. 특유재산은 이혼시에 원칙적으로 재산분할의 대상이 되지 않으며, 혼인생활 중에 배우자가 특유재산의 유지·증가에 대한 기여도가 인정된다면 그 한도 내에서 재산분할의 청구가 가능하다.

2) 공유재산

부부의 누구에게 속한 것인지 귀속주체가 분명하지 아니한 재산은 부부의 공유로 추정한다. 가령 혼인공동생활에 필요한 가재도구 등은 부부의 공유에 속한 것이므로 이혼시 부부는 각자의 지분에 따른 분할청구를 할 수 있다. 부부가 협력하여 부동산을 취득할 경우에는 공동명의로 등기해야만 대외관계에서 공동소유로 인정된다.

2. 혼인생활비용의 공동부담

부부의 공동생활에 필요한 비용은 당사자 사이에 특별한 약정이 없으면 부부가 공동으로 부담한다. 여기서 필요한 비용이란 부부의 재산·수입·사회적 지위 등에 부합하는 혼인공동생활을 영위하는 데 필요한 비용이며, 공동부담의 의미는 반드시 동일한 액수를 부담해야 한다는 것은 아니다. 각자의 능력에 따라 분담한다는 의미로 생각해야 할 것이다.

비용분담액은 부부의 협의에 의하여 정하고 협의가 되지 않는다면 법원에 심판을 청구할 수 있다. 또한 혼인생활의 공동부담에 관한 민법의 규정은 당연히 사실혼 부부의 경우에 적용된다.

부동산의 취득과정에 처의 기여가 있다는 점만으로 명의자인 부 소유로의 추정을 번복하고 부부의 공유라고 인정할 수 있는지 여부에 대하여 대법원은, 민법 제830조는 부부의 일방이 혼인 전부터 가진 고유의 재산과 혼인 중 자기의 명의로 취득한 재산은 그 특유재산으로 한다고 규정하고 있으므로, 부의 명의로 있던 부동산은 그 취득시기가 처와의 혼인 전후인가를 불문하고 부의 소유로 추정된다고 할 것이고, 처가 위 부동산의 취득과정에 일부 기여한 점이 있다고 하더라도 그러한 점만으로 위 추정을 번복하고 위 부동산을 공유라고 인정할 수 없다.[8)]

부부의 일방이 혼인 중 자기명의로 취득한 재산의 공유로 인정되는 경우에 대하여 대법원은, 부부의 일방이 혼인 중 그의 명의로 취득한 부동산은 그의 특유재산으로 추정되는 것으로서 그 부동산을 취득함에 있어 상대방이 협력이 있었다거나 혼인생활에 있어 내조의 공이 있었다는 것만으로는 위 추정을 번복할 수 있는 사유가 되지 못하고, 그 부동산은 부부 각자가 대금의 일부씩을 분담하여 매수하였다거나 부부가 연대채무를 부담하여 매수하였다는 등의 실질적 사유가 주장·입증되는 경우에 한하여 위 추정을 번복하고 그 부동산을 공유로 인정할 수 있다.[9)]

처 명의의 부동산의 주된 매입자금이 부의 수입이지만 처의 적극적인 재산증식 노력이 있었던 경우, 이를 부부공유 재산으로 볼 수 있는지 여부에 대하여 대법원은, 처 명의의 부동산이 주된 매입자금이 부의 수입이지만 처의 적극적인 재산증식 노력이 있었던 경우, 이를 부부공유재산으로 볼 여지가 있다고 보아, 이를 처의 특유재산으로 인정한 원심판결을 파기하였다.[10)]

8) 대법원 1992. 7. 28. 선고 91누10732 판결.
9) 대법원 1986. 9. 9. 선고 85다카1337 판결.
10) 대법원 1995. 10. 12. 선고 95다25695 판결.

III 이혼에 대한 이해

1. 협의이혼

1) 혼인의 해소

배우자 일방이 사망하면 혼인은 당연히 해소되며, 그에 따른 혼인의 효과[11]가 소멸[12]하게 된다. 그러나 배우자가 사망하더라도 생존배우자의 인척관계[13]가 당연히 소멸하지는 않고 생존배우자가 재혼한 경우에만 소멸하게 된다. 한쪽 배우자가 **실종선고**를 받았거나 또는 **인정사망**의 경우에는 사망한 때처럼 혼인이 해소된다.

완전 유효하게 성립한 혼인이라 할지라도 당사자 쌍방 또는 일방의 의사를 토대로 하여 해소하는 협의이혼 또는 재판상 이혼에 대해서도 혼인은 해소된다. 따라서 이혼의 경우에는 인척관계마저 소멸하므로 상속권·부양의무 등이 당연히 소멸된다.

2) 협의이혼의 성립요건

그 원인을 묻지 않고 서로의 **협의**에 의하여 부부가 이혼할 수 있는 것을 협의이혼이라고 한다. 따라서 이혼하기로 하는 자유로운 의사의 협의가 있어야 한다.[14] 따라서 그 이혼의사는 부부관계를 영구적으로 끝내는 것을 내용으로 하는 의사를 말하므로 이러한 이혼의사가 없는 협의이혼은 무효가 된다.

또한 이혼의사를 어떻게 이해할 것인가에 대해서는 이혼의사를 사회통념상 혼인의 실체를 해소하려는 의사로 이해함으로써, 혼인의 실체를 해소할 의사가 없으면서 단지 당사자가 이혼신고의 의사만으로 신고하였다면 그 이혼은

11) 동거, 부양, 협조의무, 성적 충실의무, 혼인생활비용의 부담, 부부재산재, 일상가사대리권이 소멸한다.

12) 그러나 소멸의 효과는 소급하지 않으므로 이미 발생한 일상가사로 인한 채무에 따른 책임은 존속한다.

13) 시가 또는 처가 혈족과의 친족관계

14) 민법은 제836조에서 협의이혼의 성립요건으로 이혼신고만을 규정하고 있으나, 협의이혼도 일종의 계약이라는 점에서 그것이 성립하기 위해서는 당사자 사이의 이혼의사의 협의를 필요로 한다.

무효가 된다.

3) 이혼숙려기간 제도

협의상 이혼을 하려는 자는 가정법원이 제공하는 이혼에 관한 안내를 받아야 하고, 가정법원은 필요한 경우에 당사자에게 상담에 관하여 전문적인 지식과 경험을 갖춘 전문상담인의 상담을 받을 것을 권고할 수 있다. 그리고 가정법원에 이혼의사의 확인을 신청한 당사자는 이 안내를 받은 날로부터 이혼숙려기간이 지난 후에 이혼의사의 확인을 받을 수 있다. 그 기간은 양육하여야 할 자(포태 중인 자를 포함한다)가 있는 경우에는 **3개월**이고, 그 밖의 경우에는 **1개월**이다.

다만 가정법원은 **폭력**으로 인하여 당사자 일방에게 참을 수 없는 고통이 예상되는 등 이혼을 하여야 할 급박한 사정이 있는 경우에는 이혼숙려기간을 단축 또는 면제할 수 있다. 한편 양육하여야 할 자가 있는 경우, 당사자는 제837조에 따른 **자의 양육**과 제909조 제4항에 따른 **자의 친권자결정**에 관한 협의서, 제837조 및 제909조 제4항에 따른 가정법원의 심판정본을 제출하여야 한다. 그리고 가정법원은 당사자가 협의한 양육비부담에 관한 내용을 확인하여 양육비부담조서를 작성하여야 하며, 그 경우에 **양육비부담조서**의 효력에 대하여는 가사소송법 제41조를 준용한다.

가정법원은 부부 양쪽이 제출한 이혼에 관한 안내를 받은 날부터 이혼숙려기간이 지난 후에 양쪽을 출석시켜 그 진술을 듣고 이혼의사의 유무 및 부부 사이에 미성년 자녀가 있는지 여부와 미성년 자녀가 있는 경우, 그 자녀에 대한 양육과 친권자결정에 관한 합의서 또는 가정법원의 심판정본 및 확정증명서를 확인하여야 한다(가족관계의 등록 등에 관한 규칙 제74조 제1항). 가정법원은 부부 양쪽의 이혼의사 등을 확인하면 그 확인서를 작성하여야 하고, 법원사무관 등은 동 규칙의 확인서가 작성된 경우에는 지체 없이 확인서 등본과 미성년 자녀가 있는 경우, 협의서 등본 및 양육비부담조서 정본 또는 심판정본 및 확정증명서를 부부 양쪽에게 교부하거나 송달하여야 한다.

이혼의 신고는 확인서 등본을 교부 또는 송달받은 날부터 **3개월 이내**에 그 등본을 첨부하여야 하며(가족관계의 등록 등에 관한 법률 제75조 제2항), 이혼신고서의 제출은 부부 중 한쪽이 할 수 있다.

(1) 협의이혼의 무효

가사소송법은 이혼무효의 소에 관한 규정을 두고 있으며 이는 협의이혼만을 의미한다. 따라서 당사자 사이에 이혼의사의 합의가 없는 경우, 그 협의이혼은 무효라고 본다. 또한 당사자 사이에 합의가 없으므로 그 이혼은 무효라고 주장하는 소가 이혼무효의 소이며, 따라서 합의가 없는 협의이혼은 당연무효라고 할 것이어서 이혼무효의 소는 확인무효의 소가 된다.

또한 이혼무효의 소는 당사자·법정대리인·4촌 이내의 친족이 제소기간에 제한이 없이 언제든지 제기할 수 있으며, 소의 상대방은 혼인무효의 경우와 같으며, 이혼무효의 판결이 확정되면 처음부터 이혼이 없었던 것으로 되어 그 판결의 효력은 제3자에게 미친다.

일시적으로 법률상의 부부관계를 해제할 의사로서 한 이혼신고의 유효 여부에 대하여 대법원은, 청구인은 피청구인의 외국이민을 떠났다가 3년 후에 다시 귀국하여 혼인신고를 하여 주겠다고 하여 이를 믿고 이혼신고를 하였다면 별다른 사정이 없는 한 당사자 간에 일시적이나마 법률상의 부부관계를 해소할 의사가 있었다고 할 것이니 그 이혼신고는 유효하다 할 것이다.[15)]

협의상 이혼이 무효로 되는 경우에 대하여 대법원은, 협의상 이혼이 가장이혼으로서 무효로 인정되려면 누구나 납득할 만한 특별한 사정이 인정되어야 하고, 그렇지 않으면 이혼 당사자 간에 일시적으로나마 법률상 적법한 이혼을 할 의사가 있었다고 보는 것이 이혼신고의 법률상 및 사실상의 중대성에 비추어 상당하다.[16)]

(2) 사실상의 이혼

사실상의 이혼의 경우에도 친족관계는 그대로 유지가 된다. 따라서 부부 일방의 재혼은 중혼이 되며 사실상의 이혼 상태에서 일방이 사망한 경우에는 생존배우자에게는 상속권이 있다. 그러나 사실상의 이혼을 한 뒤 300일 이후에 출생한 자는 사실상의 이혼 후에 포태된 것으로 추정되기에, 그 자의 경우 친생

15) 대법원 1981. 7. 28. 선고 80므77 판결.
16) 대법원 1997. 1. 24. 선고 95도448 판결.

부인의 소에 의하지 않고 **친자관계 부존재확인의 소**에 의해서만 친자관계를 부정할 수 있다.

(3) 이혼의 효과

이혼은 혼인의 해소를 가져오므로 부부 사이의 배우자관계가 소멸됨은 물론 혼인으로 비롯된 동거·부양·협조의무·부부재산계약 등이 모두 소멸이 된다. 그리고 혼인에 의하여 배우자의 혈족 사이에 생겼던 인척관계 또한 소멸이 된다.

이혼한 부부는 재혼할 수 있으나 종래의 인척사이의 혼인장애 요인은 그대로 남아서 전배우자의 혈족 등과는 재혼하지 못한다. 그러나 부모가 이혼한 경우에도 그 부모와 혼인 중의 출생자 사이의 혈족관계(부자관계·모자관계)에는 아무런 변화가 없다.

2. 재판상 이혼

1) 재판상 이혼

법률에 규정된 이혼원인이 있을 경우 당사자 일방의 청구에 의해 가정법원의 판결을 통하여 부부관계가 해소되는 것을 재판상 이혼이라고 한다. 재판상 이혼은 법률에 규정된 이혼 원인이 존재하기는 하나 가정법원에 의한 조정이혼이 성립하지 않는 경우에 가정법원의 엄정한 판단으로써 혼인을 해소할 수 있는 최후의 방안이다.

2) 조정에 의한 이혼

재판상 이혼은 가사소송법이 규정하는 **조정전치주의**가 적용되므로, 이혼심판 전에 가정법원에 조정을 신청하여야 한다. 따라서 조정절차를 밟지 않고 소를 제기하거나 심판을 청구한 경우 가정법원은 특별한 사정이 없는 한 그 사건을 조정에 회부하여야 한다. 또한 조정절차 당사자 사이에 이혼의 협의가 성립하여 이를 조정조서에 기재하면 조정이 성립하게 되고 혼인은 해소된다.

조정이 성립되면 조정을 신청한 사람은 조정 성립일로부터 1개월 이내에 이혼신고를 하여야 한다.

3) 재판에 의한 이혼

조정을 하지 않기로 하는 결정, 조정불성립결정 또는 조정에 갈음하는 화해권고 결정에 대하여 이의신청이 있는 경우에는 당초 조정신청을 한 때에 소가 제기된 것으로 본다. 재판절차를 통하여 판결이 확정되면 이혼신고가 없더라도 혼인은 해소가 되며, 판결의 효력은 제3자에게도 미친다고 할 것이며, 소를 제기한 자는 판결이 확정된 날로부터 1개월 이내에 이혼신고를 하여야 하나 이것은 보고적 신고이다.

민법 제840조 제6호 소정의 이혼사유인 '혼인을 계속하기 어려운 중대한 사유가 있을 때'에 해당하는지에 대하여 대법원은, 부부가 크고 작은 문제로 자주 다투며 서로 폭행하고, 부부간 문제를 서로 감정적 차원에서 대응하여 도리어 갈등을 증폭시키고 한차례 이혼소송 파동을 겪은 후에도 서로 애정과 신뢰를 쌓을 노력을 등한시한 채 불화가 계속되어 별거에 이르게 되고, 상대방에 대한 이해부족과 불신을 그대로 유지한 채 부부간의 갈등을 일시적으로 참고 있는 상태라면 혼인을 계속하기 어려운 중대한 사유가 있다고 볼 여지가 있다.[17]

이혼 합의사실의 존재가 민법 제840조 제6호 소정의 재판상 이혼사유에 해당하는지 여부에 대하여 대법원은, 혼인생활 중 부부가 일시 이혼에 합의하고 위자료 명목의 금전을 지급하거나 재산분배를 하였다고 하더라도 그것으로 인하여 부부관계가 돌이킬 수 없을 정도로 파탄되어 부부 쌍방이 이혼의 의사로 사실상 부부관계의 실체를 해소한 채 생활하여 왔다는 등의 특별한 사정이 없다면 그러한 이혼합의 사실의 존재만으로 이를 민법 제840조 제6호의 재판상 이혼사유인 혼인을 계속할 수 없는 중대한 사유에 해당한다고 할 수 없다.[18]

3. 유책배우자의 이혼청구

1) 의 의

부부 중 일방이 혼인관계의 파탄에 전적으로 또는 주로 책임이 있는 경우에 그를 **유책배우자**라고 한다. 혼인관계가 회복할 수 없을 정도로 파탄되어 있기만 하면 비록 유책배우자의 이혼청구라 하더라도 이를 인용할 것인가가 문제

17) 대법원 2004. 8. 20. 선고 2004므955 판결.
18) 대법원 1996. 4. 26. 선고 96므226 판결.

이다. 민법에 규정한 사유를 **파탄주의**에 입각하여 유책배우자의 이혼청구는 당연히 허용이 되나, **유책주의**로 파악할 경우에는 유책배우자의 이혼청구는 할 수 없다.

2) 유책배우자의 이혼청구 허용 여부

명문의 규정이 없는 우리 민법의 경우 유책배우자가 이혼을 청구한 경우에 이를 허용해야 할 것인지에 관하여는 부정설과 긍정설, 제한긍정설이 있다.

(1) 부정설

유책배우자의 이혼청구를 인용하는 것은 도의관념에 반하고 축출이혼을 허용하는 결과가 되어 이를 받아들일 수 없다.

(2) 긍정설

의사 없는 혼인생활의 강요는 혼인의 본질에 반하고 사실상의 이혼만 증가시키게 되므로 이를 인용하면서 무책배우자에 대한 부양책을 강구하는 것이 합리적이라 한다.

(3) 제한긍정설

유책배우자의 이혼청구는 원칙적으로 허용하지 않으면서 특별한 사정이 있는 경우, 즉 제한된 범위 내에서 ① 상대배우자에게도 이혼의사가 있는 경우, ② 혼인 파탄의 책임이 부부 쌍방에게 있는 경우, ③ 기타의 경우 등에는 예외적으로 이혼을 허용해야 한다는 설이다.

혼인관계의 파탄의 경우 유책배우자의 이혼청구의 허용 여부에 대하여 대법원은, 민법 제840조 제6호 소정의 이혼사유에 관하여 오로지 또는 주로 책임이 있는 일방당사자가 하는 이혼청구는 원칙적으로 허용되지 않는다.[19)]

혼인파탄의 유책배우자라고 하여 그 이혼청구를 배척하는지에 대하여 대법원은, 청구인과 피청구인의 혼인이 장기간의 별거와 청구인과 청구 외 甲여와 동거로 이제는 파탄에 이르렀다고 하더라도 그 원인의 청구인이 피청구인을 버려둔 채 현재까지 甲여와 동거함으로 인한 것이라면 그 책임은 전적으로 청구인에게 있다 할 것이니, 피청구인이 청구인으로부터 아무런 경제적 도움을

---

19) 대법원 1989. 6. 27. 선고 86므740 판결.

얻지 못하므로 인한 극심한 생활고를 해결하기 위하여 부득이 乙남과 일시적으로 동거하면서 그 사이에 자식을 출산한 것이 파탄의 원인으로 경합되었더라도 그 책임 역시 피청구인을 버려둔 채 甲여와 계속 동거한 청구인에게 있다고 할 것이므로 청구인은 혼인파탄의 유책배우자로서 이를 이유로 이혼을 청구할 수 없다.[20]

유책배우자도 이혼청구권이 인정되는지에 대하여 대법원은, 혼인생활의 파탄에 대하여 주된 책임이 있는 배우자는 원칙적으로 그 파탄을 사유로 하여 이혼을 청구할 수 없고, 다만 상대방도 그 파탄 이후 혼인을 계속할 의사가 없음이 객관적으로 명백함에도 오기나 보복적 감정에서 이혼에 응하지 아니하고 있을 뿐이라는 등의 특별한 사정이 있는 경우에만 예외적으로 유책배우자의 이혼청구권이 인정된다.[21]

IV 재산분할청구권의 이해

1. 인정이유와 법적 성질

1) 인정이유

협의상 이혼하려는 일방은 다른 일방에 대하여 재산분할을 청구할 수 있다. 이는 재판상 이혼의 경우에도 적용 또는 준용되고, 혼인취소의 경우에도 같다. 부부의 생활공동체라는 실질에 비추어 인정되는 것이므로, 사실혼관계에도 준용 또는 유추적용할 수 있지만,[22] 중혼적 사실혼 해소의 경우에는 적용되지 않는다.[23]

---

20) 대법원 1990. 3. 27. 선고 89므235 판결.

21) 대법원 2013. 11. 18. 선고 2010므4095 판결.

22) 대법원 2002. 8. 28. 자 2002스36 결정; 대법원 1995. 3. 28. 선고 94므1584 판결: 청산의 의미를 갖는 재산분할에 관한 규정은 부부의 생활공동체라는 실질에 비추어 인정되는 것이므로, 사실혼관계에도 준용 또는 유추적용할 수 있다.

23) 대법원 1996. 9. 20. 선고 96므530 판결; 대법원 1995. 7. 3. 자 94스30 결정: 법률상의 혼인을 한 부부의 어느 한 쪽이 집을 나가 장기간 돌아오지 아니하고 있는 상태에서 부부의 다른 한 쪽이 제3자와 혼인의 의사로 실질적인 혼인생활을 하고 있다고 하더라도, 특별한

민법 제830조 소정의 **부부별산제**의 원칙에 따를 경우, 혼인생활 중 취득한 남편 명의의 재산이라 하더라도 아내의 가사노동·가계운영의 공헌과 같은 그 재산형성·유지에 대한 아내의 기여도에 대한 경제적 평가가 반영되지 않음으로써 아내는 무일푼의 상태로 갈라서는 경우가 있을 수 있다. 재산분할청구권은 부부 일방, 특히 여성에게 이혼의 자유를 보장하고 헌법상의 양성평등의 이념을 이혼법의 영역에서 실현하기 위한 제도이다.[24)]

2) 법적 성질

재산분할청구권은 부부라는 신분관계의 해소를 기초로 법률의 규정에 의해 발생하는 채권이지만, 이 제도의 인정근거와 관련하여 공유관계나 명의신탁이 주장될 수 있음을 유의할 필요가 있다.

재산분할청구권의 의미 및 인정근거가 무엇인지에 따라, 혼인 중의 부부재산의 청산 내지 잠재적 지분의 반환적 성질을 갖는다는 **청산설**과 부부공동재산의 청산을 중심적 요소로 하고 보충적으로 전배우자의 부양적 요소를 포함한다고 새기는 **청산 및 부양설(통설)**로 나뉘며, 재산분할청구권의 성립시기를 어디에 둘 것이냐에 따라 재산분할청구권은 구체적으로 그 분할에 관한 합의의 성립 또는 심판의 확정에 의하여 비로소 이루어진다는 형성설과, 이혼이라는 사실과 혼인 중 재산의 청산 및 이혼 후 부양의 요건을 충족시키는 사실의 존재에 의하여 재산분할청구권은 당연히 발생하고 협의·심판은 그 내용을 확인하는 절차에 지나지 않는다는 확인설, 추상적 재산분할청구권은 이혼의 성립만으로 당연히 발생하지만 구체적 재산분할청구권은 재산분할에 관한 그 협의·심판에 의하여 비로소 형성된다는 절충설로 나뉜다. 그 인정근거에 관하여 판례는 청산 및 부양설을 취하고 있으나, 청산설을 취하는 경우도 있어 일정하지 않다.

사견으로서는 재산분할청구권은 부부별산제 하에서 혼인 중에 부부 일방의 명의로 되어 있는 재산의 형성·유지에 대한 상대방 배우자의 기여도를 인정

사정이 없는 한 이를 사실혼으로 인정하여 법률혼에 준하는 보호를 허여할 수는 없다.

24) 대법원 2013. 6. 20. 선고 2010므4071, 4088 전원합의체 판결: 소극재산의 총액이 적극재산의 총액을 초과하여 재산분할을 한 결과가 결국 채무의 분담을 정하는 것이 되는 경우에도 법원은 채무의 성질, 채권자와의 관계, 물적 담보의 존부 등 일체의 사정을 참작하여 이를 분담하게 하는 것이 적합하다고 인정되면 구체적인 분담의 방법 등을 정하여 재산분할 청구를 받아들일 수 있다 할 것이다.

함으로써 이혼당사자 쌍방의 이해관계의 공평을 꾀하기 위한 제도이다. 그렇다면 재산분할청구권은 혼인 중에 형성된 그 재산을 청산·분배하는 것으로 새겨야 한다. 부부 사이의 부양의무는 혼인 중에만 인정될 뿐 이혼 후까지 지속되는 것이 아니므로, 청산·분배의 결과로서 부양적 요소라는 부수적인 효과가 기대될 수 있을 뿐이다. 이러한 점에서 청산설이 타당하다고 생각한다. 재산분할청구권의 발생시기와 관련해서는 재산분할청구권은 이혼당사자 쌍방의 협의가 없는 한 법원의 심판에 의해 구체적으로 발생한다고 새기는 절충설이 타당하다. 이렇게 해석하는 것이 가사비송사건인 재산분할청구 사건에 부합하는 해석이 되기 때문이다.

2. 청구권자

민법 제839조의2·제843조의 규정상 재산분할청구권은 이혼책임에 대한 유책성 여부에 관계없이 이혼당사자 일방이 혼인 중에 취득한 실질적인 공동재산에 대한 재산분할청구권을 갖는다. 그러나 부부가 협의이혼을 전제로 재산분할 약정을 하였으나, 그 후 혼인관계가 존속하거나 재판상 이혼이 이루어진 경우에는 재산분할 협의의 효력은 발생하지 않는다.

따라서 혼인이 해소되기 전에 미리 재산분할청구권을 포기하는 것은 성질상 허용되지 않는다.

3. 재산분할 대상인 재산

1) 의 의

재판상 이혼을 전제로 한 재산분할에서 분할의 대상이 되는 재산과 그 액수는 이혼소송의 사실심변론종결일을 기준으로 하여 정하여야 하는데, 원칙적으로 혼인 중 부부 쌍방의 협력으로 이룩한 재산은 모두 청산의 대상이 된다. 또한 부부의 일방이 별거 후에 취득한 재산이라 하더라도 그것이 별거 전에 쌍방의 협력에 의해 형성된 유형·무형의 자원에 기한 것이라면 분할의 대상이 된다. 그리고 제3자 명의의 재산이라 하더라도 부부 쌍방의 협력 등이 인정되는 경우도 그 대상이 된다.

재산분할 재판에서 분할대상인지 여부가 전혀 심리된 바 없는 재산이 재판

확정 후 추가로 발견된 경우에는 이에 대하여 추가로 재산분할청구를 할 수 있으며, 혼인 전부터 갖고 있었던 특유재산으로부터 출자하여 취득한 재산, 혼인 중에 상속이나 증여를 받은 재산과 그 수익 등은 분할대상이 아니다. 다만 특유재산이라 하더라도 다른 일방이 적극적으로 특유재산의 유지에 협력하여 감소를 방지하였거나 증식에 협력하였다고 인정되는 경우에는 분할대상이 되며, 이러한 예외적인 경우 협력에 대한 기여도 등에 대한 증명책임은 재산분할청구권자가 부담한다고 하여야 한다.

2) 채무자의 재산분할 대상 여부

부부의 일방이 별거 후에 취득한 재산이라 하더라도 그것이 별거 전에 쌍방의 협력에 의해 형성된 유형·무형의 자원에 기한 것이라면 분할의 대상이 되고,[25] 제3자 명의의 재산이라 하더라도 부부 쌍방의 협력 등이 인정되는 경우에는 재산분할 대상이 된다.[26] 부부의 일방이 혼인 전부터 갖고 있었던 특유재산으로부터 출자하여 취득한 재산이나 혼인 중에 상속이나 증여를 받은 재산과 그 수익 등은 분할대상이 아니지만 특유재산이라 하더라도 다른 일방이 적극적으로 특유재산의 유지에 협력하여 감소를 방지하였거나 증식에 협력하였다고 인정되는 경우에는 분할 대상이 되며,[27] 부부 중 일방이 상속받은 재산[28]이나 제3자로부터 증여받은 재산이라도 이를 취득하고 유지함에 상대방의 가사노동 등이 직·간접으로 기여한 것이라면 상속분할 대상 재산이 된다.[29] 이러한 예외

---

25) 대법원 2000. 8. 18. 선고 99므1855 판결: 부부 사이에 13년 남짓 동안 법률혼과 사실혼이 3회에 걸쳐 계속 이어지다가 파탄되었고 그 각 협의이혼에 따른 별거기간이 6개월과 2개월 남짓에 불과한 경우에 마지막 사실혼의 해소에 따른 재산분할을 함에 있어서는 ... 그 각 혼인 중에 쌍방의 협력에 의하여 이룩한 재산은 모두 청산의 대상이 될 수 있다고 보는 것이 상당하다.

26) 대법원 2009. 6. 9. 자 2008스111 결정; 대법원 1998. 4. 10. 선고 96므1434 판결: 제3자 명의의 재산이더라도 그것이 부부 중 일방에 의하여 명의신탁된 재산 또는 부부의 일방이 실질적으로 지배하고 있는 재산으로서 부부 쌍방의 협력에 의하여 형성된 것이거나 부부 쌍방의 협력에 의하여 형성된 유형, 무형의 자원에 기한 것이라면 재산분할의 대상이 된다.

27) 대법원 2002. 8. 28. 자 2002스36 결정; 대법원 1993. 5. 25. 선고 92므501 판결: 특유재산일지라도 다른 일방이 적극적으로 그 특유재산의 유지에 협력하여 그 감소를 방지하였거나 그 증식에 협력하였다고 인정되는 경우에는 분할의 대상이 될 수 있다.

28) 대법원 2009. 6. 9. 자 2008스111 결정: 부부 중 일방이 상속받은 재산이거나 이미 처분한 상속재산을 기초로 형성된 부동산이더라도 이를 취득하고 유지함에 있어 상대방의 가사노동 등이 직·간접으로 기여한 것이라면 재산분할의 대상이 된다.

적인 경우, 그 협력·기여도 등에 대한 증명책임은 재산분할청구권자가 부담한다고 새겨야 한다.

부부가 이혼할 때 쌍방의 소극재산 총액이 적극재산 총액을 초과하여 재산분할을 한 결과가 결국 채무의 분담을 정하는 것이 되는 경우에도 재산분할청구를 받아들여야 하고, 채무부담의 경위, 용처, 채무의 내용과 금액, 혼인생활의 과정, 당사자의 경제적 활동능력과 장래의 전망 등 제반 사정을 종합적으로 고려하여 채무를 분담하게 할지 여부 및 분담의 방법 등을 정하여야 한다. 다만 적극재산을 분할할 때처럼 재산형성에 대한 기여도 등을 중심으로 일률적으로 비율을 정하여 당연히 분할·귀속하게 하여야 한다는 취지는 아니다. 채무의 분담을 정하는 경우에도 법원은 채무의 성질, 채권자와의 관계, 물적 담보의 존부 등 일체의 사정을 참작하여 이를 분담하게 하는 것이 적합하다고 인정되면 구체적인 분담의 방법 등을 정하여 재산분할청구를 인정하여야 한다. 이와 같이 하여야만 부부가 혼인 중 형성한 재산관계를 이혼에 즈음하여 청산하는 것을 본질적으로 하는 재산분할제도의 취지에 맞고 당사자 사이의 실질적 공평에도 부합하기 때문이다.

제3자 명의의 재산이 재산분할의 대상이 되는지 여부에 대하여 대법원은, 제3자 명의의 재산도 그것이 부부 중 일방에 의하여 명의신탁된 재산 또는 부부의 일방이 실질적으로 지배하고 있는 재산으로서 부부 쌍방의 협력에 의하여 형성된 유형·무형의 자원에 기한 것이라면 그와 같은 사정도 참작하여야 한다는 의미에서 재산분할의 대상이 된다.[30)]

부부의 일방이 혼인 중 제3자에게 부담한 임대차보증금반환 채무가 재산분할의 대상이 되는지 여부에 대하여 대법원은, 혼인생활 중 쌍방의 협력으로 취득한 부동산에 관하여 부부의 일방이 부담하는 임대차보증금반환채무는 특별한 사정이 없는 한 혼인 중 재산의 형성에 수반한 채무로서 재산분할의 대상이 된다.[31)]

29) 대법원 2010. 4. 15. 선고 2009므4297 판결: 부부 중 일방이 제3자로부터 증여받은 재산도 상속분할대상 재산이 된다.

30) 대법원 2013. 7. 12. 선고 2011므1116 판결.

31) 대법원 2011. 3. 10. 선고 1010므4699 판결.

3) 퇴직연금

이혼 당시 이미 받은 퇴직금은 청산대상이 되며, 공무원 퇴직연금수급권도 재산분할청구권의 대상 재산이 되나 연금수급권자인 배우자의 여명을 알 수 없어 가액을 특정할 수 없는 등의 특성상 전체 재산에 대한 하나의 분할비율을 정한 것이 형평에 부합하지 않는 경우에는 공무원퇴직연금수급권과 다른 일반재산을 구별하여 개별적으로 분할비율을 정하는 것이 타당하고, 그 결과 실제로 분할비율이 달리 정하여지더라도 이는 분할비율을 달리 정할 수 있는 합리적 근거가 있어야 한다.

장래의 퇴직급여채권도 재산분할이 대상이 되는데, 구체적으로는 이혼소송의 사실심변론종결시를 기준으로 그 시점에서 퇴직할 경우 수령할 수 있을 것으로 예상되는 퇴직급여 상당액의 채권이 그 대상이 된다.

4) 재산분할의 과세

재산분할로 취득한 재산에 대하여는 **증여세**를 부과하지 못하며,[32] 재산분할에 의한 자산의 이전에 **양도소득세**를 부과할 수도 없다.[33]

4. 재산분할의 방법

재산분할에 대하여 구체적으로 법으로 정하여진 기준은 없으나 재산분할 여부, 그 방법 및 액수나 비율 등은 원칙적으로 당사자의 협의나 조정에 의해 정해지게 된다. 또한 그 협의가 없거나 불가능한 경우, 당사자의 청구에 의하여 가정법원이 당사자 쌍방의 협력에 의하여 이룩한 재산의 액수와 기타 사정을 참작하여 그 액수와 방법을 정하게 되며, 이 경우에 법원은 재산분할액 산정의 기초가 되는 재산의 가액을 객관성과 합리성이 있는 자료에 의하여 평가하여야 한다.

재산분할 비율은 개별 재산에 대한 기여도를 일컫는 것이 아니라 기여도 기타 모든 사정을 고려하여 전체로서의 형성된 재산에 대하여 상대방 배우자로부터 받을 수 있는 비율을 말하는데, 법원이 재산분할을 함에 있어 방법·비율

32) 대법원 1997. 11. 28. 선고 96누4725 판결.
33) 대법원 2003. 11. 14. 선고 2002두6422 판결.

또는 액수는 당사자 쌍방의 협력으로 이룩한 재산의 액수 기타의 사정을 참작하여 정하면 되고, 기타의 사정 중 중요한 것은 명시하여야만 하지만 그 모두를 개별적·구체적으로 특정하여 명시할 필요는 없다.

또한 법원이 명하는 구체적인 재산분할의 방법으로는 재산의 전부 또는 일부에 대한 현물분할의 방법, 금전에 대한 일시불 또는 정기금 지급방법 등이 있다.

5. 다른 제도와의 관계

1) 위자료청구권과의 관계

재산분할청구권의 목적은 부부 공동재산의 청산·분배에 있으며, 위자료청구권의 목적은 이혼에 따른 손해배상청구에 있다. 그러므로 재산분할청구는 유책배우자도 청구가 가능하나 위자료청구는 유책배우자는 불가능하다. 그리고 권리행사기간에 있어서도 전자는 이혼시부터 2년의 제척기간에 걸리나 후자는 민법 제766조 소정의 3년 또는 10년의 소멸시효에 걸린다.

가정법원의 전속관할이나 조정전치주의 적용대상은 동일하다. 다만 사건의 성격에서 전자는 가사비송사건으로 처리하지만 후자는 가사소송사건으로 처리한다. 이혼소송 계속 중 소 제기자의 사망시에 소송종료 여부에 대하여 전자는 종료가 되나 후자는 상속인이 승계하게 되는 점에서 구별되는 별개의 독립한 권리이다. 그러므로 유책배우자는 재산분할청구 외에 별도로 위자료청구권도 행사할 수 있게 된다.

2) 채권자대위권과의 관계

재산분할청구권은 권리의 성질상 이혼당사자의 의사를 존중하여야 하므로 원칙적으로 대위권의 대상이 되지 못한다. 다만 당사자의 협의·심판에 의하여 구체적인 금전채권 또는 급부청구권으로 확정된 때에는 채권자대위권의 대상이 된다 할 것이다.[34)]

이혼으로 인한 재산분할청구권을 보전하기 위하여 채권자대위권을 행사할 수 있는지 여부에 대하여 대법원은, 이혼으로 인한 재산분할청구권은 협의 또

34) 대법원 1999. 4. 9. 선고 98다58016 판결.

는 심판에 의하여 그 구체적 내용이 형성되기까지는 그 범위 및 내용이 불명확·불확정하기 때문에 구체적으로 권리가 발생하였다고 할 수 없으므로 이를 보전하기 위하여 채권자대위권을 행사할 수 없다.[35)]

3) 채권자취소권과의 관계

2007년 민법의 일부 개정에 의하여 재산분할청구권을 보전하기 위한 사해행위 취소권 제도가 신설되었다(제839조의3). 즉 부부의 일방이 다른 일방의 재산분할청구권 행사를 해함을 알면서도 재산권을 목적으로 하는 법률행위를 한 경우, 다른 일방은 제406조 제1항을 준용하여 그 취소 및 원상회복을 가정법원에 청구할 수 있다. 이 경우 사해행위취소의 소는 제406조 제2항의 기간 내에 제기하여야 한다.

협의 또는 심판에 의하여 구체화되지 않은 이혼에 따른 재산분할청구권을 포기하는 행위가 채권자취소권의 대상이 되는지 여부에 대하여 대법원은, 이혼으로 인한 재산분할청구권은 이혼을 한 당사자의 일방이 다른 일방에 대하여 재산분할을 청구할 수 있는 권리로서 이혼이 성립한 때에 그 법적 효과로서 비로소 발생하는 것일 뿐만 아니라, 협의 또는 심판에 의하여 구체적 내용이 형성되기까지는 그 범위 및 내용이 불명확·불확정하기 때문에 구체적으로 권리가 발생하였다고 할 수 없으므로 협의 또는 심판에 의하여 구체화되지 않은 재산분할청구권은 채무자의 책임재산에 해당하지 아니하고, 이를 포기하는 행위 또한 채권자취소권의 대상이 될 수 없다.[36)]

---

35) 대법원 1999. 4. 9. 선고 98다58016 판결.
36) 대법원 2013. 10. 11. 선고 2013다7939 판결.

학습과제

01. 부부의 일상가사 범위에 대하여 적시하시오.

02. 일상가사대리의 표현대리 성립 여부에 대하여 적시하시오.

03. 일상가사채무의 연대책임에 대하여 적시하시오.

04. 부부의 특유재산과 공동재산에 대하여 적시하시오.

05. 혼인생활비용의 공동부담에 대하여 적시하시오.

06. 협의이혼의 성립요건에 대하여 적시하시오.

07. 이혼숙려기간이 필요한 이유에 대하여 적시하시오.

08. 재판상 이혼사유에 대하여 적시하시오.

09. 유책배우자의 이혼청구 허용 여부에 대하여 적시하시오.

10. 재산분할 대상인 재산에 대하여 적시하시오.

11. 재산분할의 방법에 대하여 적시하시오.

12. 재산분할과 위자료청구권의 관계에 대하여 적시하시오.

13. 재산분할과 채권자취소권의 관계에 대하여 적시하시오.

14. 협의이혼과 재판상 이혼의 차이점에 대하여 적시하시오.

15. 오늘날 이혼이 증가하는 이유에 대하여 적시하시오.

제 10 장

생활과 법률

재산상속과 법률

[학습목표]

- 이 장에서는 상속인의 범위와 상속인의 순위에 대하여 생각해 본다.
- 태아의 상속권에 대하여 생각해 본다.
- 상속결격사유에 대하여 생각해 본다.
- 법정상속분에 대하여 생각해 본다.
- 유언의 방식에 대하여 생각해 본다.
- 유언의 무효와 취소에 대하여 생각해 본다.
- 유언의 철회에 대하여 생각해 본다.

I 상속이란 무엇인가

1. 상속의 개시

민법은 재산상속에 있어서 **사망**의 경우만을 개시원인으로 하고 있다. 따라서 반드시 사망이라는 법률사실을 법률요건으로 하여 법률효과가 발생한다. 여기서 **실종선고**도 사망으로 의제되므로 실종선고를 받은 자는 실종기간이 만료한 때에 사망한 것으로 보아 재산상속이 개시된다.

상속개시의 장소는 피상속인의 주소지이다. 이는 상속사건과 파산사건의 재판관할을 확정하는 데 필요하다. 또한 상속세의 부과·징수의 경우에 상속재산의 가액을 평가하는 표준이 된다. 그리고 피상속인의 주소가 복수인 경우에는 최후의 주소지에 의할 것이고, 주소를 알 수 없을 때 또는 한국에 주소가 없을 때에는 그 사망지를 상속개시의 장소로 할 수밖에 없다.

2. 상속인

1) 상속인의 범위

상속인의 범위는 피상속인의 8촌 이내의 방계혈족이었으나, 이 범위가 실정에 맞지 않다고 판단하여 4촌 이내의 방계혈족으로 축소·개정하였다. 세계 각국의 상속인의 범위는 대체로 직계비속·직계존속·배우자·형제자매 등 최근친으로 하고 있는 것이 일반적이다.

2) 법정상속인의 지위

(1) 제1순위

직계비속이 수인인 때에는 최근친을 선순위로 하고, 동친 등이 수인인 때에는 공동상속인이 된다. 예컨대 직계비속인 자 중에서 1인이 상속개시 전에 사망하였는데, 그에게 자가 있을 때에는 그 자가 **대습상속**을 하게 되지만, 피상속인의 자가 전원 사망하였거나 결격자가 된 경우에는 손이 대습상속을 하는 것이 아니라 본위상속을 하게 된다.

여기서 **직계비속**이라 함은 자연혈족이든 법정혈족이든, 친생자이든 양자이든, 혼인 중의 자이건 혼인 외의 자이건 그 상속순위는 아무런 차별이 없다. 그리고 **태아**는 상속순위에 있어서는 출생한 것으로 본다.

(2) 제2순위

피상속인의 직계비속이 있는 경우에는 피상속인의 배우자와 그 직계비속이 공동상속을 받지만, 직계비속이 없는 경우에는 단독 상속인이 되지 못하고, 피상속인의 직계존속과 같은 순위로 공동상속인이 된다.

직계존속이 수인인 경우에 그 직계존속이 촌수가 같으면 동순위이며, 촌수가 다르면 최근친이 먼저 상속인이 된다. 예컨대 부모와 조부모가 있으면 부모가 먼저 선순위가 된다. 친부모와 양부모가 있을 때에는 같은 순위로 상속인이 된다.

(3) 제3순위

피상속인의 직계비속·배우자·직계존속 등이 없는 경우에는 피상속인의 형제자매가 상속인이 된다. 여기서 형제자매란 피상속인의 부계의 방계혈족을 의미한다. 형제자매는 남녀의 성별, 동복 및 이복의 차별을 묻지 않는다.

(4) 제4순위

피상속인의 형제자매 또는 형제자매의 대습상속인인 직계비속도 없는 경우에는 피상속인의 4촌 이내의 방계혈족이 되고, 촌수가 같으면 공동상속인이 된다. 예컨대 3촌이 되는 방계혈족으로는 종형제자매·고종형제·외종형제자매 등이 공동상속인이 된다.

(5) 제5순위

민법 제1000조 내지 1001조에서 규정하고 있는 피상속인의 재산상속인이 없는 경우에는 재산상속인의 부존재상태가 된다. 이러한 경우에는 **특별연고자**는 가정법원에 상속재산의 전부 또는 일부에 대한 **분여**를 청구할 수 있다. 특별연고자의 분여청구가 없거나 분여하고 남은 재산이 있는 때에는 그 재산은 국가에 귀속한다.

(6) 배우자

배우자 그 직계비속과 동순위로 공동상속인이 되고, 직계비속이 없는 경우에는 피상속인의 직계존속과 동순위로 공동상속인이 되며, 피상속인의 직계비속도 없는 경우에는 단독 상속인이 된다. 여기서 배우자란 혼인신고를 한 법률상의 부나 처를 말하며, 소위 사실혼의 배우자의 상속권은 특별법상 인정되는 경우에 한한다.

3. 대습상속

상속이 개시되기 전에 상속인이 **사망**하거나 **결격사유**가 있을 때에는 그 자에 갈음하여 그 자의 직계비속이 상속받게 되는데 이를 대습상속이라고 한다. 예컨대 대습상속은 ① 피상속인의 직계비속인 추정상속인이 피상속인의 사망 전에 사망하거나 결격된 때에는 그 추정상속인의 직계비속이 사망 또는 결격된 추정상속인에 갈음하여 상속한다. ② 피상속인의 형제자매가 상속인이 되는 경우에 상속개시 전에 그 자가 사망 또는 결격된 때에는 그 직계비속이 대습상속한다. ③ 직계비속에 의한 대습상속이 인정되는 경우의 피대습자의 배우자는 직계비속과 함께 동순위로 공동상속인이 되며, 그 상속인이 없을 때에는 단독상속인이 된다.

4. 태아의 상속권

상속은 혈연을 중심으로 이루어지기 때문에 상속개시 전에 포태되어 있는 태아가 출생할 것이 예정되어 있으므로 상속으로부터 제외하는 것은 타당하지 않다. 따라서 민법은 이러한 태아의 권리를 보호하기 위하여 상속에 있어서 태아는 '**이미 출생한 것으로 본다**'고 하는 규정의 의미에 관해서 ① 태아는 태아로서 상속능력이 없고 살아서 출생하였을 때에 상속 개시까지 소급하여 상속권을 취득한다는 **정지조건설**과 ② 태아는 태아로서 상속능력을 가지며 상속이 개시될 때 상속인이 되고 죽어서 태어났을 때에는 상속개시시까지 소급하여 상속능력을 잃는다는 **해제조건설**이 대립하고 있다. 판례는 정지조건설을 취하고 학설로는 해제조건설이 다수설이라고 할 수 있다.

5. 상속인의 결격사유

상속인은 상속능력이 있는 경우에도 민법이 정하는 비도덕적 행위를 한 때에는 상속권이 박탈된다. 즉 ① 고의로 직계존속·피상속인·피상속인의 배우자·상속의 선순위자나 동순위를 살해하거나 살해하려고 한 자, ② 고의로 직계존속·피상속인·피상속인의 배우자에게 상해를 가하여 사망에 이르게 한 자, ③ 사기 또는 강박으로 피상속인의 상속에 관한 유언 또는 유언의 철회를 방해한 자, ④ 사기 또는 강박으로 피상속인의 상속에 관한 유언을 하게 한 자, ⑤ 피상속인의 상속에 관한 유언서를 위조·변조·파기 또는 은닉한 자 등은 상속자격은 박탈된다.

6. 상속분

1) 상속분의 의의

상속분은 수인이 공동으로 상속을 하는 경우 재산상속에 대한 각 상속인의 배당비율을 말한다. 상속분은 피상속인의 유언에 의하여 지정되는 것이 우선으로 이를 지정상속분이라고 하고, 그러한 사정이 없을 때에는 법률의 규정에 의하여 이루어지는데 이를 법정상속분이라고 한다. 유언제도가 정착되지 않아 일반적으로 법정상속분이 이루어지고 있다.

2) 지정상속분[1)]

피상속인이 유언으로 공동상속인의 상속분을 지정할 수 있을 뿐만 아니라 제3자에게 상속분의 지정을 위탁할 수도 있다. 그러나 생전의 단독행위에 의한 지정은 여러 가지 폐해를 낳고, 유언과 같은 엄격한 방식이 정해져 있지 않아

1) 공동상속에서 각 공동상속인이 가지는 상속재산의 지분을 상속분이라 한다. 지정상속분이란 피상속인이 유언으로 공동상속인의 지분을 지정하는 것을 말한다. 현행 민법에서는 피상속인이 유언으로 상속재산의 분할방법을 정하거나 제3자에게 분할방법을 정하도록 위탁할 수 있고, 상속이 개시된 날로부터 5년 이내에는 분할을 금지할 수 있다고 규정함으로써 지정상속분을 인정한다(제1012조). 그러나 지정상속분에도 제한은 있다. 피상속인은 유언이나 증여에 의하여 상속재산을 자유로이 처분할 수 있지만, 유류분을 침해해서는 안 된다. 유류분이란 일정한 범위의 유족에게 상속재산의 일정액을 유보하도록 법으로 정한 것이다. 유류분의 권리자는 피상속인이 유류분에 반하는 지정을 했을 때에는 유류분에 부족한 한도에서 그 재산의 반환을 청구할 수 있다(제1115조).

문제점이 제기되고 있다. 피상속인 또는 제3자가 상속분을 지정하는 경우에 유류분에 반하는 지정은 하지 못한다. 그러나 이때의 지정은 무효가 되지 않는 것은 유류분을 침해당한 상속인은 그 반환을 청구할 수 있기 때문이다.

3) 법정상속분

(1) 동순위자의 상속분

동순위의 상속인이 여러 사람인 경우에는 그 상속분은 균등하다. 그러나 분묘에 속한 1정보 이내의 금양임야와 600평 이내의 묘토인 농지, 족보와 제구의 소유권은 제사를 주재하는 자가 이를 승계하도록 하고 있다.

(2) 배우자의 상속분

피상속인의 배우자의 상속분은 직계비속과 공동으로 상속하는 때에는 직계비속의 상속분의 5할을 가산하고, 직계존속과 공동으로 상속하는 때에도 직계존속의 상속분의 5할을 가산하고 있다. 또한 부모를 실질적으로 부양한 자식에게는 법정상속분의 5할 범위 안에서 더 줄 수 있도록 하였다.

(3) 대습상속분

대습상속에 관한 규정에 의하여 사망 또는 결격된 자에 갈음하여 상속인이 된 자의 상속분은 사망 또는 결격된 자의 상속분에 의한다. 그리고 피상속인의 직계비속이 수인인 때에는 그 상속분은 피대습상속인의 상속분의 한도에서 법정상속에 한하여 결정된다.

7. 상속분의 산정

공동상속인 중에 피상속인의 재산유지 또는 증가에 있어서 특별히 기여한 자가 있을 때에는 피상속인의 재산가액에서 공동상속인의 협의로 정한 그 자의 기여분을 공제한 것을 상속재산으로 한다. 따라서 그 기여분에 법정상속분 또는 대습상속분에 의하여 산정한 상속분을 가산한 것이 그 자의 상속분이 된다. 상속재산 가운데 기여분이 있음을 주장할 수 있는 자는 ① 상속재산의 유지 및 증가에 있어서 특별히 기여한 자와, ② 피상속인을 특별히 부양한 자이다. 공동상속인의 자격이 없는 사람은 아무리 기여하였더라도 기여분의 권리자가 되지 못한다.

여기서 기여란 무엇인가에 대하여 민법은 단순히 '상속재산의 유지와 증가에 특별히 기여한 자' 또는 '피상속인을 특별히 부양한 자'라고만 하고 있어 이에 대한 내용은 판례나 학설을 통해 알 수밖에 없다. 즉 자식이 월급을 받지 않고 아버지가 경영하는 점포나 공장 또는 사업에 동참하여 아버지의 재산을 증가시킨 경우, 아버지가 경영하는 사업에 자식이 자본을 대거나 아버지가 사업상 진 빚을 대신 갚아주어 경영권이 넘어가지 않게 한 경우, 아내가 남편과 함께 점포를 공동으로 운영하여 높은 이익을 올리거나 남편명의의 재산을 크게 증가시킨 경우, 장기간 요양을 한 부모를 옆에서 헌신적으로 간호하여 직업적인 간호인에게 지출할 비용을 지출하지 않게 한 경우 등을 들 수 있다.

이와 같은 기여 또는 부양을 한 사람에 대하여 기여분을 인정할 것인가, 인정한다면 인정범위를 어떻게 할 것인가는 공동상속인의 협의에 의하여 결정하도록 하고 있다. 이러한 협의가 되지 않거나 협의를 할 수 없을 때에는 기여자가 법원에 청구하여 그 결정에 따른다.

Ⅱ 유언이란 무엇인가

1. 유언의 내용

1) 유언의 의미

사람은 누구나 죽기 전에 유언을 할 수 있다. 유언이란 유언자의 사망과 동시에 일정한 법률효과의 발생을 목적으로 하는 상대방 없는 단독행위이다. 이 점에서 유언은 계약인 사인증여[2]와 다르다. 따라서 재산에 관하여 유언을 하게 되면 법정상속분에 의하지 않고 유언의 내용에 따라 재산을 분배한다. 유언의 효력은 유언자의 사망으로 발생하지만 유언이 법률행위로서 성립하는 것은 표

2) 사인증여(死因贈與)란 생전에 증여계약을 체결해 두고 그 효력이 증여자의 사망시부터 발생하는 것으로 정한 증여를 말한다. 유증(遺贈)과 유사하므로 유증의 규정이 준용되는데(민법 제562조), 유증은 수증자의 승낙 없이 유언에 의하여 일방적으로 증여되지만(단독행위이다), 사인증여는 수증자의 승낙이 있는 계약이라는 점이 다르며 그러한 상위(相違)에서 반드시 유증의 규정 전부가 준용되는 것은 아니다.

시행위가 완료된 때이다.

2) 유언사항

유언을 할 수 있는 내용은 법률로 정해져 있어 법정된 유언의 내용만 법적으로 효력이 생긴다. 민법이 정하고 있는 유언사항은 다음과 같다. 즉 재단법인의 설립, 친생부인, 인지, 후견인 지정, 상속재산분할 방법의 지정 또는 위탁, 상속재산 분할금지, 유언집행자의 지정 또는 위탁, 유증 및 신탁 등이다.

3) 유언자의 능력

의사능력이 없는 사람의 유언은 무효이다. 유언은 사자의 최종의사를 존중하려는 데 있으므로 행위자 자신을 보호하는 무능력자제도의 취지를 완화하여 미성년자·피한정후견인·피성년후견인의 규정은 유언에 적용하지 않고 있다. 따라서 무능력자라 할지라도 의사능력, 즉 자기가 한 유언이 어떤 결과를 초래하는가에 대한 판단능력만 있으면 된다. 다만 미성년자에 대해서는 만 17세를 능력의 표준으로 하여 그 이하의 유언은 무효로 하고 있으며, 피한정후견자에 대해서는 의사가 심신회복상태임을 유언서에 부기하고 서명·날인하여야 한다.

4) 유언의 증인

자필증서에 의한 유언의 경우를 제외한 그 밖의 방식에 의한 유언에 있어서는 1인 또는 2인 이상의 증인이 참여한다. 이 유언에 참석하는 증인은 유언의 내용을 알게 되고, 유언자의 구술을 필기하기도 하고, 무엇보다 유언의 진실함을 증명하는 자이다. 따라서 민법은 일정한 자의 증인자격을 부인하고 있다. 즉 미성년자, 피한정후견인, 피성년후견인, 유언에 의하여 이익을 얻는 자 및 그 배우자와 직계혈족, 공정증서에 의한 경우에는 공증인법이 정하는 결격자 등이다.

2. 유언의 방식

유언은 민법이 정하는 방식에 따라서 하지 않으면 그 효력이 없다. 일반적인 법률행위는 방식에 있어서 자유로운 데 반하여 유언에 관해서는 이를 엄격한 요식행위로 하고 있다. 민법이 정하는 5종의 유언방식 중에서 하나를 택하여 유언을 해야 효력이 인정된다.

1) 자필증서에 의한 유언

자필증서에 의한 유언은 유언자가 유언서의 전문과 연월일, 주소, 성명을 자서하고 날인함으로써 성립하는 것이다. 자필증서에 문자의 삽입, 삭제 또는 변경을 함에는 유언자가 이를 자서하고 날인하여야 한다. 이 자필증서에 의한 유언은 가장 간단하면서도 비밀로 할 수 있는 방식이지만, 분실·은닉·파기 등의 위험이 따른다.

이 방식에 따른 유언의 전문은 자필로 표시한 의사가 정확하게 나타나 있으면 어떤 표현에 의하여도 상관없다. 작성 연월일은 유언능력의 유무나 유언의 전후 등을 확정하는 것이 되므로 이 연월일이 없는 유언서는 무효이다. 여기서 연월일은 모두 기재하여야 한다.

2) 녹음에 의한 방식

녹음에 의한 유언은 유언자가 유언의 취지, 그 성명과 연월일을 구술하고 이에 참여한 증인이 유언의 정확함과 그 성명을 구술·녹음함으로써 성립하는 유언이다. 자필증서에 의한 유언보다 간편하여 필기가 곤란한 유언자에게 유용하다. 이 녹음방식에 테이프나 음반 등 어느 것을 사용해도 좋다.

3) 공정증서에 의한 유언

공정증서에 의한 유언은 유언자가 증인 2인이 참여한 공증인의 면전에서 유언의 취지를 구술하고 공증인의 이를 필기한 후 낭독하면 유언자의 증인이 그 정확함을 승인한 후 각자 서명 또는 기명날인함으로써 이루어진다. 이렇게 한 다음에 공증인이 소정의 기재를 하고 서명날인한다. 이는 분실·멸실·변조 등의 위험이 없는 반면에 비밀을 보장하기 어렵다.

4) 비밀증서에 의한 유언

비밀증서에 의한 유언은 유언자가 필자의 성명을 기입한 증서를 엄봉(嚴封) 날인하고 이를 2인 이상의 증인의 면전에 제출하여 자기의 유서임을 표시한 후 그 봉서의 표면에 제출 연월일을 기재하고 유언자와 증인이 각자 서명 또는 기명날인하여야 한다. 이 방식에 의한 유언봉서는 그 표면에 기재된 날로부터 5일 이내에 공증인 또는 법원서기에게 제출하여 그 봉인상에 확정일자인을 받아야 한다.

5) 구수증서에 의한 유언

구수(口授)증서에 의한 유언은 유언자가 질병 기타 급박한 사유로 인하여 상술한 4종의 방식에 의할 수밖에 없을 때에 할 수 있는 유언 방식이다. 이 경우에는 유언자가 2인 이상의 증인의 참여한 가운데서 그 중 1인에게 유언의 취지를 구수하고 구수를 받은 자가 이를 필기 낭독하여 유언자와 증인의 정확함을 승인한 후 각자 서명 또는 기명날인한다. 이 구수증서에 의한 유언은 그 작성에 참여한 증인이나 이해관계인이 급박한 사유가 종료한 날로부터 7일 내에 법원에 그 검인을 신청하여야 한다.

3. 유언의 무효·취소

유언의 능력이 없는 자의 유언이나 법정방식을 갖추지 아니한 유언은 당연히 무효가 된다. 또한 사회질서 위반의 유언은 무효이나, 착오·사기·강박에 의한 유언은 취소할 수 있다.

유언은 상대방 없는 단독행위이므로 비진의의사표시는 언제나 유효하며, 통정허위표시라는 것은 있을 수 없다. 유언의 무효나 취소는 유언자의 사망 이후가 문제된다. 유언자의 생전에는 유언을 실효케 하려면 철회하면 되고, 무효나 취소의 사유가 있으면 변경 또는 새로운 유언을 하면 된다. 유언의 무효나 취소의 소는 상속인·법정대리인·유언집행자·수증자 기타 이해관계인이 제기할 수 있다.

4. 유언의 철회

유언자는 유언이 유효하게 성립하였으나 아직 그 효력이 발생하지 않았으므로 이를 장래에 향하여 효력을 발생하지 못하도록 할 수 있는데, 이를 **유언의 철회**라고 한다. 유언자는 생존 중에 언제든지 철회의 유언 또는 유언에 저촉되는 생전행위에 의하여 그 유언의 일부 또는 전부를 철회할 수 있다. 이러한 철회의 자유를 확보하기 위하여 유언자는 유언의 철회권을 포기하지 못하는 것으로 하고 있다. 그리고 유언자가 고의로 유언증서 또는 유증의 목적물을 파손한 때에는 그 파손된 부분에 관한 유언은 이를 철회한 것으로 본다.

학습과제

01. 상속인의 순위에 대하여 적시하시오.

02. 태아의 상속권에 대하여 적시하시오.

03. 상속인의 결격사유에 대하여 적시하시오.

04. 법정상속분에 대하여 적시하시오.

05. 상속분의 산정에 대하여 적시하시오.

06. 유언자의 능력에 대하여 적시하시오.

07. 유언의 방식에 대하여 적시하시오.

08. 유언이 무효이거나 취소되는 경우를 적시하시오.

09. 유언의 철회에 대하여 적시하시오.

10. 자필증서에 의한 유언이 무효가 되는 사례를 적시하시오.

11. 녹음에 의한 유언이 무효가 되는 사례를 적시하시오.

12. 공정증서에 의한 유언이 무효가 되는 사례를 적시하시오.

13. 비밀증서에 의한 유언이 무효가 되는 사례를 적시하시오.

14. 구수증서에 의한 유언이 무효가 되는 사례를 적시하시오.

15. 참칭상속인에 대하여 적시하시오.

제 11 장

기여분제도와 유류분제도

[학습목표]

- 이 장에서는 특별히 기여한 자와 유류분자에 대하여 생각해 본다.
- 공동상속인 중에서 특별기여자에 대하여 생각해 본다.
- 기여행위의 요건과 기여분의 결정에 대하여 생각해 본다.
- 기여분의 상속, 양도, 포기에 대하여 생각해 본다.
- 유류분권과 그 포기에 대하여 생각해 본다.
- 유류분반환청구권에 대하여 생각해 본다.

I 기여분이란 무엇인가

1. 의 미

공동상속인 중에서 피상속인의 재산의 유지 또는 증가에 관하여 특별히 기여하거나 또는 피상속인을 부양한 상속인이 상속재산 중에서 받게 되는 몫을 기여분이라고 한다. 기여분은 상속개시 당시의 피상속인의 재산 가액에서 기여자의 기여분을 공제한 잔액을 상속재산으로 하고, 그 액수에다 각자의 상속분을 곱하여 공동상속인 각자의 상속분을 산정한다.

다만 기여자의 총 상속분은 그 산정된 공동상속인의 상속분에 기여분을 가산한 액이 된다.

가령, 남편이 2억원의 재산을 남기고 유언 없이 사망하였다고 하면, 유족은 아내와 아들 2명이다. 작은 아들이 20년 넘게 아버지를 도와 원예업을 해 왔으므로 상속인 3인의 협의로 작은 아들의 기여분을 6천만원 정도로 정하였다. 3인의 상속분을 계산하여 보면 유산(2억원)에서 기여분(6천만원)을 뺀 1억4 천만원을 상속재산으로 하여 3인의 상속분을 계산하여 보면, 아내(1억 4천만원×3/7=6천만원)·형(1억 4천만원×2/7=4천만원)·동생(1억 4천만원×2/7=4천만원)으로 된다. 이때 기여자인 동생의 몫(총 상속분)은 상속분(4천만원)에서 기여분이(6천만원)이 더해진 1억원이 된다는 것이다.

이 제도는 공동상속인 사이의 이해관계의 공평을 기하기 위하여 1990년 민법 개정 시기에 신설한 것이다. 기여분제도는 특별수익자제도와 존재의의를 같이하고 있지만, 전자는 기여자가 있을 경우에 그의 총 상속분을 기여분만큼 높여주는 반면, 후자의 경우는 이미 선급받은 특별수익의 반환의무를 특별수익자에게 지우고 있다는 점에서 다르다고 할 수 있다.

2. 기여행위의 요건

1) 기여자

(1) 공동상속인

상속재산의 분할에 참가할 수 있는 자격이 있는 1인 또는 수인의 공동상속인에 한정된다. 또한 상속결격자·상속포기자·사실혼배우자·포괄적 수유자 등은 기여자라고 볼 수 없다.

(2) 대습상속인

대습상속인은 자기 자신이 기여한 경우는 물론 피대습자가 기여한 경우에도 기여자라고 보아야 하며, 대습상속인이 상속재산 분할 당시에 상속인 자격을 취득하였다면, 기여의 시기가 대습상속 원인의 발생 전후인가는 묻지 않는다.

2) 기여의 종류와 정도

민법은 기여의 행위의 요건으로서 특별한 것이어야 하고, 기여행위에 의하여 피상속인의 재산의 유지 또는 증가가 있어야 한다. 기여행위란 그 부양 또는 기여가 상속인과 피상속인 사이의 가족관계 내지 친족관계에서 일반적으로 기대되는 공헌의 정도를 넘는 기여로서, 상속재산을 분할함에 있어서 이를 무시할 경우 공동상속인 사이의 형평에 반하는 결과를 초래하게 되는 것을 말한다.

(1) 특별기여

피상속인에 대한 특별한 부양[1]이 있어야 하고, 특별부양은 친족 상호간의 부양의무의 정도를 넘는 것이어야 한다.[2] 또한 특별부양으로 인정될 경우, 그 부양이 피상속인의 재산의 유지나 증가에 기여했음을 필요로 하는가에 대하여 이를 부정하는 다수설과 특별한 부양이 결과적으로 피상속인의 재산의 유지에 기여하여야 특별기여에 해당한다는 소수설로 나뉜다. 그러나 피상속인에 대한 간호·요양이 친족 상호간의 일반적인 정도를 넘는 것이라면 기여자의 특별부양이 피상속인의 재산의 유지·증가에 기여하는 결과를 가져왔다고 보아야 하기 때문에 소수설이 타당하다고 생각한다.

---

1) 상당한 기간 동안 동거·부양 기타의 방법으로 피상속인을 특별히 부양한 경우를 말한다.
2) 대법원 1996. 7. 10. 자 95스30·31 결정: 교통사고를 당한 남편을 간병한 아내의 경우, 이는 부부간의 부양의무의 이행일 뿐 기여자는 아니라고 한다.

(2) 재산상의 특별기여

피상속인의 사업에 대한 노무의 제공 또는 재산의 제공으로 피상속인의 재산의 유지·증가에 기여하였어야 한다. 물론 이 경우에는 기여자의 기여행위와 상속재산의 유지·증가 사이에 인과관계가 있어야 한다. 그 인과관계의 존재에 대한 증명책임은 당연히 특별기여를 주장하는 자가 부담한다.

3. 기여분의 결정

1) 공동상속인의 협의

기여분의 결정은 우선 모든 공동상속인의 협의로 정하고, 기여분의 산정은 기여자는 물론 공동상속인 누구든지 발의할 수 있다. 그 협의 결정은 상속재산의 분할 전후를 묻지 않을 뿐만 아니라 기여분 지정은 유언사항이 아니므로 유언으로 기여분을 정할 수는 없다.

2) 가정법원의 심판

당사자 사이에 협의가 되지 않거나 협의를 할 수 없는 경우에는 기여자의 청구에 의하여 가정법원이 심판으로 결정한다. 또한 기여분 결정의 심판청구는 상속재산분할청구나 그 조정신청이 있는 경우에 한하여 허용된다. 왜냐하면 기여분의 결정은 상속재산분할 심판의 전제가 되는 문제이기 때문이다.

한편, 상속재산이 분할이 행해진 후에도 피인지자나 재판의 확정으로 공동상속인이 된 자의 상속분에 상당한 가액의 지급청구가 있는 경우에는 예외적으로 기여분 결정의 심판청구를 할 수 있다. 그렇다면 유류분의 반환청구만 있는 경우에는 기여분 결정의 심판청구는 허용되지 않는다.

기여상속인의 민법 소정의 방식에 따라 기여분이 결정이 되기 전에 유류분 반환청구소송에서 상속재산 중 자신의 기여분을 공제할 것을 항변으로 주장할 수는 없다.

4. 기여분의 산정

1) 산정방법

기여분 산정시에는 기여의 시기·방법 및 정도와 상속재산액 기타의 사정을 참작하여야 한다. 기여분은 상속이 개시된 때의 피상속인의 재산 가액에서 유증의 가액을 공제한 잔액을 넘지 못한다. 유증을 기여분보다 우선시키기 위한 제한규정이다.

상속채무는 기여자가 있는 경우에도 상속채무는 법정상속분에 따라 공동상속인이 분담하게 되므로 기여분의 산정은 상속채무와는 이론상으로는 무관하다. 그러나 상속채무의 고려 없이 기여분을 정할 경우, 기여자 아닌 다른 공동상속인은 상속으로 취득하는 적극재산보다 소극재산(채무)이 많아질 수 있다. 따라서 상속채무는 기여분을 산정함에 있어서 민법 제1008조의2 제2항 소정의 기타의 사정의 하나로 참작하는 것이 합리적이다.

2) 기여분과 특별수익

공동상속인 중에 기여자와 특별수익자가 있는 경우 상속재산의 가액을 산정함에 있어서 기여분의 공제와 특별수익의 가산 중 우선순위가 무엇인지가 의문이다. 학설은 두 규정의 동시적용설과 우선공제설 등 다툼이 있으나, 어느 견해에 의하든 그 결과는 같다는 점에서 그 다툼은 실익이 없다.

3) 기여분과 유류분

기여분의 가액은 공동상속인의 유류분을 침해한 것이 아니기 때문에 기여분은 유류분 반환청구의 대상이 아니지만, 기여분 결정시에 다른 공동상속인의 유류분을 참작하는 것은 무방하다.

5. 기여분의 상속·양도·포기

1) 상속·양도

공동상속인 사이의 협의 또는 가정법원의 심판으로 기여분이 결정된 후 기여분의 양도와 상속이 가능하다. 기여분이 결정되기 전에는 양도는 가능하나 상속은 불가하다는 다수설과 상속개시 후에는 상속과 양도가 모두 가능하다는 소수설로 나뉜다. 그러나 기여분은 재산권이 일종이므로 상속이 개시된 후에는 상속·양도의 대상이 된다고 보아야 할 것이다.

2) 포 기

상속이 개시된 후에는 기여분의 포기도 가능하다. 다만 그 포기의 의사표시는 상속재산분할 종료시까지 언제든지 할 수 있으나, 공동상속인 전원에게 하여야 하는 것으로 보아야 하며, 이는 상속재산분할의 명확성을 기하기 위해서이다.

민법 제1008조의2가 정한 기여분을 인정하기 위한 요건에 대하여 대법원은, 기여분을 인정하기 위해서는 공동상속인 간의 공평을 위하여 상속분을 조정하여야 할 필요가 있을 만큼 피상속인을 특별히 부양하였거나 피상속인의 상속재산 유지 또는 증가에 특별히 기여하였다는 사실이 인정되어야 한다.[3)]

상속재산분할청구 없이 유류분 반환청구가 있다는 사유만으로 기여분결정청구가 허용되는지 여부에 대하여 대법원은, 상속재산분할의 청구가 없음에도 단지 유류분반환청구가 있다는 사유만으로는 기여분결정청구가 허용된다고 볼 것은 아니다.[4)]

기여상속인이 민법 소정의 방식에 따라 기여분이 결정되기 전에 유류분반환청구소송에서 상속재산 중 자신의 기여분에 대한 공제항변을 할 수 있는지 여부에 대하여 대법원은, 공동상속인 중 피상속인의 재산의 유지 또는 증가에 관하여 특별히 기여하였거나 피상속인을 특별히 부양한 자가 있는 경우 그 기여분의 산정은 공동상속인들의 협의에 의하여 정하도록 되어 있고, 협의가 되지 않거나 협의할 수 없는 때에는 기여자의 신청에 의하여 가정법원의 심판으로 이를 정하도록 되어 있으므로, 이와 같은 방법으로 기여분이 결정되기 전에는 유류분반환청구소송에서 피고가 된 기여상속인은 상속재산 중 자신의 기여분을 공제할 것을 항변으로 주장할 수 없다.[5)]

3) 대법원 2014. 11. 25. 자 2012스156 결정.
4) 대법원 1999. 8. 24. 자 99스28 결정.
5) 대법원 1994. 10. 14. 선고 94다8334 판결.

Ⅱ 유류분이란 무엇인가

1. 유류분의 의미와 특질

1) 의 미

피상속인의 유증·증여 등에 의한 재산처분의 자유를 제한함으로써 상속인에게 법정상속분에 대한 일정비율의 상속재산을 확보해 주는 것을 유류분제도라고 한다. 사유재산제도를 채택하고 있는 우리나라의 경우 피상속인이 생전에 자유로운 의사에 의하여 자신의 소유재산을 다 처분할 수도 있다. 그러나 피상속인의 사망 후에 그의 가족들의 생활보호가 문제된다. 유류분제도는 피상속인의 유산처분의 자유에 대한 제한으로서 그들의 최소한 생활 내지 부양을 보장해 주는 기능을 갖는다.

2) 특 질

첫째, 유류분은 상속재산을 이루는 개개의 구체적인 재산에 대한 상속인의 권리가 아니라 상속인에게 귀속되는 것이 법률상 보장된 피상속인의 재산[6] 중의 일정한 비율[7]이다. 둘째 유류분제도는 피상속인의 재산처분의 자유를 인정하면서도, 다만 그의 처분[8]의 결과가 상속인의 유류분을 침해하는 한도에서 유류분권자에게 그 반환청구권의 행사를 인정할 뿐이다. 이 경우 유류분의 침해여부는 상속개시시를 기준으로 판단한다. 유류분권은 상속이 개시되기 전에는 일종의 기대권[9]에 지나지 않는다.

2. 유류분권과 그 포기

1) 유류분권

상속이 개시되면 일정범위의 상속인은 피상속인의 상속재산을 일정비율로

6) 피상속인의 남아 있는 재산에다 증여액을 더한 것에서 상속채무를 공제한 적극재산.
7) 법정상속분의 일정한 비율.
8) 유증·증여.
9) 장차 권리를 취득할 수 있다는 기대 상태로부터 얻어지는 법률상의 이익을 말한다.

취득할 수 있는 법적 지위에 놓이게 되는데, 이를 유류분권이라 한다. 이러한 유류분권으로부터 피상속인의 유증·증여에 의하여 상속인이 갖는 유류분이 부족할 경우에 유류분의 한도액에 이르기까지 그 부족분의 반환을 그 수증자에게 청구할 수 있는 유류분반환청구권이 생긴다.

2) 유류분권의 포기

첫째, 유류분권이 발생하면 이는 그 권리자의 재산권이 된다. 따라서 그 권리자가 유류분권을 포기할 수 있음은 명문의 규정이 없는 민법의 경우에도 당연하다. ① 피상속인이 행한 특정의 유산처분에 대한 유류분반환청구권의 포기뿐만 아니라, 일괄하여 유류분권 전체를 포기할 수도 있다. ② 포기의 효과는 민법에 규정이 없는 경우 그 권리자가 유류분권을 포기하면 처음부터 그 권리자가 없었던 것으로 하여 유류분액이 산정되어야 하여야 한다. 둘째, 민법에 그 규정이 없는 경우에 유류분권은 상속개시 전에는 포기할 수 없다고 새겨야 한다. 왜냐하면 그 포기를 허용할 경우 상속인이 될 자에게 포기가 강요될 우려가 있고, 자녀의 균분상속, 배우자의 상속권 보장이라는 상속법의 이념이 침해될 수 있기 때문이다.[10]

3. 유류분의 범위

민법은 법정상속권을 유류분권의 기초로 하고 있으므로 유류분권자의 자격·범위·순위 등은 상속권에 있어서의 관련 법리가 적용된다.

1) 유류분권자와 그의 유류분

(1) 유류분권자

첫째, 유류분이 있는 자는 피상속인의 직계비속·배우자·직계존속·형제자매이다(제1112조). 둘째, **대습상속**에 관한 규정은 유류분에도 적용된다(제1118조). 따라서 피상속인의 직계비속과 형제자매의 대습권자도 유류분권자에 포함된다. 셋째, **태아**는 상속에 관하여 이미 출생한 것으로 의제되므로(제1000조), 유류분권을 갖는다. 넷째, 상속결격자·상속포기자는 유류분권이 없다.

10) 또한 이를 허용하지 않아야 상속이 개시되기 전에 상속의 포기를 허용하지 않는 것과 균형이 맞는다.

이상을 종합한 결과를 순위별로 보면 ① 법정상속의 최우선 순위의 상속인이어야 유류분권을 행사할 수 있다. 따라서 피상속인의 부모와 직계비속이 있는 경우 후순위 상속인인 부모는 유류분권을 행사하지 못한다. ② 피상속인의 직계비속이 상속결격자인 경우, 피대습자[11]의 대습자[12]가 유류분권자이다. ③ 피상속인의 직계비속 또는 그의 대습자가 없는 경우, 피상속인의 직계존속이 유류분권자이다. ④ 피상속인의 배우자는 피상속인의 직계비속(그 대습자)이 있으면 그와 함께, 직계비속이 없으면 그 직계존속과 함께 유류분권자가 된다. ⑤ 피상속인의 직계비속·배우자·직계존속이 없으면 피상속인의 형제자매가 유류분권자이다.

(2) 유류분권자의 유류분

첫째, 민법은 유류분권자의 유류분 비율을 그의 법정상속분의 일정비율로서 정하고 있다(제1112조). ① 피상속인의 직계비속·배우자는 그 법정상속분의 2분의 1로, ② 피상속인의 직계존속·형재자매는 그 법정상속분의 3분의 1이다. 둘째, 대습상속인의 유류분은 피대습자의 유류분과 같다.[13]

2) 유류분액의 산정

유류분액을 구체적으로 상정하기 위해서는 우선 그 산정의 기초가 되는 피상속인의 재산의 액을 확정하여야 한다.

(1) 유류분의 기초가 되는 재산

첫째, 그 재산은 피상속인의 상속개시시에 가진 재산의 가액에 증여재산의 가액을 가산하고, 채무의 전액을 공제하여 산정한다. 증여받은 재산이 금전일 경우, 그 가액은 상속개시 당시의 화폐가치로 환산한 금액이 된다.[14] 둘째, 재산 평가의 방법은 상속분의 산정과 같으나, 조건부 권리 또는 존속기간이 불확정한 권리는 가정법원이 선임한 감정인의 평가에 의하여 그 가격을 정한다.

이와 같은 산정방법의 몇 가지 의문점을 살펴보면, ① **상속개시시에 가진 재산**이란, 상속인이 승계한 상속재산 중의 적극재산만을 말한다. 여기에는 유증

11) 상속결격자.
12) 직계비속과 그의 배우자.
13) 대습상속인이 수인인 경우, 피대습자의 유류분을 그들의 법정상속분에 따라 나눈 몫이다.
14) 대법원 2000. 7. 23. 자 2006다28126 결정.

이 포함되고, 증여계약상의 채무가 이행되지 않은 채 상속이 개시된 재산을 포함하며, 이는 유류분제도 신설 전의 증여계약의 경우에도 마찬가지이다. 그러나 앞에서 살핀 제1008조의3 소정의 상속재산을 구성하지 않는 분묘에 속한 1정보 이내의 금양임야 등은 유류분 산정의 기초가 되는 재산이 아니다. ② **증여재산의 가산**은 어떤 경우에 행해지는가? 민법은 피상속인이 유류분제도의 회피수단으로 생전처분의 방법을 사용할 수 있음을 상정하여 일정한 범위의 생전처분을 유류분 산정의 기초가 되는 재산에 가산하고 있다.

상속개시 전의 1년간에 행한 증여의 경우 그 가액이 가산된다. 이 경우에 증여는 민법상의 증여에 한하지 않고 무상행위·무상처분 일반을 두루 가리키는 것으로 새긴다. 다만 일상생활상의 의례적인 증여는 포함되지 않는다. 또한 1년이라는 기간은 증여계약상의 채무의 이행시기가 아니라 계약체결시를 기준으로 하게 된다. 증여계약의 당사자 쌍방이 유류분권자에게 손해를 준다는 사실을 알면서 증여계약을 체결한 경우에는 1년 전에 행한 것도 그 가액이 가산된다. 이 경우 당사자의 유류분권자의 해할 의도나 목적은 필요하지 않다. 당사자 쌍방이 계약 당시 증여재산의 가액이 남은 재산의 가액을 초과한다는 점을 알았을 뿐만 아니라 장차 상속개시일까지도 그 재산이 증가하지 않으리라는 점까지 예견하고 증여를 행한 사정만으로 족하며, 이러한 가해의 인식은 증여 당시를 기준으로 판단하여야 한다. 또한 공동상속인 중에 증여에 의한 특별수익자가 있는 경우, 제1114조가 적용되지 않으므로 그 증여가 상속개시 전의 1년간에 행해졌는가에 관계없이 그 가액을 가산하여야 한다. ③ 채무전액의 공제에서 말하는 채무는 상속채무, 즉 **피상속인의 채무**이다. 따라서 피상속인의 채무이기만 하면 사법상의 채무·공법상의 채무가 모두 공제대상이 된다. 이에 포함되는 상속재산에 관한 비용,[15] 유언집행에 관한 비용[16] 등이 공제대상 채무인지 여부에 관하여는 다툼이 있으나, 포함된다고 해석하여야 한다. 왜냐하면 채무의 공제는 상속인의 몫을 산출하기 위한 전제가 되기 때문이다.

(2) 유류분액의 계산

유류분권자의 유류분액은 유류분 산정의 기초가 되는 재산의 가액에 유류

15) 상속세·관리비용·소송비용 등.

16) 유언의 검인신청비용·재산목록작성비용 등.

분권자의 유류분을 곱(×)한 것이다. 그런데 피상속인의 당해 상속인에게 증여·유증을 한 경우에는 어떻게 되는가? 특별수익으로서 당해 상속인의 수증액만큼 공제해야 하는 것으로 새겨야 한다는 견해가 있으나, 이는 유류분의 침해액 산정시의 고려사항이라고 하여야 한다. 그 특별수익은 유류분의 침해에 해당되어 그 부족분의 한도에서 반환청구의 대상이 되기 때문이다.

III 유류분반환청구권은 누구의 권리인가

1. 유류분반환청구권의 의미

첫째, 피상속인의 그의 재산을 증여 또는 유증함으로써 유류분권자의 상속재산의 가액이 유류분에 미달하는 경우를 **유류분의 침해**라고 한다. 그리고 이러한 유류분의 침해가 있는 경우에 유류분권자가 그 부족분 한도에서 수증자·수유자에게 증여·유증된 재산의 반환을 청구할 수 있는 것을 유류분반환청구권 또는 유류분의 보전이라고 한다. 둘째, 유류분을 침해하는 피상속인의 행위로 당연히 무효가 되는 것은 아니다. 그 침해의 한도에서 유류분권자에게 그 반환청구권이 성립할 뿐이고, 그 행사 여부는 유류분권자의 자유의사에 달려 있다.

2. 유류분침해액의 산정

유류분의 침해액(부족분)은 유류분액에서 당해 상속인의 특별수익액[17]과 순상속액을 공제(−)한 금액이다. 순상속분액은 상속받은 적극재산에서 상속채무 분담액을 공제(−)한 금액이다.

유류분침해액을 계산하는 식은 다음과 같다.

① 순상속분액=상속받은 적극재산액−상속받은 소극재산(상속채무)분담액

② 유류분침해액=유류분액−특별수익액−순상속분액

위와 같은 식으로 계산하여 그 수가 (+)이면(유류분액이 순상속분액보다 적거나 같은 경우) 그 침해액은 없는 것이 되어 유류분반환청구권은 성립하지 않는다.

17) 증여·유증의 이익액.

유류분반환청구에 있어 사인증여를 유증으로 볼 수 있는지 여부(적극)에 대하여 대법원은, 유류분반환청구의 목적인 증여나 유증이 병존하고 있는 경우에는 유류분권리자는 먼저 유증을 받은 자를 상대로 유류분 침해액의 반환을 구하여야 하고, 그 이후에도 여전히 유류분 침해액이 남아 있는 경우에 한하여 증여를 받은 자에 대하여 그 부족분을 청구할 수 있는 것이며, 사인증여의 경우에는 유증의 규정이 준용될 뿐만 아니라 그 실체적 기능도 유증과 달리 볼 필요가 없으므로 유증과 같이 보아야 할 것이다.[18]

3. 유류분반환청구권의 법적 성질

1) 학 설

첫째, 형성권설로 그 반환청구권을 행사하면 유증 또는 증여계약은 유류분을 침해하는 한도에서 실효하고, 계약상의 채무가 아직 이행되지 않았다면 그 반환청구권자는 이행의무를 면하며, 이미 이행되었다면 그 반환을 청구할 수 있다는 것이다. 이유는 유류분권자의 두터운 보호를 꾀할 수 있다는 점,[19] 청구권설은 그 계약상의 채무가 이행되기 전에는 부적당한 이론이라는 점 등을 든다. 이 견해를 취할 경우 ① 그 청구권의 행사로서 유류분 침해 한도의 그 계약은 소급하여 효력을 상실함으로써 계약목적물 위의 권리는 당연히 유류분권자에게 복귀하게 된다. ② 수증자가 파산한 경우 유류분권자는 채무자 회생 및 파산에 관한 법률상의 환취권[20]을 행사할 수 있고, 수증자의 일반채권자가 수증목적물에 대하여 강제집행을 한 때에는 제3자 이의의 소를 제기할 수 있다.

둘째, 청구권설로 그 반환청구권은 유증 또는 증여받은 자에 대하여 유류분의 부족한 만큼의 재산의 인도나 반환을 요구하는 순수한 채권적 청구권이라는 것이다. 그 주장 이유로는 우리 민법은 프랑스 민법 및 일본 민법과는 달리 유류분반환청구권을 형성권으로 새길 근거가 없다는 점, 물권변동에 관하여 형

---

18) 대법원 2001. 11. 30. 선고 2001다6947 판결.

19) 수증자가 계약목적물을 제3자에게 양도한 경우, 그 양도행위는 유류분 침해의 한도에서 무효이므로 유류분권자는 그 양수인인 악의의 제3자에게 그 반환을 청구할 수 있다.

20) 환취권(還取權)이란 파산재단에 속하지 않는 제3자의 특정 재산을 파산관재인이 파산재단으로 편입하여 관리하고 있을 때 그 재산의 실제 소유자인 제3자가 그 반환이나 인도를 구하는 권리를 뜻한다.

식주의를 취하는 우리 민법의 경우 형성권설은 이론적으로 모순이라는 점, 형성권설을 취할 경우 거래의 안전보호가 미흡하다는 점 등을 든다. 이 견해를 취할 경우 그 반환청구권의 행사는 증여나 유증의 효력에 아무런 영향을 미치지 않는다.

2) 판 례

판례는 피상속인으로부터 유증 또는 증여된 재산이 타인에게 양도된 경우, 유류분권자의 악의의 양수인에 대한 재산의 반환청구가 인정된다고 함으로써 형성권설을 취한 것으로 보이기도 하고, 그 반환청구권의 행사기간을 소멸시효기간이라고 함으로써 청구권설을 취한 것으로 보이는 등 일정하지 않다.

4. 유류분반환청구권의 행사

1) 반환청구권의 당사자

(1) 반환청구권자

첫째, 유류분권자와 그의 승계인이다. 승계인은 포괄승계인[21]이든 특정승계인[22]이든 가리지 않는다. 둘째, 상속인의 단순승인일 경우 그 반환청구권의 대위행사가 가능한가에 대하여 학설은 행사상의 일신전속권이 아니므로, 유류분권자의 채권자대위권 행사를 인정한다. **판례**는 유류분반환청구권은 행사상의 일신전속권이므로, 원칙적으로 채권자대위권의 목적이 될 수 없다고 한다.[23]

민법 제1115조 제1항은 유류분반환청구권을 행사하여 그 침해된 유류분을 회복할 것인지 여부를 유류분권리자의 자유로운 선택에 맡기고 있다. 따라서 그 권리 행사에 대한 유류분권리자의 확정적 의사가 인정되는 경우가 아닌 한 그 반환청구권은 유류분권리자의 채권자대위권을 행사하지 못한다고 새겨야 한다.

(2) 반환청구의 상대방

증여 또는 유증의 수증자와 그의 포괄승계인과 유언집행자이다. 목적 재산이 제3자에게 처분된 경우, 악의의 양수인도 청구의 상대방이 된다는 견해가 있

21) 상속인·포괄적수증자·상속분의 양수인.

22) 피상속인의 개별 처분행위에 대한 개별 반환청구권의 양수인.

23) 대법원 2010. 5. 27. 선고 2009다93992 판결.

으나 청구권설을 취할 경우에는 이를 인정할 수 없다.

유류분반환청구권이 채권자대위권이 목적이 될 수 있는지 여부(원칙적 소극)에 대하여 대법원은, 유류분반환청구권은 그 행사 여부가 유류분권리자의 인격적 이익을 위하여 그의 자유로운 의사결정에 전적으로 맡겨진 권리로서 행사상의 일신전속성을 가진다고 보아야 하므로, 유류분권리자에게 그 권리자의 확정적 의사가 있다고 인정되는 경우가 아니라면 채권자대위권이 목적이 될 수 없다.[24]

2) 반환청구권의 행사방법

(1) 불요식의 의사표시

첫째, 그 권리의 행사는 재판상 또는 재판외에서 상대방에 대한 의사표시로 하면 된다. 그 의사표시는 유류분의 침해를 받은 피상속인의 처분행위를 지정하여 이에 대한 반환을 청구하는 의사표시만으로 족하다. 둘째, 그 반환청구에 따른 목적물의 이전등기청구권·인도청구권 등을 행사하는 경우와 달리 목적물을 구체적으로 특정할 필요는 없고, 그 반환청구권을 행사했는지 여부는 법률행위 해석의 일반원칙에 따른다.

(2) 반환청구권의 범위와 순서

첫째, 피상속인의 처분행위로 유류분이 부족한 한도에서만 반환청구권을 행사하여야 한다. 둘째, 그 청구의 대상이 되는 증여와 유증이 병존하는 경우에 그 순서를 보면, ① 먼저 유증에 대하여 반환을 청구하고, 유류분이 보존되지 않을 때에 한하여 증여의 반환을 청구할 수 있다. 이 경우 사인증여는 유증과 같은 것으로 보아야 한다. ② 증여 또는 유증을 받은 자가 수인인 경우, 유증·증여의 순서로 각자가 받은 가액의 비례로 반환하여야 한다. 셋째, 유류분권자가 수인일 경우 각자의 권리는 독립한 것이므로 각자가 별도로 행사하여야 하며, 어느 1인의 행사는 다른 자의 권리에 영향을 미치지 않는다.

3) 반환청구권의 행사의 효과

(1) 기본적인 효과

청구권설을 취할 경우 유류분권자는 그 반환청구권의 행사로서 목적물의

24) 대법원 2010. 5. 27. 선고 2009다93992 판결.

반환청구권 또는 이행거절권[25]을 취득한다.[26] 반환된 재산은 상속재산을 구성함으로 그 분할이 대상이 된다.

(2) 반환의 방법

첫째, 그 반환의 대상은 원칙적으로 피상속인이 처분한 증여 또는 유증의 목적물 자체이므로, 그 의무자는 원물반환의무를 부담하는 것으로 새겨야 한다. ① 원물반환이 불가능할 경우 그 가액 상당액의 반환청구를 할 수 있다. 이 경우 가액은 사실심변론종결시를 기준으로 산정하여야 한다. ② 그 반환의무를 부담하는 수증자가 목적물을 제3자에게 처분한 경우에, 청구권설을 취할 경우 원물반환이 불가능한 경우로 볼 수 있기 때문에 수증자에게 가액의 반환을 청구할 수 있는 것으로 본다.[27] 둘째, 반환의 방법에 관한 판례의 견해를 보면, 원물반환이 가능한 경우에도 당사자 사이에 가액반환의 협의가 이루어지거나 또는 반환권리자의 가액반환 청구에 반환의무자가 다툼 없이 응할 경우, 법원은 가액반환을 명할 수 있으나, 원물반환이 가능한 경우에 반환권리자는 가액반환의 주장을, 그 의무자는 원물반환을 주장하며 가액반환에 반대하는 의사표시를 한 경우, "법원은 가액반환을 명할 수 없다"고 함으로써 반환의무자의 의사를 우선시 한다.

(3) 기 타

반환청구권의 행사로 생기는 원물반환과 가액반환의무는, 이른바 기한 없는 채무이므로 반환청구를 받은 수증자가 무자력인 경우 유류분권자가 그 손실을 부담해야 한다는 견해가 있으나, 유류분반환청구의 대상이 되지 않는다고 해석하여야 한다.

또한 수증자는 목적물에서 취득한 과실에 대한 반환의무를 부담하지 않는다는 견해가 있으나, 반환의무자가 악의의 점유자라는 점이 증명된 경우에는 그 인정시점부터 또는 본권에 대한 소에서 종국판결에 의하여 패소로 확정된 경우에는 소가 제기된 때로부터 유류분 침해부분 상당의 과실은 부당이득을 이유로 그 반환의무를 부담한다고 새겨야 한다.

---

25) 그 처분행위가 이행되기 전인 경우.

26) 형성권설을 취할 경우, 반환청구권의 행사로 목적물은 당연히 유류분권자에게 복귀하게 된다.

27) 형성권설을 취할 경우 현실의 점유자인 악의의 양수인에게 원물반환을 청구할 수 있는 것으로 새기게 되나, 민법상 근거 없는 해석에 지나지 않는다.

4) 공동상속인들 사이의 유류분반환청구

공동상속인의 경우 1인 또는 수인의 상속인이 과다하게 증여 또는 유증을 받음으로써 다른 공동상속인의 유류분을 침해하는 결과가 생길 수 있다. 이 경우에도 유류분반환청구의 문제가 생긴다. 그러나 이 경우 증여 또는 유증을 받은 상속인의 유류분 초과부분을 대상으로 다른 공동상속인의 유류분을 침해한 한도에서만 반환의무를 부담한다.

공동상속인 및 공동상속인이 아닌 제3자가 피상속인으로부터 각각 증여 또는 유증으로 받은 경우 각자의 유류분 반환의무의 범위에 대하여 대법원은, 유류분권리자가 유류분반환청구를 함에 있어 증여 또는 유증을 받은 재산 등의 가액이 자기 고유의 유류분액을 초과하는 상속인에 대하여 그 유류분액을 초과한 가액에 비율에 따라서 반환을 청구할 수 있고, 공동상속인과 공동상속인이 아닌 제3자가 있는 경우에는 그 제3자에게는 유류분이 없으므로 공동상속인에 대하여는 자기 고유의 유류분액을 초과한 가액을 기준으로 하여, 제3자에 대하여는 그 증여 또는 유증받은 재산의 가액을 기준으로 하여 그 가액의 비율에 따라 반환청구를 할 수 있다.[28]

5. 반환청구권의 소멸시효

유류분반환청구권은 유류분권자가 상속의 개시와 반환하여야 할 증여 또는 유증을 한 사실을 안 때부터 1년 이내에 행사하지 않으면 시효에 의하여 소멸한다(민법 제1117조 제1문). 이 경우 1년의 기간은 소멸시효기간을 말하며, 그 시효기간은 반환권리자가 상속의 개시와 증여·유증의 사실뿐만 아니라 이것이 반환하여야 할 것임을 안 때부터 진행한다고 해석하여야 한다.[29]

반환청구권은 상속이 개시된 때부터 10년이 경과하여도 소멸한다. 이 경우 10년의 기한은 소멸시효기간이며, 이러한 법리는 상속재산의 증여에 따른 소유권이전등기가 이루어지지 아니한 경우에도 특별한 사정이 없는 한 그대로 적용된다.[30] 그러나 그 반환청구의 의사표시를 한 경우 1년 또는 10년의 소멸시효

28) 대법원 2006. 11. 10. 선고 2006다46346 판결.
29) 대법원 2006. 11. 10. 선고 2006다46346 판결.
30) 대법원 2008. 7. 10. 선고 2007다9719 판결.

는 중단이 된다.[31]

유류분반환청구권의 소멸시효에 대하여 대법원은, 민법 제1117조의 유류분반환청구권은 상속이 개시한 때부터 10년이 지나면 시효에 의하여 소멸하고, 이러한 법리는 상속재산의 증여에 따른 소유권이전등기가 이루어지지 아니한 경우에도 달리 소멸시효의 완성의 항변이 신의성실의 원칙에 반한다고 하는 등의 특별한 사정이 없는 이상 달리 볼 것이 아니다.[32]

상속포기 신고 개시 후 일정한 기간 내에 적법하게 이루어진 경우, 포기자의 유류분반환청구권도 당연히 소멸하는지 여부에 대하여 대법원은, 유류분은 상속분을 전제로 한 것으로서 상속이 개시된 후 일정한 기간 내에 적법하게 상속포기 신고가 이루어지면 포기자의 유류분반환청구권은 당연히 소멸하게 되는 것이므로, 이와 다른 전제에 선 재항고 이유도 받아들일 수 없다.[33]

유류분반환청구권의 행사로 생기는 원물반환의무 또는 가액반환의무의 지체범위의 지체책임의 발생시기에 대하여 대법원은, 유류분반환청구권의 행사로 인하여 생기는 원물반환의무 또는 가액반환의무는 이행기한이 정함이 없는 채무이므로 반환의무자는 그 의무에 대한 이행청구를 받은 때에 비로소 지체책임을 진다.[34]

유류분권리자의 가액반환청구에 대하여 반환의무자가 원물반환을 주장하며 가액반환에 반대의사를 표시한 경우, 법원이 가액반환을 명할 수 있는지 여부에 대하여 대법원은, 원물반환이 가능하더라도 유류분권리자와 반환의무자 사이에 가액으로 이를 반환하기로 협의가 이루어지거나 유류분권리자의 가액반환청구에 대하여 반환의무자가 이를 다투지 않은 경우에는 법원은 가액반환을 명할 수 있지만, 유류분권리자의 가액반환청구에 대하여 반환의무자가 원물반환을 주장하여 가액반환에 반대하는 의사를 표시한 경우에는 반환의무자의 의사에 반하여 원물반환이 가능한 재산에 대하여 가액반환을 명할 수 없다.[35]

유류분반환청구권의 행사에 의하여 반환되어야 할 유증 또는 증여의 목적

---

31) 대법원 2002. 4. 26. 선고 2000다8878 판결.
32) 대법원 2008. 7. 10. 선고 2007다9719 판결.
33) 대법원 2012. 4. 16.자 2011스191 결정; 대법원 1994. 10. 14. 선고 94다8334 판결.
34) 대법원 2013. 3. 14. 선고 2010다42624, 42631 판결.
35) 위 판결.

이 된 재산이 타인에게 양도된 경우 양수인에 대하여도 그 재산의 반환을 청구할 수 있는지 여부에 대하여 대법원은, 유류분반환청구권의 행사에 의하여 반환되어야 할 유증 또는 증여의 목적이 된 재산이 타인에게 양도된 경우 그 양수인이 양도 당시 유류분권자를 해함을 안 때에는 양수인에 대하여도 그 재산의 반환을 청구할 수 있다고 보아야 한다.[36)]

36) 대법원 2002. 4. 26. 선고 2000다8878 판결.

학습과제

01. 기여의 정도와 종류에 대하여 적시하시오.

02. 기여분의 결정에 대하여 적시하시오.

03. 기여분과 특별수익에 대하여 적시하시오.

04. 기여분과 유류분에 대하여 적시하시오.

05. 기여분의 양도, 상속, 포기 여부에 대하여 기술하시오.

06. 유류분권과 그 포기에 대하여 적시하시오.

07. 유류분권자와 그의 유류분에 대하여 적시하시오.

08. 유류분액의 산정에 대하여 적시하시오.

09. 유류분권침해액의 산정에 대하여 적시하시오.

10. 유류분반환청구권의 행사 방법에 대하여 적시하시오.

11. 유류분반환청구권의 행사 효과에 대하여 적시하시오.

12. 공동상속인들 간의 유류분반환청구권에 대하여 적시하시오.

13. 기여분제도를 인정해야 하는 이유는 무엇인지 적시하시오.

14. 유류분제도를 인정해야 하는 필요성은 무엇인지 적시하시오.

15. 기여분과 유류분을 인정한 사례에 대하여 적시하시오.

제 12 장

생활과 법률

장묘제도와 법률

[학습목표]

- 이 장에서는 시대의 변화에 따라 장묘문화의 변화 추이를 생각해 본다.
- 우리나라와 제주도 출생자 수와 사망자 수에 대하여 생각해 본다.
- 장사시설에 대한 수요의 변화 추이를 생각해 본다.
- 장사시설의 현황과 수급 진단에 대하여 생각해 본다.
- 자연친화적 자연장 선호의 장사문화에 대하여 생각해 본다.
- 자연장 선호 장사문화의 정착을 위한 정책에 대하여 생각해 본다.

I 장묘문화의 변화 추이는 어떠한가

우리나라는 2001년 사망자 242,730명 중 93,493명이 화장자로 화장률 38.5%에서 2005년 사망자 243,886명 중 128,258명이 화장자로 화장률 52.5%를 넘어선 이후 꾸준히 증가하여 2010년 사망자 255,403명 중 172,276명이 화장자로 화장률 67.5%를 넘어, 최근 2014년 사망자 267,692명 중 212,083명이 화장자로 화장률 79.2%를 차지해 전국 화장률 80%대에 진입하였다. 특히 2014년 기준 화장률이 높은 지역은 부산(90.1%), 인천(89.4%), 울산(86.6%) 순이었으며, 낮은 지역은 충남(62.6%), 제주(63.5%), 전남(65.2%) 순으로 나타났다(보건복지부, 2015).

한편, 제주특별자치도에서는 2001년 화장률 16.0%에서 2005년 35.0%, 2011년 54.8%를 넘어선 이후 꾸준히 증가하여 2013년 사망자 3,317명 중 화장자가 1,986명으로 화장률 59.9%에서 2014년 사망자 3,300 중 화장자가 2,095명으로 화장률 63.5%로 꾸준히 증가하고 있다. 그러나 제주도는 다른 지역과 달리 지역적 특수성[1]이 있음에도 불구하고 전통 가족관습 문화와 전통사상을 존중하는 유교사상에 기인하여 아직까지는 화장률이 다른 지역에 비하여 낮은 편이다(보건복지부, 2015).

우리나라는 2005년 화장률이 매장률을 넘어선 이후에 연평균 약 3%씩 화장률이 증가하고 있다. 그러므로 화장률 80% 시대를 앞두고 매장을 규제하는 장사제도에서 화장 후 자연친화적인 선진국형 장사제도로 전환할 필요가 있다. 따라서 이하에서는 장사시설의 수요 변화 추이에 대하여 알아보고, 이를 바탕으로 자연친화적 자연장 선호 장사문화의 정착을 위한 제주특별자치도 장사정책의 방향과 과제를 제시한다.

1) 제주지역은 다른 지역과는 달리 자연경관이 우수하고, 지하수 자원이 풍부하며, 세계자연유산에 등재될 만큼의 자연생태계가 뛰어난 지역으로 그 특수성이 있다.

Ⅱ 장사시설 수요의 변화 추이

1. 사망자의 변화 추이

1) 우리나라 사망자 변화 추이

우리나라 인구구조는 **저출산·고령화**의 후기 불균형적 인구현상이 지속되므로 현재 사망자 수는 안정적 증가 추이를 보이고 있으나 장래 고령화된 노년들의 기대여명이 다하는 시점에서는 사망인구가 급격하게 증가할 것으로 전망된다. 그러한 이유는 국민의 건강상태 개선, 보건의료서비스 향상 등으로 인한 평균수명 상승으로 과거 1955년부터 1970년까지 연간 100만명 이상 태어났던 저출산 세대가 2020년부터 본격적으로 노인세대에 진입하면서 65세 이상 노인인구의 절대규모가 급격하게 증가할 것으로 예상되기 때문이다. 최근 인구추계 결과 2010년 노인인구는 545만명에서 2020년 808만명, 2030년 1,269만명, 2050년에는 1,799만명으로 증가할 것으로 예상된다(보건복지부, 2015).

〈표 12-1〉 우리나라 고령인구 추이와 사망자수 (단위: 천명, %)

연도	총인구	65+(구성비)	85+(구성비)	사망자	조사망률
2000	44,712	3,347(7.5)	169(0.4)	246	5.1
2010	49,410	5,452(11.0)	370(0.7)	255	5.1
2015	50,617	6,624(15.7)	551(1.1)	308	6.1
2020	51,435	8,084(19.9)	810(1.6)	357	6.9
2025	51,972	10,331(24.3)	1,089(2.1)	403	7.8
2030	52,160	12,691(24.3)	1,316(2.5)	453	8.7
2035	51,888	14,751(28.4)	1,598(3.1)	507	9.8
2040	51,091	16,501(32.3)	2,079(4.1)	576	11.3
2045	49,810	17,468(35.1)	2,952(5.9)	653	13.1
2050	48,121	17,991(37.4)	3,700(7.7)	718	14.9

자료: 통계청(2013), 국가통계포털.

이와 같은 추이는 <표 12-1>에서 보는 바와 같이 2000년 이후 우리나라의 사망자 수는 25만명 수준에서 안정적 증가를 보이고 있었으나 베이비붐 세대가 본격적으로 노인층에 진입하기 시작하는 2020년에는 35.7만명, 이들이 중기고령층에 진입하기 시작하는 2030년에는 45.3만명, 그리고 후기고령층에 진입하기 시작하는 2040년에는 57.6만명, 2050년 연간 사망자수는 71.8만명으로 급증하게 될 것으로 전망된다(통계청, 2011).

[그림 12-1] 우리나라 고령인구 추이와 사망자수(1990~2060) (단위: 천명, %)

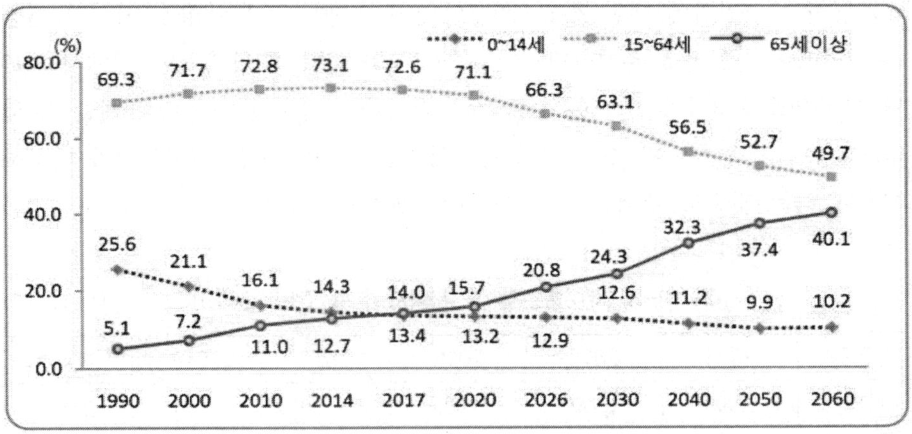

한편, 우리나라 고령인구 추이와 사망자 추이는 [그림 12-1]에서 보는 바와 같이 베이비붐이 포함된 준고령자는 2014년 전체 인구의 14.3%에서 2030년 24.3%로, 2050년에는 37.4%, 2060년 40.1%로 늘어날 것으로 전망된다. 그러므로 2010년 고령인구 비중이 전체 인구의 10%를 넘어선 후 2026년 20.8%에 접어들 전망으로 앞으로 12년쯤 후면 인구 5명 중 1명이 고령자인 시대를 맞게 될 것이다(통계청, 2014).

2) 제주특별자치도 사망자 변화 추이

<표 12-2>에서 같이 제주특별자치도의 사망자는 2005년도 2,902명에서 2010년 3,017명으로 3.96% 증가하였으며, 2011년도 3,021명에서 2013년 3,317명으로 9.79% 증가하였다. 2015년 2,997명에서 2017년 3,000명으로 증가하여 0.1%

로 미미하게 증가할 것으로 추계해 볼 수 있다(제주특별자치도, 2014).

〈표 12-2〉 제주특별자치도 사망자 추이(2005~2013) (단위: 명)

연도	2005	2006	2007	2008	2009	2010	2011	2012	2013	2014
사망자	2,902	2,974	2,880	2,813	2,823	3,017	3,021	3,238	3,317	3,300

자료: 제주특별자치도, 2014.

한편, 2005년도부터 2013년까지 9년간의 사망자 추이에 따라 2015년부터 2019년까지 사망자에 대한 2005~2013년 인구통계를 토대로 향후 사망자 변동을 고려하여 사망자를 추계하면 <표 12-3>과 같다. 2018년 2,981명에서 2019년 2,979명으로 2명이 감소하여 0.06%로 미미하게 감소할 것으로 추계할 수 있다. 따라서 장래 사망자 수는 매년 증가하지만 그 증가폭은 미미하다가 미소하게 감소하는 것으로 추계할 수 있다(제주특별자치도, 2014).

〈표 12-3〉 제주특별자치도 사망자 추계(2015~2019) (단위: 명)

연도	2014	2015	2016	2017	2018	2019
사망자	2,998	2,997	3,000	3,000	2,981	2,979

자료: 제주특별자치도, 2014.

[그림 12-2] 제주특별자치도 연도별 사망자 추계(2015~2019)

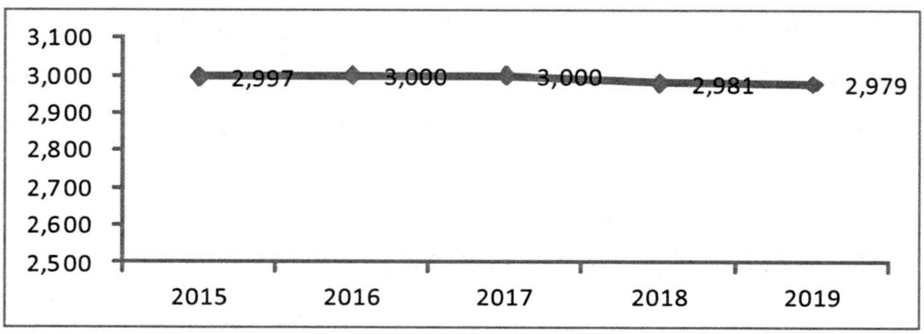

자료: 제주특별자치도, 2014.

2. 화장률의 변화 추이

우리나라는 정부 및 지방자치단체의 노력과 시민운동의 결과 화장률이 지속적으로 증가하여 전국 80%에 육박하고 있다. <표 12-4>는 1970년대 이후 우리나라의 화장률 추이를 제시하고 있다. 화장 장려운동이 한창이던 1999년 30%를 상회한 이후 불과 3년만인 2002년 42.5%로 증가하였다. 2005년 이후부터는 화장이 매장을 앞서는 장사문화 역전현상이 발생하였다. 2012년의 화장률은 74.0%, 2013년의 화장률은 76.9%, 2014년도의 화장률은 79.2%로 급격히 증가하는 추세를 보이고 있음을 알 수 있다. 이와 같이 화장률이 연평균 3% 이상 증가한 주된 이유는 인구증가와 더불어 매장할 장소 부족, 그리고 개발행위의 제약과 환경파괴를 우려하는 사회적 문제의식이 높아지고, 화장에 대한 국민의식의 개선에 기인하였다는 것을 부인할 사람은 없다. 1990년대 이후 도시화, 산업화에 따라 도시인구가 급증하면서 장례의식의 변화, 장례절차의 간소화, 묘지비용의 부담으로 인하여 매장 대신 화장을 선택하고 핵가족화가 가속화되면서 전통적인 가족관습의 변화에도 기인하고 있다고 볼 수 있다.

〈표 12-4〉 우리나라 화장률 추이(2010~2015년) (단위: %)

연도	2007	2008	2009	2010	2011	2012	2013	2014
화장률	58.9	61.9	65.0	67.5	71.1	74.0	76.9	79.2

<표 12-4>에 따라 우리나라 화장률을 그래프로 나타내면 [그림 12-3]과 같다.

[그림 12-3] 우리나라 연도별 화장률(1994~2014)

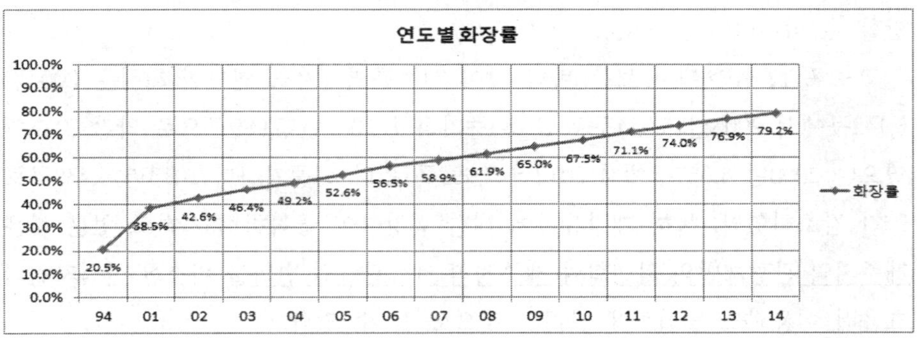

〈표 12-5〉 주요 국가 화장률 비교

국가	화장률(%)	국가	화장률(%)
일본	99.6	페루	60.78
대만	92.42	캐나다	63.18
홍콩	90.43	네덜란드	59.26
슬로베니아	81.06	벨기에	53.00
싱가포르	79.11	중국	49.50
스위스	79.00	러시아	48.26
체코	78.88	미국	43.17
덴마크	78.18	노르웨이	37.17
스웨덴	77.85	오스트리아	35.25
영국	74.28	프랑스	32.51
한국	73.99	이탈리아	16.62

한편, 2012년 주요 국가별 화장률 통계를 보면, 화장률이 우리보다 높은 국가로는 아시아의 일본을 비롯한 대만·홍콩·싱가포르, 유럽의 슬로베니아·스위스·체코·스웨덴·영국 등으로 일본·대만·홍콩은 90% 이상을, 슬로베니아는 80% 이상을 상회하고 있다.

2004년 이후의 화장률을 추이를 고려하여 우리나라 전국 화장률을 추계하면 장기적으로 약 90%까지 증가할 것으로 추계할 수 있다. 65세 이상 노령인구가 15%를 상회하여 고령사회(aged society)에 진입하는 2017년에는 전국 화장률은 80%에 이르고 베이비붐 세대 마지막인 1961년생이 노령인구에 진입하는 초고령사회(super-aged society)에 접어드는 2026년에는 약 90%에 이를 것으로 전망할 수 있다(김수봉, 2013).

<표 12-6>에서 보는 바와 같이 제주특별자치도 연도별 화장은 2004년 3,142구에서 2006년 5,034구로 소폭 증가하다 2007년 3,989구으로 약간 감소하였으나 2008년 4,357구에서 2012년 7,984구로 다소 증가하다 2013년 5,430구로 약간 감소하였다. 특히 개장유골에 대한 화장률이 급격히 증가하고 있는 것은 제주지역 관광개발의 활성화와 제주지역 가족관습의 변화를 비롯한 산림자원의 효율적 이용과도 밀접하게 관련된 것으로 볼 수 있다.

〈표 12-6〉 제주특별자치도 화장 현황(2004~2014) (단위: 구)

연도	2005	2006	2007	2008	2009	2010	2011	2012	2013	2014
계	4,217	5,034	3,989	4,357	10,701	4,977	6,056	7,984	5,430	8,184
시체	1,036	1,132	1,183	1,203	1,347	1,478	1,643	1,873	2,014	2,099
개장 유골	3,181	3,902	2,806	3,154	9,354	3,499	4,413	6,111	3,416	6,085
1일 평균	11.6	13,8	10.9	11.9	29.3	13.6	16.6	21.8	14.8	22.4

자료: 제주특별자치도, 2014.

3. 장사시설의 현황과 수급 진단

1) 우리나라

우리나라 전국 조사결과 나타난 장사시설 선호와 화장률 추이를 고려하여 향후 장사시설 수급을 진단해 보면, 2011년말 기준 장사시설 중 묘지시설의 안장률은 약 60%를 상회하고 있으며, 향후 안장가능기수는 공설 약 30만, 법인 약 67만으로 총 96.6만기의 안장능력을 갖고 있는 것으로 집계되어 향후 수요를 고려하더라도 2020년대 중반까지는 부족하지 않을 것으로 추계된다. 한편, 봉안시설의 경우에도 향후 봉안능력이 237만기가 가능하여 봉안수요를 고려하더라도 유휴능력이 약 80만기가 된다. 그러나 자연장지에 대한 누적수요는 2030년까지 약 184만으로 2014년 안장능력 26.4만보다 약 150만기 이상이 부족하다(이필도·남상권, 2013).

2012년 말 기준 여러 가지 이유로 공설자연장지를 이용한 경우는 5,354구에 지나지 않지만(김수봉, 2012), 장사시설 수급 진단 결과를 보면 향후 자연장시설이 절대적으로 부족할 것으로 예상할 수 있다. 이와 같은 왜곡현상을 어떻게 진단할 것인지가 문제가 된다. 이에 대한 구체적인 연구가 없이 속단하기는 어렵지만 자연장 수요가 어디선가 왜곡되어 봉안시설이나 산골 등으로 유인되고 있는 것으로 보인다.

물론, 본인의 장법 선호가 실제로 실현된다는 것을 가정하여 산출한 결과이기 때문에 오차는 있을 수 있다. 왜냐하면 화장 후 안치 선호는 어느 정도 유족들의 선택에 의해서 결정되는 경향도 있기 때문이다. 제도 도입 초기에는 국

〈표 12-7〉 우리나라 장사시설 현황 (단위: 천)

구분	묘지			봉안시설	자연장지		
	전체	공설	법인	전체	전체	공설	사설
총 안장능력(천)	2,450	810	1,640	3,351	282	236	47
안장기수(천)	1,485	512	972	980	19	16	3
안장률(%)	(60.6)	(63.2)	(63.2)	(29.3)	(6.7)	(6.7)	(6.9)
안장가능기수(천)	966	298	66.8	2,371	264	220	44
안장가능률(%)	(39.4)	(37.8)	(36.8)	(70.7)	(93.6)	(93.3)	(93.1)

민들이 자연장에 대한 인식이 부족할 수 있고 자연장지의 공급이 적정하게 이루어지지 못한 측면이 있을 수 있다. 그러나 제도 시행 10년이 되는 지금 단지 연 8천구 수준의 자연장에 대한 인식이 부족할 수 있고 자연장지의 공급이 적정하게 이루어지지 못한 측면이 있을 수 있다. 자연장 수요는 조사결과 나타난 국민들의 의식과 비교해 볼 때 상당한 차이가 있음에는 틀림이 없다. 이 같은 왜곡은 현행 장사서비스 전달체계가 제대로 작동을 하고 있지 않음을 의미하고, 막대한 국고가 지원되는 장사시설 지원정책의 총체적인 문제를 보여준 것으로 볼 수 있다.

문제는 사망이라는 사실이 갑작스럽게 일어날 수 있는 것이기 때문에 장례방법 또한 장례과정에서 갑자기 결정될 수 있고, 이는 의사결정 과정이 장례식장 내외부에서 제3자에 의해서 비합리적으로 결정될 가능성이 있음을 암시하는 것이라 할 수 있다.

2) 제주특별자치도

제주특별자치도 화장장 시설은 제주시 516로 2810-31(영평동 2261)에 부지 45,838㎡, 건물연면적 5,185.42㎡로 2002년 5월 25일 개장한 양지공원 화장시설이 유일하다.

<표 12-6>을 토대로 제주특별자치도 연도별 화장률 추계해 보면, <표 12-8>에서 보는 바와 같이 2014년도 6,063구에서 2019년 10,554구로 지속적으로 증가할 것으로 추계할 수 있다. 유형별로 보면 시체는 2014년 2,205구에서

〈표 12-8〉 제주특별자치도 화장률 추계(2015~2019) (단위: 구)

년도	2014	2015	2016	2017	2018	2019
계	**6,063**	**6,771**	**7,563**	**8,450**	**9,443**	**10,554**
시체	2,205	2,414	2,643	2,894	3,169	3,470
개장 유골	3,858	4,357	4,920	5,556	6,274	7,084
1일 평균	17	19	21	24	26	29

자료: 제주특별자치도, 2014.

2019년 3,470구으로 소폭 증가하나 개장유골은 2014년 3,858구에서 2019년 7,084구로 큰 폭으로 증가할 것으로 추계할 수 있다. 화장 처리능력은 1일 평균은 2014년 17구에서 2019년 29구로 1일 평균 7명이 증가할 것으로 추계할 수 있다.

[그림 12-4] 제주특별자치도 유형별 화장률 추계(2015~2019)

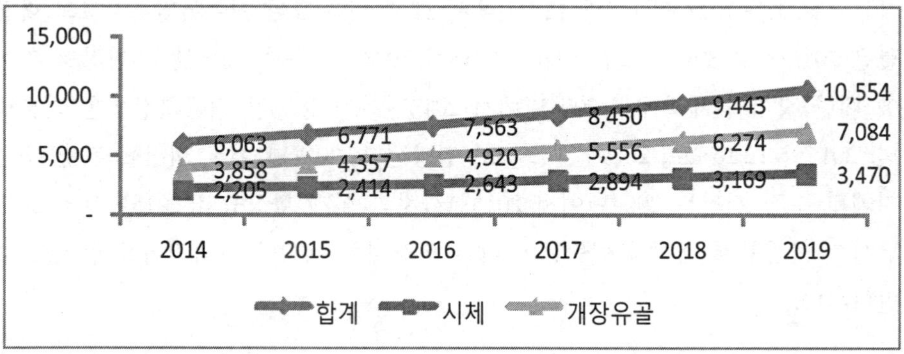

자료: 제주특별자치도, 2014.

한편, <표 12-9>에서 본바와 같이 2004년부터 2013년까지 제주특별자치도 화장률 추이를 보면, 2004년 3,142구에서 2006년 5,034구로 약간 증가폭에 있다가 2007년 3,989구로 다소 감소하였으나 2010년 10,701구에서 2013년 5,430구로 상당부분 감소하였음을 알 수 있다. 이러한 현상은 제주특별자치도 미풍양속 등 가족관습과도 밀접한 관계가 있을 것으로 판단할 수 있다.

〈표 12-9〉 시도별·연도별 화장률 현황(2005~2014) (단위: 구)

년도	2005	2006	2007	2008	2009	2010	2011	2012	2013	2014
계	**4,217**	**5,034**	**3,989**	**4,357**	**10,701**	**4,977**	**6,056**	**7,984**	**5,430**	**8,184**
제주시	2,895	3,619	2,763	2,928	8,997	3,396	3,986	5,452	3,624	5,559
서귀포시	1,225	1,337	1,174	1,354	1,614	1,408	1,991	2,304	1,666	2,513
타 지방	97	78	52	75	90	173	79	228	140	112

자료: 제주특별자치도, 2014.

<표 12-10>에서 보는 바와 같이 제주특별자치도 화장자 추계를 보면, 2014년 6,110구에서 2019년 10,651구로 지속적으로 미미한 증가 추세로 나타났다. 서귀포시나 타 지방은 미미하게 증가하나 제주시는 증가폭이 큼을 알 수 있다. 이는 제주시 지역을 중심으로 개발행위가 활성화되고 가족관습의 변화가 있음을 알 수 있다.

<표 12-10> 및 [그림 12-4]에서 보는 바와 같이 제주특별자치도의 화장률은 2010년 48.3%, 2012년 57.4%, 2013년 59.9%로 증가하고 있다. 화장률 추이에 대한 장기적 계획에서 2004년에서 2013년까지 10년간 평균화장률을 적용하면, 2015년 12.16%로, 2019년 11.9%로 전망된다. 2019년 이후 화장률 관련 중장기계획 수립 시기는 2004년에서 2013년까지의 실제 화장률과 2015년부터 2019년까지 화장률 추계결과 변동률에 따른 화장시설 계획이 수립되어야 할 것으로 판단된다.

〈표 12-10〉 연도별·지역별 화장자 추계(2014~2019) (단위: 구)

년도	2014	2015	2016	2017	2018	2019
계	6,110	6,784	7,609	8,492	9,518	10,651
제주시	4,074	4,579	5,147	5,785	6,502	7,308
서귀포시	1,813	1,973	2,148	2,338	2,545	2,770
타 지방	223	232	314	369	471	573

자료: 제주특별자치도, 2014.

[그림 12-5] 제주특별자치도 연도별·지역별 화장률 추계(2015~2019)

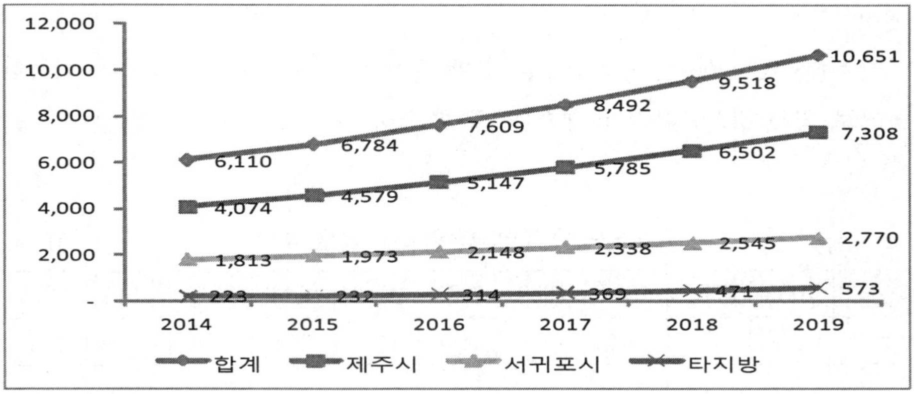

자료: 제주특별자치도, 2014.

III 자연친화적 자연장 선호의 장사문화

1. 자연장 선호의 장사문화

자연친화적이라 함은 장사방법과 관계없이 자연을 있는 그대로 활용하거나 약간의 변형을 주어 장사를 치르면서 자연 그대로의 현상을 회복시키는 것을 의미한다. 따라서 매장을 하더라도 토양을 오염시키지 않는 관을 사용하고 봉분을 만들더라도 석물 등을 사용하고 매장하는 경우에는 자연친화적이라고 볼 수는 있다. 하지만 화장하는 경우에도 화장 후 처리시 생화학적으로 분해되지 않는 봉안함을 사용하거나 화장한 유골을 강이나 산에 뿌리는 경우에도 주위의 생물이나 토양에 나쁜 영향을 줄 수 있는 때문에 자연친화적이라고 할 수는 없다.

고령화 사회 진입에 따른 사망자 수의 급격한 증가와 화장률의 증가는 장사시설뿐만 아니라 장사 관련 산업에 상당한 영향을 미치게 될 것이다. 이와 더불어 저출산·고령화 등으로 후손들이 줄어들면서 장사문화 역시 찾아가 돌보거나 봉제사하는 문화에서 편리한 시간에 봉제사하는 패턴으로 전환될 것으로 전망할 수 있다. 이 같은 상황변화에 대응하기 위해서는 장사시설이나 장사방법 또한 저출산·고령화사회의 패러다임에 알맞는 정책방안이 강구되어야 할 것이다.

아래 <표 12-11>에서 보는 바와 같이 이제 저출산·고령화와 핵가족화 등으로 인해 장사문화가 화장중심으로 확고히 자리를 잡아가고 있는 것을 볼 수 있다.

〈표 12-11〉 우리나라 연도별 화장률 추이 (단위: %)

년도	2005	2006	2007	2008	2009	2010	2011	2012	2013	2014
화장	52.6	56.5	58.9	61.9	65.0	67.5	71.1	74.0	76.9	79.2

자연은 후손들에게 물려주어야 하는 얼마 되지 않는 자원 중 가장 중요하기 때문에 자연환경을 지키는 것은 기성세대와 후세대 간의 묵시적 계약으로 볼 수밖에 없다.

자연친화적인 장사방법을 정착시키기 위해서는 장법이 매장이든 화장이든 간에 친환경적인 소재를 사용하고, 가능한 기존의 시설을 이용하거나 재활용하는 방안을 모색하여야 하며 훼손된 자연을 회복시키는 방법으로 장사를 치러야 한다. 자연친화적이지 못한 사치스러운 호화관이나 지나친 석물 사용 등을 사용하는 시대는 이미 지났으며 과시적인 장례절차 또한 시대착오적인 것이라 할 수 있다. 따라서 그동안 화장운동을 성공적으로 전개해 왔던 시민단체들도 이제는 '친환경적인 장법 현대화운동'을 전개해 나가야 할 시점에 와 있다고 본다. 왜냐하면 이미 화장에 대한 선호는 표출되어 있다고 판단되므로 자연친화적인 장법을 널리 홍보함으로써 장사문화운동의 영역을 더욱 구체화해야 할 것이다.

이미 조성된 장사시설이 '자연' 상태로 방치되어 지속적인 관리나 하자 보수 등에 대한 체계적인 관리·운영체계가 확립되지 않을 경우 무분별한 환경훼손 사태가 발생할 수밖에 없게 된다. 따라서 장사시설의 공급주체는 장사시설의 사전 및 사후관리와 관리체계의 법적 의무사항에 대해 철저한 감독체계를 확립하여야 할 것 이다. 이를 위해서는 지방자치단체 차원에서 불법적 장사시설의 설치를 엄격하게 제재하는 한편, 법인이나 공설 등 집단화된 장사시설의 허가에 대한 기준과 운영 자격 등을 명확히 규정하고 적용하여야 한다.

다른 한편으로는 장사시설의 종합화를 통해 이용 및 관리상의 효율성을 제고할 수 있도록 해야 한다. 즉 장사시설을 현대화, 공원화로 전환될 수 있도록 생활공간의 가능성을 감안하여 장사시설의 종합화를 추구해야 한다. 장사시설의 사후관리로 효율성을 제고하기 위해 운영관리기금의 적립으로 관리·운영의 영속성을 유지하고 장사시설 운영의 전문성 및 투명성을 확보해야 한다. 운영관리는 시설관리, 안전관리, 서비스관리, 환경위생관리 등의 세부적인 매뉴얼로 효율적으로 이루어질 수 있도록 하여야 한다.

그러므로 장사시설을 확충하는 것에 만족하지 말아야 하고 보다 자연친화적으로 화장시설을 유지·관리해야 할 것인가에 대한 관심을 갖고 이를 위한 소요재원 마련은 물론 이에 지속적인 연구를 게을리하지 말아야 할 것이다.

2. 외국의 자연친화적 장사문화

외국의 자연친화적 장사방법은 다양하지만 산림지역을 자연 그대로 이용한 산림형과 인위적으로 조성된 공원묘지 시설 내에 식생을 심어 가꾸는 정원형으로 구분할 수 있다.

전통적으로 서구국가들의 묘지는 시신을 안치할 공간(약 2㎡) 내외의 면적으로 땅을 파고 시신을 안치한 후 대리석 등으로 덮고 십자가를 곁들이는 형태였다. 그러나 자연친화적인 장법이 도입되면서 시신을 묻는 경우 산이나 들에 매장하되 봉분을 하지 않을 뿐만 아니라 석물을 사용하지 않고 시신을 묻고 그 옆 보호망에 어린 나무를 심는다. 따라서 영국의 자연장(natural burial ground)은 안치 후 일정기간이 지나면 나무가 자라면서 매장한 흔적은 사라지고 자연으로 환원되도록 하는 것이다.

한편 화장을 하는 경우에는 두 가지 형태를 취하고 있는데 0.25㎡(50㎝×50㎝) 내외의 조그만 면적에 골분을 안치한 후 작은 비석을 세우고 꽃 등을 놓을 수 있는 공간을 만들거나 정원 등을 조성하여 화장한 유골을 묻거나 뿌리는 형태를 취한다. 영국에서는 이를 녹색장(green burial)이라고 부르고 있다. 이러한 녹색장은 기존의 묘역에서 주로 이루어지며 나무 밑에 망인의 이름이 적힌 조그마한 석물이나 명패를 새겨 넣기도 한다.

한편 스위스에서 시작되어 독일에서 확산되고 있는 수목장은 기존 산림지역 내에 지정된 수목의 주위에 화장한 유골을 묻는 방법으로 시설물, 형질변경 등이 없는 자연 그대로의 숲을 보존할 수 있다.

Ⅳ 자연장 선호 장사문화 정착을 위한 정책적 과제는 무엇인가

1. 제주특별자치도 장사시설 등 수급방향

제주특별자치도 화장시설은 2002년에 제주시 영평동에 설치한 양지공원 화장시설이 유일하다. 앞에서 검토한 바를 종합하여 장사시설 등 정책적 대안을 제시하면 다음과 같다.

첫째, 제주특별자치도 제주시 영평동에 소재하고 있는 장사시설은 화장장 1개소와 화장로 5기로 1일 처리능력이 시체기준 15구이며, 2014년 12월 기준 연간 화장가능구수(B)는 4,320구이나 화장자 수(A)는 2,095구로 부족한 화장로 수(일)[2]는 2.1일로 아직까지는 부족하지 않으나 최근 인구유입에 따른 급격한 인구증가와 개장유골 증가에 따른 사망자수가 증가할 것으로 예상되므로 화장로 증설을 계획하는 것이 필요하다고 생각한다. 다만, 최근에는 육지부에서 들어오는 개장유골이 다소 감소추세에 있음을 간과해서는 안될 것이다.

둘째, 제주특별자치도 화장시설은 제주시 516로 주변에 있어 제주시 및 서귀포시 기존 동 지역은 교통환경에 크게 문제가 되지 않지만 기존 읍·면 지역은 교통환경이 불편하다는 지적이 있음을 유의할 필요가 있다. 특히 겨울철에 눈이 많이 쌓이는 곳으로 차량운행에 불편이 많고, 추모객들이 이용할 수 있는 주위 편의시설 등 공간시설이 부족하다는 문제점이 지적되기도 한다. 또한 추모기간이 속해 있는 시기에는 추모객이 한꺼번에 몰리면서 추모시간이 상당히 지체되는 문제점이 지적되는 이유이다. 따라서 추모객의 편의시설 및 공간시설을 확충할 필요가 있으며, 이러한 측면에서 장사시설 주변 516로 도로 확장공사

2) 화장로 수 : 시도 화장로 수(316기) – 예비화장로(55개 시설당 1개씩, 55기)
연간 화장가능기수 : 화장로 수×3회(1일 화장로 가동횟수)×360일(연간가동일수)
부족한 화장로 수(일) : 연간 화장로 수급현황/3회(1일 화장로 가동횟수)×360일(연간가동일수)

도 필요하다고 생각한다.

셋째, 제주특별자치도 봉안당은 공설 양지공원을 비롯하여 7개소, 사설 가족·종중·종교단체 등 6개소, 봉안묘 공설 6개소·사설 337개소, 봉안탑 4개소가 있다. 양지공원 봉안당은 2002년 제1추모관 및 2007년 제2추모관이 있으며, 봉안능력은 28,576기 중 기 안치수가 19,512기로 안치가능기수가 9,064기밖에 남지 않아 향후 부족할 것으로 예상되므로 봉안시설 설치는 단계적으로 축소하거나 조정하여 자연친화적인 자연장지 조성을 확대하는 방안을 모색할 필요가 있다고 생각한다. 특히 양지공원 봉안시설 제2추모관 안치단이 만장될 것으로 예정됨에 따라 제3추모관 건립을 적극적으로 검토할 필요가 있다. 다만 봉안시설을 설치하는 때는 봉안묘 및 봉안탑의 설치는 되도록 제한 또한 억제하여야 하고 봉안당과 봉안담 형태로 설치하도록 할 필요가 있다고 생각한다.

넷째, 제주특별자치도 공설묘지는 15개소가 설치되어 있고, 기 매장 13,500기, 향후 매장 가능 35,924기로 적어도 향후 2015년까지는 공설묘지가 부족하지 않은 것으로 예상된다. 일부 어승생공설묘지, 서부공설묘지, 대정읍 공설묘지 등은 향후 매장가능기수가 145기에서 233기에 그치고 있다. 제주특별자치도 사설묘지는 가족묘지 1,165개소 2,736,939기, 개인묘지 104,831개소 3,319,568기 등 중산간 지역 및 산림지역에 산재하고 있는 개인묘지 및 가족묘지 등 사설묘지는 지양하도록 하는 적극적인 홍보정책이 필요하다고 생각한다.

여섯째, 제주특별자치도 중산간 지역 및 산림지역에 산재해 있는 묘지를 재정비함과 더불어 개인묘지를 지양하고 새롭게 묘지를 설치하는 경우에, 미신고 불법묘지나 면적기준을 초과한 호화묘지에 대하여 신고를 의무사항으로 하여 위반하는 때에 강력한 행정처분을 할 수 있도록 '제주특별자치도 장사 등에 관한 조례'를 개정할 필요가 있다고 생각한다.

일곱째, 2005년 '제주시 양지공원관리사업소 운영조례' 개정 이후 수수료 변동이 없는 화장장 수수료를 지속적인 화장률 증가에 따른 수익자 부담 원칙에 따라 인상할 필요가 있고, 봉안당 수수료는 제주시, 서귀포시, 읍·면·동별로 다르게 책정되어 있는 것을 점진적으로 통일화할 필요가 있다고 생각한다.

여덟째, 현재 양지공원은 지리적 여건이 좋고 516로에 근접하여 대체적으로 교통 등 주위환경이 양호하다고 평가할 수 있으나 향후 포화상태가 예견되므로, 현재 양지공원 동측으로 확장하여 장사시설을 첨단화함으로써 한국적인 효사상과 조상숭배사상을 잘 표현할 수 있도록 할 필요가 있다고 생각한다.

아홉째, 제주특별자치도 장사시설 등은 장기적·미래적 측면에서 제주도와 종교계 및 법인 간의 민관 조합방식의 제6섹터 방안 모색이 필요하다고 생각한다.

열 번째, 제주특별자치도 환경적 특수성에 맞는 다중 공원시설로 기존의 장사시설을 전환하거나 복지시설, 체육시설, 전시관 등 주민편의시설과 함께 장사시설 종합단지화 방안을 모색할 필요가 있다고 생각한다.

2. 자연친화적인 자연장 수급 방향

[그림 12-6]에서 보는 바와 같이 2012년 4월 19일 제주시 어승생 한울누리공원에 설치되어 있는 자연장지는 친환경 장지로 잔디형, 화초형, 정원형, 수

[그림 12-6] 한울누리공원 자연장 모습

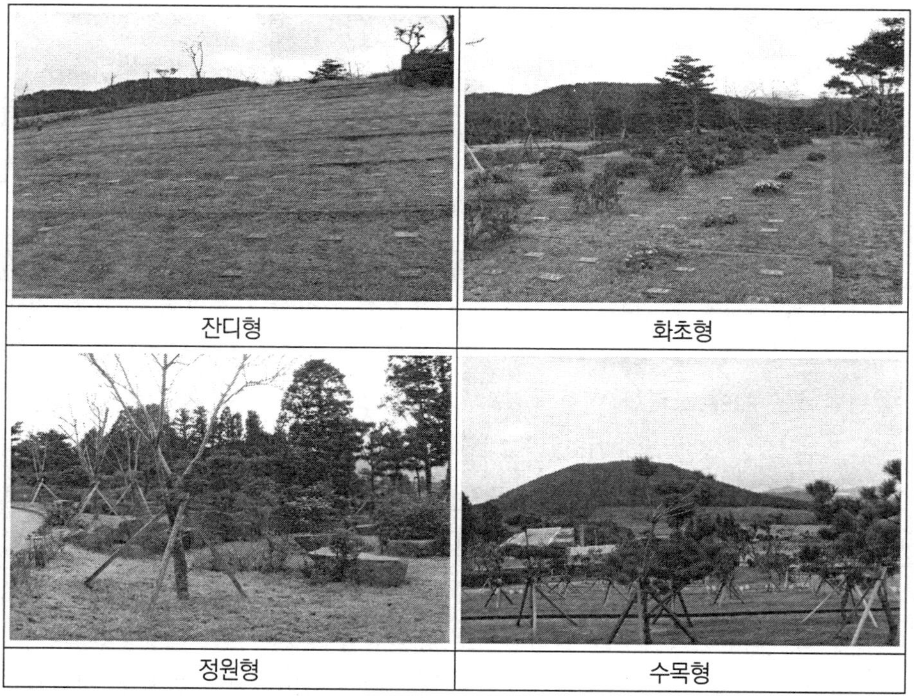

자료: 제주특별자치도, 2014.

목형 등으로 조성되어 있다. 제주특별자치도 자연친화적인 자연장 수급방향을 제시하면 다음과 같다.

첫째, 2012년 개장한 제주시 한울누리공원과 2016년 초에 개장한 서귀포 추모공원 자연장지 등은 자연 그대로의 환경을 유지하면서 주변지역 환경개선 사업을 통하여 생태공원화를 추진해 오고 있다. 이와 같이 제주시 한울누리공원이나 서귀포 추모공원 자연장지 모두 종합단지화하여 주변지역과 연계한 생태공원, 체육공원, 초등학교를 포함한 대학 및 지역시민들의 인간의 생로병사에 대한 학습장으로 활용하는 방안을 모색할 필요가 있다고 생각한다.

둘째, 제주특별자치도 자연장지로 한울누리공원, 서귀포 추모공원 자연장지, 준비 중에 있는 용강동 동부공설묘역지 이외에 장기적 측면에서는 동부지역과 서부지역에 자연장지를 조성하여 주민편의를 도모할 필요가 있다고 생각한다.

셋째, 제주특별자치도는 자연장지 활성화를 촉진하기 위하여 제주도를 중심으로 제주시, 서귀포시를 포함한 종교단체나 학계 등 '자연장 서약' 시민운동을 적극적으로 유도할 필요가 있다고 생각한다.

3. 종합적·통합적 장사정책 수립 방향

우리나라는 조상의 묏자리를 중시하는 풍수지리설과 조선시대 억불숭유정책으로 화장문화가 금기시되었던 시절이 있었다. 그렇지만 지금은 저출산·고령화·핵가족화 등으로 사회가 급격하게 변화하고 있다. 그러므로 이러한 시대에 맞은 패러다임으로 변화해야 한다. 특히 최근 들어 고령화사회(65세 이상 인구가 총인구에서 차지하는 비율이 7% 이상)에서 고령사회(65세 이상 인구가 총인구를 차지하는 비율이 14% 이상)로 가고 있다. 우리나라는 2000년에 노인인구가 전체인구의 7%로 이미 고령화사회에 진입했으며, 2009년에는 노인인구가 10.7%를 차지했다. 통계청은 고령사회는 2018년(14.3%)에 초고령사회(65세 이상 인구가 총인구에서 차지하는 비율이 20% 이상)는 2026년(20.8%)에 도달할 것으로 전망했다. 사망자 수도 2012년 기준 26만여 명에서 초고령사회가 되면 약 40만명이 넘어가는 것으로 관련 기관은 분석하고 있다. 국토효율화 차원에서도 발빠른 대책이 요구되는 시점이라 할 수 있다. 그렇다면 제주특별자치도 종합적·통합적 장사시설 수립방안은 무엇인가? 이에 대한 정답은 없다. 그렇지만 미래의 제주를 그리면서 그 대안을 제시하면 다음과 같다.

첫째, 제주특별자치도 임야 및 산림지역에 산재해 있는 불법 및 무연분묘를 발견하였다고 하더라도 행정적 제재가 쉽지 않다는 것이 실무계의 지적이다. 그러한 이유는 풍수지리설에 의한 좋은 묏자리에 대한 유교적 관습이 존재하고 있을 뿐만 아니라 예산 및 전문인력의 부족이 문제로 제기되기도 한다. 이에 관하여 제주도 임야 및 산지에 산재해 있는 무연분묘를 해결하기 위하여 묘지에 대한 전수조사가 필수적인 작업이 되어야 한다는 견해가 있다(제주특별자치도, 2014. 12). 그렇게 주장하는 이유는 장사 등에 관한 법률 제11조(묘지의 일제 조사) 보건복지부장관, 시·도지사 또는 시장·군수·구청장은 제5조 제1항에 따른 묘지 등 수급계획의 수립 또는 제28조에 따른 무연분묘의 정리 등을 위하여 필요하다고 인정하면 일정한 기간 및 구역을 정하여 분묘에 대한 일제 조사를 할 수 있다고 하고 있기 때문이다. 그리고 이러한 법적 근거 규정에도 불구하고 예산의 부족 및 전문인력의 부족으로 아직 시행되지 않고 있음을 지적한다. 하지만 제주특별자치도 장사 등에 관한 조례에서는 이와 같은 규정을 하고 있지 않다. 따라서 중장기 장사수급계획 수립에 따라 묘지를 일제 조사할 수 있도록 전수조사를 의무적 사항으로 하는 법적 근거를 조례에 둘 필요가 있다고 생각한다.

둘째, 사람의 출생신고로부터 사망에 이르기까지 데이터베이스(DB)를 구축할 필요가 있다고 생각한다. 동법 시행규칙 제14조와 제18조에 따라 무연분묘로 판단이 되면 지방자치단체는 3개월 동안 일간신문에 공고기간을 거쳐 개장하여 화장을 하고 납골당에 10년간 봉안했다가 유택동산에 산골을 하도록 하고 있다. 더나아가 인터넷상에 온라인화할 필요가 있으며, 공설이나 사설에서 처리하는 모든 무연고 사망자들의 DB를 구축해서 사람이 태어나서 죽을 때까지의 족보를 기록하여 후손들에게 남길 필요가 있다고 생각한다.

셋째, 장사 등에 관한 법률 제11조에서는 묘지를 일제 조사하여 이러한 일제조사결과 무연분묘로 인정되면 장사법 제28조에 의해 처리하도록 하고 있다. 하지만 동 법률은 실무계에서는 실효성이 떨어진다는 지적이 있다. 뿐만 아니라 재단법인 묘지인 사설묘지가 제외되어 있으므로 사설묘지도 무연고 규정에 대한 정확한 기준을 마련해서 무연분묘를 처리할 필요가 있다고 생각한다.

4. 전담 전문부서 및 전문가 양성

장사 관련 업무는 역사와 문화, 우리의 전통적인 관습, 그리고 제주도의 지역적 특수성이 반영된다. 그러므로 장사 관련 업무는 전문성이 매우 요구된다고 할 것이다. 그러나 제주특별자치도 장사 관련 업무 담당부서 및 공무원의 전문성이 낮은 편이라는 지적이 있을 수 있다. 따라서 현재 전담부서는 제주특별자치도 보건복지여성국 복지청소년과 양지공원관리담당으로 계장급 상당에 불과하다. 장사 관련 업무의 전문성이 요구되어지므로 도 직제 과장급 이상의 장사 관련 업무부서가 필요하다고 생각한다. 아울러 담당 공무원 역시 전문성이 요구되므로 대학 및 대학원에서 장사 관련 학위를 취득하는 자를 공무원으로 채용하거나 기존 공무원 중에서 장례지도사 자격을 취득하게 하거나 취득하는 공무원에게 승진의 인센티브를 제공하는 방안을 검토할 필요가 있다고 생각한다.

이 같은 의미에서 최근 도입 실시되고 있는 장례지도사 국가자격증 제도는 장사서비스 전달체계의 효율성을 제고하도록 체계적인 교육을 통해 전문성과 신뢰성을 갖춘 전문가로 거듭날 수 있도록 교육환경을 개혁할 필요가 있다.

5. 분묘기지권의 입법론

종래 판례에 의하여 인정되었던 관습상의 분묘기지권의 효력범위를 장사 등에 관한 법률 시행 2001. 1. 13. 이후에만 적용된다면, 타인의 임야 등 산림에 무단으로 묘지를 조성하였더라도 분묘기지권을 시효취득할 경우나 타인의 사전 동의 하에 분묘가 설치된 경우 등에는 당해 분묘가 지속적으로 관리되어 존속되는 동안에는 토지 및 임야를 효율적으로 이용하거나 개발할 수 없는 문제가 발생할 수 있다. 현행 장사 등에 관한 법률이 시행되기 전에 설치되어 분묘기지권이 인정되는 분묘는 그 분묘가 지속적으로 보존 및 관리가 되고 있는 이상 영구히 존속할 수 있는 등의 문제점을 지적할 수 있다. 다만, 동법 시행 전의 분묘기지권이 인정되는 분묘라고 하더라도 점진적으로 그 존속기간의 범위를 축소하여 현행 법률과 동일하게 입법을 하거나 2001. 1. 13. 이후 최장 60년으로 제한되는 것으로 해석할 필요가 있다. 그리고 분묘기지권이 인정되는 경우에도 지상권 유사의 물권이므로 지료지급의무는 발생한다고 기존 판례를 변경할 필요가 있다고 생각한다.

아울러 국토공간의 효율적 이용 등을 목적으로 하는 동법의 입법취지를 고려하여 비록 분묘수호 및 봉제사를 하고 있는 때에도 관습상 인정되었던 분묘기지권을 제한하도록 장사 등에 관한 법률 및 제주특별자치도 장사 등에 관한 조례를 개정할 필요가 있다고 생각한다.

6. 시한부매장제도의 정비

현행 장사 등에 관한 법률상 분묘의 설치기간의 제한은 2001년 1월 13일부터 설치된 분묘에 대하여만 적용된다. 다만, 2001. 1. 13. 이전에 설치된 분묘라도 이를 개장하여 새로운 분묘를 설치하거나 합장을 하는 경우에는 분묘의 설치기간에 대한 제한을 받는 것은 당연하다. 장사 등에 관한 법률 분묘의 설치기간(제19조) 및 설치기간이 종료된 분묘의 처리(제20조)의 규정에 따라 이 법이 처음 시행된 날 이후 설치된 분묘의 설치기간을 15년씩 최고 3회 걸쳐 연장할 수 있 수 있는데, 최장 60년이다(장사법 부칙 제2조 제2항). 다만 합장분묘의 경우에는 합장되는 날을 기준으로 정하도록 하고 있다. 하지만 저출산·고령화의 급속한 변화추이와 매장에서 화장문화로의 변화추이에 따라 시한부매장기간을 단축할 필요가 있다고 생각한다. 이는 정부 및 국회에서 다루어져야 할 부분이기도 하다.

V 마치며

앞서 검토한 바와 같이 장사시설은 국토의 효율적 이용과 공공복리 증진이 이루어지도록 설치, 조성, 관리되어야 한다. 그러므로 장사시설은 제주지역 특수성에 맞는 지역주민의 수요를 고려하여 체계적이고 장기적인 측면에서 중장기 계획 수립에 따라 지속적으로 시행하여야 한다. 장사시설은 다른 일반 서비스와 달리 단기적으로 나타나는 것이 아니라 장기에 걸쳐 지속적으로 발생하므로 관리·운영의 영속성을 동시에 고려하여 장사시설의 특수성을 충분히 반영하는 것이 무엇보다 중요하다.

최근 우리나라의 자연장 증가추세로 볼 때, 제주지역에서도 화장이 급속히 증가함으로써 장사시설 등이 부족할 것으로 예상된다. 따라서 자연친화적 자연장 선호의 장례문화를 조기에 확산하여야 하고, 국토 이용의 효율성을 제고하기 위해서 장기간 방치되고 있는 무연고 및 불법 분묘를 정비하여야 한다. 그리고 품위 있고 검소한 장례의식을 확산하여야 하고 장례시설 및 봉안당 사용 등에 있어서 리베이트 문제 등 강요하거나 강매하는 행위를 근절하도록 하여야 한다.

끝으로 장사시설 등은 자연친화적인 종합적·통합적 시설이 되어야 한다. 장사 등에 관한 법률이나 조례뿐만 아니라 장사시설 등의 관리나 운영에 있어서도 국토의 훼손이나 산림훼손 등이 발생하지 않도록 해야 한다. 그리고 제주지역 주민들의 장사서비스의 욕구를 충족시킬 수 있도록 균형 있는 장사시설을 확충하여야 하고, 장사시설 등을 이용하는 사람에게는 누구나 편리하게 이용할 수 있도록 모든 정보가 신속하게 제공되어야 한다. 아울러 장사시설 등의 관리와 운영은 전문성이 요구되므로 자연을 회복시키고 보존하기 위해서는 지속적으로 관리를 할 수 있는 전문 인력을 양성하여야 한다.

학습과제

01. 사람의 권리능력 시기와 종기에 대하여 적시하시오.

02. 우리나라의 매장문화와 화장문화에 대하여 적시하시오.

03. 우리나라 출생자 변화 추이에 대하여 적시하시오.

04. 우리나라 사망자 변화 추이에 대하여 적시하시오.

05. 제주도 출생자 변화 추이에 대하여 적시하시오.

06. 제주도 사망자 변화 추이에 대하여 적시하시오.

07. 우리나라 매장률 변화 추이에 대하여 적시하시오.

08. 제주도 매장률 변화 추이에 대하여 적시하시오.

09. 우리나라 화장률 변화 추이에 대하여 적시하시오.

10. 제주도 화장률 변화 추이에 대하여 적시하시오.

11. 자연장의 유형과 그 특징에 대하여 적시하시오.

12. 외국의 자연친화적 장사문화에 대하여 적시하시오.

13. 자연친화적 자연장의 활성화가 필요한 이유를 적시하시오.

14. 시한부매장제도에 대하여 적시하시오.

15. 분묘기지권에 대하여 적시하시오.

제 13 장

생활과 법률

법과 여성

[학습목표]

- 이 장에서는 현행 가족법상 남녀차별 규정이 있는지에 대하여 생각해 본다.
- 가족법 변천과정과 주요 내용에 대하여 생각해 본다.
- 우리 사회에 양성차별로 어떠한 것들이 있는지에 대하여 생각해 본다.
- 노동법상 여성보호 규정에 대하여 생각해 본다.
- 남녀고용평등과 일·가정 양립 지원에 관한 법률에 대하여 생각해 본다.
- 여성범죄의 특징에 대하여 생각해 본다.

I 왜 여성을 보호해야 하는가

여성도 인간으로서 존엄과 가치를 가지는 것은 당연하다. 그러나 역사적으로 여성은 모든 면에서 남성보다 열등한 대우를 받아 온 것도 사실이다. 그런데 사회적 여건이 변함에 따라 여성의 지위도 향상되고 있다. 이러한 변화는 법적인 분야에서도 예외는 아니다. 그것은 신분·재산·상속 등에 관하여 규정하고 있는 민법규정의 변천만 보아도 단적으로 알 수 있다. 남녀평등의 이상은 아직 완전히 실현되었다고 볼 수는 없다. 따라서 여성은 그 보호를 위해서는 남성과 평등하게 취급되어야 할 것이다. 이러한 필요성은 노동의 현장이나 범죄 등에서 절실히 나타나고 있다.

이상과 같은 배경에서 현대 한국사회에서 여성의 법적 지위를 단적으로 반영하고 있는 민법의 규정에 대하여 개관하기로 한다. 그리고 노동법상의 여성의 지위와 여성과 특히 관련을 가지는 범죄에 대하여도 살펴보기로 한다.

II 민법상의 여성 관련 조항이 있는가

1. 여성 관련 가족법 변천

현행 민법은 1990년 제3차 개정(1990. 1. 13. 법률 제4199호)을 통하여 종래 문제로 지적되어 온 민법상의 친족·상속편을 대폭적으로 개정한 것이다. 그 내용을 보면 64개 조문 개정, 30개 조문 삭제, 7개 조문 신설 등 친족범위에서 가족 간 차별을 없애고 호주권 조항 삭제 외에 재산분할청구권을 인정하여 여성의 권리를 크게 강화하였다. 그동안 가족법의 개정된 내용을 보면 다음과 같다.

제1차 개정(1962. 12. 29. 법률 제1237호) 때에는 법정분가제도(민법 제788조 이하)가 신설되었다.

제2차 개정(1977. 12. 31. 법률 제3051호) 때에는 성년자 혼인의 부모동의 불요(제808조), 성년제도(제826조의2), 소유불명 부부재산의 공유추정(제830조 제2항), 협의상 이혼의 가정법원 확인제도(제836조 제1항), 친권 공동 행사(제909조 제1항·제2항), 법정상속분(제1009조), 유류분제도(제1112조·제1118조) 등이다.

이상의 내용을 살펴보면 여성의 지위는 봉건적인 시대적 배경을 바탕으로 하고 있음을 알 수 있다. 사회가 농업경제 대가족제도에서 급속한 공업화·도시화와 대학교육을 포함한 여성의 교육수준의 향상은 물론 가족제도 향상으로도 소가족제도가 중심이 되었으므로 양성에 대한 동등한 기회의 제공은 당연한 귀결이라고 할 것이다.

2. 여성 관련 민법 주요내용

현행 민법은 혼인법·친족법·상속법 등에 있어서 부부평등, 남녀평등 등을 실현할 수 있는 규정들이 포함되어 있다.

남녀평등 정신에 보다 충실하도록 정비한 가족법의 주요 내용은 각각 다음과 같다. 첫째, 가족의 범위를 부계·모계 동일하게 8촌 이내로 하였다(제777조 제1호). 가부장제 가족원리인 종법제에서 부모양계 친족관계로 전환하였다고 볼 수 있다.

둘째, 법정친자관계로서의 계모자 관계와 적모자 관계를 폐지하고 인척관계로 하였다(제775조). 이러한 관계는 본인들 의사에 의하지 않는다는 점, 가부장제도와 첩 제도가 잔재한다는 점에서 종래 그 부당성이 지적되어 왔다.

셋째, 부모가 이혼한 경우에 친권의 행사자는 부모의 협의로 정한다. 즉 이혼 후에 미성년자인 자에 대하여 친권자나 교육권자 아닌 자가 주기적으로 방문 면접하는 권리인 면접교섭권을 신설하였다(제837조의2).

넷째, 이혼배우자의 재산분할청구권을 신설하였다(제839조의2). 민법은 부부별산제(제829조)를 취하고 있으나, 실제로는 부부가 협력하여 축적한 재산일지라도 대개 부의 재산으로 귀속되어 있다. 이러한 재산에 대하여 이혼 시에 그 분할을 청구할 수 있음을 명문화한 것이다.

다섯째, 직계비속간의 상속분의 차이를 없애고, 배우자의 상속분은 직계비속의 상속분에 5할을 가산하도록 하였다. 그리고 상속인 중에서 피상속인 재산의 유지 또는 증가에 참여하는 등 특별한 공헌을 하거나 피상속인을 특별히 부양하는 등 특별히 연고가 있는 자에게 상속인들이 협의하여 주는 기여분제도와 분여분제도가 있다.

Ⅲ 노동법상 여성의 지위는 어떠한가

1. 근로기준법상 보호규정

1) 사용금지 직종

근로기준법 제64조는 "15세 미만인 자('초·중등교육법'에 따른 중학교에 재학 중인 18세 미만인 자를 포함한다)는 근로자로 사용하지 못한다. 다만, 대통령령으로 정하는 기준에 따라 고용노동부장관이 발급한 취직인허증을 지닌 자는 근로자로 사용할 수 있다"라고 규정하고 그 시행령에서 임산부 및 여성근로자의 취직인허증 발급 금지 직종을 구체적으로 열거하고 있다(시행령 제37조).

이러한 취업제한은 성년 남자보다 체력적으로나 생리적으로 차이가 있는 여자에 대하여 안전을 보장하기 위한 것이다. 취업제한 범위의 차이는 있지만 거의 모든 산업국가에서 여자의 사용금지 직종을 규정하고 있으며, 노동환경 정비 및 여성의 취업기회의 확대필요 등으로 인해 그 제한범위는 축소되고 있는 경향이다.

2) 갱내근로 금지

근로기준법 제72조는 "사용자는 여자와 18세 미만자를 갱내에서 근로 시키지 못한다"고 규정함으로써 여자의 안전·위생·도덕상의 위험을 예방하고 있다.

3) 야간 및 휴일노동 금지

근로기준법 제70조 제2항은 "사용자는 임산부와 18세 미만자를 오후 10시부터 오전 6시까지의 시간 및 휴일에 근로시키지 못한다"고 규정하여 근로여성의 야간근로 및 휴일근로를 원칙적으로 금지하고 있다.

야간근로는 인간의 변칙적인 활동으로서 남자근로자를 포함한 모든 근로자의 정신적·육체적 건강을 해치는 것은 물론 가정이나 사회생활에도 큰 장애가 되는데 특히 여성에게는 보건상·풍기상 유해한 것이다. 따라서 야간근로의 범위에 대해서는 각국의 법제에 다소 차이가 있지만 일반적으로 여성의 야간근로를 금지하고 있다.

4) 시간외 근로제한

근로기준법 제71조는 "사용자는 산후 1년이 지나지 아니한 여성에 대하여는 단체협약이 있는 경우라도 1일에 2시간, 1주에 6시간, 1년에 150시간을 초과하는 시간외 근로를 시키지 못한다"고 규정하여 출산한 여자의 근로시간에 제한을 두고 있다.

출산한 여자 근로자의 시간외 근로제한 규정은 장시간 노동을 규제함으로써 근로여성의 심신의 피로와 작업능률의 저하로 인한 재해발생을 예방하고 노동력의 보전을 도모하고 있다. 시간외 근로에 대해서는 당연히 할증임금이 지급됨은 물론이다.

5) 생리휴가

근로기준법 제73조는 "사용자는 여성 근로자가 청구하면 월 1일의 생리휴가를 주어야 한다"고 규정하여 청구를 요건으로 한 월 1일의 생리휴가를 인정하고 있다. 이러한 제도는 일본, 인도네시아 등을 제외한 나라와 ILO조약에서는 거의 볼 수 없지만 그 필요성은 임상의학적인 견지에서보다는 근로조건이나 노동환경이 결정적인 조건이 된다. 즉 생리는 질병은 아니지만 생리 중의 육체적·정신적 조건은 직장환경 기타 사회적 조건에 큰 영향을 받으므로 그러한 조건이 열악하면 여자의 건강은 물론 그 후의 임신·출산에 나쁜 영향을 미치게 된다. 따라서 우리나라에서는 과학적으로 노동환경이 잘 정비되어 있는 선진국과는 달리 신분적 종속관계가 잔존하고 있는 노사관계나 열악한 근로조건 및 작업환경 하에서 장시간 근로로 인한 생리기간 중의 피로가 여성근로자의 육체적·정신적 소모를 가중 시키므로 적어도 생리휴가는 반드시 시행되어야 할 것이다.

6) 출산휴가

근로기준법 제74조 제1항은 "사용자는 임신 중의 여성에게 출산 전과 출산

후를 통하여 90일(한 번에 둘 이상 자녀를 임신한 경우에는 120일)의 출산전후 휴가를 주어야 한다. 이 경우 휴가기간의 배정은 출산 후에 45일(한 번에 둘 이상 자녀를 임신한 경우에는 60일) 이상이 되어야 한다"고 규정함으로써 여성근로자의 출산휴가를 인정하고 있다. 즉 출산을 전후한 여성근로자의 정상적인 근무는 모체에 나쁜 영향을 주고 태어난 유아의 발육에도 지장을 초래하는 등 여러 가지 부작용을 발생시킬 가능성이 높아지므로 이를 방지하기 위한 규정이다. 또한 제74조 제5항에서도 "사용자는 임신 중의 여성 근로자에게 시간외근로를 하게 하여서는 아니 되며, 그 근로자의 요구가 있는 경우에는 쉬운 종류의 근로로 전환하여야 한다"라고 규정하고 있다. 태아와 모체의 건강을 보전하기 위해서는 임부의 강도 높은 노동을 피해야 하며, 또한 임부의 노동능률과 재해의 위험을 고려할 때 그들에 대한 작업배치의 고려 및 법정기준 근로시간 보장이 필요하므로 이 규정이 마련된 것이다. 다만 경미한 노동에 대한 기준은 법으로 규정되어 있지 않으므로 구체적인 상황에 따라 판단해야 할 것이나 원칙적으로 본인이 요구하는 업무로 해석하는 것이 바람직하다.

2. 남녀고용평등과 일·가정 양립 지원에 관한 법률상 여성관련 규정

1) 모집·채용상 규정

사업주는 근로자의 모집 및 채용에 있어서 여성에게 남성과 평등한 기회를 주어야 한다. 사업주는 여성근로자를 모집·채용함에 있어서 모집·채용하고자 하는 직무의 수행에 필요로 하지 아니하는 용모·키·체중 등의 신체조건, 미혼조건 기타 고용노동부령이 정하는 조건을 제시하거나 요구하여서는 안 된다(제7조).

2) 교육·배치 및 승진상 규정

사업주는 근로자의 교육·배치 및 승진에 있어서 혼인·임신 또는 여성인 것을 이유로 남성과 차별대우를 하여서는 안 된다(제10조).

3) 정년·퇴직 및 해고상 규정

사업주는 근로자의 정년 및 해고에 관하여 여성인 것을 이유로 남성과 차별하여서는 아니 된다. 또한 사업주는 근로여성의 혼인·임신 또는 출산을 퇴직 사유로 예정하는 근로계약을 체결하여서는 안 된다(제11조).

4) 모성보호 규정

국가는 '근로기준법' 제74조에 따른 출산전후 휴가 또는 유산·사산 휴가를 사용한 근로자 중 일정한 요건에 해당하는 자에게 그 휴가기간에 대하여 통상임금에 상당하는 금액(이하 '출산전후휴가급여 등'이라 한다)을 지급할 수 있다. 여성근로자가 출산전후 휴가급여 등을 받으려는 경우 사업주는 관계 서류의 작성·확인 등 모든 절차에 적극 협력하여야 한다(제18조). 사업주는 근로자가 배우자의 출산을 이유로 휴가를 청구하는 경우에 5일의 범위에서 3일 이상의 휴가를 주어야 한다. 이 경우 사용한 휴가기간 중 최초 3일은 유급으로 한다. 휴가는 근로자의 배우자가 출산한 날부터 30일이 지나면 청구할 수 없다(제18조의2).

3. 여성근로자의 평등과 보호

우리 헌법이 기본적 인권으로 보장하고 있는 양성의 평등, 직업선택의 자유, 근로의 권리 등의 차원에서, 그리고 UN의 여성차별 철폐에 관한 조약상의 요구와 일치할 수 있도록 고용분야에서의 정비가 필요하다. 우선 근로기준법상 성별역할 분담의 탈피가 당면과제로 부각되고 있는 국제적인 동향에 비추어 더 많은 법 개정이 필요하다고 하겠다.

기본방향은 두말할 나위도 없이 평등강화·모성보호 확충이 되겠지만, 일본과 같이 과연 여성의 현실적 가정책임의 부담을 감안하여 여성원조 규정을 그대로 둘 것인가, 이분적으로 구별하여 규정할 것인가(단계주의·점진주의), 아니면 모두 폐지할 것인가를 검토하여야 한다. 또한 폐지할 경우 현행법의 어떤 조항들을 폐지할 것이며 그와 관련한 모성보호의 확충을 어떻게 할 것인가 등이 구체적으로 연구되어야 한다.

Ⅳ 여성범죄의 특수성은 무엇인가

1. 여성범죄의 특징

1) 양적 특징

범죄 가운데 여성범죄가 차지하는 비율은 나라에 따라 차이가 있으나, 우리나라의 경우 남성범죄의 15.6%에 불과하다. 이와 같이 여성범죄가 남성범죄보다 떨어지는 원인으로서는 첫째, 생물학적·심리학적 원인으로 자녀의 출산, 육아로 인한 인내심과 헌신성이 강하고 수동적이며, 쾌락의 욕구가 적고 신체적으로 유약하다. 둘째, 사회학적 원인으로서 여성은 피보호성과 비자립성 그리고 생활경제에서의 참여기회가 제한되어 여성범죄에 대한 사법적 보호와 범죄통계학상의 암수가 존재하기 때문이다.

2) 질적 특성

절도·사기·폭행 등의 범죄가 있으나 범죄 전체에서 차지하는 비율은 오히려 적고, 윤락행위 등 방지법 위반(매춘·포주), 낙태, 유기 등이 상대적으로 비율이 높으며 수동성을 특징으로 방조범이 많다.

3) 여성생리와 관련성

여성은 월경·임신·출산·수유·폐경 등 남성과는 다른 생리현상을 갖고 있다. 이 중 가장 문제가 되는 것은 월경·분만·폐경과 범죄의 관계이다. 월경 중에는 정신혼탁·불화·피로·충동성 등이 나타날 수 있다. 이러한 심리적 특성 때문에 격정성 범죄가 월경 중에 일어나는 경우가 많다. 이는 월경 직전에서 최초 1일 사이에 대부분 일어나는데 그 범죄유형은 백화점 절도, 살인, 명예훼손 등이 대부분이다. 그리고 분만시의 출산으로 인하 흥분상태와 기억상실, 실신 등의 몽롱상태에서 정신질환과 결합하면 영아살해 등의 위험성을 보일 수도 있다. 또한 폐경으로 인한 우울·불안·불면·의욕상실감 등으로 범죄에 빠질 위험성이 있는데 주로 갱년기 여성범죄의 유형으로 춤바람 등을 들 수 있다.

2. 여성 관련 범죄

여성은 범죄와 관련하여 가해자일 수도 있고 피해자가 될 수도 있다. 그러나 여성은 피해자인 경우가 더 많으며, 대부분의 경우 성(性)과 관련된다. 특히 강간·부녀매매 등이 그것이다. 이하에서는 특히 여성과 관련된 범죄로서 낙태·부녀매매 및 매음 등에 관하여 살펴보기로 한다.

1) 낙태죄

(1) 낙태죄의 의의

낙태란 **임신중절**에 의하여 태아를 살해하는 것을 말한다. 모체 안에서 태아를 살해하는 경우를 포함한다. 태아의 생명을 보호하기 위한 범죄이나 부수적으로 부녀의 신체도 보호법익이 된다. 태아가 되는 시기는 수정시가 아니라 착상시이다. 낙태는 모자보건법에 의하여 예외적으로 허용되는 경우를 제외하고는 원칙적으로 금지되고 있다. 이는 인간생명의 존엄성에 근거한 것이다.

(2) 낙태죄 종류와 처벌

① 자기낙태죄

자기낙태죄는 부녀가 약물 기타 방법으로 낙태함으로써 성립한다. 이 죄의 처벌은 1년 이하의 징역 또는 200만원 이하의 벌금에 처한다. 이것은 부녀 자신이 하는 낙태이므로 주체는 부녀에 한한다. 부녀 자신이 낙태를 하는 행위는 자상행위의 일종이라고도 할 수 있으나, 자기이익의 포기가 동시에 다른 법익주체의 이익침해로 되는 까닭에 가벌적으로 되는 경우이다. 낙태의 수단, 방법에는 부녀가 스스로 손수 실시하는 경우와 타인에게 의뢰하여 실시하는 경우가 있다. 그러나 후자의 경우에는 부녀 자신에게는 자기낙태죄가 성립하고 의뢰를 받아 낙태를 시킨 자에게는 그 신분에 의하여 동의낙태죄 또는 업무상 동의낙태죄가 성립한다.

② 일반 동의낙태죄

일반 동의낙태죄는 부녀의 촉탁 또는 승낙을 받아 낙태하게 함으로써 성립한다. 이 죄의 처벌은 1년 이하의 징역 또는 200만원 이하의 벌금에 처한다. 촉탁이라는 것은 부녀가 자진하여 의뢰하는 것을 말하고, 승낙은 시술자가 부녀의 동의를 얻는 것을 말한다. 이 죄의 주체는 의사, 한의사, 조산사, 약제사 또는 약종상에 종사하는 이외의 자이다. 이 죄의 행위자는 동의한 부녀와 공범관계에 있으므로 동의한 부녀는 자기낙태죄가 성립한다.

③ 업무상 동의낙태죄

업무상 동의낙태죄는 의사, 한의사, 조산사, 약제사 또는 약종상이 부녀의 촉탁 또는 승낙을 받아 낙태하게 함으로써 성립한다. 이 죄의 처벌은 2년 이하의 징역에 처하고 7년 이하의 자격정지를 병과한다. 이것은 이러한 직업에 종사하는 자에 대한 신분으로 인한 특별가중이다.

④ 부동의 낙태죄

부동의 낙태죄는 부녀의 촉탁 또는 승낙 없이 낙태하게 함으로써 성립한다. 이 죄의 처벌은 3년 이하의 징역에 처하고 동시에 7년 이하의 자격정지를 병과한다. 이 경우에는 부녀의 동의 없이 하는 낙태행위에 대하여 특히 그 형을 가중하려는 취지이다. 그러므로 그 주체에는 제한이 없어서 의사 등의 일정한 신분이 있는 자이거나 기타 제3자이건 불문한다.

⑤ 낙태치상죄

이 죄는 일반 동의낙태죄, 업무상 동의낙태죄 또는 부동의 낙태죄를 범하여 부녀를 사상에 이르게 함으로써 성립한다. 처벌은 일반 동의낙태죄를 범하여 부녀를 치상한 때에는 3년 이하의 징역, 치사한 때에는 7년 이하의 징역에 처한다. 그리고 업무상 동의낙태죄 또는 부동의 낙태죄를 범하여 부녀를 치상한 경우에는 5년 이하의 징역, 치사한 경우에는 10년 이하의 징역에 처한다. 이 경우 7년 이하의 자격정지를 병과 한다.

이 죄는 또한 결과적 가중범으로서 행위자가 사상의 결과에 대하여 예견이 없어야 하는 것은 물론이나 사상의 결과를 예견할 수 있음에도 불구하고 예견하지 못한 과실이 있어야 한다. 다만 낙태죄가 기수이건 미수이건 이 죄의 성립에는 영향이 없다.

(3) 모자보건법에 의한 낙태 허용

모자보건법은 모성의 생명과 건강을 보호하고, 건전한 자녀의 출산과 양육을 도모함으로써 국민의 보건 향상에 이바지함을 목적으로 제정된 법률이다. 모자보건법에 의한 적법한 낙태가 되기 위한 요건으로 동법 제14조 및 동법 시행령 제15조는 일반적 요건과 개별적 요건을 다음과 같이 규정하고 있다.

① 일반적 요건

낙태가 허용되려면 일반적으로 의사에 의하여 수술이 이루어져야 하고, 본인과 배우자(사실혼관계에 있는 자 포함)의 동의가 있어야 하며, 인공임신중절수술은 임신한 날로부터 28주 이내에 하여야 한다.

② 개별적 요건

이상과 같은 일반적 요건을 갖추었다 하더라도 낙태가 허용되려면 개별적 요건을 충족해야 한다. 즉 위생학적 적응으로서 '본인 또는 배우자가 대통령령으로 정하는 우생학적 또는 유전학적 정신장애나 신체질환이 있는 경우 및 전염성 질환이 있는 경우'와, 윤리적 적응으로서 '강간 또는 준강간에 의하여 임신된 경우'의 법률상 혼인할 수 없는 혈족 또는 인척 간에 임신된 경우, 의학적응으로서 '임신이 지속이 보건의학적 이유로 모체의 건강을 심히 해하고 있거나 해할 우려가 있는 경우' 등이다.

(4) 낙태의 자유화 문제

낙태의 자유화는 1960년 이후 전 세계적인 과제로 등장하였다. 낙태죄의 처벌은 법과 현실의 괴리를 드러내기 때문이다. 즉 처벌되는 자는 불법을 행하였다고 보기보다는 운이 없다고 인식을 하게 되고, 국가의 인구정책에도 반하며, 낙태의 금지로 인하여 일부는 오히려 위험한 방법에 의한 낙태를 선택하지 않을 수 있다는 것이 그 이유이다. 낙태의 자유화는 두 가지 방법에 의하여 실현되고 있다. 기한방식과 적응방식이 그것이다.

기한방식은 임신 3개월 이내의 낙태를 전면적으로 허용하는 방식이고, 적응방식은 일정한 요건이 충족되는 경우에 한하여 낙태를 허용하는 방식에 있다. 한편 낙태죄를 완전히 비범죄화해야 한다는 주장도 없지 않다. 임산부의 사생활은 태아의 생명보다도 존중되어야 하고, 낙태죄는 이미 실효성이 없는 범죄라는 것을 그 이유로 한다. 그러나 헌법이 기본권으로서 생명권을 보장하고 있고 태아의 생명도 인간의 존엄과 가치의 대상이 된다는 점에서 낙태를 비범죄화 하기는 어렵다고 본다.

2) 부녀매매죄 등

형법 제288조는 " ① 추행, 간음, 결혼 또는 영리의 목적으로 사람을 약취 또는 유인한 사람은 1년 이상 10년 이하의 징역에 처한다. ② 노동력 착취, 성매매와 성적 착취, 장기적출을 목적으로 사람을 약취 또는 유인한 사람은 2년 이상 15년 이하의 징역에 처한다. ③ 국외에 이송할 목적으로 사람을 약취 또는 유인하거나 약취 또는 유인된 사람을 국외에 이송한 사람도 제2항과 동일한 형으로 처벌한다"고 규정하여 부녀매매죄를 두고 있다. 이 죄의 주체에는 제한이 없다. 따라서 보호자라 할지라도 이 죄의 주체가 될 수 있다. 이 죄의 객체는 부녀자이기 때문에 남자는 객체가 될 수 없고, 부녀인 이상 성년, 미성년, 기혼, 미혼 등을 불문 한다. 대법원은 이 죄에 대하여 인격이 지각이 있고 법질서에 호소할 능력이 있는 부녀는 매매의 대상이 될 수 없다고 판시하고 있다.

3) 결혼목적 약취·유인죄

결혼을 목적으로 약취·유인함으로써 성립되는 범죄로 미수범도 처벌하지만, 고소가 있어야 공소를 제기할 수 있다. 약취와 유인이란 사람을 보호받는 상태 내지 자유로운 생활관계로부터 자기 또는 제3자의 실력적 지배하에 옮기는 것을 말한다. 이를 합하여 인취행위라고 한다. 약취는 폭행 또는 협박을 수단으로 하는 데 반하여, 유인이란 기망 또는 유혹을 그 수단으로 한다는 점에서 양자는 구별된다.

4) 강간죄

강간죄는 폭행 또는 협박으로 부녀를 강간함으로써 성립하는 범죄이다(제297조). 여기서 폭행이란 사람에 대한 직접적인 유형의 행사를 말하며, 협박이란 해악을 통고하는 것이다. 폭행·협박의 정도는 상대방의 반항을 불가능하게 하는 경우뿐만 아니라 현저히 곤란하게 하는 것도 포함한다. 강간이란 폭행·협박에 의하여 반항을 곤란하게 하고 사람을 간음하는 것을 말한다. 이 죄의 보호법익은 개인의 성적 자기결정의 자유이며, 부차적으로는 신체의 불가침성이다. 따라서 강간죄의 주체에는 제한이 없다. 여자는 단독으로 이 죄의 주체가 될 수 없지만, 남성과 함께 공동정범의 형태로나 남성을 이용하여 간접정범의 형태로 주체가 될 수 있다.

5) 강제추행죄

폭행 또는 협박으로 사람에 대해 추행함으로써 성립하며 사람의 성적 자유 내지 성적 자기결정의 자유를 보호하기 위한 것이다. 여기서 폭행·협박이란 일반인으로 하여금 항거에 곤란을 느끼게 할 정도 또는 상대방의 의사의 임의성을 잃게 하는 정도이면 충분하다. 추행이란 성욕이 흥분·자극 또는 만족을 목적으로 하는 행위로서 건전한 상식이 있는 일반인의 수치심·혐오감을 일으키게 하는 일체의 음란행위라고 보는 것이 타당하다. 강제추행죄를 범한 자는 10년 이하의 징역 또는 1,500만원 이하의 벌금에 처하도록 규정하고 있다(제298조). 남자는 물론 여자도 이 죄의 주체가 될 수 있다. 그리고 이 죄의 객체는 사람으로 여자뿐만 아니라 남자도 포함되며, 기혼·미혼 또는 연령의 많고 적음도 묻지 않는다.

학습과제

01. 가족법의 변천과정에서 여성보호 규정의 변천에 대하여 적시하시오.

02. 현행 가족법상 여성보호 규정에 대하여 적시하시오.

03. 근로기준법상 여성보호 규정에 대하여 적시하시오.

04. 남녀고용평등과 일·가정 양립 지원에 관한 법률상 여성보호 규정에 대하여 적시하시오.

05. 여성근로자의 평등과 보호에 관하여 적시하시오.

06. 여성범죄의 특징에 대하여 적시하시오.

07. 낙태죄의 유형과 낙태죄 존폐 여부에 관하여 적시하시오.

08. 모자보건법상 낙태허용 여부에 대하여 적시하시오.

09. 낙태허용의 사회화 문제에 대하여 적시하시오.

10. 부녀매매죄 등에 대하여 적시하시오.

11. 결혼목적 약취·유인죄에 대하여 적시하시오.

12. 강간죄에 대하여 적시하시오.

13. 강제추행죄에 대하여 적시하시오.

14. 왜 여성을 특별히 보호해야 하는가에 대하여 적시하시오.

15. 출산장려정책과 유아휴직제도에 대하여 적시하시오.

제 14 장

생활과 법률

사회보장과 법률

[학습목표]

- 이 장에서는 산업재해와 산업재해보험에 대하여 생각해 본다.
- 보험급여의 종류에 대하여 생각해 본다.
- 고용보험에 대하여 생각해 본다.
- 건강보험에 대하여 생각해 본다.
- 국민연금에 대하여 생각해 본다.

I 산업재해보험제도의 이해

1. 산재보험제도의 의미

근로자가 사업장에서 일을 하다가 업무상 부상·질병·장해 또는 사망한 경우 국가가 대행하여 신속하게 치료와 보상을 함으로써 재해를 당한 근로자와 가족을 보호하고, 사업주에게는 일시적으로 많은 비용을 부담하지 않게 함으로써 근로자와 사업주를 동시에 보호하는 사업보험제도이다.

2. 보험가입자

산재보험은 모든 사업 또는 사업장에 적용되는 것이 원칙이다. 다만 ① 공무원연금법 또는 군인연금법에 의하여 재해보상이 행하여지는 사업, ② 선원법 또는 사립학교교원연금법에 의하여 재해보상이 행해지는 사업, ③ 건설공사 중 총공사 금액이 2천만원 미만인 공사와 주택건설촉진법에 의한 건설업자가 아닌 자가 시공하는 공사로서 연면적이 330제곱미터 이하인 건축물의 건축 또는 대수선에 관한 공사, ④ 가사서비스업, ⑤ ① 내지 ②의 사업 외의 사업으로서 근로자를 단속적으로 사용하여 상시근로자의 수가 1인 이상이 되지 아니하는 사업, ⑥ 농업·임업(벌목업을 제외한다)·어업·수렵업 중 상시 5인 미만의 근로자를 사용하는 사업은 제외하고 있다.

산재보험 가입자는 사업주이며, 사업주는 사업개시일로부터 14일 이내에 이를 **근로복지공단**에 **의무적**으로 **신고**해야 한다.

3. 산재보험금의 지급대상

산재보험금을 받을 수 있는 것은 업무로 인해 근로자가 부상·질병·장해·사망한 경우이다. 이 때 업무와 재해발생 간에는 상당한 인과관계가 있어야 하며, 이는 사고가 발생한 경위와 작업환경 등 구체적인 사실관계를 기준으로 한다.

가령 사업자의 판매촉진을 위한 접대행위로서 술을 마시다가 사망한 경우 또는 출장 중인 사고는 원칙적으로 업무상 재해로 인정된다. 그러나 출장 중의 행위가 출장에 통상적으로 수반하는 범위의 행위가 아닌 자의적 행위나 개인적 행위는 업무상 재해로 인정되지 않는다.

또한 지병인 직무상 과로로 악화되었거나 새로운 질병이 생긴 경우 사망에 이르게 한 경우에는 업무상 재해로 보상받을 수 있다. 그러나 업무수행 중이더라도 근로자의 작업시간, 작업내용, 작업환경, 작업량 등에 비추어 업무상 충격에 의하지 아니한 재해는 업무상 재해라고 볼 수 없다.

거래처 직원을 접대한 후 숙소에 데려다 주던 중 교통사고로 상해를 입은 경우, 업무상 재해에 해당하는지 여부에 대하여 대법원은, 근로자가 구매담당자를 접대하기 위하여 저녁 식사 자리를 마련한 것은 업무수행에 관한 접대행위이고, 저녁 식사 후 구매담당자를 숙소까지 데려다 주기 위하여 함께 노래방에서 노래를 부르고 당구를 치면서 술기운을 없앤 다음 경영주가 제공한 차량에 구매담당자를 태우고 그의 숙소로 간 것도 구매담당자를 접대하기 위한 행위의 일환이라고 할 것이므로, 숙소로 가던 도중에 발생한 교통사고는 당시 업무수행이었다고 보아야 한다.[1)]

이와는 달리 출장 중에 입은 재해이지만 업무와 관계없이 여자들을 태우고 놀러다니기 위하여 승용차를 운전하다가 입은 것은 업무수행을 벗어난 사적인 행위라고 보아 업무상 재해에 해당하지 아니한다.[2)]

4. 보험급여의 종류

1) 요양급여

근로자가 업무상 부상을 당하거나 질병에 걸려 **4일 이상의 치료**를 받아야 할 경우에는 공단이 설치한 보험시설 또는 공단이 지정한 의료기관에서 완치 또는 상병상태가 고정되어 더 이상의 치료효과를 기대할 수 없을 때까지 치료를 하여 준다.

2) 휴업급여

휴업급여란 부상 또는 질병으로 인하여 취업하지 못하는 기간에 대하여 피해 근로자와 그 가족의 생활보호를 위하여 임금대신 지급하는 급여로 '산업재해

---

1) 서울고법 1998. 3. 26, 선고 97구41471 판결.
2) 대법원 1992. 11. 24. 선고 92누11046 판결.

보상보험법' 제52조에 "휴업급여는 업무상 사유로 부상을 당하거나 질병에 걸린 근로자에게 요양으로 취업하지 못한 기간에 대하여 지급하되, 1일당 지급액은 평균임금의 100분의 70에 상당하는 금액으로 한다. 다만, 취업하지 못한 기간이 3일 이내이면 지급하지 아니한다"라고 규정하고 있다.

3) 장해급여

재해근로자가 부상 또는 질병이 완치된 후 신체에 장해가 남았을 때에는 그 장해 정도에 따라 장해급여를 받게 되는데, 장해보상연금 또는 장해보상 일시금으로 한다.

4) 유족급여

'산업재해보상보험법' 제62조는 "유족급여는 근로자가 업무상의 사유로 사망한 경우에 유족에게 지급한다"고 규정하고 있다. 유족급여는 '유족보상연금이나 유족보상일시금'으로 하되, 유족보상일시금은 근로자가 사망할 당시 유족보상연금을 받을 수 있는 자격이 있는 자가 없는 경우에 지급한다. 유족급여는 이처럼 연금지급을 원칙으로 하나, 수급권자가 원하면 유족보상일시금의 50%에 상당하는 금액을 일시금으로 지급하고 유족보상연금은 50%를 감액하여 지급한다. 아울러 연금수급자격자가 없거나 외국에 거주하는 등 연금지급이 곤란한 경우에 예외적으로 전체를 일시금으로 지급한다.

5) 상병보상연금

요양급여를 받는 근로자가 요양개시 후 2년 이상 치료하여도 완치되지 않고 부상 또는 질병에 의한 폐질등급이 1~3급에 해당하는 경우에는 그 등급에 따라 휴업급여를 지급하지 않고 평균임금의 70.4%~90.1%의 상병보상연금을 지급한다.

6) 장의비

장의비는 근로자가 사망하여 장례를 행한 경우 장례를 치른 자에게 평균임금의 120일분에 상당하는 금액으로 지급한다.

7) 유족연금

연금수급권자의 수에 따라 평균임금의 47~67%에 해당하는 유족보상 연금을 받을 수 있다.

5. 보험금청구 방법

1) 산재보험에 가입한 경우

보험금은 재해를 당한 근로자가 사망한 경우는 유족의 청구에 의하여 지급한다. 수급권자는 청구서에 사업주와 의료기관의 확인을 받아 근로복지공단의 지역본부나 지사에 제출하여야 한다. 이 때 사업주는 각종 신청서 또는 청구서에 해당 근로자의 근로계약관계, 고용종속관계, 재해발생상황, 임금관계 등을 확인하여야 하며, 의료기관에서 상병상태, 요양기간, 장해정도, 사망원인 등에 대하여 확인하여야 한다.

청구서를 접수한 근로복지공단은 보험급여의 지급 여부, 지급내용 등을 청구인에게 알려주고 지급결정일로부터 14일 이내에 지급한다. 보험급여는 요양급여를 제외하고는 재해근로자의 **평균임금**[3]을 기초로 하여 지급한다.

2) 산재보험에 가입하지 않은 경우

산재보험은 일반보험처럼 사업주 마음대로 가입 여부를 결정하는 것이 아니라 법에서 정한 요건에 해당하면 자동적으로 보험에 가입하게 된다. 따라서 소속 사업장이 법에서 정한 보험가입 사업장에 해당되면 사업주는 가입신고를 하지 않았더라도 근로자는 산재보험 혜택을 받을 수 있다. 만약 사업주가 산재보험 가입에 해당되지만 성립신고를 하지 않다가 재해가 발생하면 해당 사업주는 재해근로자에게 근로복지공단이 지급한 보상금의 50%를 추가 납부하여야 한다.

소속사업자가 산재보험법상의 적용대상이 아니더라도 재해근로자는 근로기준법에 따라 사용자로부터 재해보상을 받을 수 있고, 이를 사용자가 보상하지 않으면 지방노동관서 근로감독관에게 그 사실을 신고하여 보상받을 수 있다.

---

3) 근로기준법 제2조 제1항 제6호는 "평균임금이란 이를 산정하여야 할 사유가 발생한 날 이전 3개월 동안에 그 근로자에게 지급된 임금의 총액을 그 기간의 총일수로 나눈 금액을 말한다. 근로자가 취업한 후 3개월 미만인 경우도 이에 준한다"고 정의하고, 동조 제2항에 "제1항 제6호에 따라 산출된 금액이 그 근로자의 통상임금보다 적으면 그 통상임금액을 평균임금으로 한다"라고 규정하여 그 개념을 명확히 하였다.

Ⅱ 고용보험제도의 이해

1. 고용보험제도의 의의

고용보험제도는 종합적인 고용정책 실현을 위하여 실직근로자의 생계안정을 위한 실업급여 사업, 실업예방, 고용촉진 및 근로자의 능력개발을 위한 고용안정·직업능력개발사업 외에 모성보호를 위한 육아휴직급여 및 출산전후(유산·사산)휴가급여 사업 등으로 구성되어 있다.

2. 적용대상

고용보험제도는 원칙적으로 근로자가 1인 이상인 모든 사업자에 적용되나 상시 4인 이하의 농업·임업·어업 및 수렵업과 건설업자가 아닌 자가 시공하는 공사로서 총공사금액의 2,000만원 미만인 건설공사, 가사서비스일 등에는 적용되지 않는다.

또한 상용근로자는 물론 시간제·임시직 근로자도 적용되지만 근로시간이 월 60시간 미만인 시간제 근로자(1주간 소정근로 시간이 15시간 미만인 자 포함), 65세 이상인 자, 사립학교교직원연금법의 적용을 받는 자, 국가공무원법 및 지방공무원법에 의한 공무원 등에는 적용되지 않는다.

3. 보험료의 산정

고용보험료는 세 가지 사업별로 구분하여 부과한다. 실업급여의 보험료는 임금총액의 0.9%를 사업주와 근로자가 각각 50%씩 부담하고, 고용안정사업과 직업능력개발사업은 사업규모에 따라 0.25~0.85%는 사업주가 전액 부담한다. 따라서 근로자는 임금총액의 0.45%, 사업주는 기업규모에 따라 0.7~1.7%의 고용보험료를 내야 한다.

4. 사업주에 대한지원

사업주는 고용안정 사업과 직업능력개발사업을 통하여 각종 지원금과 장려금을 받는다. 또한 기업이 구조조정과정에서 감원이 불가피함에도 불구하고 근로시간단축·휴업·훈련·파견·휴직·인력재배치 등의 방법으로 고용을 유지하는 사업주에게는 고용유지지원금을 지원한다.

지원수준은 고용을 유지하는 기간 동안 사업주가 근로자에게 지급한 일금의 1/2~3/4와 훈련비를 180일(훈련의 경우 90일까지 추가로 연장지원) 범위 내에서 지원한다. 그리고 55세 이상 근로자를 고용하거나 정년퇴직자를 정년 도래 후 계속 고용 또는 3월 이내에 재고용하는 경우에는 고령자 고용촉진 장려금을 지원하고 근로자에게 육아휴직을 30일 이상 부여하고 육아휴직이 종료된 후 30일 이상 그 근로자를 계속 고용한 사업주에게 육아휴직 장려금 및 육아휴직 개시일 90일 이전부터 신규로 대체인력을 30일 이상 고용하고, 육아휴직자 복귀 후 30일 이상 고용한 경우 대체인력 채용 장려금을 지원한다.

5. 근로자에 대한 지원

근로자가 직장을 구한 때에는 고용안정정보망(work-net)을 통하여 전국적인 구인정보 및 인력수급정보를 알선·제공받을 수 있고, 적성검사나 직업상담도 받을 수 있다.

직장생활 중에는 근로자의 능력개발을 위하여 이직 예정인 피보험자 또는 40세 이상인 자가 실직에 대하여 재취업에 필요한 교육훈련을 받을 경우 수강비용 전액(1인당 100만원 한도)을 지원한다. 또한 기능대학이나 전문대학 이상의 교육기관에 입학하거나 재학 중인 근로자에게는 등록금 신청액 전액을 장기저리(연리 1~1.5%)로 대부한다. 실직자에게는 최저 90일에서 240일까지 구직급여를 지급한다.

III 건강보험제도의 이해

1. 건강보험제도

건강보험제도란 어느 때 닥칠지 모르는 질병이나 부상에 대하여 서로가 평소에 조금씩 보험료를 납부하여 공동으로 모아 두었다가 자신·가족 및 이웃들이 병이 났을 때 사용하여 의료비 문제를 해결하여 준다. 이처럼 개인의 책임이 아닌 사회공동 연대책임을 지게 됨으로써 국민의 건강과 가계를 보호한다. 따라서 소득재분배와 위험분산의 효과를 거둘 뿐만 아니라 사회적 연대를 강화하여 국민통합을 이루는 사회보장제도이다.

2. 건강보험제도의 특성

건강보험은 교육보험이나 생명보험과 같은 사회보장과는 달리 정부가 법에 의하여 국민복지 증진을 위해 실시하는 제도이기 때문에 법률이 정하는 일정한 요건에 해당하는 사람은 누구나 의무적으로 가입하여야 한다.

보험료의 부담은 모든 사람이 똑 같이 부담하는 것이 아니라 부담능력에 따라 차등 부담하며, 누구나 질병이나 부상 등이 발생하였을 때 똑같이 보험급여를 받는다.

3. 건강보험 적용대상자

건강보험의 적용대상자는 가입자 자신과 가입자에 의하여 주로 생계를 유지하는 자로 이루어지며, 의료보험법에 따라 의료급여를 받는 자(수급권자)와 독립유공자 예우에 관한 법률 및 국가유공자 차등예우 및 지원에 관한 법률에 의한 의료보호 대상자를 제외한 모든 국민이 된다. 적용대상자는 직장가입자(모든 사업장의 근로자 및 그 사용자, 공무원 및 교직원 그리고 피부양자)와 지역가입자(농어민, 도시 자영업자 등 직장가입자 및 피부양자를 제외한 자)로 분류된다.

4. 건강보험 자격취득 및 상실

1) 자격취득의 시기 및 변동

국내에 거주하게 된 날에 직장가입자 또는 지역가입자의 자격을 얻는다. 따라서 자격을 얻은 경우 당해 직장가입자의 사용자 및 지역가입자의 세대주는 그 내역을 보건복지부령이 정하는 바에 의하여 자격취득일로부터 14일 이내에 보험자에게 신고하여야 한다.

또한 지역가입자가 직장가입자로 자격이 변동 경우에는 당해 직장가입자의 사용자가 직장가입자 또는 그 피부양자가 지역가입자로 자격이 변동된 경우에는 당해 지역가입자의 세대주가 각각 그 내역을 자격변동일로부터 14일 이내에 보험자에게 신고하여야 한다.

2) 자격상실의 시기

가입자는 사망한 날의 다음 날, 국적을 잃은 날의 다음 날, 국내에 거주하지 아니하게 된 날의 다음 날, 직장가입자의 피부양자가 된 자의 다음 날, 유공자 등 건강보험대상자가 된 자가 건강보험의 적용배제 신청을 한 날에 자격을 상실한다.

5. 보험급여

1) 보험급여의 종류

① 요양급여

가입자 및 피부양자의 질병·부상·출산 등에 대하여 요양급여를 실시한다. 급여의 내용은 진찰·검사, 약재·치료 재료의 지급, 처치·수술 기타의 치료, 예방·재활, 입원, 간호 및 이송 등이다.

② 요양비

공단은 가입자 또는 피부양자가 보건복지부령이 정하는 긴급 기타 부득이한 사유로 인하여 요양기관과 유사한 기능을 수행하는 기관으로서 보건복지부령이 정하는 기관에서 질병·부상·출산 등에 대하여 요양을 받거나 요양기관 외의 장소에서 출산한 때에는 그 요양급여에 상당하는 금액을 요양비로 지급한다.

③ 건강검진

공단은 가입자 및 피부양자에 대하여 질병의 조기발견과 그에 따른 요양급여를 위하여 건강검진을 실시한다.

2) 진료비의 일부부담

진료비용의 본인 부담금은 입원의 경우 진료비 총액의 20%, 외과진료의 경우 및 보건복지부장관이 정하는 의료장비를 이용한 진료의 경우 종합전문 요양기관의 일반환자는 진찰료 총액+(요양급여비용금액−진찰료총액)×50/100이고, 종합병원의 일반환자는 요양급여비용총액×50/100이다.

6. 보험료의 징수

공단은 건강보험 사업에 소요되는 비용에 충당하기 위하여 보험료납부 의무자로부터 보험료를 징수한다. 직장가입자의 보험료율은 1천분의 80의 범위 안에서 표준보수월액을 기준으로 하여 부과한다. 마찬가지로 지역가입자는 소득·재산·생활수준·직업·경제활동참가율 등을 참작하여 부과표준 소득을 산정하여 부과한다.

Ⅳ 국민연금제도의 이해

1. 국민연금제도의 의의

국민연금제도란 국민들이 젊고 건강하게 일하여 소득이 있는 동안 조금씩 돈을 내어 공동의 기금을 만들어 두었다가, 은퇴 또는 그 전에 질병이 생기거나 다쳐서 소득이 없게 되거나 사망할 경우, 본인 또는 그 가족이 일정액의 연금을 받아 안정된 생활을 꾸려갈 수 있도록 국가가 실시하는 소득보장제도이다.

2. 국민연금 가입자

국내에 거주하는 18세 이상 60세 미만인 국민은 국민연금의 가입대상자가 된다. 다만 공무원연금법, 군인연금법 및 사립학교교직원연금법의 적용을 받는 공무원·군인 및 사립학교 교직원 기타 대통령령이 정하는 자는 제외된다.

3. 가입자의 종류

1) 사업장가입자

사업의 종류, 근로자의 수 등을 감안하여 대통령령이 정하는 사업장의 근로자와 사용자는 당연히 사업장가입자가 된다.

2) 지역가입자

사업장가입자가 아닌 자로서 18세 이상 60세 미만인 자는 당연히 지역가입자가 된다. 다만 국민연금가입 대상자 제외자의 배우자, 사업장가입자 및 지역가입자의 배우자, 국민기초생활보장법에 의한 수급자, 퇴직연금 등 수급권자, 27세 미만의 소득이 없는 자 등은 제외된다.

3) 임의가입자

사업장가입자 및 지역가입자 이외의 자로서 공단에 신청을 하여 임의가입자가 될 수 있고 탈퇴도 할 수 있다.

4) 임의계속가입자

국민연금가입기간이 20년 미만인 가입자가 60세에 달한 때에는 국민연금관리공단에 신청을 하여 65세에 달할 때까지 임의계속가입자가 될 수 있고 또한 신청에 의하여 탈퇴할 수 있다.

4. 연금보험료의 징수

1) 사업장가입자

사업장가입자 연금보험료 중 기여금은 사업장가입자 본인이, 부담금은 사용자가 부담하되, 그 금액은 각각 표준소득월액의 1천분의 45에 해당하는 액으로 한다.

2) 지역가입자 등

지역가입자·임의가입자 및 임의계속가입자는 9%의 연금보험료는 본인이 전액부담하되, 사업장가입자는 사용자가 4.5%, 근로자가 4.5%씩 부담한다.

5. 연금급여

연금급여는 일정기간 동안 국민연금에 가입한 사람이 늙거나 다치거나 사망으로 인하여 소득이 중단·상실·감퇴되었을 때, 본인 또는 그 가족이 연금을 받아 생활할 수 있도록 한다. 연금의 종류로는 노령연금·장애연금·유족연금·일시금(반환일시금, 사망일시금)이 있다.

1) 노령연금

완전노령연금은 가입기간이 20년 이상인 자가 60세(특수직은 55세)에 달한 때에는 그 때부터 그가 생존하는 동안 지급된다. **감액노령연금**은 가입기간이 10년 이상 20년 미만인 가입자가 60세에 달한 때에는 그 때부터 그가 생존하는 동안 완전노령연금에서 일정한 금액을 감액한 연금이 지급된다. **재직자 노령연금**은 가입기간이 10년 이상인 자로서 소득이 있는 업무에 종사하고 있는 경우 60세 이상 65세 미만의 기간(특수직은 55세 이상 60세 미만) 동안에는 일정한 금액의 연금이 지급된다. **조기노령연금**은 가입기간이 10년 이상인 자로서 55세 이상인 자가 소득이 있는 업무에 종사하지 않는 경우에는 60세에 달하지 아니하더라도 본인의 희망에 의하여 그가 생존하는 동안 일정한 금액을 지급받는 연금이다.

2) 장애연금

가입 중에 발생한 질병 또는 부상으로 인하여 그 완치 후에도 신체 또는 정신상의 장애가 있는 자에 대하여는 그 장애가 존속하는 동안 장애 정도에 따라 장애연금을 지급한다.

3) 유족연금

노령연금수급권자, 가입기간이 10년 이상인 가입자였던 자, 장애등급 2급 이상에 해당하는 장애연금수급권자가 사망한 때에는 그 유족에게 유족연금을 지급한다. 유족의 범위로는 배우자·부모·조부모인 경우는 60세 이상이거나 장애등급 2급 이상에 해당하는 자에 한한다. 자녀와 손자녀는 18세 미만이거나 장애등급 2급 이상에 해당하는 자에 한한다.

4) 반환일시금

반환일시금은 가입자 또는 가입자였던 자가 연금의 수급요건을 충족하지 못하고 탈퇴하였을 때 납부한 보험료에 일정 이자를 가산하여 반환하는 제도이다. 즉 가입기간이 10년 미만인 자가 60세에 달한 때, 가입자 또는 가입기간이 10년 이상인 가입자가 사망한 때로 유족연금이 지급되지 않는 경우와 가입자가 국적을 상실하거나 국외로 이주하는 경우이다.

학습과제

01. 산업재해보험 가입자에 대하여 기술하시오.

02. 산업재해보험금의 지급대상에 대하여 기술하시오.

03. 산업재해보험의 보험급여의 종류에 대하여 기술하시오.

04. 산업재해보험의 보험청구 방법에 대하여 기술하시오.

05. 고용보험의 적용대상과 보험료의 산정에 대하여 기술하시오.

06. 고용보험의 지원에 대하여 기술하시오.

07. 건강보험의 적용 대상자에 대하여 기술하시오.

08. 건강보험의 자격취득과 상실에 대하여 기술하시오.

09. 건강보험의 보험급여의 종류에 대하여 기술하시오.

10. 국민연금 가입자와 종류에 대하여 기술하시오.

11. 국민연금의 노령연금에 대하여 기술하시오.

12. 국민연금의 장애연금에 대하여 기술하시오.

13. 국민연금의 유족연금에 대하여 기술하시오.

14. 국민연금의 반환일시금에 대하여 기술하시오.

15. 국민연금의 취득과 실효에 대하여 기술하시오.

제 15 장

생활과 법률

행정구제와 법률

[학습목표]

- 이 장에서는 공무원의 위법한 직무행위로 인한 손해배상에 대하여 생각해 본다.
- 공공시설의 하자로 인한 국가배상책임에 대하여 생각해 본다.
- 행정손실보상의 근거에 대하여 생각해 본다.
- 행정쟁송에 대하여 생각해 본다.
- 행정소송과 행정심판전치주의에 대하여 생각해 본다.

I 행정상의 손해배상이란 무엇인가

1. 행정상 손해배상

1) 의 미

행정상 손해배상이란 **공무원의 위법**한 직무집행행위 또는 국가나 공공단체의 영조물의 설치·관리의 하자로 인하여 개인에게 재산상의 손해를 가한 경우에 국가나 공공단체가 그 손해를 배상하는 것을 말한다.

원래는 국가무과실의 원칙하에 국가배상을 인정하지 않고 공무원 자신의 개인적인 민사책임만을 인정하였으나, 오늘날은 영국·미국·프랑스·독일 등에서 입법 또는 판례상 인정하고, 우리나라 헌법 제29조 제1항에서도 이를 규정하고 있다.

2) 공무원의 위법한 직무행위로 인한 손해의 배상

(1) 배상책임의 요건

공무원이 그 직무를 집행함에 당하여 고의 또는 과실로 법령에 위반하여 타인에게 손해를 가하였을 때에는 국가 또는 지방자치단체는 그 손해를 배상할 책임이 있다(국가배상법 제2조 제1항 본문).

① 공무원의 직무행위: '**공무원**'이라 함은 국가공무원, 지방공무원뿐만 아니라 널리 공무를 위탁받아 실질적으로 이에 종사하는 자를 포함하고, '**직무행위**'란 주로 공권력행사를 의미하며, '**직무를 집행함에 당하여**'는 직무행위 자체는 물론 외형상 그것과 관련이 있는 행위를 포함한다.

② 위법행위: 고의 또는 과실로 법령에 위반되는 행위가 있어야 한다.

③ 손해의 발생: 손해와 직무상 위법행위 간에는 **인과관계**가 있어야 한다.

(2) 배상의 범위

배상액은 가해자와 상당인과관계가 있는 모든 손해이다. 생명·신체의 침해와 물건의 멸실·훼손으로 인한 침해에 대해서는 일정한 배상책임액이 정해져 있으나, 군인·군무원·경찰공무원 등이 전상·순직 또는 공상을 입은 경우에는 다른 법령에 의한 보상을 받을 뿐, 국가배상법 및 민법에 의한 손해배상을 청구할 수 없다.

(3) 배상청구권의 양도·압류 금지

생명·신체의 침해에 대한 국가배상청구권은 이를 양도하거나 압류하지 못한다.

(4) 배상책임

배상책임자는 국가 또는 지방자치단체이며, 공무원에게 고의 또는 중대한 과실이 있을 때에 한하여 당해 공무원에 대하여 **구상권**을 가진다.

소방공무원이 구 소방시설설치유지 및 안전관리에 관한 법률과 구 다중이용업소의 안전관리에 관한 특별법에서 정한 직무상 의무를 게을리한 경우에 대하여 대법원은, 소방공무원의 행정권한 행사가 관계 법률의 규정 형식상 소방공무원의 재량에 맡겨져 있더라도 소방공무원에게 그러한 권한을 부여한 취지와 목적에 비추어 볼 때 구체적인 상황 아래에서 소방공무원이 권한을 행사하지 아니한 것이 현저하게 합리성을 잃어 사회적 타당성이 없는 경우에는 소방공무원의 직무상 의무를 위반한 것으로서 위법하게 된다.[1]

방위병이 상관의 컴퓨터 교육 권장지시에 따라 퇴근 후 일시 귀가하였다가 전산학원에서 수강을 마친 후 친구를 만나러 약속장소로 가던 중 집중호우로 인한 감전사고로 사망한 경우에 대하여 대법원은, 사고 당시 소속 군부대에서 귀가하여 직무수행에서 벗어나 있었고 학원에서 귀가하기 위한 순리적인 경로마저 이탈하여 사적인 행위로 나아간 상태에 있었다는 이유로 순직군경에 해당하지 않는다고 한다.[2]

A경찰서에 파견근무 중이던 방위병 甲은 동 경찰서소속 경찰관 김모 순경이 운전하는 관용차에 탑승하고 우범지역을 순찰하던 중 김모 순경이 부주의로 인한 차량전복 사고로 하지절단의 상해를 입었다. 방위병 甲은 공상으로 판명되어 '국가유공자예우 등에 관한법률'에 의하여 요양치료를 받고 매월 일정한 보상연금을 지급받게 되었지만, 가해자인 김모 순경에 대해서도 배상청구를 하

---

1) 대법원 2016. 8. 25. 선고 2014다225083 판결.
2) 대법원 1998. 9. 18. 선고 98두10127 판결.

고자 하는 데 가능 여부에 대하여 대법원, 헌법에는 군인·군무원·경찰공무원 등은 직무수행과 관련하여 받은 손해에 대해서는 법률이 정하는 보상 외에 배상을 청구할 수 없도록 규정되어 있고(제29조 제2항), 국가배상법에도 군인·군무원·경찰공무원 등이 다른 법 우령의 규정에 의해 재해보상금·유족연금·상이연금 등의 보상을 지급받을 수 있을 때에는 이 법 및 민법의 규정에 의한 손해배상을 청구할 수 없다고 규정하고 있다(제2조 제1항 단서). 방위병 甲은 이미 국가유공자 예우 등에 관한 법률에 의해 요양치료를 받음과 동시에 소정의 보상금을 지급받고 있으므로 국가배상법이나 민법에 의한 손해배상청구권을 따로 가질 수 없다.

3) 공공시설의 하자로 인한 국가배상

(1) 배상책임의 요건

국가배상법 제5조 제1항 전단은 "도로·하천, 그 밖의 공공의 영조물의 설치나 관리에 하자가 있기 때문에 타인에게 손해를 발생하게 하였을 때에는 국가나 지방자치단체는 그 손해를 배상하여야 한다"고 규정하고 있다. 이 조항은 **공작물** 등의 점유의 배상책임에 관한 민법 제758조에 상응하나 그에 비하여 국가배상의 범위를 확대하였고, 점유자의 면책규정은 두지 않았다.

① 공공의 영조물

공공목적에 제공되는 유체물을 뜻하며, 인공공물, 자연공물은 물론 공공목적에 제공되는 부동산·동산 및 동물도 포함된다.

② 시설 또는 관리의 하자

사회통념상 영조물의 설치·관리에 통상 갖추어야 할 안전성을 결한 것을 의미하며, 그 발생의 불가항력인 경우(지진·강풍 등)를 제외하고는 자연력에 의하든 인력에 의하든 불문하고 관리자의 과실 유무도 불문한다.

(2) 손해의 발생

하자와 손해 간에 상당인과관계가 있어야 하고, 그 증명책임은 피해자가 진다. 하지만 피해자가 영조물로 인해 손해가 발생하였음을 입증하면 그 하자가 있는 것으로 일단 추정된다(일응 추정의 원리).

(3) 배상의 범위 및 배상책임자

상당인과관계에 있는 모든 손해액을 말하며, 배상책임자는 국가 또는 지방자치단체이다. 공공시설관리자와 비용부담자가 동일하지 않을 때에는 후자도 배상책임을 지며, 내부관계에서 구상권을 청구할 수 있다.

(4) 구상권

손해의 원인에 대하여 따로 책임자가 있을 때에는 그에게 구상할 수 있다.

지방자치단체가 관리하는 도로상에 설치한 맨홀 뚜껑이 파손된 채 방치되어 있었는데 마침 한밤중에 그곳을 지나가던 A씨가 실족하여 부상당한 경우에 A씨는 지방자치단체를 상대로 손해배상을 청구할 수 있는지 여부에 대하여 대법원은, 행인 A씨의 부상은 지방자치단체가 설치·관리하는 공공시설의 관리상의 하자로 인한 손해배상의 요건을 모두 갖추었기 때문에 배상심의위원회에 배상금 신청을 하여 그 결정에 따라 배상금을 지급받을 수 있으며, 만일 그 결정에 불복 또는 지급신청 후 3개월이 지나도록 아무런 결정이 없을 때에는 법원에 손해배상청구소송을 제기할 수 있다.

2. 행정상 손실보상

1) 의 미

행정상의 손실보상이란 적법한 공권력 행사에 의하여 가해진 재산상의 특별한 희생에 대하여 전체적인 공평부담의 견지에서 이를 조절하기 위하여 하는 재산의 전보를 말한다. 행정상의 손실보상은 '**적법행위에 기한 손실**'의 보상이므로 불법행위에 기한 손해배상과 구별되며, '**공권력의 행사**'에 기한 손실이 보상이며, 그 보상은 공법적 성질을 갖기 때문에 사법상의 손해에 대한 배상 또는 사법계약상의 반대급부와도 구분된다.

2) 근 거

(1) 이론적 근거

사유재산에 대한 특별한 희생은 사회 전체의 공동부담으로 하는 것이 정의와 공평의 견지에서 당연하다고 한다(특별희생설).

(2) 실정법적 근거

헌법 제23조 제3항에 근거하여 일반법으로서 **토지수용법**이 있고, 개별법으로 징발법, 도시계획법, 공공용지의 취득과 손실보상에 관한 특례법, 건축법, 하천법, 도로법 등이 있다.

3) 손실보상의 내용

(1) 보상의 기준

손실보상의 기준에 관하여 많은 입법례는 '**정당한 보상**'을 규정하고 있는 바, 무엇이 정당한 보상인가에 대해서는 완전보상설과 상당보상설 등이 있으나, 자유국가에서는 사유재산의 존중에 중점을 두는 결과, 완전보상설을 원칙으로 하고 있다.

(2) 우리나라 헌법상의 기준

우리 헌법도 "…보상은 법률로써 하되, 정당한 보상을 지급하여야 한다"고 규정하고 있는 바, 완전보상을 원칙으로 하면서도, 공익상의 합리적인 이유가 있을 경우에는 그것을 하회할 수 있는 것으로 보아야 한다.

4) 손실보상의 절차

(1) 보상액의 결정방법

이에 대한 통칙적 규정은 없고, 각 개별법에서 여러 가지의 방법을 규정하고 있는 바, 당사간의 협의(토지보상법 등), 행정청의 재결(토지수용위원회의 재결과 같은 합의제 기관의 재결), 소송에 의하는 경우 등이 있다.

(2) 손실보상에 대한 불복

손실보상의 금액이나 시기 등의 결정에 대하여 이의가 있는 경우에는 행정소송절차에 의하여 불복신청을 할 수 있다. 손실보상에 관한 행정소송에 대하여는 각 개별법에 특별한 규정이 있는 예가 적지 않으며, 그 이외에는 행정소송이 당사자소송으로 직접 이행의 소로써 손실보상금 지급을 청구할 수 있다(통설).

고속전철사업 시행발표 후 오부자씨의 토지수용에 대하여 협상이 결렬된 후 지방토지수용위원회에 의해 수용이 결정되었다. 오부자씨는 이에 불복하였다. ① 이의절차, ② 오부자씨가 행정소송을 제기하여 보상금의 증액만을 요구

하고자 할 경우, 어떻게 해야 하는가에 대하여 대법원은, ① 오부자씨는 '공익사업을 위한 토지의 취득 및 보상에 관한 법률' 제34조의 규정에 의한 재결에 대하여 당해 지방토지수용위원회를 거쳐 중앙토지수용위원회에 이의를 신청할 수 있고(동법 제83조 제2항), 그 이의 신청에 대한 중앙토지수용위원회의 재결에 이의가 있는 경우에는 재결서를 받은 날로부터 30일 이내에 행정소송을 제기할 수 있다(동법 제85조 제1항). ② 오부자씨는 동법 제85조 제1항의 규정에 따라 사업시행자를 피고로 하여 보상금의 증액에 관한 소송을 제기할 수 있다.

II 행정쟁송은 왜 필요한가

1. 행정상 쟁송의 기능

1) 행정쟁송의 기능

행정쟁송이란 행정상의 법률관계에 관하여 분쟁이 있는 경우, 이해관계인으로부터 쟁송의 제기에 기하여 일정한 판단기관이 이를 심판하는 절차를 총칭하나(넓은 의미), 때로는 행정조직 내의 특별한 기관에 의하여 행정상의 법률관계에 관한 분쟁을 심판하는 절차를 의미할 때도 있다(좁은 의미).

법치행정의 원리에 의하여 모든 행정작용은 법에 적합해야 하며, 또한 행정의 목적에 합당한 합목적성 내지 타당성을 가져야 한다. 그러므로 행정쟁송제도는 위법·부당한 행정작용으로부터 국민의 권리·이익을 구제하는 기능(행정구제적 기능)과 행정작용의 적법성과 타당성을 담보하는 기능(행정통제적 기능)을 가지고 있다.

2) 행정쟁송의 종류

(1) 실질적 쟁송과 형식적 쟁송

실질적 쟁송은 분쟁의 존재를 전제로 이를 해결하기 위한 절차이며(항고쟁송, 당사자쟁송), 형식적 쟁송은 분쟁의 존재를 전제함이 없이 행정처분의 신중·공정을 위한 사전 절차적 규제인 행정절차이다.

(2) 정식쟁송과 약식쟁송

정식쟁송은 분쟁의 공정한 해결을 위하여 심판기관이 독립된 제3자가 기관이고, 당사자에게 구두변론의 기회가 보장되는 쟁송을 말하며, 약식쟁송은 정식의 절차에 의하지 않는 경우의 쟁송을 말한다.

(3) 당사자쟁송과 항고쟁송

당사자쟁송은 대등한 입장에서 법률관계의 형성·존부를 다루는 쟁송절차이며(행정청에 대한 재결신청, 공무원의 봉급청구·손실보상청구), 항고쟁송은 이미 행하여진 위법·부당한 행정행위의 시정을 구하는 경우를 말한다(행정심판, 항고소송).

(4) 주관적 쟁송과 객관적 쟁송

주관적 쟁송은 쟁송제기자의 개인적 권익의 보호를 직접 목적으로 하는 쟁송이며, 객관적 쟁송은 일반 공공의 이익보호 또는 법적용의 적정을 기하기 위한 쟁송을 말한다(민중소송, 기관소송).

(5) 기관쟁송과 민중쟁송

기관쟁송은 행정기관 상호간의 권한쟁의에 관한 쟁송을 말하며, 민중쟁송은 법규의 위법한 적용을 시정하기 위하여 민중이 제기하는 쟁송을 말한다.

(6) 행정심판과 행정소송

행정심판은 쟁송의 제기에 기하여 행정청이 심리·판단하는 약식쟁송을 말하며, 행정소송은 법원이 심리·판단하는 정식의 소송이다.

2. 행정심판

1) 의의와 목적

(1) 의 의

행정심판이란 행정상의 법률관계에 관하여 다툼이 있는 경우에 이해관계인으로부터의 쟁송의 제기에 의하여 행정기관이 이를 심판하는 절차를 말하며, 이의신청, 심사청구, 소원 등 여러 가지 명칭으로 부르고 있다.

(2) 목 적

행정심판은 약식쟁송으로서 절차가 불완전하고 심판받아야 할 행정기관이 자신이 심판자의 지위에 서게 되는 등 불합리성을 내포하고 있으나, 행정청의 자율성 보장, 간이·신속한 분쟁의 해결, 사법기능의 보충, 시간·노력·비용의 절감, 행정청의 전문지식 활용 등의 이유로 널리 인정되고 있다.

농구선수로 장래가 유망한 여중생 농진아는 A지방자치단체에서 운동여건이 좋은 서울특별시로 전학하여 농구선수로의 꿈을 키우고자 전학하였으나, A지방자치단체로부터 선수 이적 동의를 받지 못하여 선수생활을 할 수 없게 되었다. 농진아는 행정소송을 제기하기 위하여 먼저 행정심판을 제기하여야 하는지 여부에 대하여 대법원은, 종전에는 행정소송을 제기하려면 반드시 먼저 행정심판을 거치도록 되어 있었으나(행정심판전치주의), 현행 행정소송법(1998. 3월 1일 개정)에 따라 원칙적으로 당해 법률에 다른 규정이 있는 경우를 제외하고는 행정심판 제기 유·무 및 그 전·후에 관계없이 행정소송을 제기할 수 있다.

2) 행정심판의 대상과 종류

(1) 행정심판의 대상

행정심판이 대상이란 심판청구를 할 수 있는 대상을 말하며, 일반적으로 위법 또는 부당한 행정행위로 권리 또는 이익이 침범되었을 경우에 제기할 수 있는 **개괄주의**와 법령에 열거하고 있는 사항에 대해서만 제기할 수 있는 **열거주의**가 있다. 우리나라는 개괄주의를 채택하여 원칙적으로 모든 '<u>행정청의 처분 또는 부작위</u>'에 대하여 행정심판을 인정하고 있으며, 대통령의 처분 또는 부작위에 대해서는 원칙적으로 행정심판을 제기할 수 없다.

(2) 행정심판의 종류

가. 취소심판

행정청의 위법 또는 부당한 처분의 취소 또는 변경을 구하는 심판을 말한다.

나. 무효 등 확인 심판

행정청의 처분의 효력 유무 또는 존재 여부에 대해 확인을 하는 심판이다.

다. 의무이행심판

행정청의 위법 또는 부당한 거부처분이나 부작위에 대하여 일정한 처분을 하도록 하는 심판이다.

3) 행정심판 기관

(1) 재결청

행정심판위원회의 의결에 따라 사건에 대한 재결할 권한을 가진 합의체 행정기관이며, 원칙적으로 처분청의 상급기관이다.

(2) 행정심판위원회

국민권익위원회의 소속하의 중앙행정심판위원회, 특별시장·광역시장·도지사 소속하에 설치된 시·도 행정심판위원회가 대표적인 행정심판위원회이고, 헌법기관 하의 심판위원회가 있으며, 심사청구 사건을 심의·의결하고 재결한다.

4) 행정심판의 당사자 및 관계인

행정심판절차에 있어서 청구인과 피청구인이 당사자로서 서로 대립하는 대심구조를 취하고, 구술심리의 기회를 보장하고 있는 바, 여기서 청구인은 행정심판의 대상인 처분 또는 부작위에 불복하여 그의 취소 또는 변경 등을 구하여 심판청구를 제기하는 자이고 피청구인은 심판청구를 제기받은 상대방인 당사자(행정청)를 말하며, 행정심판의 관계인으로 참가인과 대리인이 있다.

5) 행정심판의 제기

심판청구사항은 위법·부당한 모든 행정처분이나 부작위이며, 심판청구서는 재결청 또는 피청구인인 행정청에 제출하여야 한다. 심판청구는 행정처분이 있음을 안 날로부터 90일 이내, 행정처분이 있은 날로부터 180일 이내에 제기해야 하고, 반드시 문서에 의해야 한다. 처분이 효력이나 그 집행 또는 절차의 속행에 영향을 주지 아니한다(집행부정지원칙).

6) 행정심판의 심리

심리의 내용은 심판청구 제기의 요건의 구비 여하에 대한 심리인 요건심리와 청구의 인용 여부에 대해 심리하는 본안심리가 있다. 심리는 서면심리주의를 원칙으로 하며, 당사자는 위원·직원의 기피신청권, 구술심리신청권, 보충서

면제출권, 물적증거제출권, 증거조사신청권 등이 인정되고 있다.

7) 행정심판의 재결

행정심판위원회는 재결할 내용을 의결하여 서면으로 재결청에 통고해야 하고, 원칙적으로 행정청이 심판청구를 받은 날로부터 60일 이내에 하여야 하며, 불고불리·불이익변경금지의 원칙이 적용된다. 재결의 내용은 각하재결, 기각재결, 인용재결, 사정재결 등이 있다.

8) 재결에 대한 불복

재결 자체의 고유한 위법을 이유로 직접 재결을 대상으로 행정소송을 제기하거나 원처분의 위법을 이유로 원처분의 취소·변경을 구하는 행정소송을 재결서를 받은 날로부터 90일 이내에 제기할 수 있다.

9) 고지제도

행정청이 행정처분을 함에 있어서 당해 행정처분의 상대방이 행정심판을 제기하고자 하는 경우의 필요사항을 아울러 알려주어야 할 의무를 지는 제도를 말하며, 행정심판법은 행정청에 대해 일반적으로 고지의무를 부여함으로써 고지제도를 두고 있다.

3. 행정소송

1) 행정소송의 의미

행정소송은 행정법규의 적용에 관하여 분쟁이 있는 경우에 당사자의 쟁송제기를 전제로 하여 법원이 심리·판단하는 소송절차를 말하며, 행정상 쟁송인 점에서 형사소송이나 민사소송과 구별되며, 정식쟁송인 점에서 행정심판의 약식쟁송과 구별된다.

2010년 2월 25일 건물의 철거명령과 그 철거를 위한 대집행계고처분을 받은 A모씨는 이에 불복하여 선행처분인 철거명령에 대하여 소정의 행정심판절차를 마쳤는데, 후행처분인 계고처분에 대해서도 행정심판절차를 거쳐야 행정소송을 제기할 수 있는가의 여부에 대하여 대법원은, 개정 행정소송법(1998. 3. 1)은 이전의 필요적 행정심판전치주의를 폐지하고 임의적 행정심판전치주의를 채택하고 있으므로, 위법·부당한 행정처분으로 인하여 법익이 침해당한 자는 원칙적으로 행정심판을 거치지 않고 행정소송을 제기할 수 있다. 다만 다른 법률에 의하여 행정심판의 재결을 거친 후가 아니면 행정소송을 제기할 수 없다는 규정이 있는 경우에는 행정심판을 거치도록 규정하여 예외적으로 필요적 전치주의를 채택하였다. 행정심판전치주의 적용의 예외적인 경우는 동종 사건에 관하여 이미 행정심판의 기각재결이 있을 때(행정소송법 제18조 제3항 제1호)와 서로 내용상 관련되는 처분 또는 같은 목적을 위하여 단계적으로 수행되는 처분 중 어느 하나가 이미 행정심판의 재결을 거친 때(동법 제18조 제3항 제2호) 등을 들 수 있고, 이 경우에 행정심판을 제기함이 없이 소송을 제기할 수 있도록 하고 있다.

2) 행정소송의 한계

직접 법령의 효력 또는 해석 그리고 반사적 이익은 소로 다툴 수 없고, 객관적 소송은 법률의 근거가 있어야 소의 제기가 가능하며, 구체적 사건성을 결여하는 경우에는 제소할 수 없다. 또한 행정상의 방침규정, 자유재량행위, 통치행위, 특별권력관계의 내부사항 등 법적 해결성을 결여하는 경우도 심리가 불가능하다.

3) 행정소송의 종류

(1) 항고소송

행정청의 위법한 처분이나 재결 또는 부작위로 인하여 권익을 침해당한 자가 그 위법을 다투기 위하여 제기하는 소송을 말하며, 항고소송에는 행정청의 위법한 처분 등을 취소 또는 변경하는 소송인 **취소소송**, 행정청의 처분 등의 효력 유무 또는 존재 여부를 확인하는 소송인 **무효 등 확인소송**, 행정청의 부작위가 위법하다는 것을 확인하는 소송인 **부작위위법확인소송** 등이 있다.

(2) 당사자소송

행정청의 처분 등을 원인으로 하는 법률관계에 관한 소송, 그 밖에 공법상의 법률관계에 관한 소송으로서 그 법률관계의 한쪽 당사자를 피고로 하는 소송을 말한다.

(3) 민중소송

국가 또는 공공단체의 기관이 위법한 행위를 한 때에 직접 자기의 법률상 소송과 관계없이 그 시정을 구하는 소송을 말한다.

(4) 기관소송

국가나 공공단체의 기관 상호간에 권한의 존부 또는 그 행사에 관한 다툼이 있을 때에 그에 관하여 그 시정을 구하는 소송이다.

음식점을 경영하고 있는 김모씨는 자치단체 K시의 허가를 받지 않고 음식점을 증축하였다는 이유로 K시장으로부터 단수조치를 받았다. 김모씨는 동 단수처분이 무효라는 이유로 관할법원에 단수처분취소청구소송을 제기하고자 하는데 이는 정당한가의 여부에 대하여 대법원은, 단수처분은 공기업의 행위로서 행정소송사항이 되기 어려우나, 단수처분을 행정처분으로 보아 항고소송의 대상으로 취급하고 있으므로 취소소송을 제기할 수 있다고 한다.

4) 행정소송의 재판관할과 당사자

(1) 행정소송의 재판관할

항고소송과 당사자소송은 행정법원이 관할법원이며, 민중소송·기관소송·특별소송은 대법원이 관할법원이 된다.

(2) 행정소송의 당사자

원고는 법률상 소의 이익이 있는 자가 되며, 피고는 항고소송의 경우는 처분청이, 그리고 대통령령의 처분에 대해서는 소속장관이 되며, 당사자소송의 경우에는 국가와 공공단체가 된다.

5) 행정소송의 제기

행정소송의 제기 요건으로 행정처분이 있을 것, 위법일 것, 소의 이익이 있을 것, 당사자 적격이 있을 것, 소장이 제출될 것, 출소기간 내일 것[3] 등이다.

강모씨는 A시에서 탑모닝이라는 상호로 유흥주점을 운영하던 중 2차례 청소년에게 주류를 판매하여 영업정지 처분을 받았다. 만약 강모씨가 2차 위반에

3) 행정심판을 거친 경우에는 행정심판 재결서 정본을 송달받은 날부터 90일, 재결이 있을 날로부터 1년 내에 소를 제기해야 하고, 행정심판을 거치지 않은 경우에는 처분 등이 있음을 안 날로부터 90일, 처분이 있은 날로부터 1년 이내에 제기해야 함.

대하여 다시 한번 위반할 경우 영업허가 취소처분을 받을 것을 우려하여 영업정지처분의 기간이 경과한 후에 2차 위반에 대한 영업정지 처분을 항고소송으로 다투고자 한다면, 강모씨에게 소의 이익이 인정되는지 여부에 대하여 대법원은, 선행처분을 받을 상대방은 비록 그 처분에 정한 제재기간이 경과하였다 하더라도 그 처분의 취소소송을 통하여 그러한 불이익을 제거할 권리보호의 필요성이 충분히 인정된다고 할 것이므로, 선행처분의 취소를 구할 법률상 이익이 있다고 보아야 하므로 강모씨의 소의 이익이 인정된다고 한다.

6) 행정소송의 심리

심리는 요건심리와 본안심리가 있으며, 요건이 구비되지 않으면 각하한다. 구두변론이 원칙이며, 필요한 경우에는 직권심리주의가 적용되며, 공정력과 입증책임과는 법적 관련이 없기 때문에 민사소송의 **입증책임분배원칙**에 의한다는 것이 통설·판례이다.

7) 행정소송의 판결

(1) 중간판결·종국판결

중간판결은 종국판결을 할 준비로서 소송진행 중에 생긴 개개의 쟁점을 해결하기 위한 확인적 성격의 판결이며, 종국판결은 행정소송의 전부나 일부를 종료시키는 판결을 말한다.

(2) 소송판결과 본안판결

소송판결은 소송의 제기요건에 흠이 있음을 이유로 각하하는 판결이고, 본안판결은 행정소송 청구의 당부에 대한 판결을 말한다.

(3) 기각판결·인용판결

기각판결은 본안심리의 결과 원고의 주장을 배척하는 판결이며, 인용판결은 원고의 주장이 이유 있다고 인정하여 청구의 전부 또는 일부를 인용하는 판결을 말한다. 다만 청구에 이유가 있는 경우에도 예외적인 경우에는 기각판결을 할 수 있는데 그 예로는 사정판결이 있다.

국토교통부는 사랑댐 건설을 위하여 하천점용허가 처분을 하였으나 동 처분은 관계법규에 위반되는 위험한 처분임이 뒤늦게 판명되었다. 위 국토교통부

의 하천점용허가는 위법행위이므로 반드시 취소되어야 하는가에 대하여 대법원은, 댐건설을 위한 하천점용허가 처분이 비록 위법한 처분이었다 하더라도 이를 취소하여 원상회복시키는 것은 현저히 공공복리를 해치는 결과가 발생될 것이므로 동 허가처분을 그대로 유지시키는 것이 타당하다고 한다. 이와 같이 원고의 청구가 이유 있다고 인정하는 경우에도(처분 등이 위법한 경우) 당해 처분 등을 취소·변경함이 현저하게 공공복리에 적합하지 아니하다고 인정하여 이유 있는 원고의 청구를 기각하는 판결을 사정판결이라 한다(행정소송법 제28조 제1항).

8) 소송비용

민사소송법상의 원칙에 따라 패소자가 부담하며, 일부인용 판결의 경우에는 각 소송당사자가 분담하나, 사정판결의 경우에는 피고가 부담한다.

학습과제

01. 행정상 손해배상과 손실보상의 차이에 대하여 적시하시오.

02. 공무원의 위법행위로 인한 손해배상에 대하여 적시하시오.

03. 공공시설의 하자로 인한 국가배상에 대하여 적시하시오.

04. 손실보상에 대한 이론적 근거에 대하여 적시하시오.

05. 손실보상의 절차에 대하여 적시하시오.

06. 행정쟁송의 종류에 대하여 적시하시오.

07. 행정심판전치주의에 대하여 적시하시오.

08. 행정심판의 대상과 종류에 대하여 적시하시오.

09. 행정심판의 기관과 당사자 및 이해관계인에 대하여 적시하시오.

10. 행정심판의 제기와 심리에 대하여 적시하시오.

11. 행정심판의 재결과 그 불복에 대하여 적시하시오.

12. 행정소송의 종류와 재판관할 및 당사자에 대하여 적시하시오.

13. 행정소송의 제기와 심리에 대하여 적시하시오.

14. 행정소송의 판결과 그 불복에 대하여 적시하시오.

15. 행정소송의 특징에 대하여 적시하시오.

[저자 약력]

강 봉 현

제주대학교 법학과 졸업
제주대학교 대학원 법학과 졸업(법학박사)
전) 제주특별자치도 지방노동위원회 위원
제주 원도심 목관아 주변 활성화 방안 평가위원
제주관광대학 카지노경영학과 강사
현) 한국법학회 회원
대한부동산학회 회원
제주특별자치도 규제개혁위원회 위원장
제주대학교 행정대학원 법학과 외래교수
제주국제대학교 경찰행정학부 부동산법무행정학과 특임교수

주요 저서

공직과 윤리(공저, 피앤씨미디어, 2017)
경찰과 윤리(공저, 피앤씨미디어, 2014)

김 상 명

제주대학교 법학과 졸업
제주대학교 대학원 법학과 졸업(법학박사)
전) 제주특별자치도 부동산평가위원
제주특별자치도 제주4.3실무위원
제주특별자치도 지방노동위원회 심판위원
제주특별자치도 행정체제개편위원
현) 제주국제대학교 경찰행정학부 교수
사단법인 대한부동산학회 편집위원
사단법인 한국법이론실무학회 편집위원
한국법학회 부회장
제주지방경찰청 경찰개혁위원
제주특별자치도 행정심판위원
재민일보 논설위원

주요 저서

공직과 윤리(공저, 피앤씨미디어, 2017)
경찰과 윤리(공저, 피앤씨미디어, 2014)
경찰과 법(공저, 피앤씨미디어, 2013)
법과 여성(공저, 청목출판사, 2012)
부동산재테크 이론과 실제(한국학술정보, 2008).
제주국제자유도시조성과 사법관계(공저, 제주대학교출판부, 2006)
부동산학개론(공저, 범론사, 2005)

생활과 법률

초판 인쇄　2019년 2월 25일
초판 발행　2019년 2월 28일

지은이　강봉현 · 김상명
펴낸이　박노일

총괄기획　김중용 · 최준규
편　집　심성보 · 김인숙

펴낸곳　pnc publishing and culture 피앤씨미디어
경기도 고양시 일산동구 강송로 153 310-1501
등록 제396-2012-000203호
전　화　070)7550-3758　팩　스　02)718-8554
홈페이지　www.pncmedia.co.kr　이메일　pnc@pncmedia.co.kr
ISBN　979-11-5730-609-1　(93360)

정 가　20,000원